आत्मबोध के आयम

भारतीय संगीत में अनाहतनाद

आत्मबोध के आयाम

भारतीय संगीत में अनाहतनाद

स्मृति शर्मा

लोकभारती प्रकाशन

लोकभारती प्रकाशन
पहली मंजिल, दरबारी बिल्डिंग, महात्मा गाँधी मार्ग
इलाहाबाद-211 001
वेबसाइट : www.lokbhartiprakashan.com
ईमेल : info@lokbhartiprakashan.com
शाखाएँ : 1-बी, नेताजी सुभाष मार्ग, दरियागंज
नयी दिल्ली-110 002
अशोक राजपथ, साइंस कॉलेज के सामने
पटना-800 006
36-ए, शेक्सपियर सरणी, कोलकाता-700 017

प्रथम संस्करण : 2018

मूल्य : ₹ 500

आस्था पेपर कन्वर्टर
इलाहाबाद द्वारा मुद्रित

ATMBODH KE AYAM
by Smriti Sharma

ISBN : 978-93-86863-83-6

अनुक्रम

आत्मबोध के आयाम : मेरी ओर से कुछ बातें....

पं. रामाश्रय प्रसाद शर्मा

मनुष्य जीवन का सर्वोच्च लक्ष्य सभी प्रकार के क्लेशों पर विजय प्राप्त कर सच्चे आनन्द की खोज है। सभी विवेकशील व्यक्ति अपनी-अपनी बुद्धि और रुचि के अनुसार विभिन्न प्रकार के साधनों का आश्रय लेते हैं, जिसमें जप, तप, उपासना, भक्ति, कर्मकाण्ड आदि का विधान होता है और पात्र-भेद के अनुसार इसको हृदयंगम कर आत्मोत्थान की निचली सीढ़ी से जीवन के उच्च धरातल तक पहुँचना है। इनसे मनुष्य सांसारिक जीवन में उन्नति करके सुख और भौतिक सफलता प्राप्त कर सकता है, लेकिन सच्चे ज्ञान के बिना आत्मोन्नति नहीं हो सकती। इसके लिए तीनों गुणों से ऊपर एकाग्रावस्था को प्राप्तकर निरुद्धावस्था में पहुँचना आवश्यक है।

अध्यात्म तत्त्व एक सुव्यवस्थित ज्ञान है, जिसे विज्ञान द्वारा भी समझा जा सकता है। आध्यात्मिक विभूतियाँ प्राप्त करने के लिए सर्वप्रथम आत्मशोधन एवं अवांछनीयताओं के निष्कासन की प्रक्रिया सीखनी आवश्यक है। शरीरशोधन, आत्मशोधन, मनशोधन के बिना आध्यात्मिक उपलब्धियाँ नहीं प्राप्त की जा सकतीं। योग दर्शन में महर्षि पतंजलि ने योग की परिभाषा करते हुए कहा है कि चित्त की वृत्तियों के निरोध को योग कहते हैं। चित्त की वृत्तियाँ पाँच अवस्थाओं में रहती हैं, पहली—मूढ़ावस्था, जिसकी गुण वृत्ति-निद्रा, मोह, भय, आलस्य, दीनता, भ्रम आदि है। दूसरी—क्षिप्त अवस्था, जिसकी गुण वृत्ति-दुःख, चंचलता, चिन्ता, शोक, संसार के कर्मों में प्रवृत्ति। तीसरी—विक्षिप्त अवस्था, जिसकी गुण वृत्ति-सुख, प्रसन्नता, क्षमा, श्रद्धा, धर्म, चैतन्य, उत्साह, वीर्य, दान, दया आदि है। चौथी—एकाग्रावस्था, जिसकी गुण वृत्ति-तटस्थता है। पाँचवीं- निरुद्धावस्था जिसकी गुण वृत्ति-स्वरूप स्थिति है।

संगीत-साधना के द्वारा भी आत्मोन्नति की जा सकती है। संगीत साधक पूर्ण लगन एवं निष्ठा के साथ पूर्ण एकाग्रता से साधन करके संगीत में महारत हासिल करता है। एकाग्रावस्था चित्त की चौथी अवस्था है। उस अवस्था में पहुँचकर संगीत साधक अपनी साधना एवं आत्मज्ञानी गुरु के निर्देशन में साधना करते हुए निरुद्धावस्था को प्राप्त कर सकता है, जो चित्त की वृत्तियों की अन्तिम अवस्था है। जिसमें पहुँचने के बाद साधक

को आत्मज्ञान एवं सम्पूर्ण सृष्टि का ज्ञान हो जाता है। गोस्वामी तुलसीदास जी ने रामचरितमानस में लिखा है—

"आतम अनुभव सुख सुप्रकाशा। तब भव मूल भेद भ्रम नाशा।।"

जब आत्मज्ञान का सुन्दर प्रकाश साधक को प्राप्त हो जाता है तब सृष्टि का भेद खुल जाता है और साधक के सम्पूर्ण भ्रमों का विनाश हो जाता है।

मनोवैज्ञानिकों के अनुसार आज बदलता तनावपूर्ण सामाजिक परिवेश लाभ के मूल मन्त्र से संचालित हो रहा है। यह स्थिति जिस जीवन-शैली एवं मूल्यों को अपना रही है, उससे असुरक्षा, अलगाव, अकेलापन, भावात्मक साझेदारी का अभाव आदि पैदा हो रहे हैं, जिसकी परिणति तनाव से अवसाद में बदल जाती है। इस स्थिति से बचने के लिए अपने भीतर स्थित परमात्मा से सम्बन्ध स्थापित करने की जरूरत है। संसार में सभी के अन्दर जन्म से ही तीन व्यक्तित्व मिले हुए हैं—आत्मा, महात्मा और परमात्मा। जब व्यक्ति इन व्यक्तित्वों से अलग हो जाता है, तब उस पर संसार हावी हो जाता है। जीवन अशान्त हो जाता है और मानव दानव तक बन जाता है। बाहरी संसार जीवन जीने की व्यवस्था मात्र है। यदि मनुष्य देवत्व की ऊँचाई तक उठना चाहता है, तो अन्तस् की यात्रा करनी पड़ेगी।

'आत्मबोध के आयाम' पुस्तक साधना द्वारा उत्कृष्ट अवस्था में पहुँचने के लिए सहायक हो सकती है। यह लेखिका के ब्रह्मलीन होने के पश्चात् प्रकाशित हो रही है, जो भारतीय संगीत में 'अनाहतनाद' पर किये गये उसके शोध का महत्त्वपूर्ण हिस्सा है।

लेखिका उच्चस्तरीय साधिका थी जिसने **'अनाहतनाद'** शोध के माध्यम से समाज को एक उत्कृष्ट साहित्य प्रदान करने की कोशिश की है।

यह पुस्तक उसकी जीवन-साधना का प्रतिरूप है। इसे पढ़कर हम जीवन की अतल गहराइयों में झाँकते हुए अलग तरह का रसास्वादन करने में सक्षम हो सकते हैं। मैं अपनी आत्मजा की विचारशीलता के माध्यम से उसके सोचने-समझने के तौर-तरीकों को हृदयंगम करना चाहता हूँ और समाज को इसे सौंपते हुए दुःख के क्षणों में भी आध्यात्मिक आनन्द अनुभव करना और कराना चाहता हूँ। पुस्तक प्रकाशन से छिपी उसकी साधना और विचारशीलता का विकास हो, उसकी भावधारा निरन्तर प्रवाहित हो, यह मेरी आकांक्षा है।

रीवा

दिनांक : 26 जनवरी, 2017

16/551 पी. के. स्कूल के पीछे
गली नं. 2 रीवा (म.प्र., 486001 मो.—08889338934

आत्म-निवेदन

स्मृति शर्मा

मानवमात्र की एक ही इच्छा है कि आत्यन्तिक दुःख की निवृत्ति से परमानन्द की प्राप्ति हो, अर्थात् दुःख की कारण सहित निवृत्ति हो जाये तथा अतुलनीय आनन्द की प्राप्ति हो। इसका एक ही उपाय है—**''तरति शोकमात्मवित''** आत्मवेत्ता, ब्रह्मवेत्ता, नाद- साधक इस लक्ष्य को प्राप्त कर सकते हैं। भारतीय संगीत की चिन्तनधारा सदैव से अध्यात्मवादी रही है, अध्यात्मवाद में आनन्दमय की प्रतिष्ठा होती है, और आनन्दमय से परब्रह्म की प्राप्ति होती है। संगीत एक अनुभूति है, अनुभूति का सम्बन्ध आत्मा से होता है। संगीत साधक साधना की उत्कृष्टता में केवल परमात्मा को देखता है। भारतीय संगीत परमानन्द की पराकाष्ठा पर पहुँचकर परमतत्त्व की अनुभूति एवं साक्षात्कार कराने की अद्भुत क्षमता रखती है। इसीलिए संगीत विद्या को ब्रह्मविद्या कहा गया है। ब्रह्म मनुष्य के अन्तःकरण में आत्मा के रूप में विद्यमान है, जिसे चेतना की उत्कृष्टता में जाना जा सकता है। भारतीय संगीत में 'अनाहतनाद' चेतना का उत्कृष्ट परिणाम है।

ब्रह्म के परम पवित्र प्रणवनाद की उत्पत्ति सृष्टि रचना के साथ होनी बतायी गयी है। वेद, पुराण एवं उपनिषदों ने ब्रह्म साक्षात्कार के साधन में ओंकार की महिमा का गान किया है। सृष्टि का प्रथम शब्द ओंकार को ही माना गया है। आत्मा और परमात्मा के बीच का सेतु समाधि है, इस सेतु की मजबूत नींव जिस भूमि पर रखी जाती है, वह आधार ओंकार का अनाहतनाद है।

वेदों को हिन्दू सनातन ग्रन्थों ने अनादि कहा है। प्रकृति की चित्र-विचित्र लीलाओं को अनुभव कर ऋषियों ने जगत् के मूल में विद्यमान शक्तियों का साक्षात्कार कर ऋग्वेद के मन्त्रों से गीत या सूत्रों की रचना की। ऋग्वेद का प्रत्येक मन्त्र देवी-देवताओं की स्तुति में गाया गया गीत है। सनातन काल से भारतीय संगीत देवी-देवताओं से जुड़ा है, ऋषियों-मुनियों ने माना है कि संगीत के माध्यम से ईश्वर का सान्निध्य प्राप्त किया जा सकता है। संगीत के अस्तित्व का प्रथम प्रामाणिक स्रोत सामवेद को मान्य किया गया है। वैदिक संगीत निर्गुण, निरातीत परब्रह्म की प्राप्ति का श्रेष्ठ मार्ग है, वेदों से निःसृत भारतीय संगीत ब्रह्म विषयक चिन्तन की पूर्ण विकसित तथा सम्पन्न आध्यात्मिक धारा है। पुराणों में कहा गया है कि विश्व सृष्टि से पूर्व अन्तरिक्ष का समग्र वायुमण्डल एक आश्चर्यजनक ध्वनि से गुंजायमान था।

प्राचीनकाल में ईश्वर-प्राप्ति के तीन मार्ग निश्चित किये गये थे—ज्ञान, कर्म और उपासना। इनमें उपासना मार्ग को ईश्वर से सम्पर्क करने का सरल एवं सहज मार्ग माना गया। भारतीय संगीत ने उपासना मार्ग को ही अपनाया, संगीत के माध्यम से उपासना कर अनेकों अलौकिक प्रभावों को अनुभव किया गया जिसे स्वानुभूति द्वारा परमानन्द की अवस्था माना गया है।

योगियों के अनुसार साधक नाना प्रकार की साधनाओं के द्वारा कुण्डलिनी शक्ति को जागृत करता है। इस शक्ति के जागृत होने पर चेतनाशक्ति जागृत होती है। कुण्डलिनी जब ऊपर उठती है तब उससे स्फोट होता है, जिसे नाद कहते हैं। नाद से प्रकाश होता है और प्रकाश का व्यक्त रूप महाबिन्दु है, यह तीन प्रकार का है— इच्छा, ज्ञान और क्रिया। योगी लोग इसी को कभी सूर्य, चन्द्र और अग्नि तथा कभी ब्रह्मा, विष्णु और शिव कहते हैं। यही नाद और बिन्दु अखिल ब्रह्माण्ड में व्याप्त **'अनाहतनाद'** या **'अनहद'** का व्यष्टि में व्यक्त रूप है।

भारतीय संगीत आत्मा की सात्त्विक खुराक है, जिसका उद्देश्य मानव वृत्तियों को शान्त, तृप्त तथा उन्नत करना है। उसमें भी **'अनाहतनाद'** तो विराट् ब्रह्माण्ड के दिव्य घोष निनाद से मुखरित मानव का आत्मानुभूत संगीतामृत का स्रोत है, जो प्राण एवं आत्मा को चेतना प्रदान करता है। भारतीय आचार्यों ने इसे पुरुषार्थ चतुष्टय (धर्म, अर्थ, काम, मोक्ष) का एकमात्र साधन माना है। ऐसे दिव्य संगीत के माहात्म्य की प्रशंसा करने में किसकी वाणी समर्थ हो सकती है—

तस्य गीतस्यमाहात्म्यं के प्रशंसितुमीशते।
धर्मार्थकाममोक्षाणामिदमेवैक साधनम्।।

ब्रह्म का अव्यक्त तत्त्व अपनी अक्षर या प्राण शक्ति की महिमा से क्षर या भौतिकभाव को प्राप्त हो रहा है, दूसरी ओर वही पुनः अपने क्षर रूप को विलीन करता हुआ अक्षर भाव में लीन हो रहा है। एक ओर उसका अव्यक्त, अनाहत स्वर है तो दूसरी ओर उसी का व्यक्त नाद है। अर्थात् प्रत्येक वस्तु प्रकृति से उत्पन्न होकर उसी में विलीन हो जाती है।

वैदिक ऋषियों ने साधना पथ से संगीत में अनाहतनाद की खोज की एवं अपने अनुभवों को विभिन्न धर्मग्रन्थों में उल्लेखित किया। इसी तथ्य को भक्तिकालीन एवं वर्तमान कवियों, विचारकों तथा दार्शनिकों ने भी अपनी रचनाओं में व्यक्त किया है। उसी को आधार मानकर प्रमाण में यथास्थान उद्धरण प्रस्तुत कर सन्दर्भ-ग्रन्थों का समुचित उल्लेख किया गया है।

संगीत और अध्यात्म मुझे पैतृक विरासत से मिला, दादा जी एवं नाना जी के यहाँ श्रीरामचरितमानस का गायन विभिन्न वाद्यों के साथ सुनकर एवं पिता जी के आध्यात्मिक ग्रन्थों के संग्रह तथा अध्ययन को देखकर बचपन से ही मेरा लगाव अध्यात्म से अलंकृत संगीत की ओर हो गया। अध्यात्म का शाब्दिक अर्थ आत्मा से सम्बन्ध एवं तात्त्विक अर्थ आत्मबोध है। मैंने यह कभी नहीं माना कि वेद, पुराण, उपनिषद् बड़े-बूढ़ों के पढ़ने-सुनने

की चीज है, मेरी मान्यता है कि इन ग्रन्थों के संस्कार हिन्दू समाज के रक्त में हजारों पीढ़ियों से घुले हैं। धर्म सत् को जानना और संगीत संगत करना है, सत् के संगत से अनाहतनाद और अनाहतनाद से भारतीय संगीत की उत्पत्ति हुई है। वीणा के तारों को जब तक वादक की उँगलियों का स्पर्श नहीं होता तब तक उनकी मधुर झंकार मुखरित नहीं होती। सनातन ग्रन्थों में पीढ़ियों के अनुभव छिपे होने के बाद भी जब तक उनका अवगाहन न किया जाये तब तक उनके अन्दर के संगीत को नहीं जाना जा सकता।

आज एक ऐसी विचारधारा है जो पुरातन संगीत को त्यागकर आगे बढ़ना चाहती है, पर ऐसा करनेवालों की स्थिति अच्छी नहीं दिखती। दूसरी विचारधारा है कि क्यों न हम प्राचीन भारतीय संगीत को ही अपनाये रहें, हमारी प्राचीन संस्कृति से सम्पन्न संगीत ही सही दिशा दे सकती है। यह भी विचार मन में उठता है कि समय के साथ न चलने से हम पिछड़ जायेंगे, इस पृष्ठभूमि में विचार करने से प्रतीत होता है कि हमें अतीत और भविष्य, प्राचीन और नवीन, पराविद्या और अपराविद्या, ज्ञान और विज्ञान के अनाहतनाद से स्पन्दित भावप्रवण संगीत की आवश्यकता है। भारतीय संगीत अप्रतिम एवं प्रकृति की मान्य धरोहर है। उसमें भी इसका अनाहतनाद पक्ष जिसे ऋषियों-मुनियों ने ब्रह्मतत्त्व के रूप में निरूपित किया है, ऐसे परमात्मतत्त्व नादात्माब्रह्म का वर्णन कर पाना मेरे लिये अद्यतन कठिन कार्य है।

श्रुति कहती है—"**यतोवाचोनिवर्तन्ते अप्राप्यमनसासः।**" जहाँ से मन और वाणी दोनों उस तत्त्व को न पाकर लौट आते हैं। "**नतत्रचक्षुर्गच्छतिनवगच्छति नो मनः।**" न वहाँ आँखें जा पातीं न वाणी और न मन ऐसा जो तत्त्व है—"**तस्यभासा सर्वमिदं विभाति।**" उसके प्रकाश से यहाँ सब-कुछ प्रकाशमान् है। ऐसे तत्त्व के विषय में क्या कहा जा सकता है।

रीवा,
दिनांक : 21.10.2010

आमुख

शिवमोहन सिंह

ज्ञान मनुष्य के लिए तभी सहायक होता है, जब वह अपने साथ-साथ समाज को ऊँचा उठाने का सामर्थ्य रखता हो और ब्रह्मज्ञान की सार्थकता तब होती है, जब साधक अपने-आपको इतनी ऊँचाई तक ले जाये कि वह त्रिकालज्ञ बनकर समाज को आत्मकल्याण के मार्ग में ले जाये। ब्रह्मज्ञानी के लोक और परलोक दोनों सुन्दर और सुखद हो जाते हैं, किन्तु ब्रह्मज्ञान प्राप्त करना अत्यन्त दुष्कर कार्य है। यह अध्यात्म के रास्ते चलकर भक्ति और योग के धर्म को स्वीकृति प्रदान करके, कठिन साधना द्वारा प्राप्त किया जा सकता है। **'अनाहतनाद'** की साधना ऐसी ही कठिन तपस्या है, जिसे स्मृति शर्मा ने अपने अगम्य कार्य निष्ठा व अटूट मेहनत से पूर्ण किया। वह थीसिस लिखती रही, जबकि उसे कैन्सर जैसी घातक बीमारी की पीड़ा सहन करनी पड़ती थी। उसका विषय भी सहज नहीं था, विषय था **'अनाहतनाद'** जिससे आज के संगीत का जन्म हुआ है। स्मृति के शोध कार्य को सम्पादित करके पुस्तक का रूप दिया गया है। पुस्तक का शीर्षक है **'आत्मबोध के आयाम'**। मेरा विश्वास है कि यह रचना संगीत एवं अध्यात्म के विद्यार्थियों का पथ प्रशस्त करेगी। सुधीजन इससे निश्चित ही लाभान्वित होंगे।

स्मृति के शोध कार्य को पढ़ते हुए मुझे बहुत अच्छा लगा। जब मैंने सृष्टि रचना का दार्शनिक स्वरूप पढ़ा तो वे लिखती हैं, कि यदि यह विश्व सत्तात्मक है तो वह किसी सद् वस्तु से ही निकला होगा। चूँकि शून्य से तो केवल शून्य ही निकल सकता है। इस प्रकार शून्य से ब्रह्माण्ड के रचना की प्राथमिक कल्पना त्याग दी गयी। शून्यवाद का खण्डन करने के उपरान्त स्मृति स्थापना करती है—"सृष्टि में सृजनात्मक चेतन शक्ति का होना, सृष्टि में क्रम तथा नियमबद्धता का होना, सृष्टि में प्रयोजन अथवा उद्देश्य का प्रकट होना, सृष्टि की विविधता में एकसूत्रता का होना, सृष्टि में विशालता का होना, अस्थायित्व में स्थायित्व का होना, यह सब लक्षण जड़ जगत्, वनस्पति जगत् एवं प्राणिजगत् में सर्वत्र पाये जाते हैं, जिनके आधार पर निश्चित रूप से कहा जा सकता है कि विश्वगत चेतन शक्ति की सत्ता माने बिना यह सब सम्भव नहीं है। जिस शक्ति के कारण सृष्टि में यह लक्षण पाये जाते हैं, वही शक्ति ईश्वर है, ब्रह्म है।"

भयावह अस्वस्थता के बाद भी स्मृति गूढ़ प्रश्नों से टकराती रहती थी। ऐसी असाध्य बीमारी की वेदना झेलते हुए उसका शोध कार्य पूर्ण करना चौंकाता है। वह वेदना को स्वीकार करती थी। वेदना में ही वह आनन्द की अनुभूति करने लगी थी। राष्ट्रकवि मैथिलीशरण गुप्त की किसी प्रसंग में कविता की एक पंक्ति है—"**वेदने तू भी भली बनी**।" मनुष्य के जीवन में एक ऐसी स्थिति आती है, जब वह अपनी वर्तमान स्थिति से समझौता कर लेता है, जिस स्थिति में है, उसी में आनन्द की तलाश करने लगता है।

ग़ालिब का शेर है—

''रंज से ख़ूगर हुआ, इंशाँ तो मिट जाता है।
रंज मुश्किलें इतनी पड़ीं, कि आसाँ हो गयीं'।।'

मनुष्य जीवन के तीन आधार तत्त्व हैं, सत्, चित्, आनन्द। जिसमें तीनों तत्त्व होते हैं; उसे सच्चिदानन्द यानी ईश्वर कहते हैं। ईश्वर सहज ही आनन्द का सिन्धु होता है। तुलसीदास जी ने रामचरितमानस में लिखा है—

"जो आनन्द सिन्धु सुख रासी, सीकर तें त्रैलोक सुपासी।।"

आनन्द सिन्धु के एक कण से यह सृष्टि सुख महसूस करती है। व्यक्ति को हर काम में सुख मानना चाहिए, जो जहाँ है आनन्दित होकर अपना कार्य करे, यही सृष्टि का सन्देश है। जयशंकर प्रसाद के कामायनी महाकाव्य का अन्त अखण्ड आनन्द के स्वप्न के साथ होता है—

"समरस थे जड़ या चेतन सुन्दर साकार बना था।
चेतनता एक विलसती आनन्द अखण्ड बना था।।"

चेतनता के जुड़ने से ही आनन्द की प्राप्ति होगी। स्मृति के विचार भी ऐसे ही हैं। वह लिखती है—''भारतीय संगीत केवल मनोविनोद का साधन न होकर आत्मा को परमात्मा से जोड़ने के भक्ति मार्ग का परम कल्याणकारी साधन है।'' संगीत के **'अनाहतनाद'** तत्त्व पर शोध करते हुए उसने साधना के आन्तरिक स्वरूप को जाना। वह गायन में निपुण थी, अपना कार्य पूरा करते ही वह महत् चेतना से मिल गयी। उसका अन्त हो गया। उसने अध्याय-2 में लिखा है—''**जीवन के धागे को गठान से मुक्त करते ही नादस्वरूप ब्रह्म की प्राप्ति हो जायेगी और यहीं से 'अनाहतनाद' के रहस्य की परतें खुलनी शुरू हो जायेंगी, जिससे जीवात्मा से महात्मा, महात्मा से देवात्मा और अन्त में देवात्मा से परमात्मा तक के पहुँच का मार्ग खुल जायेगा।**"

'देह धरे को दण्ड' की पीड़ा झेलते हुए आत्मा के स्तर पर स्मृति ने बड़ी प्रसन्नता से काम किया। स्मृति के पिता श्री रामाश्रय प्रसाद शर्मा मेरे परम स्नेही हैं, अपनी पुत्री के शोध कार्य को मान्यता दिलाने के लिए उन्होंने कठिन परिश्रम किया, जिससे परीक्षकों द्वारा डॉक्टर ऑफ फिलासफी की उपाधि से विभूषित किये जाने की अनुशंसा पर मध्यप्रदेश शासन उच्च शिक्षा विभाग विश्वविद्यालय समन्वय समिति के निर्णय

अनुसार अवधेश प्रताप सिंह विश्वविद्यालय रीवा द्वारा मरणोपरान्त प्रमाण-पत्र प्रदान किया गया है। विश्वविद्यालय की इस उदारता के लिए साधुवाद! स्मृति के कार्य की गुणवत्ता की परख विद्वानों ने की है।

स्मृति के परिवार और उसकी इकलौती सन्तति उसके पुत्र अनन्त को इससे दिलासा मिलेगी। शासन का यह कार्य प्रशंसनीय है। इससे आत्म शान्ति का अनुभव होगा, और उस दिवगंत आत्मा को एक श्रद्धांजलि होगी।

अध्याय-1

सृष्टि उत्पत्ति

सृष्टि उत्पत्ति के सन्दर्भ में मूल तथ्यों के स्वरूप को जानने और विवेचन में वस्तुतः भारतीय सनातन ग्रन्थों में वेद, पुराण, उपनिषद् और महर्षियों के अनेक ग्रन्थों का महान् योगदान है। इन्हीं भारतीय धार्मिक सनातन ग्रन्थों में जो अभिव्यक्त किया गया है, उसी को आधार मानकर उल्लेख किया गया है।

सृष्टि का प्रारम्भ कैसे हुआ, इसका विस्तार किस प्रकार हुआ, इसके संचालन के नियम क्या हैं, वेदों में भिन्न-भिन्न तरह से संकेतों, प्रतीकों, रूपकों, काव्यालंकारों द्वारा समझाया गया है, त्रिकालदर्शी ऋषियों ने मानव-जीवन के महत्त्व के सभी विषयों को व्यवस्थित ढंग से प्रस्तुत किया है।

हमारे ऋषियों ने अनगिनत वर्ष पूर्व कहा कि **'अणो रणीयान् महतो महीयान्'** इन दोनों का मूल कोई अनन्त, अव्यक्त, अक्षर तत्त्व है। अणु सबसे छोटा और महत् सबसे बड़ा दोनों में उसी की महिमा प्रकट हो रही है। यह अव्यक्त पुरुष स्वयंभू या अनन्त है। यह विश्व विराट्, अनादि और अनन्त है, इसका स्रोत अविनाशी है। देशकाल, नाम और रूप से परिवर्तनशील जगत् में इसका नित्य नया रूप प्रकट हो रहा है।

इस प्रकार ऋषि और वैज्ञानिक दोनों ही विश्व के रहस्य की व्याख्या करते आये हैं। ऋषियों का दर्शन इस विश्वास से भरा हुआ है कि, यह व्यक्त विश्व किसी अव्यक्त मूल स्रोत से उद्गत हुआ है। यह अव्यक्त मूल इस व्यक्त की सृष्टि करके इसी में अनुप्रविष्ट हो रहा है, समाया हुआ है।

ऋषियों ने जिन प्राकृत शक्तियों का स्तुति गान किया वह उनके स्थूल रूप का नहीं बल्कि उनके अधिष्ठात्री चेतन शक्ति का है। इसी चेतन शक्ति को वह परमात्मा मानते थे। उन्होंने ऋग्वेद के प्रथम मन्त्र में ही अग्नि की स्तुति की है। वे मरणशील अग्नि में व्याप्त अमरता के उपासक थे। वेद में कहा गया है कि, **'अपश्यमस्य महतो महित्वम्-मर्त्यस्य विक्षु।'**[1] इसी प्रकार वह इन्द्र में भी परमात्मा की शक्ति देखते थे। कहा गया है कि जो सृष्टिकर्त्ताओं के भी सृष्टिकर्ता हैं, मैं उनकी स्तुति करता हूँ। इसी प्रकार वे कहते हैं कि हे स्तुति करनेवाले मित्रो यहाँ आकर बैठो और इन्द्र के गुणों का गायन करो। **'आ त्वेता निषीदतेन्द्रमभि प्रगायत। सखायः स्तोम वाहसः।'**[2]

इसी प्रकार सामवेद में भी देवताओं को प्रसन्न करने के लिए मन्त्रों के गायन का उल्लेख है, **'प्रव इन्द्राय वृत्त हन्तमाय विप्राय गाथं गायत यं जुजोषसे।'** हे ब्राह्मणो वृत्र हन्ता इन्द्र के लिए उस स्तोत्र का गान करो जिससे इन्द्र प्रसन्न होते हैं।

वेद की संहिताओं में मन्त्राक्षरों में खड़ी तथा आड़ी रेखाएँ लगाकर उनके उच्च, मध्यम व मन्द्र संगीतमय स्वर उच्चारण करने के संकेत किये गये हैं, इनको उदात्त, अनुदात्त और स्वरित के नाम से अभिहित किया गया है। वेद सृष्टि विद्या का दूसरा नाम है, सृष्टि की रहस्यमयी प्रक्रिया की व्याख्या वेद की नाना विद्याओं के रूप में उपलब्ध होती है, जैसे सृष्टि अनन्त है वैसे ही वेद विद्या भी अन्तहीन है। वेदों में सृष्टि सृजन से पूर्व सिर्फ एक ब्रह्म के अस्तित्व को स्वीकार किया गया है।[3]

"हिरण्यगर्भः समवर्तताग्रे भूतस्य जातः पतिरेक आसीत्।
स दाधार पृथिवीं द्यामुतेमां कस्मै देवाय हविषा विधेम।
य आत्मदा वलदा यस्य विश्व उपासते प्रशिषं यस्य देवाः
यस्य छाया मृतंयस्य मृत्यु कस्मै देवाय हविषा विधेम
यस्ये मे हिमवन्तो महित्वा यस्य समुद्रं रसया सहाहुः।।"

अर्थात् सृष्टि सृजन से पूर्व उसी एक का अस्तित्व था वही सब पदार्थों का एकमात्र अधीश्वर है, वही इस विश्व का आधार है। वही जीव सृष्टि का जनक है, समस्त शक्ति का मूल है, समस्त देवी-देवता जिसकी पूजा करते हैं, जीवन जिसकी छाया है, मृत्यु जिसकी छाया है, उसको छोड़कर किसकी पूजा करें। हिमगिरि के तुषार मण्डित उत्तुंग शिखर जिसकी महिमा का उद्गान करते हैं। समुद्र अपने अगाध जल सम्भार के द्वारा जिसकी महिमा की घोषणा करते हैं, वही एकमात्र अधीश्वर है। उसी की स्तुति करें। सृष्टि की व्याख्या वेदों में विकास के रूप में की गयी है। आदि तत्त्व ही सम्पूर्ण विश्व में व्यक्त हुआ है। ऋग्वेद ने सृष्टि की प्रक्रिया को समझाने के लिए दो विभिन्न धारणाओं का उपयोग किया है— जनन और जन्म तथा कृत्रिम रूप से पैदा की गयी वस्तु। पृथ्वी और आकाश देवताओं के माता-पिता हैं। जगत् का स्रष्टा आरम्भ में हिरण्यगर्भ था, अपने उपस्थिति से ही वह सृष्टि का एकमात्र ईश्वर था उसने दृढ़ पृथ्वी और उज्ज्वल आकाश को बनाया।[4]

अथर्ववेद में वह उस भ्रूण के रूप में आता है जो सृष्टि के आदि में जल में उत्पन्न हुआ था, वही भ्रूण हिरण्यगर्भ बन स्वयं एक सर्वोच्च देवता बनता है, वही ब्रह्म है ऋग्वेद में ब्रह्म पवित्र ज्ञान या वाणी, मन्त्र, आत्मिक ज्ञान की ठोस अभिव्यक्ति के अर्थ में प्रयुक्त हुआ है। कभी-कभी वाक् (वाणी) को मूर्तिमान् ब्रह्म कहा गया है।[5]

"हिरण्यगर्भो भगवानेष छन्दषि पठ्यते।
आदित्यो ह्यदि भूतत्वात प्रसूत्य सूर्य उच्यते।।"

यही हिरण्यगर्भ है, जिनका वेदों में उल्लेख हुआ है सर्वप्रथम उत्पन्न होने से आदित्य तथा अण्डे से प्रसूत होने एवं परम ज्योति सम्पन्न होने के कारण सूर्य कहा गया। यही

प्रकाश की आत्मा है, यही महत् तत्त्व के रूप में विख्यात है ऋचाएँ इनका मण्डल हैं, सामवेद इनकी रश्मियाँ हैं तथा यजुर्वेद इनकी मूर्ति है, ब्रह्मा ने सृष्टि रचना का विचार किया तब मन से चन्द्रमा की उत्पत्ति तथा नेत्रों से सूर्य की उत्पत्ति हुई। मन से पंचतत्त्वों की उत्पत्ति की एक-एक गुणों की वृद्धि से पंच महाभूत कहे गये। इस प्रकार पंच महाभूत एवं सत्त्वगुण से उत्तम सृष्टि, पंचमहाभूत एवं रजोगुण से मध्यम सृष्टि तथा पंच महाभूत एवं तमोगुण से अधम सृष्टि की रचना हुई।

आदि जात ईश्वर हिरण्यगर्भ का जहाँ तक सम्बन्ध है, उसके लिए एक चक्राकार प्रक्रिया खोजी गयी है। आदि सत् स्वेच्छा से आदि जल उत्पन्न करता है, इससे देवताओं में सबसे पहले पैदा होनेवाले हिरण्यगर्भ की उत्पत्ति होती है।[6]

इस प्रकार वेदों में सृष्टि रचना का विवेचन मिलता है। वेदों की ऋचाओं से देवताओं का स्तुति गान किया जाना वेदों से प्रमाणित हो रहा है, वेद मन्त्रों में खड़ी तथा आड़ी रेखाएँ उनके उच्च, मध्य व मन्द्र स्वर उच्चारण करने के संकेत वैदिककाल से प्रचलित हैं, जो स्तुति गान को सांगीतिक स्वरूप प्रदान करते हैं।

वेदों को अनादि माना गया है, अर्थात् सृष्टि रचना के साथ वेदों की उत्पत्ति को स्वीकार किया गया है। वेदों की ऋचाओं से देवताओं की स्तुति सांगीतिक स्वरों में प्रमाणित होने से यह प्रमाणित हो जाता है कि सृष्टि रचना के साथ ही संगीत की उत्पत्ति भी वेदों की तरह प्रामाणिक है।

सृष्टि रचना के विषय में उपनिषदों का मत है कि वह पाँच तत्त्वों से मिलकर बनी है। क्षिति, जल, पावक, गगन, समीर इन पाँच तत्त्वों का स्वामी महत्तत्त्व है, जिसमें ये पाँचों तत्त्व विद्यमान रहते हैं। काल पाकर यह महत्तत्त्व फैलने लगता है। इस फैलाव को हम सृष्टि का जन्म, रचना और विकास कहते हैं। फिर एक समय आता है जब यह फैलाव सिमटने लगता है और सिमटकर महत्तत्त्व में केन्द्रित हो जाता है, सिमटने की प्रक्रिया को सृष्टि का विनष्ट होना या प्रलय कहते हैं। इसको समझाने के लिए उपनिषदों में मकड़े की जाली की उपमा दी गयी है। मकड़े के भीतर से जाली निकलकर चारों ओर छा जाती है वही सृष्टि का बनना है, फिर वह जाली सिमटकर मकड़े के भीतर चली जाती है, यही प्रलय है। अब प्रश्न यह उठता है कि यह मकड़ा प्रकृति है या ब्रह्म यानी सृष्टि की रचना ब्रह्म करता है या वह प्रकृति से अपने-आप होती है। इसका उत्तर उपनिषदों में दो प्रकार से दिया गया है एक तो यह कि वह मकड़ा ब्रह्म ही है और उसी के भीतर से सृष्टि प्रकट होती है। दूसरा यह कि मकड़ा असल में प्रकृति के मूल तत्त्व अथवा महत्तत्त्व की उपमा है, सृष्टि इसी महत्तत्त्व से निकली है, इन्हीं दो उत्तरों से आगे चलकर द्वैतवाद एवं अद्वैतवाद के सिद्धान्त निकले हैं, जिन्होंने यह माना है कि महत्तत्त्व जड़ है जड़ से चेतन सृष्टि कैसे हो सकती है, इसलिए सृष्टि की रचना ब्रह्म ने की वे द्वैतवादी हुए इसके विपरीत जिनके सामने यह प्रश्न आया कि सृष्टि में अच्छे-बुरे लोग भी हैं, पाप-पुण्य भी है, सुख-दुःख और पाप का निवास है। यह ब्रह्म में कैसे हो सकता है?

इस शंका का समाधान स्वामी रामकृष्ण देव ने यह कहकर किया कि, ''विष सर्प के मुख में रहने पर भी सर्प को असर नहीं करता है इसी प्रकार दुःख और पाप भी ब्रह्म में ही हैं, किन्तु ब्रह्म पर उनका प्रभाव नहीं है।'' उन्होंने अद्वैतवादी मार्ग पकड़ा और कहा कि ब्रह्म निराकार, निर्विकार और चेतन है, उसमें किसी प्रकार की इच्छा नहीं होती है। सृष्टि प्रकृति के मूल तत्त्वों से निकली जब यह प्रश्न अद्वैतवादियों के सामने आया कि सृष्टि में हम चेतना क्यों देखते हैं तब उन्होंने कहा कि चेतन स्वरूप केवल ब्रह्म है, किन्तु उस चेतना में व्याप्त रहने के कारण हमें जड़ प्रकृति भी चेतन दिखायी देती है।[7]

छान्दोग्योपनिषद् का कहना है कि सत् से सबसे पहले अग्नि उत्पन्न होती है, अग्नि से जल उत्पन्न होता है और जल से पृथ्वी उत्पन्न होती है। प्रलय के समय पृथ्वी जल में लीन होती है, जल, अग्नि में लीन हो जाता है और अग्नि सत् में लीन हो जाती है।[8]

परमेश्वर की कल्पना आमतौर पर प्रकाश के रूप में की गयी है **'ज्योतिषां ज्योतिः'** प्रकाशों का प्रकाश। हिरण्यगर्भ आंगिक रूप से जगत् से बँधा है। वह स्वयं सृष्टि में सबसे पहले जन्मा है, इसलिए समस्त सृष्टि की जो नियति है वही उसकी भी नियति है। वह जहाँ अलौकिक की अभिव्यक्ति है, वहाँ लौकिक भी है। ईश्वर लौकिक हिरण्यगर्भ में कार्य करता है।

रामानुज ईश्वर को जगत् व्यापारों से ऊपर अनुभवातीत सत्य के रूप में देखते हैं ब्रह्म को सृष्टि का स्रष्टा मानते हैं। जो ईश्वर की ओर से उसके आदेश पर जगत् की रचना करते हैं। ब्रह्मसूत्र में कहा गया है कि ईश्वर ने एक बार ब्रह्मा हिरण्यगर्भ की रचना की और उसे वेद प्रदान किये। ब्रह्मसूत्र में हिरण्यगर्भ के बारे में कहा गया है कि वह सूत्र है (हिरण्यगर्भ) सूत्रात्मा जिसमें सभी प्राणी और सभी लोक माला के मनकों की तरह पिरोये हुए हैं। वह सबसे पहले जन्मा 'प्रथमजः' है वह ब्रह्मा भी कहलाता है और ये ब्रह्म जगत् में हर बार उत्पन्न किये जाते हैं।[9]

ऋग्वेद में भी हिरण्यगर्भ को वह स्वर्ण बीज कहा गया है, जो स्रष्टा के प्रथम कार्य के बाद सृष्टि का कार्यभार लेता है। तैत्तिरीय उपनिषद् के चतुर्थ अनुभाग में त्रिषुपर्ण की कल्पना विकसित की गयी है। ब्रह्म की एक नीड के रूप में कल्पना की गयी है, जिसमें से तीन पक्षी बाहर आये—**'विराज', 'हिरण्यगर्भ'** और **'ईश्वर'** निरपेक्ष, की जब जैसा कि वह अपने आप में है, हर तरह के सृजन से स्वतन्त्र कल्पना की जाती है कि वह अपने-आपको विश्व में व्यक्त किया है तो वह विराज कहलाता है जब उसे आत्मा के रूप में सोचा जाता है जो विश्व में सर्वत्र गतिशील है तो वह हिरण्यगर्भ कहलाता है। जब उसकी विश्व के स्रष्टा, रक्षक और संहारक पुरुष की ईश्वर के रूप में कल्पना की जाती है तो वह ईश्वर कहलाता है। ईश्वर के इन तीन कार्यों को जब हम पृथक्-पृथक् लेते हैं तो वह ब्रह्मा, विष्णु और महेश बन जाते हैं।

जिस प्रकार मकड़ी अपना जाल बाहर फेंकती है और भीतर खींचती है, जिस प्रकार धरती पर जड़ी-बूटियाँ उगती हैं, जिस प्रकार जीवित व्यक्ति के सिर और शरीर पर बाल उगते हैं उसी प्रकार अविनाशी से यह विश्व उत्पन्न होता है, और जिस प्रकार प्रज्वलित

अग्नि से एक ही तरह की हज़ारों चिनगारियाँ फूटती हैं उसी प्रकार निर्विकार से बहुत तरह की सत्ताएँ उत्पन्न होती हैं और वे उसी में लौट भी जाती हैं। अनेक उसी प्रकार ब्रह्म का भाग है, जिस प्रकार कि समुद्र की लहरें समुद्र का भाग हैं। जगत् की सभी सम्भावनाएँ आदि सत्ता ईश्वर में स्वीकार की गयी हैं। सम्पूर्ण सृष्टि अपनी अभिव्यक्ति से पहले वहाँ थीं। व्यक्त विश्व का पूर्ववर्ती अव्यक्त विश्व अर्थात् ईश्वर है। ईश्वर जगत् की रचना नहीं करता बल्कि वह स्वयं जगत् बन जाता है।[10]

श्वेताश्वतर उपनिषद् में सृष्टि-सम्बन्धी विभिन्न मतों का जो उसकी रचना के समय प्रचलित थे उल्लेख है जैसे कि इसका कारण काल है, प्रकृति की आवश्यकता है, संयोग है, मूल तत्त्व है, पुरुष है, या इन सबका सम्मिलन है। वह इन मतों को अस्वीकार करके जगत् का मूल सर्वोच्च की शक्ति में खोजता है।

वेदान्त की व्याख्या से पहले गौड़पाद सृष्टि-सम्बन्धी विभिन्न सिद्धान्तों का उल्लेख करते हैं—कुछ सृष्टि को ईश्वर की अतिमानवीय शक्ति की अभिव्यक्त विभूति मानते हैं, कुछ उसे स्वप्न और माया के समान (स्वप्नमाया के समान है) कुछ उसे ईश्वर की इच्छा **"इच्छा मात्रं प्रभोः सृष्टिः"** कहते हैं। कुछ लोग काल को उसका स्रोत मानते हैं। कुछ का विचार है कि सृष्टि ईश्वर के भोग के लिए है। कुछ के अनुसार वह केवल क्रीड़ा के लिए है। परन्तु गौड़पाद का अपना मत है कि सृष्टि सर्वोच्च के स्वभाव की अभिव्यक्ति है क्योंकि ईश्वर में जिसकी इच्छा सदा पूर्ण रहती है कौन-सी इच्छा हो सकती है।

"देवस्यैष स्वभावोऽयमाप्त कामस्य का स्पृहा"[11]

इस प्रकार विभिन्न उपनिषदों में सृष्टि रचना-सम्बन्धी उल्लेख मिलते हैं और यह प्रामाणिक तथ्य है कि सृष्टि का रचनाकार उसका संचालनकर्त्ता जगत् नियन्ता ही ब्रह्म है। यह भी प्रामाणिक तथ्य है कि उस जगत् नियन्ता की स्तुति सांगीतिक स्वरों से ऋषियों-मुनियों द्वारा गायी जाती रही है।

नृसिंहपूर्वतापिनी उपनिषद् में कहा गया है—[12]

"आपो वा इदमांसस्त सलिलमेव, स प्रजापतिरेकः पुष्करपर्णे समभवत्।
तस्यान्तर्मनसि कामः समवर्तत इदं सृजेयमिति।।"

अर्थात् सृष्टि से पूर्व सब-कुछ बिना किसी आकार के जल के रूप में था। अकेले प्रजापति कमल के पत्र में उत्पन्न हुए। उनके मन में इच्छा जागी कि उन्हें इस नाम रूप जगत् की रचना करनी चाहिए इस प्रकार वह तप के प्रभाव से एक सीमित आत्म चेतन सत्ता में विकसित हुआ अपने को सीमित करके वह स्रष्टा बन गया। सम्पूर्ण जगत् सत् और असत् के मेल से बना है। ऋग्वेद में असत् का वर्णन करते हुए कहा गया है कि वह प्रसव पीड़ा से आक्रान्त स्त्री की तरह पाँव फैलाये पड़ा है।

दिव्य मन की पहली उपज मन के प्रथम फल के रूप में काम अर्थात् विश्व इच्छा का आविर्भाव हुआ जो समस्त जीवन का आदि स्रोत है। ज्ञानियों ने सत् और असत् के परस्पर सम्बन्ध को काम में खोजा है। जगत् की रचना आत्म चेतन ईश्वर ने की है जो अपनी बुद्धि और इच्छा द्वारा कार्य करता है। वैदिक ऋषियों की अपनी और समस्त सृष्टि

की उत्पत्ति के विषय में जो कुछ समझ थी वह यही है एक और ऋग्वेद का सूत्र (1-10-121) में प्रथम अस्तित्ववान् सत्ता को प्रजापति कहा गया है, जिसके सम्मुख विशृंखलजल है। वह जल को गर्भित करता है और उसी में हिरण्यगर्भ के रूप में व्यक्त होता है, जिससे ही सम्पूर्ण सृष्टि का विकास हुआ है, उसे देवताओं का प्राण या आत्मा कहा गया है।

तैत्तिरीय संहिता और शतपथ ब्राह्मण में कहा गया है कि प्रजापति ने कुछ उद्देश्यों की पूर्ति के लिए मत्स्य (मछली) कूर्म (कछुवा) और वराह (शूकर) का रूप धारण किया। विष्णुपुराण के अनुसार ये विष्णु के अवतार माने गये हैं।

प्रकृति की व्याख्या का सूत्र मनुष्य की आत्मा में छिपा है। विश्व के मर्म में जो सत्य है वह आत्मा की अथाह गहराई में प्रतिबिम्बित होता है। भारतीय वेदान्तों में कोटि-कोटि ब्रह्माण्डों का रचनाकार दिव्य परमशक्ति अनादि नादध्वनि से परिपूर्ण अलौकिक सत्ता है जिसे धार्मिक सनातन ग्रन्थों में श्रुति, वेद, पुराण और उपनिषद्, आगम-निगम तथा अन्यान्य ऋषि ग्रन्थों में नारायण कहा गया है उसी नारायण से सृष्टि की उत्पत्ति कही गयी है।

"अगणित उमा रमा ब्रह्मानी जासु अंश उपजत विधि खानी"[13]

भारतभूमि में उस नारायण के चौबीस अवतार साकार रूप धारण करके अवतरित होना बताया गया है। भारतीय धर्मग्रन्थों में उसे विभिन्न नामों से सम्बोधित किया गया है और विभिन्न रूपों में उसका स्तुति गान किया गया है। उस परब्रह्म की गाथा इन्हीं धर्मग्रन्थों में अनादिकाल से गान की जाती रही है। वह परमेश्वर विलक्षण है, विशाल है और अनन्त है। **'हरि अनन्त हरि कथा अनन्ता'** जब उसकी सृष्टि रचना करने की इच्छा होती है वह एक से अनेक हो जाता है। भागवत महापुराण में बताया गया है कि वह दस इन्द्रियों, एक मन और पंच महाभूत - क्षिति, जल, पावक, गगन, समीर तथा सोलह कलाओं से परिपूर्ण है।[14]

उस भगवान् के जल में शयन करते हुए जब उसकी योग निद्रा का विस्तार होता है तो उनकी नाभि से एक कमल दण्ड प्रकट होकर आकाश की ओर बढ़ते हुए प्रफुल्लित होता है। उस कमल पुष्प पर प्रजापतियों के अधिपति ब्रह्मा जी उत्पन्न होते हैं। भगवान् के उस विराट् रूप के दर्शन करते हैं। इसी से समस्त अवतारों का प्रकटीकरण हुआ करता है, जो अनादि नादस्वरूप है। इसी नारायण से विष्णु चतुर्भुज रूप प्रकट होते हैं और छोटे-से-छोटे अंशों से देवता, मनुष्य, पशु, पक्षी, वनस्पति जगत् एवं अन्य समस्त प्राणिजगत् की उत्पत्ति हुआ करती है।

इस प्रकार सृष्टि की उत्पत्ति एवं प्रलय उसी नादस्वरूप नारायण की इच्छा है। उसी से ऋषि, मुनि, देवता, प्रजापति, मनुपुत्र इत्यादि उत्पन्न होते हैं। ऋक्, यजु, साम, आयु, चारों वेद, वेदान्त वाक्य, पुराणादि सकलशास्त्र, आख्यान, अनुवाक्, कल्पसूत्र, राग-रागिनी आदि सब-कुछ श्रीविष्णु का ही शरीरांश है। ब्रह्मा जी ने नाभि सरोवर से प्रकट हुआ वह कमल, जल, आकाश, वायु और अपना शरीर ये पाँच पदार्थ ही देखे और कुछ उन्हें दिखायी

नहीं दिया। रजोगुण से व्याप्त ब्रह्मा जी प्रजा की रचना करना चाहते थे। लोकरचना की उत्सुकता से श्री हरि में ध्यान लगाकर उनकी स्तुति करने लगे जिससे श्रुतियाँ प्रस्फुटित हुईं स्वर उच्चारित हुए ब्रह्मा जी स्तुति करते हुए कहते हैं आप ही प्रत्यक्ष रूप से मेरी तपस्या के साक्षी हैं, आप पूर्णकाम हैं आपको किसी विषय सुख की इच्छा नहीं होती। आप कृपा करके सृष्टि रचना के गूढ़ रहस्यों को समझायें इस प्रकार स्तुति से प्रसन्न होकर भगवान् श्रीहरि ने सृष्टि रचना के रहस्य को समझाया।[15]

भागवत पुराण में भी इन्हीं तथ्यों का समर्थन करते हुए कहा गया है—

''तुभ्यं मद्विचिकित्सायामात्मा मे दर्शितोऽबहिः
नालेनं सलिले मूलं पुष्करस्य विचिन्वतः।।[16]

ब्रह्मा जी को बोध कराते हुए बोले कि तुमने मेरी स्तुति और तपस्या की है यह मेरी ही कृपा का फल है। तुम त्रिलोकों को तथा जो प्रजा मुझमें लीन है, उसे पूर्व कल्पों की भाँति मुझसे उत्पन्न हुए अपने सर्व वेदमय स्वरूप से स्वयं ही सृष्टि की रचना करो। ऐसा कहकर प्रकृति और पुरुष के स्वामी श्रीहरि सृष्टिकर्त्ता ब्रह्म को इस प्रकार जगत् की अभिव्यक्ति करवाकर अदृश्य हो गये। तब देवगण सहित ब्रह्मा जी उनका स्तुति गान करते हैं।

यं ब्रह्मा वरुणेन्द्ररुद्रमरुतः स्तुन्वन्ति दिव्यैः स्तवै-र्वेदैः सांगपदक्रमोपनिषदै र्गायन्ति यं सामगाः ध्यानावस्थिततद्‌गतेन मनसा पश्यन्ति यं भ्रोगिनों पस्यान्तं न विदुः सुरासुरगणाः देवाय तस्मै नमः।[17]

इस प्रकार सभी देवगण सहित ब्रह्मा जी परमपुरुष, विराट् श्रीनारायण की स्तुति सामगाः अर्थात् सामवेदानुसार पद सहित करते हैं। इस प्रकार विभिन्न पुराणों में सृष्टि रचना का वर्णन एवं देवताओं का स्तुति गान ऋषियों द्वारा किये जाने का वर्णन उपलब्ध होता है। शिवमहापुराण के आदि सृष्टि विवेचन में शौनक एवं सूत ऋषि के संवाद में कहा गया है कि ब्रह्मा जी सृष्टि को उत्पन्न करते हैं, विष्णु जी रक्षा करते हैं और शिव जी संहार करते हैं, उनके अतिरिक्त सृष्टि का और कोई उत्पन्नकर्त्ता नहीं है। उन भगवान् स्वयंभू ने प्रजा के सृजन की इच्छा से पहले जल को उत्पन्न किया और उस जल में वीर्य को डाला तब जल ही नर हुआ और वही नर का पुत्र कहलाया वे ही नारायण हैं। वहाँ जल में उपस्थित सुवर्ण के समान कान्तिमान् अण्डा उत्पन्न हुआ वहाँ ब्रह्मा जी ने यज्ञ करने के लिए स्वयंभू नाम से विख्यात हुए। उस अण्डे में भगवान् हिरण्यगर्भ एक वर्ष वास कर उसके दो खण्ड किये—एक आकाश और दूसरा भूमि हुआ। जल के ऊपर स्थित पृथ्वी और आकाश में दस दिशाएँ बनायीं उसी समय मन, वाणी, काम, क्रोध तथा रति आदि को बनाया तत्पश्चात् मरीचि, अत्रि, अंगिरा, पुलह, पुलस्त्य, भृगु और वशिष्ठ आदि महातेजस्वी सप्तर्षियों को उत्पन्न किया फिर ब्रह्मा जी के क्रोध से ग्यारहों रुद्र उत्पन्न हुए और सबके पूर्वज सनत्कुमार को भी उन्होंने उत्पन्न किया तत्पश्चात् चारों वेदों को बनाया संसार के समस्त प्राणियों की रचना की किन्तु इस रचना से प्रजा नहीं बढ़ी तब अपने शरीर के दो भाग स्त्री और पुरुष रूप करके सारी प्रजा की सृष्टि की।[18]

लिंगपुराण के अनुसार

जगत् ईश्वर के स्वभाव का प्रकाशन है जगत् ब्रह्म पर निर्भर है ब्रह्म जगत् पर निर्भर नहीं है। भगवान् शिव इस सृष्टि से पूर्व ही अव्यक्त लिंगस्वरूप में सदा विद्यमान रहते हैं। तत्पश्चात् वे ही व्यक्त लिंग के रूप में प्रकट होकर सृष्टि की रचना करते हैं। उन्हीं की इच्छा से उनसे प्रेरणा प्राप्त कर जब ब्रह्मा जी के हृदय में सृष्टि रचना का विचार हुआ तब उन्होंने सर्वप्रथम अहं (अविद्या) को उत्पन्न किया अहंकार से ही क्रमशः शब्द, स्पर्श, रूप, रस तथा गन्ध नामक पाँच तन्मात्राएँ उत्पन्न हुई, इन्हीं पंच तन्मात्राओं से पंच तत्त्वों की उत्पत्ति हुई। तन्मात्राओं से तात्पर्य प्रत्येक स्व के गुण-विशेष से है,. अर्थात् तन्मात्राएँ सूक्ष्म तथा तत्त्व स्थूल कहे गये हैं।

इस सिद्धान्त को अधिक विस्तृत तथा सरल ढंग से समझाते हुए कहा गया है कि अहंकार से शब्द नामक तन्मात्रा, शब्द से आकाश तत्त्व, आकाश तत्त्व से स्पर्श तन्मात्रा, स्पर्श से वायुतत्त्व से रूप तन्मात्रा, रूप तन्मात्रा से अग्नि तत्त्व से रस तन्मात्रा, रस से जल तत्त्व, जल तत्त्व से गन्ध तथा गन्ध से पृथ्वी रूपी तत्त्व की उत्पत्ति हुई।

ब्रह्मपुराण

ब्रह्मपुराण के अनुसार भगवान् विष्णु के नाभिकमल से उत्पन्न ब्रह्मा जी को सृष्टि का रचनाकार कहा गया है। इसके अनुसार जल में निवास करनेवाले नारायण सृष्टि के आदि पुरुष हैं, उन्होंने स्वर्णमय विशाल अण्डे को प्रकट किया उसी से ब्रह्मा जी प्रकट हुए ब्रह्मा जी ने उसके दो भाग करके एक को द्युलोक और दूसरे को भू-लोक बनाया। इन दोनों के बीच में आकाश को रखने के बाद उन्होंने जल के ऊपर तैरती हुई पृथ्वी को स्थापित किया तत्पश्चात् चराचर जगत् की रचना की।

ब्रह्मवैवर्तपुराण

इसमें भगवान् श्रीकृष्ण द्वारा सृष्टि की उत्पत्ति तथा उन्हीं के शरीर के विभिन्न भागों से नारायण, ब्रह्म, शिव, कामदेव, सूर्य, चन्द्र, सरस्वती, लक्ष्मी, रति आदि के प्राकट्य को बताया गया है। इन्हीं से आगे सृष्टि का विस्तार कहा गया है।

मत्स्यपुराण के अनुसार

प्रलयकाल में श्रीविष्णु द्वारा मनु एवं सप्तर्षियों की रक्षा की गयी तत्पश्चात् सृष्टि रचना की इच्छा होने पर श्रीनारायण ने सर्वप्रथम जल की रचना करके उसमें बीज डाला बीज से तेजस्वी अण्ड प्रकट हुआ फिर अण्ड से भगवान् विष्णु रूप में उत्पन्न हुए तथा नाभिकमल से ब्रह्मा जी को उत्पन्न किया ब्रह्मा जी ने तत्त्वज्ञान प्राप्तकर सृष्टि रचना का कार्य किया।

इस प्रकार विभिन्न पुराणों में अलग-अलग उच्च सत्ता को प्रधानता देकर अपने आराध्य को ही प्रधान माना और उन्हीं से सृष्टि की उत्पत्ति बतायी गयी। यह भी स्वीकार किया गया कि त्रयी शक्ति, ब्रह्मा, विष्णु, महेश एक ही परम सत्ता के तीन स्वरूप हैं। देवी भागवत में सृष्टि उत्पत्ति मातृ शक्ति अर्थात् देवी से कही गयी है। सभी पुराणों में

सृष्टि रचनाकार उच्च सत्ता की स्तुति सृष्टि रचना के साथ ही किये जाने का उल्लेख मिलता है। इस प्रकार सर्वशक्तिमान् सत्ता को ही ब्रह्म कहा गया है। भागवत्महापुराण में कहा गया है कि—

> **"अतः परं प्रवक्ष्यामि वंशान्मन्वन्तराणि च।**
> **एवं रजः प्लुतः स्रष्टा कल्पादिष्स्वात्मभूर्हरिः**
> **सृजत्यमोघ संकल्प आत्मैवात्मानमात्मना।।"**[19]

स्वामी विवेकानन्द ने एक उपमा देते हुए कहा है—"स्रष्टा और सृष्टिमाना दो रेखाएँ है, जिनका न आदि है न अन्त है और जो सामानान्तर हैं। ईश्वर नित्य क्रियाशील है महाशक्तिस्वरूप है सर्व विधाता है, जिसकी प्रेरणा से प्रलयपयोधि में नित्यशः एक के बाद एक ब्रह्माण्ड का सृजन होता है, उनका कुछ काल तक पालन होता है और तत्पश्चात् वे पुनः विनष्ट कर दिये जाते हैं।[20]

"सूर्य चन्द्रमसौधाता यथापूर्वम कल्पयत" अर्थात् इस सूर्य और चन्द्रमा को विधाता ने पूर्व कल्पों से सूर्य, चन्द्र की तरह ही निर्मित किया है।

गीता में भगवान् श्रीकृष्ण ने कहा है—**अहं सर्वस्य प्रभवो मत्तः सर्वं प्रवर्तते**। मैं ही सबकी उत्पत्ति का मूल हूँ सब मुझसे प्रवर्तित हैं, मानस, नादज, विन्दुज, उद्भिज, जरायुज, अण्डज, स्वेदज अर्थात् जड़, चेतन, स्थावर, जंगम, यावन्मान जितने प्राणी पैदा होते हैं, उन सबकी उत्पत्ति के मूल में परमात्मा के रूप में मैं ही हूँ। स्वयं मैं ही सृष्टि रूप से प्रकट हुआ हूँ।[21]

> **"सर्वभूतानि कौन्तेय प्रकृतिं यान्ति मामिकाम्।**
> **कल्पक्षये पुनस्तानि कल्पादौ विसृजाम्यहम्।।"**

भगवान् कहते हैं, हे अर्जुन! कल्प के अन्त में सब प्राणी मेरी पकृति में लय हो जाते हैं, और कल्प के आदि में मैं उनका फिर सृजन कर देता हूँ। यही भगवान् सर्वत्र व्याप्त एक आत्मा हैं तात्पर्य यह है कि उत्पत्ति, स्थिति और प्रलय तीनों ही समग्र परमात्मा के अधीन हैं।[22]

ब्रह्म अवर्णनीय है सभी ग्रन्थ उसकी महिमा का बखान करके नेति-नेति कहकर मौन हो जाते हैं, गोस्वामी तुलसीदास जी ने वर्णन करते हुए कहा है कि—

"बिनु पद चलै सुनै बिनु काना, कर बिनु कर्म करै बिधि नाना" वहीं यजुर्वेद (32-3) में कहा गया है—**"न तस्य प्रतिमाऽस्ति यस्य नाम महायशः"**

अर्थात् जिसकी इतनी महिमा है उसकी कोई प्रतिमा नहीं है। उसका कोई शरीर नहीं है फिर भी वह बिना पैर के चलता है, बिना कान के सुनता है, बिना हाथ के कार्य करता है। बिना नेत्र के सम्पूर्ण विश्व को देखता है। उसको सनातन, सबसे श्रेष्ठ और सब में पूर्ण होने से पुरुष कहते हैं।

> **"अपाणिपादो जवनो ग्रहीता पश्यत्यचक्षुः सश्रृणोत्यकर्णः।**
> **स वेत्ति वेद्यं न च तस्यास्ति वेत्ता तमाहुरग्र्यं पुरुषं महान्तम्।।**[23]

वेदों का कथन है कि अग्नि, वायु, आकाश, पृथ्वी और जल ये पाँचों तत्त्व ब्रह्म से ही आये हैं। वैदिककालीन ऋषि-मुनि इन्हीं पंच महाभूतों के सन्तुलन के लिए वेद मन्त्रों का गान करते थे। जब सत्य, धर्म, शान्ति, प्रेम और अहिंसा के अभ्यास से हुए पवित्र हृदय से वेद मन्त्रों का उच्चारण किया जाता है तब उनसे दिव्य तरंगें उत्पन्न होती हैं। इनका प्रभाव विचारों और भावनाओं को पवित्र करता है और पंच तत्त्वों को विशेषकर आकाश तत्त्व जो ब्रह्मनाद का प्रतीक है उसको प्रदूषणमुक्त करता है। हमारे वेदग्रन्थ शब्दब्रह्म का मूर्तरूप है और वेदमन्त्र शब्द रूप में ब्रह्म का प्रकट रूप है। जीवात्मा से निकलनेवाली दिव्य शक्ति ब्रह्मनाद में मिल जाती है और सार्वभौमिक सजगता का रूप धारण करती है। नाद ही वेद है, भगवान् कहते हैं, मनुष्य को इस सूक्ष्म सत्य को समझ लेना चाहिए।[24]

जब हम धरती में एक बीज बोते हैं तब वह एक बड़े पेड़ में बदल जाता है, और असंख्य बीज उत्पन्न करता है, वैसे ही अनेकों जीव अस्तित्व में आये और अनेक गुना बढ़ गये। इसके साथ ही समय का विभाजन हुआ दिन-रात, महीना और वर्ष अस्तित्व में आये। भगवान् की सर्वश्रेष्ठ रचना मनुष्य थी, प्रारम्भ में केवल दो जीवात्मा थे एक पुरुष और एक स्त्री। सम्पूर्ण मानव जाति का प्रादुर्भाव वहीं से हुआ।

यह विश्व कहाँ से आया! कैसे आया! यह कैसे स्थित है! इसका काव्यमय अद्भुत वर्णन नासदीय सूक्त (ऋग्वेद) में इस प्रकार व्यक्त किया गया है—

नासदासीन्नो सदासीत्तदानी, नासीद्रजो नो व्योमा परो यत्।
किमावरींवः कुह कस्य शर्मन् अम्भः किमासीत् गहनं गभीरम्,
न मृत्युरासीत् अमृतं न तर्हि, न राऽया अह्न आसीत्प्रकेतः।।

उस समय न सत् था न असत् न वायु थी न आकाश न ही अन्य कुछ यह सब किससे ढका था, तब मृत्यु नहीं थी, न अमरत्व न रात-दिन का परिवर्तन था।

"आनीदवातं स्वधया तदेकम्, तस्माद्धान्यन्न परः किञ्चनास" वह सत्ता का प्राण ही मानो आवरण के रूप में ईश्वर को ढके हुए था और उसका चलायमान होना प्रारम्भ नहीं हुआ था। वह सत्ता क्रियारहित होकर स्थित थी, अक्रिय थी, अचल थी स्पन्दनरहित थी। और जब सृष्टि का आरम्भ हुआ तब वह स्पन्दित होने लगी और उसी शान्त आत्म विधृत, अद्वितीय सत्ता से यह सृष्टि बाहर निकल आयी।[25]

सृष्टि का कारण इच्छा बतायी गयी है। जो सबसे पहले अस्तित्व में था वही इच्छा में परिणत हो गया और वह इच्छा कामना के रूप में प्रकट होने लगी। ऋग्वेद में बताया गया है[26]—

"कामस्त दग्रे समवर्तताधि, मनसो रेतः प्रथमं यदासीत्।
सतो वन्धुमसति निरविन्दन, हृदि प्रतीष्या कवयो मनीषा।।"

सर्वप्रथम इच्छा की उत्पत्ति हुई जो मन का अव्यक्त बीज है। ऋषियों ने अपने हृदय में प्रज्ञा द्वारा खोजते-खोजते सत् और असत् के बीच सम्बन्ध का पता लगाया। ऋषि अन्त में कहते हैं—**'सो अंग वेद यदि वा न वेद'**। कदाचित् ऐसी उन्नत अवस्था में पहुँच गये

हैं, जहाँ साधारण उत्तर से उनका समाधान नहीं हो सकता। ऋषिगण विश्व के एक नियन्ता एक सगुण ईश्वर की खोज में लगे हुए थे, एक के बाद दूसरे देवता को उच्चतम पद तक उठा देते थे। भिन्न-भिन्न स्रोतों में एक या दूसरे भाव को लिया गया है, उसका अनन्त विस्तार किया गया है। एक विशिष्ट भाव को आधार के रूप में लिया गया, जिसमें सब-कुछ आश्रित और स्थित है। उन्होंने इस प्रणाली का प्रयोग 'प्राण' रूपी तत्त्व पर किया उन्होंने प्राण तत्त्व के इस भाव का इतना विकास किया कि अन्त में वह विश्वव्यापी और अनन्त बन गया। यह प्राणतत्त्व ही सबको धारण करता है, मानव शरीर को ही नहीं सूर्य और चन्द्रमा की ज्योति भी यही है। प्रत्येक वस्तु को चलानेवाली शक्ति यही है, यही विश्व की संचालिनी शक्ति है, और यही ब्रह्म है।

कठोपनिषद् में नचिकेता तथा मृत्यु के उपाख्यान में ब्रह्म और संसार का वर्णन करते हुए कहा गया है—[27]

''यस्य ब्रह्म च क्षत्रं चोभे भवत ओदनः।
मृत्युर्यस्योपसेचनं क इत्था वेद यत्र सः।।

संसार दो शक्तियों का परिणाम है **'विधायक'** और **'विनाशक'**, बनानेवाली तथा तोड़नेवाली। विधायक शक्तियाँ भी दो तरह की हैं 'आध्यात्मिक' तथा 'भौतिक' आध्यात्मिक विधायक शक्ति का नाम ब्रह्म है। भौतिक विधायक शक्ति का नाम छत्र है। इन दो विधायक शक्तियों के अतिरिक्त विनाशक शक्ति भी हैं जिसे मृत्यु कहा जाता है।

प्रश्नोपनिषद् में रयि तथा प्राण के प्रसंग में प्रारम्भ में कत्य का पुत्र कवन्धी पिपलादि ऋषि के समीप गया और पूछा—भगवान् सृष्टि के प्रारम्भ में प्रजा अर्थात् जो कुछ भी उत्पन्न हुआ दिखायी देता है, किससे उत्पन्न होता है! ऋषि उत्तर देते हुए कहते हैं—[28]

तस्मै स होवाच प्रजाकामो वै प्रजापतिः
स तयोऽतप्यत सतपस्तास्व स मिथुनमुत्पादयते
रयिं च प्राणं चेत्येतौ में बहुधा प्रजाः करिष्य इति।।

ऋषि ने उत्तर दिया—चराचर जगत् के स्वामी प्रजापति को जब प्रजा उत्पत्ति की कामना हुई तो उसने तप किया। तप करने के बाद मिथुन को (जोड़े को) उत्पन्न किया। ये मिथुन रयि तथा प्राण हैं। उसने कहा कि मेरी भिन्न-भिन्न प्रकार की प्रजा को रयि तथा प्राण ही उत्पन्न करेंगे।

ब्रह्म ने जब सृष्टि की रचना प्रारम्भ की तब पहले-पहल क्रिया शुरू हुई होगी यह क्रिया जब अपने उग्र रूप पर आयी उस समय की अवस्था का नाम तप है इसीलिए कहा कि प्रजापति ने तप किया तप के बाद मिथुन हुआ इसका अर्थ सृष्टि में अनेकता है, इस अनेकता का प्रारम्भ द्वित्व के बिना नहीं हो सकता क्योंकि एक से दो और दो से अनेक होंगे। यह द्वित्व ही मिथुन कहलाता है। अतः सृष्टि का प्रारम्भ द्वित्व अर्थात् मिथुन से हुआ और यह मिथुन तप या सृष्टि के उत्पादन की उग्र क्रिया के बाद हुआ। उस द्वित्व

में जो दो शक्तियाँ हैं वही रयि और प्राण हैं। प्राण धन शक्ति है, रयि ऋण शक्ति है, प्राण भोक्तृ शक्ति है रयि भोग्य शक्ति है, प्राण कतृत्व शक्ति है, रयि कर्म शक्ति है। यह कथन इस बात से और स्पष्ट हो जाता है कि संस्कृत में प्राण पुंल्लिग शब्द है रयि स्त्रीलिंग शब्द है।

''यत्राधि सूर उदितो विभाति'' जिस प्रजापति रूपी आधार से उदय को प्राप्त हो सूर्य प्राची में लाली बिखेरता हुआ प्रकाशमान् होता है, तत्पश्चात् उस इच्छा को जो सृष्टि के अव्यक्त बीज रूप में उठी, यहाँ तक विस्तार किया गया है कि अन्त में उसने विश्वेश्वर का स्थान प्राप्त कर लिया। पर इन विचारों में भी उन्हें कोई समाधान नहीं प्रतीत हुआ तब आदिकारण की कल्पना अत्यन्त उदात्त रूप धारण कर लेती है और अन्त में वह आदि पुरुष की कल्पना में परिणित हो जाती है वही परब्रह्म परमेश्वर ही सृष्टि का रचनाकार है। उस परब्रह्म सृष्टि रचनाकार का विभिन्न पुराणों में विभिन्न रूपों से स्तुति गान किया गया है, भगवत कीर्ति गान के सम्बन्ध में लिंगपुराण में कहा गया है—''भगवान् की कीर्त्ति को निरन्तर गानेवाला ब्राह्मण श्रीकृष्ण के लोक को प्राप्त हो जाता है। भगवान् श्रीकृष्ण को यह गान शिव की स्तुति से भी अधिक प्रिय है।''

भगवान् की लीलाओं से सम्बन्धित अनेक गीत हैं, जैसे ब्रह्मा की ब्रह्म संहिता, नारद द्वारा गाया गया नारद पंचरात्र और शुकदेव जी गोस्वामी द्वारा गायी गयी श्रीमद्‌भागवत ये सभी भगवान् के गीतों के संग्रह हैं। जो करोड़ों वर्षों से प्रचलित हैं और आज भी लोग इनका गायन एवं श्रवण कर लाभ उठा रहे हैं।

श्रीमद्‌भागवत (1-5-22) में नारद मुनि अपने शिष्य व्यास देव से कहते हैं—''हे व्यास जी! तप त्याग, वेदाध्ययन, यज्ञानुष्ठान, वैदिक मन्त्रोच्चारण, ज्ञान और दान आदि पुण्य कर्मो का एकमात्र परम फल यही है कि भक्तों के संग में भगवान् की कीर्त्ति का गान किया जाये।''

श्री चैतन्य महाप्रभु ने सिर्फ प्रेम के लिए ही ईश्वर से प्रेम करने को श्रेष्ठ साधना कहा है। वह प्रेम भक्ति में मगन होकर प्रभु का स्तुति गान करते हुए कह रहे हैं—[29]

न धनं न जनं न च सुन्दरी कवितां वा जगदीश कामये।
मम जन्मनि जन्मीश्वरे भवताद् भक्तिर हेतुकी त्वयि।।

हे भगवान् मुझे न तो सम्पत्ति चाहिए न सन्तति न विद्या यदि तेरी इच्छा है तो सहस्रोंबार जन्म मृत्यु के चक्र में पड़ूँगा पर हे प्रभो केवल इतना ही दे कि मैं फल की आशा छोड़कर तेरी भक्ति करूँ, केवल प्रेम के लिए ही तुझ पर मेरा निःस्वार्थ प्रेम हो।

इसी प्रकार गोस्वामी तुलसीदास जी विनयपत्रिका में भक्ति योग का वर्णन करते हुए गाने लगते हैं—

सकल दृश्य निज उदर मेलि सोवै निद्रा तजि जोगी।
सोई हरिपद अनुभवै परम सुख अतिसय द्वैत वियोगी।।[30]

भक्तियोगी वही है जो पूर्णरूपेण तन्मय होकर ईश्वर से एकाकार हो चुका है यही वह शुद्ध सत्त्वमय स्थिति है, जिसमें समग्र द्वैत की परिसमाप्ति हो जाती है, उसी समय

हरिपद की अनुभूति होती है। इसी हरिपद की अनुभूति में नादब्रह्म की भी अनुभूति भक्तियोगी को हो जाती है। तात्पर्य यह है कि भाव से ही भक्ति है, साध्य और साधक का जब एकीकरण हो जाता है तभी लक्ष्य की प्राप्ति होती है। यहाँ भक्ति स्वरूप में सांगीतिक तत्त्व का निरूपण किया गया है।

भक्तिकालीन कवि सूर, मीराँ, तुलसी ने गेय पदों के माध्यम से अपने आराध्य ब्रह्म की स्तुति का गायन किया है। इन कवियों द्वारा भारतीय संगीत को जन-जन तक पहुँचाया गया। इसी काल के महान् संगीतज्ञ सन्त स्वामी हरिदास जी ने ब्रज भूमि में संगीत साधना कर संगीत में सर्वोत्कृष्ट रस भाव का प्रादुर्भाव किया। स्वामी जी भगवान् कृष्ण को संगीत सुनाकर आराधना किया करते थे। उनके संगीत स्वर सरिता के ही प्रतीक रूप तानसेन, बैजू बावरा आदि प्रकाश में आये। सन्त तुलसी की रचना रामचरितमानस दुनिया में पूज्य हो गयी, समूचे भारतवर्ष में उसके दोहे चौपाइयों का गायन धार्मिक अनुष्ठानों के रूप में होने लगा। उन्हीं की रचना विनयपत्रिका जिसमें उन्होंने अन्तस् से उठनेवाले अनाहतनाद को साकार रूप देकर भावों की अभिव्यक्ति की है। उनका कहना है कि सृष्टि तो चैतन्य का विलास है, इसे धीरे-धीरे ही समझा जा सकता है।[31]

रघुपति भगति वारि छालित चित, बिनु प्रयास ही सूझै।
तुलसीदास कह चिद् विलास जग, बूझत-बूझत बूझै।।

यहाँ पर तुलसीदास जी का कहना है कि इस चैतन्य के विलास रूप जगत् का सत्य तत्त्व परमात्मा ही है, जो समझते-समझते ही समझ में आयेगा।

इसी प्रकार सूरदास जी ने अपने सूरसागर में कृष्णभक्ति के शृंगार पक्ष का अद्भुत चित्रण किया है। उनकी रचना में भक्ति और संगीत का समन्वित स्वरूप प्रस्तुत हो रहा है, यहाँ भी उनके आत्मा से उठनेवाली आवाज अनाहतनाद ही है, जो नादब्रह्म के रूप में साकार हो रही है। वह प्रार्थना करते हैं—

अब मै नाच्यों बहुत गोपाल।
काम क्रोध को पहिरि चोलनो, कंठ विषय की माल।।
महामोह के नूपुर बाजत, निन्दा शब्द रसाल।
भरम भर्‌या मन भयौ पखावज चलत असंगत चाल।।
तृष्णा नाद करति घट भीतर, नाना विधि दै ताल।
माया को कटि फेंटा बाँध्यो, लोभ तिलक दियो भाल।।
कोटिक कला काछि दिखराई, जल-थल सुधि नहिं काल।
सूरदास की सबै अविद्या दूर करो नन्दलाल।।

कैसी विचित्र विडम्बना है जीवन-भर नाचता हुआ जीव परिणाम में केवल श्रम की अनुभूति करता है इसीलिए भक्त सूरदास व्याकुल होकर पुकार उठे कि बहुत हो चुका गोपाल, अब मैं थक गया हूँ, इस नृत्य से छुट्टी दो। यहाँ प्रस्तुत नृत्य का चित्रण समूचे मानव समाज का यथार्थ सत्य है।

इन्हीं भावों की अभिव्यक्ति करते हुए गोस्वामी तुलसीदास जी विनयपत्रिका में कह

रहे हैं—प्रभु साधारणतया नर्तक को कुछ घण्टे नाचने के बाद छुट्टी मिल जाती है। पर यह कैसा नाच है, दिन-रात चलता ही रहता है, अनादिकाल से जबसे जीव आपसे पृथक् हुआ वह नाच ही तो रहा है, अनगिनत जन्मों में विविध वेश बनाकर वह संसार को रिझाने में लगा हुआ है, फिर भी इस विश्व को वह प्रसन्न नहीं कर पाता प्रभु अब तो नाचते हुए मैं थक गया, अब इतनी कृपा कीजिये कि आपके गुणों के गीत गाता हुआ, मैं आपके द्वार पर पड़ा रहूँ।[32]

नाचत ही निसि दिवस मर्‌यो।
तबही ते न भयो हरि थिर जबते जिव नाम धर्‌यो।।
बहु वासना विविध कंचुकि भूषन लोभादि भर्‌यो।
चर अरु अचर गगन जल-थल में कौन न स्वाँग कर्‌यो।।
देव, दनुज, मुनि, नाग, मनुज नहि जाँचत कोउ उबर्‌यो।
मेरो दुसह दरिद्र दोष दुख काहू तौ न हर्‌यो।।
थके नयन पद, पानि, सुमति बल संग सकल बिछुर्‌यो।
अब रघुनाथ सरन आयो जन, भवभय बिकल डर्‌यो।।
जेहि गुनते बस होहु, रीझि करिसो मोहिसब बिसर्‌यो।
तुलसीदास निज भवन द्वार प्रभु दीजें रहन पर्‌यो।।

भक्तिकुल श्रेष्ठ मीराँबाई की अन्तःतरंगें **'मेरे तो गिरधर गोपाल दूसरो न कोई'** नादब्रह्म का ही साकार स्वरूप है। मीराँबाई को गीत गोविन्द के पदों से अद्‌भुत लगाव था सम्भवतः इस ग्रन्थ की प्रेरणा से मीराँबाई ने भजनों के गायन की परम्परा को सार्वभौमिक रूप दिया है।

गीत गोविन्द की रचना जयदेव द्वारा की गयी थी। इस ग्रन्थ में राधा-कृष्ण विषयक प्रबन्ध गीत है, जो आज भी गेय पदों में प्रचलित है। जयदेव की कोमलकान्त पदावली की मधुरता के सरस संगीत की धुनें जब गेय होती हैं तो वस्तुतः धार्मिक लोगों के मन में अत्यन्त हर्ष और सुख की अनुभूति होती है।

"ललित लवंग लता परिशीलन, कोमल मलय समीरे।
विहरति हरिरिह सरस बसन्ते।।"

न्याय दर्शन के अनुसार शब्द आकाश का गुण है। महाभारत के अनुसार संगीत के षड्ज आदि सप्त स्वर शब्द का ही विस्तार है।[33]

"तत्रैक गुण आकाश, शब्द इत्येव सस्मृतः।
तस्य शब्दस्य वक्ष्यामि विस्तरेण बहून् गुणान्।।
षड्जर्षभः गान्धारो मध्यमः पंचमः स्मृतः।
अतः परं तु विज्ञेयो निषादो धैवतस्था।।

शान्तिपर्व में भी इसी सन्दर्भ में कहा गया कि इन स्वरों की अनुभूति पटहादि वाद्य यन्त्रों के द्वारा होती है। यह भी कहा गया है कि इसकी अनुभूति वृक्षों को भी होती है।

षड्जो ऋषभ गान्धारो मध्यमः पंचमस्तथा।

धैवतश्चापि विज्ञेयस्तथा चापि निषादकः।।
एष सप्त विधः प्रोक्तो गुण आकाश लक्षणः।
त्रैस्वर्येण तु सर्वत्र स्थितो अपि पटहादिषुः।।[34]

वनस्पतियों में प्राणतत्त्व के अनुसन्धान का श्रेय आचार्य जगदीशचन्द्र बसु को दिया जाता है। महाभारत में वनस्पतियों में प्राणतत्त्व की विस्तृत मीमांसा शान्तिपर्व में मिलती है। रामायण में महर्षि वाल्मीकि ने सांगीतिक तत्त्वों की विवेचना की है—ऋषि भरद्वाज के आश्रम में भरत के स्वागतार्थ चारों ओर देवताओं की दुन्दुभी का मधुर स्वर सुनायी दिया था। देव-गन्धर्व गाने लगे और सब ओर वीणा की स्वरलहरी सुनायी दे रही थी। तत्कालीन ऋषि-मुनि संगीत की दैवीशक्ति से परिचित थे, और वे अपनी रचनाओं द्वारा शिष्यों को शिक्षा दिया करते थे। महर्षि वाल्मीकि के शिष्य लवकुश की रामायण शिक्षा तथा रामायण के गान से यह स्पष्ट हो जाता है कि शिष्यगण शिक्षा प्राप्तकर समाज में जाकर उसका गान किया करते थे—[35]

वाल्मीकीय रामायण में संगीतविहीन नगर को भरत ने अमंगल का प्रतीक मानते हुए कहा है—[36]

"भेरीमृदङ्ग वीणानां कोणसंघट्टितः पुनः।
किमद्य शब्दो विरतः सदादीनगतिः पुरा।।"

अर्थात् नगर में भेरी, मृदंग, वीणा आदि वाद्य यन्त्र स्तब्ध हैं। संगीतविहीन सम्पूर्ण नगर विषादमय है। अवश्य ही कोई अमंगल हुआ है। इस काल में प्रत्येक परिवार में ईश्वरोपासना संगीतबद्ध प्रणाली से होती थी।

महाभारत में वर्णन है कि - परीक्षित के कृष्ण द्वारा पुनः प्राण लाभ होने पर महान् उत्सव मनाया गया था, उत्सव के अवसर पर गायकों द्वारा श्रीकृष्ण की स्तुति की गयी थी-

मन्त्रोन्मत्त प्रमुदितं प्रगीत युवती जनम्।
मृदंग शंख शब्दैश्च मनोरमभमत्तदा।।

महाभारत में गायन तथा गायक दोनों तरह के शब्दों का प्रयोग हुआ है, कहीं-कहीं गायनशील शब्द भी प्रयुक्त हुआ है—**'जगुर्गीतानि गायकाः'**। महाभारत में अनेक प्रसंगों में देववाणियों का भी उल्लेख मिलता है। अर्जुन के जन्म से पूर्व जब देववाणी हुई थी, उस समय अप्सराओं ने गायन-वादन किया था उसी समय प्रसिद्ध गन्धर्व तुम्बरु ने अन्य गन्धर्वों के साथ गीत-गायन किया था। गन्धर्व एवं अप्सराओं के निवास सदैव दिव्य संगीत से निनादित रहते थे। नारद की तपस्या से प्रसन्न होकर भगवान् शंकर ने उन्हें यह वरदान दिया था कि—गायन-वादन में उनके समान तेजस्वी-तपस्वी एवं कीर्त्तिमान् और कोई नहीं होगा।[37]

"अत्रगाथा ब्रह्मगीतः कीर्तियन्ति पुराविदः।

इसी प्रकार **"दिव्य गानेषु गायन्ति गाथा दिव्याश्च भारत।"** महाभारत में यह वर्णित है कि उस समय सामगान के अतिरिक्त अन्य गाथाएँ भी गायी जाती थीं, इन गीतों में ब्रह्मगीतों का भी समावेश होता था। ब्रह्मगीत ब्रह्म की स्तुति में गाये जाते थे। सत्

चित् आनन्द अर्थात् सच्चिदानन्द और जगत् आधार, जगदीश्वर नारायण अलख निरंजन आदि विभिन्न नामों से उसी अनादि ब्रह्म को जाना जाता है। सम्पूर्ण संसार और जीवन इन्हीं पर अवलम्बित है। अठारह पुराणों के रचयिता महर्षि व्यास जी महाराज श्रीमद्भागवत में उल्लेख करते हैं—[38]

"वासुदेवपरा वेदा वासुदेवपरा मखाः।
वासुदेवपरा योगा वासुदेवपराः क्रियाः।।
वासुदेवपरं ज्ञानं वासुदेव परं तपः।
वासुदेवपरो धर्मो वासुदेवपरा गतिः।।

इस आशय से भगवान् वासुदेव सामवेद हैं। जैसा कि इन्होंने श्रीमद्भगवद्गीता में उपदेश किया है—"वेदों में मैं सामवेद हूँ" इसीलिए वह नारायण अनादिनादध्वनि से परिपूर्ण है। न उनका आरम्भ है, और न ही उनका अन्त है। इसीलिए वह अन्+अन्त अर्थात् अनन्त है। इस सन्दर्भ में गोस्वामी तुलसीदास जी श्रीरामचरितमानस में उल्लेख करते हैं—

"छीरसिन्धु गवने मुनिनाथा। जहँ बस श्रीनिवास श्रुतिमाथा।।"[39]

श्रीहरि विष्णु के मुखारविन्द से जगत् की आधार प्राणवायु जब प्रवाहित होती रहती है, उस प्रवाह में श्रुतियों के नादध्वनियों के स्पन्दन से झंकार गुंजायमान् होती रहती है। इसीलिए वह नित्य है, शाश्वत है और नादध्वनि से परिपूर्ण सामवेदस्वरूप नारायण है। इसीलिए स्वर ईश्वर है और स्वर बिना नाद के उत्पन्न नहीं होता और नाद बिना वायु के उत्पन्न नहीं होता अगर उत्पन्न हो भी तो बिना वायु प्रवाह के वह मनुष्य के कानों को सुनायी नहीं देगा, अतः वायु श्रीहरि की इच्छा से ही प्रवाहित हो रही है, वही वायु भारतीय सुषिर वाद्यों से गुजरती हुई एक ही प्रकार की वायु द्वादश स्वरों और उनकी श्रुतियों को ध्वनित करती है। इन्हीं से सामवेद है, इन्हीं श्रुतियों और स्वरों की ध्वनियों से लालित्य, आकर्षण और सम्पूर्ण भारतीय संगीत है। इसीलिए वह नादब्रह्म है और नारायण श्रुति गाथा है। इसीलिए योगीजन उनको संगीत से पुकारते आये हैं। वैदिक काल या सृष्टि के आरम्भ से ऋषि और देव समुदाय नारद, सरस्वती, भगवान् नटराज, शिव उन्हें भाव और संगीत की ध्वनियों से उनकी प्रार्थना करते हैं—[40]

"चैतन्यं सर्वभूतानां विवृत्तं जगदात्मना,
मुनादब्रह्म तदानन्दम् द्वितीयमुपास्महे,
नादोपासनयो देवा ब्रह्मा विष्णु महेश्वराः,
भवन्त्युपासिता नूनं यस्मादेते तदात्मकाः।।"

संसार में जहाँ जो भी है, संगीतमय नादब्रह्म से ओत-प्रोत सृष्टि के कण-कण में नादब्रह्म की झंकार किसी-न-किसी रूप में व्याप्त है। जैसे वायु प्रवाह में सुगन्ध व्याप्त रहती है, जो योगीजन साधक और श्रुति स्वरों के रसिक जन इनकी गहराइयों तक पहुँचने का प्रयास करते-करते विशारद हो जाते हैं, उन्हें श्रीहरि की कृपा से परम गति की भी प्राप्ति होती है। इसीलिए कहा गया है—[41]

"वीणा वादन तत्त्वज्ञः श्रुति जाति विशारदः,
तालज्ञश्च प्रयासेन मोक्ष मार्ग निगच्छति।।"

उस अनादि ब्रह्म की प्रार्थना से संगीत के स्वर मुखरित और प्रस्फुटित हुए तभी तो गोस्वामी तुलसीदास जी लिखते हैं—

"सारद सेस महेस बिधि आगम निगम पुरान।
नेति नेति कहि जासु गुन करहिं निरन्तर गान।।"[42]

तात्पर्य यह है कि अनादि नादध्वनि से परिपूर्ण परब्रह्म श्रीहरि विष्णु ही संगीत के सृजेता हैं और स्तुति से मुनिजनों, दीनों और योगियों पर दयालु होते आये हैं। यही भारतीय सनातन ग्रन्थ एक स्वर में उल्लेख करते आये हैश्व।

"ब्यास आदि कबि पुंगव नाना, जिन्ह सादर हरि सुजस वखाना।
चरन कमल बन्दउँ तिन केरे, पुरवहुँ सकल मनोरथ मेरे।।"

इस तरह सब जीवों के कल्याणकर्त्ता और इच्छा पूर्ण करनेवाले नारायण स्तुति से करुणायुक्त भावों और स्वरों से प्रार्थना करने पर कृपा करते आये हैं। "ब्रह्माण्ड के अन्तर्गत हमें जो पृथक्-पृथक् ध्वनि सुनायी देती है, वे ही सब एक साथ मिलकर एक विराट् प्रणव ध्वनि के रूप में प्रतिक्षण जगत् में सर्वत्र स्वतः उदित हो रही हैं। श्रीरामकृष्ण देव ने उस समय इस अनाहत ध्वनि के श्रवण का अनुभव किया था, उस समय वे पशु-पक्षी आदि मनुष्येतर प्राणियों की ध्वनि के यथार्थ अर्थ को समझ सकते थे, यह बात स्वयं श्रीरामकृष्णदेव के श्रीमुख से सुनी है।"[43] मनुस्मृति में कहा गया है—

"नाम रूपं च भूतानां कर्मणान्य प्रवर्तनम्।
वेदे शब्देभ्य एवादौ निर्ममे स महेश्वरः।।

सृष्टि के आरम्भ में स्वयंभू ने अनादि, नित्य और दिव्य वेदमयी वाणी का उत्सर्ग किया इससे अन्य सृष्टियाँ हुईं। महेश्वर परमात्मा ने वेद से ही नाम, रूप तथा कर्म में प्रवृत्ति बनायी इसका प्रमाण है—**"शब्द इतिचेन्नातःप्रभवात् प्रत्यक्षानुमानाभ्याँ।"[44]**

ब्रह्मसूत्र में शब्द से ब्रह्म में, ब्रह्म में शास्त्र की प्रामाणिकता सिद्ध की गयी है। यह वाणी कहीं शक्ति वृत्ति से कहीं लक्षणावृत्ति से कहीं गौणी वृत्ति से अनेक वृत्तियों के माध्यम से वाणी को व्यवहारों में देखा गया है। सर्वशक्तिमान् ब्रह्म ही इस वाणी का उपादान कारण है। परमात्मा से वेद वाणी और वेद वाणी से सब प्रपंच निकला है।

इसी वाणी से देवताओं का स्मरण करके प्रजापति ने देवताओं की सृष्टि की मनुष्य का स्मरण करके मनुष्य की सृष्टि की पितरों का स्मरण करके पितरों की सृष्टि की ग्रहों का स्मरण करके ग्रहों की सृष्टि की। श्रुति के अनुसार ऋचा में व्याप्त होनेवाले गान रूप स्तोत्रों का स्मरण करके गायन स्तोत्रों की सृष्टि की जो शैवशास्त्रों का स्मारक है। अर्थात् शास्त्रों का स्मरण करके शास्त्रों की सृष्टि की अन्य सौभाग्ययुक्त प्रजा का स्मरण करके अन्य प्रजा की सृष्टि वाणी द्वारा ही की गयी।[45]

इस प्रकार प्रजा की सृष्टि के बाद मानव समाज ने शब्दों के द्वारा अपनी बात एक-दूसरे से कहने एवं समझने तथा विचारों की अभिव्यक्ति के लिए प्रयास किये इन्हीं प्रयासों

के परिणामस्वरूप विभिन्न भाषाओं का जन्म हुआ। ईश्वरोपासना के रूप में स्तुतिगान से संगीत का जन्म हुआ संगीत ने केवल मनुष्य ही नहीं अपितु जगत् के समस्त प्राणी चेतन-अचेतन सबको प्रभावित किया है। इसका जीवन्त उदाहरण महर्षि वेदव्यास ने भागवत महापुराण में वेणु गीत नामक अध्याय में किया है। गोपियाँ कहती हैं—हे सखि! जब कृष्ण अपनी मुरली बजाते हैं तब मोर मतवाले होकर उसकी मधुर धुन पर नाचने लगते हैं। यह देखकर पर्वत पर विचरण करनेवाले पशु-पक्षी चुपचाप शान्त होकर खड़े रह जाते हैं। ये हिरणियाँ भी बंशी की तान सुनकर अपने मृगों के साथ नन्द नन्दन के पास चली आती हैं, और प्रेमभरी आँखों से उन्हें निहारने लगती हैं।''

अरी सखी गोपों की तो गति ही निराली है, वे सिर पर नोवना लपेटे गायों को एक वन से दूसरे वन में ले जाते हैं, भगवान् श्रीकृष्ण के साथ मधुर संगीत गाते हुए बाँसुरी की तान में मस्त रहते हैं। उस समय मनुष्यों की तो बात क्या पशु-पक्षी और जड़ नदी आदि स्थिर हो जाते हैं तथा अचल वृक्षों को भी रोमांच हो आता है।[46]

छान्दोग्योपनिषद् में ब्रह्म एवं सृष्टि के बारे में उल्लेख किया गया है कि आदित्य ही ब्रह्म है। **''तत्सदासीत''** वह असत् शब्द से कहा जानेवाला तत्त्व, उत्पत्ति से पूर्व स्तब्ध, स्पन्दनरहित और असत् के समान था। कार्याभिमुख होकर कुछ प्रवृत्ति पैदा होने से सत् हो गया, फिर उसमें कुछ स्पन्दन प्राप्तकर वह अंकुरित हुआ और एक अण्डे में परिणत हो गया, वह कुछ समय पर्यन्त फूटा उसके दो खण्ड हुए उससे जो उत्पन्न हुआ वह आदित्य है। उत्पन्न होते ही बड़े जोर का शब्द हुआ तथा उसी से सम्पूर्ण प्राणी और सारे भोग पैदा हुए। इसी से इसके उदय और अस्त होने पर दीर्घ शब्दयुक्त घोष उत्पन्न होते हैं।[47]

आधुनिक वैज्ञानिक भी ब्रह्माण्ड के पैदा होने पर जोर की ध्वनि होना मानते हैं। स्टीफेन हाकिंग महाविज्ञानी आइन्स्टाइन के आपेक्षिकता सिद्धान्त की व्याख्या करते हुए घोषित करते हैं कि दिक् और काल का आरम्भ महाविस्फोट से हुआ और इसकी परणति ब्लैक होल से होगी।

सृष्टि रचना का दार्शनिक स्वरूप

प्राथमिक अवस्था में सृष्टि की कल्पना इस प्रकार की गयी थी कि सम्पूर्ण विश्व की रचना ईश्वर की इच्छा से शून्य से की गयी है। इस सृष्टि का अस्तित्व नहीं था और उस शून्य से ही यह सब निकला है। द्वितीय अवस्थां में हम पाते हैं कि इस सिद्धान्त में शंका उठायी जा रही है, क्योंकि असत् से सत् की उत्पत्ति कैसे हो सकती है।

''कथमसतः सज्जायेतेति'' छान्दोग्योपनिषद् में कहा गया है।[48] यदि यह विश्व सत्तात्मक है तो वह किसी सद् वस्तु से ही निकला होगा चूँकि शून्य से तो केवल शून्य ही निकल सकता है। इस प्रकार शून्य में से ब्रह्माण्ड के रचना की प्राथमिक कल्पना त्याग दी गयी। इस समस्या का एक समाधान यह है कि प्रकृति, ईश्वर और जीव तीनों अनादि और अनन्त सत्ताएँ हैं। जिनमें प्रकृति और जीव परतन्त्र हैं और ईश्वर स्वतन्त्र। प्रत्येक जीव ईश्वर की इच्छा पर पूर्णतया अवलम्बित है। अर्थात् सृष्टि रचना ईश्वर से ही हुई है।

यदि सृष्टि है तो उसका कारण तो रहेगा ही और वही कारण ईश्वर कहलाता है। ईश्वर तभी विलुप्त हो सकता है जब इस संसार का लोप हो जाये।

सृष्टि में सृजनात्मक चेतन शक्ति का होना, सृष्टि में क्रम तथा नियमबद्धता का होना, सृष्टि में प्रयोजन अथवा उद्देश्य का प्रकट होना, सृष्टि की विविधता में एकसूत्रता का होना, सृष्टि में विशालता का होना, अस्थायित्व में स्थायित्व का होना। यह सब लक्षण जड़जगत्, वनस्पति जगत् एवं प्राणिजगत् में सर्वत्र पाये जाते हैं, जिनके आधार पर निश्चित रूप से कहा जा सकता है कि विश्वगत चेतन शक्ति की सत्ता माने बिना यह सब होना सम्भव नहीं है। जिस शक्ति के कारण सृष्टि में ये लक्षण पाये जाते हैं वही शक्ति ईश्वर है, ब्रह्म है।

आँख से हम उस सृष्टिकर्त्ता ब्रह्म के दर्शन नहीं कर सकते परन्तु अगर ध्यान को पाँचों ज्ञानेन्द्रियों की तरह एक छठी ज्ञानेन्द्रिय मान लिया जाये तो ध्यान द्वारा ईश्वर के दर्शन सम्भव हैं, जहाँ नादब्रह्म की साकार अनुभूति होती है। अस्तित्व, अभिव्यक्ति तथा अनुभूति में भेद है। पार्थिव पदार्थों का अस्तित्व है, उसकी अभिव्यक्ति भी है, और अनुभूति भी है, जबकि ईश्वर का अस्तित्व है, अभिव्यक्ति नहीं परन्तु अनुभूति होती है। यही ईश्वर की अनुभूति उसका दर्शन है।

भौतिकवादी दृष्टिकोण में प्रकृति वह शक्ति है, जो भौतिक द्रव्यों का उपयोग करके सृष्टि का निर्माण करती है। प्रकृति के भौतिक द्रव्य जिनसे सृष्टि बनती है वे दिखायी देते हैं। किन्तु वह शक्ति जिसे भौतिकवादी ईश्वर की शक्ति न मानकर प्रकृति की शक्ति मानते हैं वह नहीं दिखायी देती। इस प्रकार जब प्रकृति की भौतिक शक्ति ही नहीं दिखायी देती तब परमात्मा कैसे दिखायी दे सकता है। प्रकृति की उस शक्ति को भौतिक वादी जड़ मानते हैं और अध्यात्मवादी चेतन मानते हैं, प्रत्यक्ष दर्शन दोनों को नहीं मिलता सृष्टि में जड़ और चेतन इन दोनों को प्रतिपादित करते हुए कहा गया है—"**अनश्नन् अन्यः अभिचाकशीति**" इन दोनों के सिवाय एक तीसरा भी है जो प्रकृति तथा पुरुष इन दोनों के नियमन को देखता रहता है, वही ब्रह्म है।

आत्मा दिखायी नहीं देती, परमात्मा भी दिखायी नहीं देता पर विज्ञान से लेकर वेदान्त तक दोनों का होना स्वीकार किया गया है। विज्ञान के लिए यह प्राण शक्ति है, वही वेदान्त इसे ब्रह्म सत्ता मानता है। दोनों ही उस शक्ति के रूप में उसे स्वीकारते हैं, जो शरीर से लेकर संसार के संचालन में सहायक होती है। परमात्मा एक चेतन सत्ता है। जीवों में मनुष्य सभी प्राणियों से सर्वश्रेष्ठ है। वह सोच सकता है, निर्णय ले सकता है, कल्पना कर सकता है, स्मरण रख सकता है और सृजन तथा शोध भी कर सकता है। इन्हीं गुणों के कारण उसे परमात्मा का अंश माना जाता है। लेकिन परमात्मा को वेद, शास्त्र, महापुरुष अविनाशी मानते हैं, मनुष्य को नहीं, परमात्मा सनातन है, जीव नहीं। इसीलिए ब्रह्म सत्ता और प्राण सत्ता दोनों का केवल अनुभव किया जा सकता है, दर्शन नहीं। दर्शन उसी का हो सकता है जिसका कोई रूप या आकार मन में हो, जो देखा गया हो, उसी को देखकर पहचाना जा सकता है। उपनिषदों के अनुसार ब्रह्म अनादि, अनन्त, अव्यक्त, निराकार,

अविनाशी, निर्गुण, अरूप और अमूर्त है, परन्तु वह सर्व समर्थ है। वह कहीं भी और किसी भी रूप में व्यक्त हो सकता है।

"यत्र, येन, यतोयस्य, यस्मैयद्यद् यथा। स्यादिदं भगवान् साक्षात्! प्रधान पुरुषेश्वरः।।"

अर्थात् जिससे, जहाँ से, जिसका, जिसके लिए, जिस प्रकार, जब-जब, जहाँ-जहाँ, जो-जो हो रहा है वह सब भगवान् का साक्षात् मूर्तमान् रूप है।

सभी मतों में ईश्वर को सर्वत्र, सर्वज्ञ और सर्व समर्थ माना गया है। परन्तु उनमें कुछ उसके मूर्तरूप को नहीं मानते और अवतार में भी विश्वास नहीं करते। यद्यपि सभी मतों में उसकी प्रार्थना में उसे पुरुष रूप में सम्बोधित किया जाता है। भारतीय दर्शन में उसके अमूर्त और मूर्त रूपों की मान्यता और उपासना है, क्योंकि उनके अनुसार ब्रह्म के ही दोनों रूप हैं, ब्रह्म के अतिरिक्त किसी अन्य की सत्ता नहीं है। उसको पाँच लक्षणोंवाला कहा गया है— अस्ति (सत्) भाति (ज्ञान) प्रिय (आनन्द) नाम और रूप। इनमें प्रथम तीन ब्रह्मरूप और नाम तथा रूप जगत् या मूर्तरूप है।

ज्ञानी कहता है कि ब्रह्म सत्य, ज्ञान और अनन्त है। जिसका आदि है, उसी का अन्त होता है, ब्रह्म का न आदि है न अन्त है, इसीलिए वह अनन्त है। ज्ञानी ब्रह्म को निर्गुण और निराकार मानता है। उसकी दृष्टि से ब्रह्म को अनुभूत तो किया जा सकता है, पर उस अनुभूति को व्यक्त नहीं किया जा सकता। वहीं एक भक्त की दृष्टि में परमात्मा प्रेम है और प्रेम परमात्मा इसी प्रेम के वशीभूत भक्त उस परब्रह्म को सगुण रूप में स्वीकार करता है। वस्तुतः जीव और ब्रह्म में कोई भेद नहीं है। श्वेताश्वतर उपनिषद् में ब्रह्म को ही स्त्री, पुरुष, कुमारी एवं वृद्ध बतलाया गया है। गीता में भी **"ममैवांशो जीव लोके जीव भूतः सनातनः।"** कहकर जीव को ब्रह्म का ही अंश बताया गया है।

सृष्टि रचना के सम्बन्ध में वैज्ञानिक एवं ऐतिहासिक तथ्यों का विवेचन करते हुए श्यामाचरण दुबे ने अपनी पुस्तक मानव और संस्कृति में उल्लेखित किया है कि—पृथ्वी एक ग्रह है और यह सौर जगत् की सदस्या है और अपने अनुचर चन्द्र के साथ सूर्य की परिक्रमा करती है। पृथ्वी की उत्पत्ति के सम्बन्ध में वैज्ञानिकों के अपने अनुमान एवं सिद्धान्त हैं जिन पर आज भी गम्भीर बहसें हो रही हैं। आज से लगभग दो खरब वर्ष पूर्व न तो सौर जगत् था और न ही पृथ्वी, उनके स्थान पर एक विशाल तारा था, जिसमें एक दिन भीषण विस्फोट हुआ, इस विस्फोट से वह खण्ड-खण्ड हो गया। उसके विशृंखलित खण्डों से क्रमशः पृथ्वी, शुक्र, बुध, मंगल, शनि, बृहस्पति, नेपच्यून, यूरेनस, प्लूटो आदि-आदि बने विस्फोट तथा विशृंखलन के पश्चात् उस तारे का जो अंश शेष रह गया, उसे ही आज हम सूर्य कहते हैं। इस विस्फोट के कारण के सम्बन्ध में वैज्ञानिकों का मत है कि सूर्य का पूर्वगामी यह तारा अपनी श्रेणी से भटककर अपने से बड़े किसी महान् तारे के गुरुत्वाकर्षण सीमा में पहुँच गया, जिसने उसे अपनी प्रचण्ड शक्ति से अपनी ओर खींचा जिससे सूर्य का पूर्वगामी तारा छिन्न-भिन्न हो गया।

प्रारम्भिक स्थिति में पृथ्वी को आच्छादित करनेवाला वायुमण्डल बहुत ही कम घना था। ऐसे वायुमण्डल में जीवन की उत्पत्ति असम्भव थी, क्रमशः सूर्य का चक्कर लगानेवाले कोटि-कोटि खण्ड जो सूर्य के पूर्वगामी तारे से छिन्न-भिन्न होकर सहस्रों वर्षों से चक्कर लगा रहे थे, पृथ्वी के गुरुत्वाकर्षण के कारण खिंचकर उसमें सम्मिलित होते गये। इस तरह वायुमण्डल क्रमशः घना होता गया। घनीभूत वाष्प ने वर्षा का रूप धारण किया। वर्षा का जल ऊँची सतहों से नीची सतहों की ओर बहा और क्रमशः नदियों, झीलों तथा समुद्रों का निर्माण प्रारम्भ हो गया। वर्षा का जल ऊँची सतहों से जमीन को बहाकर नीची सतहों की ओर लेता गया, जो अनेक परतों में जमा होता गया। ये परतें पृथ्वी के इतिहास के विभिन्न अध्याय हैं।

पृथ्वी की आयु के सम्बन्ध में वैज्ञानिकों का अनुमान है, कि वह लगभग दस हजार से पचास हजार लाख वर्ष के बीच है। पृथ्वी का प्रथम जीवधारी प्रोटोजोआ आया जो स्वयं एक स्वयंपूर्ण कोष (सेल) मात्र से निर्मित था। विकास-क्रम से जीवन का रूप बदला, बिना रीढ़ के प्राणियों का जन्म हुआ, घोंघे, समुद्री जीवों और प्राथमिक मछलियों की उत्पत्ति हुई। इसी युग में कीड़े-मकोड़े और उभयचर तथा प्राथमिक पौधों ने जन्म लिया इसके बाद अन्न, फल, उच्च स्तन्य प्राणी, बड़े बन्दर आदि की उत्पत्ति हुई इसके पश्चात् मानव के पूर्ववर्ती जीवधारी पृथ्वी पर आये और अन्त में मानव स्वयं अपने विकास-क्रम से इस भूमि पर अवतरित हुआ।

चार्ल्स डार्विन ने सावयवी उद्विकास की अवधारणा जैविकीय सन्दर्भ में प्रस्तुत की थी, जिसके सर्वमान्य होते ही यह सामान्य रूप से माना जाने लगा कि मानव का विकास प्राणि-जगत् के निम्न धरातल के जीवों से क्रमशः हुआ है। प्रकृति के इतिहास की रूप-रेखा में मानव का स्थान सरलतापूर्वक निश्चित किया जा सकता है, वह प्राणि-जगत् में विकास के उच्चतम धरातल का प्रतिनिधित्व करता है। अदृश्य और अज्ञात को जानने और समझने की जिज्ञासा मानव में चिरन्तन काल से है, उसने किसी अदृश्य शक्ति अतीन्द्रिय और दैवीशक्ति के प्रभावों की अनुभूति और उनके प्रति विश्वास मान्यताओं और प्रथाओं की सृष्टि की। विभिन्न प्रकार की कलाओं का विकास किया, जिसमें संगीत कला प्रधान रही है, सम्भवतः मानव अपनी अन्तश्चेतना की कतिपय उलझनों और तनावों को दूर करने के लिए संगीत कला की सृष्टि की हो किन्तु विकास-क्रम में वह आध्यात्मिक एवं दैवीशक्तियों के स्तुति गान में प्रयोग किया जाने लगा।[49]

श्रीमद्भागवत में सारी सृष्टि को काल के द्वारा संचालित बताया गया है। **''कालः परम शोभनः''** सृजन से लेकर संहार तक सृष्टि में जो कुछ घटित होता है वह कालचक्र का ही परिणाम है। ईश्वर कालचक्र से परे है और वही काल का नियामक भी है। इसीलिए यदि सारे संसार के जीव काल से डरते हैं तो काल स्वयं ईश्वर से भयभीत रहता है। श्रीरामचरितमानस में गोस्वामी जी कहते हैं—[50]

''ऊमरि तरु बिसाल तव माया। फल ब्रह्मांड अनेक निकाया।
ते फल भच्छक कठिन कराला। तव भयँ डरत सदा सोउ काला।।

पर ईश्वर जब कालातीत होते हुए भी काल के अन्तराल में अवतरित होता है, तो काल भी धन्य हो जाता है जहाँ काल की सीमा में आना नश्वरता का सबसे बडा प्रमाण है। वही अनश्वर ईश्वर काल में आकर भी कालातीत ही रहता है। भगवान् राम एवं कृष्ण ईश्वर के अवतार हैं— एक का जन्म मध्य दिन और दूसरे का मध्य रात्रि में हुआ। मध्य रात्रि में जहाँ अन्धकार अपने चरम उत्कर्ष में होता है, वहीं मध्य दिन में प्रकाश की सर्वोच्च स्थिति होती है। तात्पर्य यह है कि ईश्वर को अन्धकार और प्रकाश दोनों की पराकाष्ठा में पाया जा सकता है।

भगवान् कृष्ण की बाललीला में नृत्य का साक्षात्कार अनगिनत बार होता है। गोपियों से नवनीत पाने के लिए वे उनके आदेश पर नाचने लगते हैं। जिस ईश्वर के संकेत पर सबको नचानेवाली माया स्वयं भी नाच उठती है, वही ब्रह्म गोपियों के संकेत पर नाच रहा है और तब भक्त रसखान उस ब्रह्म की महिमा का गान करते हुए कहते हैं—[51]

शेष, गनेश, महेश, दिनेश, सुरेसहु जाहि निरन्तर गावै।
जाहि अनादि, अनन्त, अखण्ड, अछेद, अभेद, सुवेद बतावै।।
नारद से सुक व्यास रटै, पचिहारे तऊ पुनि पार न पावै।
ताहि अहीर की छोहरियाँ, छछिया भरि छाछ पै नाच नचावै।।

महारास में गोपियों के साथ उनका नृत्य तो प्रसिद्ध ही है। भगवान् राम जब मणिमय प्रांगण में स्वयं अपना रूप देखते हैं तो आनन्द में वे नाच उठते हैं। तात्पर्य यह है कि संसार के मायामय सौन्दर्य को देखकर तो सभी जीव नाच रहे हैं किन्तु ब्रह्म नाचता भी है तो अपने ही सौन्दर्य को देखकर। इस नृत्य का साक्षात्कार करने के लिए ऐसे मणिमय प्राण की आवश्यकता है, जहाँ उसका सौन्दर्य प्रतिबिम्बित हो सके। जिनका अन्तःकरण मलिन है, वह न तो थिरक सकता है न ही मलिन अन्तःकरण में अलौकिक दृश्य की अनुभूति की जा सकती है।

मानस में मानव सृष्टि को मनु और सतरूपा से उत्पन्न होना बताया गया है, स्वयंभू मनु ने अपनी कन्या देवहूति को मुनि कर्दम को समर्पित कर दिया था। देवहूति के माध्यम से नौ कन्याओं का जन्म हुआ और अन्त में महान् पुत्र का प्राकट्य हुआ जो भगवान् कपिल के रूप में आज भी पूजित हैं, मानस में इस प्रसंग का वर्णन करते हुए गोस्वामी जी लिखते हैं—

"स्वायंभू मनु अरु सतरूपा। जिन्ह तें भै नरसृष्टि अनूपा।।
देवहूति पुनि तासु कुमारी। जो मुनि कर्दम कै प्रिय नारी।।
सांख्य सास्त्र जिन्ह प्रगट बखाना। तत्त्व बिचार निपुन भगवाना।।

जगत् के सत्य की खोज करने के लिए ऋषियों का एक वर्ग बहिर्जगत् को अक्षम मानकर अन्तर्जगत् की ओर झुका और योग ध्यानादि द्वारा अपना अनुसन्धान जारी रखा। **"एतेन योगः प्रयुक्तः"** जैसे बिना ब्रह्म के स्वतन्त्र रूपेण केवल प्रकृति जगत् का कारण नहीं बन सकती, उसी प्रकार बिना ब्रह्म के केवल संयोग स्वतन्त्र रूपेण जगत् का कारण नहीं बन सकता। इसी बात को श्वेताश्वतर-उपनिषद् में कहा गया है—[52]

कालः स्वभावो नियतिर्यदृच्छा भूतानि योनिः पुरुष इति चिन्त्यम्।
संयोग एषां नत्वात्म भावादात्माप्यनीशः सुखदुःखहेतोः।।

क्या काल या स्वभाव या नियति या यदृच्छा या स्थूलभूत कारण हैं अथवा जीवात्मा कारण हैं यह विचारणीय है। इनका संयोग भी कारण नहीं हो सकता क्योंकि वे अनात्म पदार्थ हैं, और जीवात्मा भी समर्थ नहीं है क्योंकि वह स्वयं सुख-दुःख में पड़ा है।

ते ध्यानयोगानुगता अपश्यन्देवात्मशक्तिं स्वगुणैर्निगूढ़ाम्।
यः कारणानि निखिलानि तानि कालात्मयुक्तान्यधितिष्ठत्येकः।।

उन्होंने ध्यान योग में लगकर उस परमात्मा की निज शक्ति को जो कार्यों के अन्दर छिपी हुई है, प्रत्यक्ष देखा जो देव अकेला काल और जीवात्मा समेत इन सारे कारणों का अधिष्ठाता है। योग को श्रुतियों ने ब्रह्म साक्षात्कार का मुख्य साधन माना है। योग के द्वारा ध्यान और ध्यान से समाधि की अवस्था तक पहुँचकर ऋषियों ने अन्तर्जगत् में सृष्टि रचनाकार परब्रह्म के अलौकिक ज्योतिपुंज को देखा वहीं उसके अनाहतनाद का श्रवण किया समूचे सृष्टि की कोलाहल सुनी और उस परम सत्ता (ब्रह्म) के दर्शन किये। वहीं पर सभी वेद, उपनिषद् तमाम धर्मग्रन्थों को भी देखा उनके अन्दर छुपे ज्ञान के रहस्यों की परतें खोलीं और तब उन्हें वेदान्त का सच्चा ज्ञान प्राप्त हुआ यहीं से वेदान्त का तत्त्वज्ञान आरम्भ होता है। पुनः ऋषिगण बाह्य जगत् में आकर अन्तर्जगत् से प्राप्त ज्ञान को विभिन्न धर्मग्रन्थों के माध्यम से उस सृष्टिकार एवं उसके रचना की वृहद् व्याख्या की है।

ज्ञानमेव परं ब्रह्म ज्ञानं वन्धाय चेष्यते।
ज्ञानात्मकमिदं विश्वं न ज्ञानाद् विद्यते परम।

अर्थात् ज्ञान ही परम ब्रह्म है, ज्ञान से परे कुछ नहीं है। वे आत्मा को ही ज्ञान का आश्रय मानते हैं।

मिला हुआ जीवन एक यात्रा है, जो अनन्त काल से चल रहा है। अनेक जन्मों के कर्मफल के रूप में यह मानव जन्म प्राप्त हुआ है। इस देश के अनेक ऋषियों, मनीषियों ने तपस्या करके अन्तस् के सत्य को जाना है। कोई भी व्यक्ति आत्मज्ञान का अहसास कर सकता है। ऋषियों-मुनियों ने परमात्मा को पाने के लिए कठिन परिश्रम किया है। वैज्ञानिकों ने खोज करके पृथ्वी के उपजाऊ तत्त्वों को हमारे लिये उपयोगी बनाया हमें सुसंस्कृत किया है। यह सब मनुष्य का विज्ञान है। ऋषियों-मुनियों ने परमात्मा की अनुभूति करने के लिए अन्तस् के विज्ञान की खोज की है। इसमें पहला भौतिक विज्ञान और दूसरा धर्म का विज्ञान हुआ। दोनों ने कठिन तपस्या की है। हम मनुष्य होकर डर गये और दोनों को उपलब्ध नहीं कर सके। हमने अपने जीवन का सदुपयोग नहीं किया, क्योंकि हम अपने को नहीं जान पाये। सच यह है कि आत्मज्ञान की अनुभूति के बगैर जीवन के बुनियादी सत्यों को नहीं जाना जा सकता है।

महोपनिषद् में सृष्टि रचना का वर्णन करते हुए कहा गया है कि आदि में केवल एक नारायण ही थे। ब्रह्मा, रुद्र, जल, अग्नि, सोम, आकाश, पृथ्वी, नक्षत्र, सूर्य, चन्द्रमा आदि कुछ भी नहीं था। नारायण को अकेले रहना अच्छा नहीं लगा, तब उन्होंने अन्तःस्थ संकल्प

रूपी ध्यान किया। यह ध्यान यज्ञस्तोम कहा गया है। उस ध्यान से ही चौदह पुरुष और एक कन्या की उत्पत्ति हुई। इन पुरुषों की गणना में दस इन्द्रियाँ, तेजस्वी मन, अहंकार, प्राण और आत्मा को शामिल किया गया है। इनके अतिरिक्त एक बुद्धिरूपिणी कन्या हुई, इनसे भिन्न सूक्ष्म मनवाली पंच तन्मात्राएँ और पंच महाभूत हुए। इन पच्चीसों के योग से एक पुरुष बना, उस पुरुष में विराट् पुरुष प्रविष्ट हुआ, किन्तु इस पच्चीस तत्त्वयुक्त विराट् रूप से संवत्सरों की उत्पत्ति नहीं हुई। संवत्सर को कालरूप संवत्सर ने ही प्रकट किया।

फिर उन नारायण ने अन्य संकल्पयुक्त अन्तःस्थ ध्यान किया उनके योग ध्यान से एक ऐसे पुरुष की उत्पत्ति हुई जो तीन नेत्रोंवाला था, तथा वह अपने हाथ में त्रिशूल धारण किये हुए था। यश, सत्य, तप, ब्रह्मचर्य, वैराग्य, नियन्त्रित मन, ऐश्वर्य, प्रणवयुक्त व्याहृतियाँ, चारों वेद, सम्पूर्ण छन्द उस सिद्ध पुरुष में समाहित थे, इसलिए उसका नाम ईशान एवं महादेव हुआ।

उन प्रसिद्ध नारायण ने अन्य संकल्पयुक्त अन्तःस्थ ध्यान किया—उस समय उनके ललाट से पसीना टपकने लगा—वही पसीना ही जल रूप में फैल गया, फिर जल में जलीय प्राणियों की उत्पत्ति हुई। इस प्रकार सृष्टि में प्रथम पुरुष के रूप में उत्पन्न होनेवाले भगवान् शिव से ही समस्त सृष्टि की उत्पत्ति हुई भगवान् शिव अत्यन्त संगीत प्रेमी थे उन्हीं भगवान् नटराज से ही संगीत की उत्पत्ति कही गयी है।

प्रकृति अनादि और अनन्त है कल्पान्त में यह स्थूल बाह्य जगत् अपनी सूक्ष्म अवस्था को प्राप्त होता है, और कुछ काल तक उस सूक्ष्मावस्था में रहकर पुनः बाहर आता है तथा प्रकृति नामक इस अनन्त प्रपंच को प्रकट करता है। यह तरंगाकार गति अनन्तकाल से जब स्वयं काल का ही आरम्भ नहीं हुआ था तभी से चल रही है, और अनन्तकाल तक चलती रहेगी।

विभिन्न मतों के बाद भी सभी लोग ईश्वर में विश्वास करते हैं अर्थात् संसार की उस सृष्टि, स्थिति तथा लयकारी शक्ति में विश्वास करते हैं, जिसमें यह सारा चराचर जगत् कल्पान्त में लय होकर पुनः जगत् प्रपंच रूप से बाहर निकल आता है कुछ लोग ईश्वर को सम्पूर्ण सगुण कुछ भावापन्न और कुछ उन्हें सम्पूर्ण निर्गुण रूप में मानते हैं और सभी अपनी-अपनी धारणा की पुष्टि में वेदों के प्रमाण भी प्रस्तुत कर सकते हैं पर इन सब विभिन्नताओं के होते हुए भी सभी ईश्वर में विश्वास करते हैं, भले ही वह अपने ईश्वर को अलग-अलग नामों से पुकारते हों।

सृष्टि की तरह जीवन भी अनादि और अनन्त है। शून्य से इसकी उत्पत्ति नहीं हुई क्योंकि यह हो ही नहीं सकता। सारी प्रकृति सदा विद्यमान रहती है, केवल प्रलय के समय वह क्रमशः सूक्ष्म-से-सूक्ष्म होती जाती है और अन्त में एकदम अव्यक्त हो जाती है। कुछ समय पश्चात् पुनः वैसा ही क्रम-विकास वैसे ही रूपों का प्रकाशन होता रहता है। इस प्रकार सृष्टि का आदि और अन्त नहीं होता। जहाँ कहीं हमारे शास्त्रों में सृष्टि के आदि-अन्त का उल्लेख हुआ है उसका तात्पर्य युग-विशेष के आदि अन्त से है। ईश्वर

अनादि काल से सृष्टि रच रहा है। वह कभी आराम नहीं लेता। श्रीमद्भगवद्गीता में उन्होंने कहा है कि, "यदि मैं क्षणभर के लिए आराम लूँ तो यह जगत् नष्ट हो जाये।"[53]

"यदि ह्यहं न वर्तेयं जातु कर्मण्यतन्द्रितः।
मम वर्त्मानुवर्तन्ते मनुष्याः पार्थ सर्वशः।।
उत्सीदेयुरिमे लोका न कुर्यां कर्म चेदहम्।
सङ्करस्य च कर्त्ता स्यामुपहन्यामिमाः प्रजाः।।"

निष्कर्ष रूप में यह कहा जा सकता है कि यदि जीवन है तो उसका आधार शरीर का होना आवश्यक है, शरीर होने से मन, मन के होने से उसमें विचार उठना स्वाभाविक प्रक्रिया है विचार उठने से उन पर अन्तर्मन में चिन्तन होगा, चिन्तन से उन विचारों की अभिव्यक्ति के लिए अन्तर्जगत् में हलचल होगी, उस हलचल से दिल एवं दिमाग में अनाहत ध्वनि की तरंगें उठेंगी वही तरंगें शब्दब्रह्म बनकर बहिर्जगत् में आकर साकार रूप ग्रहण करती हैं। यही बाह्य जगत् में व्यक्त होनेवाला शब्द अन्तर्मन से उत्पन्न हृदय में अनाहत रूप से निर्गुण रूप में उत्पन्न होकर अनुभव किया जाता है। जो बाह्य सृष्टि में आकर सगुण रूप से शब्द के रूप में व्यक्त होता है।

इस सृष्टि के तमाम चराचर प्राणियों में मानव को ईश्वर की सर्वश्रेष्ठ कृति माना गया है। सर्वप्रथम इसी शब्द के द्वारा उस सृष्टि रचनाकार ब्रह्म की स्तुति की गयी थी। सृष्टि के विकास के साथ-साथ इन्हीं शब्दों को संगीत का रूप मिला और संगीत आज सृष्टि के कण-कण में व्याप्त है।

इस प्रकार संगीत का प्रादुर्भाव सृष्टि की उत्पत्ति के साथ ही वेद की ऋचाओं से ब्रह्म की स्तुति के द्वारा आरम्भ होकर अपनी अन्तहीन ऐतिहासिक यात्रा में क्रमिक विकास करते हुए अध्यात्म के रास्ते से लोक संगीत तक की यात्रा पूर्ण कर रहा है। आज भारतीय संगीत दुनिया के श्रेष्ठतम संगीतों में अपना स्थान बना चुका है।

हिन्दुत्व का जीवन-दर्शन मनुष्य के जीवन की वैज्ञानिक व्याख्या करता है। हमें पेड़ों में, नदियों में, वायु में, मेघों में, प्राणों की सत्ता दिखायी देती है। समस्त चराचर प्राणवान् वस्तुओं में एक लयबद्ध संगीतमय प्राणों के स्पन्दन दिखायी देते हैं— जब वेद मन्त्रों से पत्थर में प्राणों का संचार किया जाता है, तब पत्थर में भी प्राण आ जाते हैं। जब कोई ऋषि ॐ ह्रीं, ह्रीं का ब्रह्मनाद अपनी आत्मा की अतल गहराई से करता है, तो वही पाषाण मूर्तियाँ साधक के सम्मुख साकार प्रतीत होने लगती हैं, जीवन्त हो उठती हैं। जब मनुष्य मन्त्रों से प्राणाय स्वाहा-व्यानाय स्वाहा-अपानाय स्वाहा, ब्रह्मणे स्वाहा के मन्त्रोच्चार से नैवेद्य निवेदित करता है तब उन पाषाण प्रतिमाओं में बसे हुए प्राण सूक्ष्म रूप में साकार होकर उस नैवेद्य को स्वीकार करते हैं। इस प्रकार सामवेदीय संगीत भावनाओं से की जानेवाली उपासना है। भक्तों की पवित्र भावना ही उन्हें प्रभु का प्रिय बनाती है, रावण कुलीन था, उपासक था, संगीत साधक भी था किन्तु उसे राक्षस कहा गया है, वहीं बलि राक्षस थे किन्तु उन्हें वैष्णव कहा गया है क्योंकि उनकी भावना भिन्न-भिन्न थी। नारद जी का संकल्प था, "हर हृदय में भगवान् का मंगलमय निवास हो जाये, मंगलमयी भक्ति प्रविष्ट हो

जाये'', उन्होंने भक्ति सूत्र की रचना की। भक्ति करते-करते हृदय में रसानुभूति होनी चाहिए। परमात्मा का चिन्तन करते-करते हृदय में परमात्मा का स्वरूप अनुभूत होना चाहिए। जीवात्मा को परमात्मा के साथ मिलाने का कार्य सामवेदीय संगीत द्वारा किया गया है। भक्ति का पहला लक्षण है—**''भजनं नाम सेवनम्''**। भक्ति अलौकिक और अविनाशी रस से सराबोर है जिसे सामवेदीय संगीत द्वारा साकार किया गया है।

शब्दों द्वारा अभिव्यक्ति की तीन धाराएँ—गद्य, पद्य एवं गान थे। ज्ञान की किसी भी धारा को इन्हीं माध्यमों से व्यक्त किया जाता था। वेद के ज्ञान का मूल स्रोत ऋषियों ने ईश्वर को ही माना है। ज्ञान की सार्थकता तभी सम्भव होती है जब वह पुनः अपने उद्गम तक पहुँच सके। भाषा को भावपूर्ण बनाने के प्रयास में ही मन्त्र बने। गद्य की अपेक्षा पद्य में भाव संयोग उभार की क्षमता अधिक पायी जाती है। पद्य को जब गान विद्या से जोड़ा गया तो भावना का प्रवाह अधिक पूर्णता से खुला। जब वेद के पद्यबद्ध मन्त्रों को गान विद्या से अनुप्राणित किया गया तो सामवेद बन गया। सृष्टि, सृजेता की आत्माभिव्यक्ति है। भावमय परमात्मा द्वारा रची गयी सृष्टि भी भावमय ही है। अन्तरंग जीवन हो या बहिरंग हम उसमें अपनी भावनाओं को ही प्रतिबिम्बित या प्रतिफलित होते देखते हैं।

मन की कल्पनाओं, बुद्धि के विचारों और कर्म की हलचलों के ताने-बाने भावनाओं के आधार पर ही बनते और बदलते रहते हैं। तरंगें चुम्बक की हों या विद्युत् की वे अपना चक्र पूरा करती हैं। भाव तरंगों के साथ भी ऐसा ही होता है। जिस तरह की भाव तरंगें हम विश्व चेतना में छोड़ते हैं उसी के अनुरूप भाव तरंगें किसी-न-किसी माध्यम से हम तक पहुँचती रहती हैं। ऋषियों ने यह विज्ञान समझा और सिद्ध किया।

ध्यान की गहराई का पैमाना संगीत है। तन्मयता से जो ध्यान में आरूढ़ होकर अन्तस् में उठ रहे स्वरों के बीच प्रवाहित लयबद्धता की निरन्तरता का अनुभव जिसे हो गया वह ब्रह्म भाव में प्रतिष्ठित हो जाता है। अध्यात्म संगीत का प्राण है और संगीत की आत्मा अध्यात्म में बसती है। अराजक परिवेश में इस महासंगीत को नहीं सुना जा सकता। इसके लिए स्थिर मन और चित्त का शान्त होना जरूरी है। कम ही लोग अपने अन्दर बह रहे अनन्त संगीत को सुन पाते हैं। ध्यान की गहराई में ही चैतन्य महाप्रभु एवं प्रेम दीवानी मीराँबाई का नृत्य उनके अन्तस् की गहराई से उठनेवाले संगीत के आनन्दातिरेक से होता था। स्वामी रामकृष्ण परमहंस का कहना है कि कीर्त्तन में जब भावों का ज्वार उमड़ता है, तो चेतना शिखर तक पहुँच जाती है। भाव ऊर्ध्वगामी हो जाते हैं, भावों में सात्त्विकता रहे तो समाधि का सुख मिलने लगता है।

अपने घर, परिवार, खानदान से पीड़ित होकर एक बार मीराँबाई ने गोस्वामी तुलसीदास जी को पत्र लिखकर बताया कि हमे सिद्धान्त के रास्ते पर नहीं चलने दिया जा रहा है, कृपा करके बतायें कि मुझे क्या करना चाहिए। गोस्वामी तुलसीदास जी ने उत्तर में मीराँबाई को एक कविता लिखी, उसमें उन्होंने लिखा—

''जाके प्रिय न राम वैदेही।
तजिये ताहि कोटि वैरी सम, जद्यपि परम सनेही।।

तज्यो पिता प्रहलाद, विभीषन बन्धु, भरत महतारी।
बलि गुरु तज्यो, कन्त ब्रज-बनितन्हि, भये मुद मंगलकारी।।

सूरदास जी अन्धे थे, परन्तु उनका संगीत अन्दर-बाहर दोनों को झकझोर देता था। उनकी आँखें नहीं थीं, परन्तु उनके भाव-भरे संगीत ने अनेकों की आँखें खोल दीं। अति लोकप्रिय एवं प्रसिद्ध सीरियल रामायण के संगीतकार एवं गीतकार श्रीमान् रवीन्द्र जैन से भला कौन परिचित नहीं है। चित्रकूट विकलांग विश्वविद्यालय के कुलाधिपति पद्म-विभूषण से सम्मानित स्वामी रामभद्राचार्य जी संगीत एवं अध्यात्म के उद्भट विद्वानों में से हैं। इन विभूतियों ने संगीत एवं अध्यात्म के क्षेत्र को अति समृद्ध एवं विकसित किया है। ऐसे प्रख्यात साहित्यकार, संगीतकार एवं लोकविख्यात लोगों में इनका नाम शुमार होना यह सिद्ध करता है, कि दृष्टि के बिना भी विचार, भाव एवं कर्म से बहुत-कुछ किया जा सकता है। सूरदास जी एवं सन्त तुलसीदास के समकालीन सन्त कबीर अध्यात्म की जिस भावभूमि पर पहुँचे थे उन्होंने जो अन्तस में देखा वही गाया है—

शब्द-शब्द सब कोई कहे, शब्द के हाथ न पाँव।
एक शब्द औषध करे, एक शब्द करे घाव।।
एक शब्द सुख रास है, एक शब्द दुख रास।
एक शब्द बन्धन करे, एक बने गल फाँस।।

शब्द ब्रह्म है, शब्द की शक्ति विलक्षण है। गायत्री मन्त्र की सूक्ष्म शक्ति ऊर्जा रूप मे, ओंकार गुंजन के रूप से समग्र अन्तरिक्ष में व्याप्त है। ऐसे में उच्चारित मन्त्रशक्ति का प्रभाव द्विगुणित हो जाता है। समधर्मी कम्पन एक-दूसरे को प्रभावित करते हैं। शब्द शक्ति वस्तुतः मानवीय काया तथा अन्तरिक्षीय जगत् को प्रभावित करनेवाली एक समर्थ ऊर्जा शक्ति है। यह मन एवं अन्तःकरण से प्रकट होती है।

आज के समय में भी मनोवैज्ञानिकों ने इस तरह के कुछ प्रयोग सम्पन्न किये हैं जिससे भावप्रवाहों के प्रतिफलित होने की बात प्रमाणित होती है। एक प्रयोग के दौरान मनोविद् लारेन्स डीवैलेन्स ने तनाव, आशंका, भयजनित पीड़ाओं से ग्रस्त कुछ लोगों को लिया जिनका संसार दुःख से भरा था, उन्हें सामूहिक रूप से इस भाव में विभोर होने को कहा गया—समूची सृष्टि शान्ति, प्रेम व आनन्द की तरंगों से भरी है। ये तरंगें स्वयं में समा रही हैं, और व्यक्तित्व को इन्हीं भावों से भरकर अन्तर्संगीत को जगा रही हैं। धीरे-धीरे स्वयं के अस्तित्व के रोम-रोम से यही भाव निकलकर सारे समाज में संचारित हो रहे हैं। इन भावों की गहराई में समाहित करने में आरम्भ में कठिनाई हुई। किन्तु तीन-चार दिन में सभी को रस प्राप्त होने लगा। स्वयं में परिवर्तन की अनुभूति हुई। प्रयोग में लिये गये पचास व्यक्तियों ने धीरे-धीरे जीवन रस का अनुभव किया। जो लोग जिन्दगी से निराश थे उन्हें अमृतरस वर्षण की अनुभूति हुई। उक्त प्रयोग ऋषियों द्वारा किये गये प्रयोग की तुलना में भले ही हलके हों किन्तु भावप्रवाहों की क्षमता प्रमाणित हो जाती है।[54]

एक संगीत साधक जगत् की आन्तरिक प्रकृति का उद्घाटन करता है, वह अपनी भाषा में गहनतम ज्ञान की अभिव्यक्ति करता है, जिसे समझने में बुद्धि भी असफल रहती

है। संगीत तत्त्व मीमांसा और दर्शन से उत्पन्न होता है, जिसका स्रोत अचेतन मन है। संगीत से केवल अनन्दानुभूति ही नहीं होती बल्कि यह हमारे मनोभावों को भी प्रभावित करती है। संगीत से हमारी आत्मा में भक्तिमय अनुभूतियाँ भर जाती हैं। भक्ति एक प्रकार का आवेग है, जो हमारी आत्मा को प्रभावित करता है। भारतीय संगीत दुनिया में भारतीय संस्कृति की धरोहर बनकर हमारी संस्कृति एवं संस्कार का प्रतिनिधित्व करती है।

संगीत के दृश्य-अदृश्य प्रभावों के अनुसन्धान में ऋषियों को ऐसी चमत्कारी शक्तियाँ, सिद्धियाँ और अध्यात्म का इतना विशाल क्षेत्र उपलब्ध हुआ कि इसका वर्णन करने के लिए एक पृथक् वेद की रचना करनी पड़ी। सामवेद में संगीत शक्ति के ऐसे रहस्य प्रतिपादित और पिरोये गये हैं, जिनका अवगाहन कर मनुष्य आत्मिक शक्तियों को तुच्छ से महान्, सूक्ष्म से विराट् बना सकता है। संगीत आत्मा की उन्नति का सर्वश्रेष्ठ साधन है। कविवर रवीन्द्रनाथ टैगोर ने कहा है कि, **"स्वर्गीय सौन्दर्य का कोई साकार रूप और सजीव प्रदर्शन है तो उसे संगीत ही होना चाहिए।"**

भारतीय संगीत केवल मनोविनोद का साधन न होकर आत्मा को परमात्मा से जोड़ने के भक्ति मार्ग का परम कल्याणकारी साधन है। इसीलिए आँग्लभाषाविद् महान् नाटककार शेक्सपियर ने लिखा है कि—**"भारतीय संगीत में इतना दम है कि जब वह निनादित होता है, तो फल से लदी डालिआँ धरती में झुककर इसका श्रवण करती हैं।"**

मतंगकृत नाद महिमा में भी कहा गया है—

"न नादेन बिना गीतं, न नादेन बिना स्वराः।
न नादेन बिना नृत्यः तस्मान्नादात्मकं जगत्।।

अध्याय-2

अनाहत एवं आहतनाद की वैदिक अवधारणा

चैतन्य ही ब्रह्म है, जब वह किसी उपाधि के द्वारा अविच्छिन्न नहीं होता तो वह अव्यक्त और निराकार भाव में विद्यमान रहता है। इसी को निर्गुण ब्रह्म कहते हैं। जब यह तत्त्व से अविच्छिन्न होता है तब वह साकार रूप में व्यक्त होता है। वस्तुतः निराकार और साकार एक ही है।

बिन्दु स्वरूपतः अव्यक्त है, परन्तु प्रकृति के सत्त्वगुण के सम्बन्ध से यह व्यक्त होता है। अव्यक्त रूप से व्यक्त रूप में आने में परब्रह्म अनेक रूपों में अपने को व्यक्त करता है। इसका कारण सत्त्वगुण में तारतम्य है।

एकोदेवः सर्वभूतेषु गूढ़ सर्वव्यापी सर्वभूतान्तरात्मा।
सर्वाध्यक्षः सर्वभूताधिवासः साक्षीचेताकेवलो निर्गुणश्च।।

चेतना के प्रथम स्पन्दन से वायु की उल्लासना अकारादिक वर्णों के रूप-विशेष से जो वाक् उत्पन्न होता है वही नाद है। यह नाद भावों का प्रकाशन होने पर भी अव्यक्त रहते हुए वाक्यार्थों जैसे प्रस्तुत नहीं होता तब यह अनाहतनाद कहा जाता है। इसी नाद का तात्त्विक स्वरूप भगवद्गीता में व्यक्त होता है—

"अक्षरं ब्रह्म परमं स्वभावोऽध्यात्मच्यते।
भूतभावोद्भवकरो विसर्गः कर्मसञ्ज्ञितः।।"[55]

यहाँ पर अव्यक्त अकार परमात्म तत्त्व जिसका कभी नाश नहीं होता हो ऐसे परमात्मा को ब्रह्म कहा गया है। यही शक्ति अव्यक्त संज्ञा की आख्या में निरन्तर प्रतिध्वनित होनेवाला बिन्दु है। जिसकी अवस्थिति नाद रूप में है। इसी अव्यक्तता को महर्षि पाणिनि जी के व्याकरणशास्त्र के अनुसार इसका निरूपण "ञ् म् ड्. ण् न् नाम नासिका च" इन अक्षरों का उच्चारण झंकारयुक्त अन्तिम नकार में लीन होता है, अर्थात् नकारात्मक है। यह नकार नाक के अग्रभाग में वर्तमान शून्य छिद्रों में शाश्वत रूप से प्रभावित होनेवाली यह शक्ति वर्ण रूप में बाह्याभ्यन्तर आवागमन से युक्त नकारतत्त्व प्राणवायु के रूप में है।

नकारात्मक तत्त्व की प्रधान चित्शक्ति 'दकार' 'द' धातु से समुत्पन्न 'दहने' अर्थ से प्रतिपादित है। नकारात्मक चित्शक्ति का सामरस होने पर नाद शब्द की निष्पत्ति होती

है। द्वै अक्षर 'ब्रह्म' के समागम से ब्रह्म शक्ति का समन्वित रूप ब्रह्म के रूप में प्रस्फुटित होकर 'नादब्रह्म' की आख्या में व्यक्त होता है। यहाँ अव्यक्त नाद शब्दात्मकता को प्राप्त होकर शब्दब्रह्म के रूप में उद्धृत किया गया है। प्रपंचसारतन्त्र में कहा गया है—

शब्दब्रह्मपि यत्प्रोक्तं तद्देश्यः प्रवर्त्यते।
अतः परम वाच्यं हि स्व संवेद्य स्वरूपतः।।
शब्दब्रह्मेति शब्दावगम्यर्थ विदुर्बुधाः।
स्वतोर्था बिन बोधत्वान प्रोक्तोजैताद्रशोरवः।।[56]

यहाँ अव्यक्त शक्ति शब्दात्मकता को प्राप्त होकर शब्दब्रह्म के रूप में कही गयी है। शब्दब्रह्म में शब्दत्व और ब्रह्मत्व दोनों अपेक्षित हैं। यहाँ सम्पूर्णतत्त्व व्यक्त एवं अव्यक्त भाव से उपासना के योग्य हैं। क्योंकि उपासना से ही ब्रह्म के साक्षात्कार की अभिव्यक्ति होती है।

वेदान्त और मीमांसा के विचारकों ने कहा है कि शब्द स्वयं आत्मतत्त्व है। शब्द जो बोध देता है वह व्यक्ति की आत्मचेतना का बोध है। शब्द भाव लाता है मनुष्य आत्म-चेतना के प्रकाश में उसे जान लेता है, क्योंकि शब्द आत्मतत्त्व का ही गुण है। महर्षि पतंजलि ने लिखा है कि, **"पदार्थबोधक ध्वनि को व्यवहार में शब्द कहते हैं।"** शब्द का मूल उपादान ध्वनि या नाद है। यह समुद्र की तरह है जिसमें तरंगों की भाँति शब्द बनते और विलीन होते हैं। जिस भाव को प्रस्तुत करना है, वक्ता उसी प्रकार के शब्द निर्माण कर लेता है।

नाद पर वैदिक युग के अनुसन्धान ऋग्वेद में मौजूद हैं। ध्वनि का देवता शब्द है, उसे वाक् शब्द से बोधित किया गया है और उसके आकृति की कल्पना वृषभ के रूप में की गयी है।

चत्वारि शृङ्गा त्रयोऽस्य पादा द्वे शीर्षे सप्तहस्ता सो अस्य।
त्रिधा वद्धो वृषभो रोर बीति महोदेवोमर्त्या अविवेश।।

शास्त्रियों ने शायद इसीलिए अपना प्रमुख देवता शिव को माना है। हृदय, कण्ठ और सिर यही चेतना के तीन केन्द्र हैं। शब्द इन्हीं से अभिव्यक्त होता है। शब्दब्रह्म मत में शब्द रूप चित् ब्रह्म के दो रूप हैं— 1. शब्दब्रह्म और 2. परब्रह्म, जो शब्दब्रह्म को पहचान गया वह परब्रह्म को तुरन्त पहचान लेगा।[57] प्रपंचसार में कहा गया है—

विन्दोस्तस्माद् भिद्यमानादव्यक्तात्मा स्वोऽभवति।
सस्वः श्रुति सम्पन्नैः शब्दब्रह्मेति गीयते।। [58]

यहाँ पर अधिभूत, अधिदैव और अध्यात्म रूपों में अविभक्त कारण बिन्दु जब कार्य बिन्दु आदि तीनों को उत्पन्न करने के लिए उन्मुख होकर भेद को प्राप्त होता है उसी दशा में वहाँ अव्यक्तात्मक रव उत्पन्न होता है। कारण बिन्दु से उत्पन्न यह रव सर्वगत होने पर भी व्यंजक प्रयत्न से वायु द्वारा प्राणियों के मूलाधार में व्यक्त होता है। सौभाग्य भास्कर में कहा गया है कि कारण विन्दात्मक यह अभिव्यक्त शब्दब्रह्म स्व प्रतिष्ठित रहने पर निष्पन्दन करता है और इसी का नाम परावाक् है, अर्थात् पर तत्त्व से समन्वित है।[59]

प्रपंचसारतन्त्र में भी इसका वर्णन करते हुए कहा गया है—

कालेन भिद्यमानस्तु स बिन्दुर्भवति विद्या।
स्थूल सूक्ष्म परत्वेन तस्य त्रैविध्यमिष्यते।
स बिन्दु-नाद बीज त्वेदेव च निगद्यते।।[60]

इसी कार्य बिन्दु को पश्यन्ती, मध्यमा और वैखरी के रूप में उल्लेखित किया गया है। इसमें परा प्रकृति का पुर साख्य रूप ही नाद है और वही अव्यक्तात्मक रव है—जिसे लोग श्रुति सम्पन्न शब्दब्रह्म कहते हैं। यहाँ पर शब्द में ब्रह्मत्व की व्याख्या के सन्दर्भ में आचार्य शंकर ने अपना मत प्रतिपादित करते हुए कहा है—

''पूर्वोक्तादि बिन्दु मात्रात् स्वयमथ रवतन्मात्रततामम्युष्येता कारादीनद्यष्ट कादीनपि तदनुगतान पंच विंशत्तयेव। यादीन संयुक्तधातनपि गुण सहितैः पञ्चभूतैश्च ताभिस्तन्मात्र भिर्ब्य तोत्य प्रकृतिष्य हंसज्ञा-भवेद्वप्य विश्वम्।''[61]

इसी बिन्दु तत्त्व द्वारा 'ख' तन्मात्रा अर्थात् शब्दब्रह्म नामात्मकता को प्राप्त होकर अकारादि सोलह स्वरों तथा तदनुगत ककारादि पच्चीस व्यजनों एवं गुण सहित तन्मात्राओं से युक्त पंचभूतों के साथ यकारादि संयुक्त धातुओं का रूप ग्रहण करती है। इन सोलह स्वरों तथा पच्चीस व्यंजनों से उत्पन्न शब्दों से मन्त्रशक्ति उत्पन्न होती है। कहा गया है कि कोई अक्षर ऐसा नहीं है, जिसमें मन्त्र शक्ति न हो कोई द्रव्य ऐसा नहीं है जो औषधीय शक्ति से रहित हो, कोई पुरुष ऐसा नहीं जो सर्वथा अयोग्य हो, मन्त्र विद्या शब्दब्रह्म का चमत्कारिक स्वरूप है। तक्षशिला के प्रसिद्ध विश्वविद्यालय में जहाँ अनेक विद्याओं के साथ 'मन्त्र विद्या' भी सिखायी जाती थी। **'अनभिरत जातक'** के लेखानुसार काशी में रहनेवाले एक ब्राह्मण कुमार ने तक्षशिला में सम्पूर्ण मन्त्र विद्या का अध्ययन किया था। **'चाम्येक जातक'** में लिखा है कि एक विद्यार्थी ने तक्षशिला के विश्वविद्यालय में ऐसा मन्त्र सीखा था कि वह सब प्राणियों को अपने वश में कर सकता था, उस विद्यार्थी द्वारा साँप को वश में करने का वृत्तान्त भी जातक में मिलता है।[62] इस प्रकार शब्दब्रह्म की शक्ति ही मन्त्र शक्ति के रूप में प्रयुक्त होती है। यह शक्तियाँ भारतीय प्राणाचार्यों की खोज थी जो अब तक तक्षशिला में एक जीवित विज्ञान के रूप में विद्यमान है।

सुश्रुत संहिता में इस विद्या का उल्लेख है।[63] वेदों में भी लिखा है कि धन्वन्तरि जी का यह अमृत हमारे घर में रखा है किन्तु हम पी नहीं पाते। वेद ने पुकारकर कहा है— **'शृण्वन्तु विश्वे अमृतस्य पुत्राः'** अभी तक हमने सुना ही नहीं आओ सुनें उसी शब्दब्रह्म से सोम को सम्पादित करते समय देवतागण मंगल मन्त्र का गायन करते थे, इसका उल्लेख सुश्रुत संहिता में किया गया है—

महेन्द्र राम कृष्णानां ब्राह्मणानां गवामपि।
तपसा तेजसा वापि प्रशम्यध्वं शिवाय वै।।[64]

ऋग्वेद प्रवक्ताओं में वामदेव एक प्रमुख ऋषि थे। बहुत-से सूत्र उन्हीं के लिखे हैं, तत्त्व दृष्टि ही नहीं ऋचाओं पर संगीत की अभिव्यंजना में वामदेव का स्थान प्रमुख है। साम का वामदेव गान[65] कर्मकाण्ड में प्रसिद्ध है। इस प्रकार वैदिक युग में संगीत को

शिखर पर पहुँचाने में सात महर्षियों को सर्वोच्च प्रतिष्ठा प्राप्त हुई है उनमें से एक अत्रि भी थे।

''भरद्वाजः कश्यपो गौतमो, अत्रि, विश्वामित्रो, जमदग्नि, वशिष्ठश्चैतेसप्तर्षयः'' हे संसार के द्रष्टा, हे सर्वोच्च दाता हमें भी उत्तम धन दो जिस संकट के लिए संसार ने रोया है, अत्रि ने उसे ही साम के मधुर गीतों में गाया है।[66]

मरीच, कश्यप, विश्वामित्र, वशिष्ठ, वामदेव, अत्रि जैसे ब्रह्मवक्ताओं ने ऋचाओं पर साम का निर्माण किया था। उनके प्रमुख प्रवाहण जैवाली थे, उद्‌गीथों के बड़े-बड़े महर्षि जैवाली की बराबरी नहीं कर पाते थे। इस सन्दर्भ में कामकलाविलास में लिखा गया है कि सूक्ष्म नाद से ही स्थूल का उद्‌भव होता है। सूक्ष्म (अनाहत) और स्थूल (आहत) का निरूपण करते हुए नादों का उल्लेख किया गया है—

''द्विविधा मध्यमा सा सूक्ष्म स्थूलाकृतिः स्थिता सूक्ष्मा।
नवनादमयी स्थूला नव वर्गात्मा च भूतप्यात्मा।।
अध्य कारण मन्या कयि त्वन योर्यस्ततो हेतोः।
सैवेयं नहि भेदस्तादात्म्यं हेतु-हेतुमद्‌भीष्टम्।। [67]

अर्थात् सूक्ष्म नौ नाद है, स्थूल नव वर्गात्मक तथा भूत लिपि स्वरूप है यह नौ नाद श्रोत्र ग्राह्य नहीं है अर्थात् अनाहतनाद है। योगियों द्वारा इनका अनुभव योगानुसन्धान के द्वारा किया जाता है। पदार्थादर्श में भी उल्लेख करते हुए लिखा गया है—

क्रिया शक्ति प्रधाना याः शब्द शब्दार्थ कारणम्।
प्रकिते बिन्दु रूपिण्याः शब्दब्रह्मगवत्परम्।। [68]

यहाँ क्रिया शक्ति को ही प्रधानता देते हुए शब्द और शब्दार्थ को उत्पत्ति का कारण कहा गया है। इसी सन्दर्भ में वारिवस्यारहस्य अंश में भी उल्लेख किया गया है।

ततो नव नादाः अविकृत शून्यादयोजातः तत्स मिष्टश्र च नादध्वन्यादि मध्यमा पद वाच्या नाति सूक्ष्मा परा वन्नाति स्थूला, वैखरी वदतो मध्यमाख्या मातृका मध्यमा, वयव रूपं विकृत शून्यं स्पर्श ध्वनि विन्दुशक्ति, बीजाक्षराख्यं नादात्मकं मूलाधारादिष्टके नादे, नादान्ते ब्रह्मरन्ध्रे च स्थितम्।[69]

अर्थात् उपर्युक्त नौ नादों की अविकृत शून्य स्थिति समष्टिनाद ध्वनियों में न तो अति सूक्ष्म है न ही अत्यन्त स्थूल है। इस मध्यमा में विकृतरूप शून्य, स्पर्श, नाद, ध्वनि, बिन्दु, शक्ति, बीजाक्षर निहित है। उपर्युक्त नौ नादों का मूलाधार ब्रह्मरन्ध्र है, जिसमें इसकी स्थिति है।

आचार्य शंकर के वेदान्तानुसार नाद जिस प्रक्रिया से स्थूल पंचभूतों का रूप धारण करता है उस प्रक्रिया को पिण्ड में देखा जा सकता है। जब बिन्दु विभक्त होता है तो 'अहम्' की अव्यक्त ध्वनि होती है, यही शब्दब्रह्म है। इसके भीतर इच्छा, क्रिया एवं ज्ञान अवस्थित है। इच्छा क्रिया ज्ञानात्मक नाद पिण्ड में ध्वनित होते रहते हैं पिण्ड में यह नाद परा, पश्यन्ती, मध्यमा तथा वैखरी इन चार सोपानों से विकसित होकर वैखरी स्थिति में स्वर रूप धारण करता है। इस सूक्ष्म नाद और उसके आनन्द को कुण्डलिनी योग द्वारा

भी अनुभव किया जा सकता है। यह आनन्द परब्रह्म की शक्ति का द्योतक है। इसीलिए इसे नादब्रह्म की संज्ञा दी गयी है। पश्यन्ती तथा मध्यमा के सूक्ष्म स्वरूपों का सम्बन्ध सांगीतिक स्वरों के उत्पादन में वर्तमान मानसिक प्रक्रिया के साथ है। प्रत्येक क्रिया को आरम्भ करने के पूर्व उसको करने की इच्छा उत्पन्न होती है, इच्छा करने की क्रिया में इच्छित वस्तु स्पष्टतया ज्ञात नहीं होती इस प्रकार सांगीतिक स्वर उत्पन्न करने के पूर्व उनके विषय में जो इच्छा की जाती है। मनुष्य के ध्वनि उत्पादक अवयवों से उत्पन्न जो स्वर होते हैं वे सूक्ष्म पश्यन्ती एवं सूक्ष्म मध्यमा से सम्बन्धित होते हैं।

इसी प्रकार एक वाक्य अथवा शब्द के व्यक्त वर्ण स्थूल वैखरी से उत्पन्न होते हैं। और इच्छान्तर्गत वस्तु रूप में उनके अस्फुट रूपों की उत्पत्ति सूक्ष्म वैखरी से होती है।

वेद में जिन ऋषियों का उल्लेख है वे स्वर्ग के विश्वविद्यालयों से स्नातक थे। आर्यावर्त्त का निर्माण उन्होंने किया था, वेदों का संकलन भी उन्होंने किया है। अक्षरों का निर्माण, अक्षरों से भाषा का सम्बन्ध, भाषा द्वारा भावों की अभिव्यक्ति, भाषा का व्यावहारिक मूल्य आदि प्रश्नों पर ऋग्वेद के सरस्वती, इला, भारती, वाक्, वागाम्भृणी आदि देवता वाणी और भाषा के विवेचन में लिखे गये हैं, यास्कराचार्य ने लिखा है—कि वेद के कतिपय सूत्र वेद की ही ऋचाओं से पुष्ट होते हैं कुछ इतिहास और कुछ गाथाओं से।[70]

वेद जिस भाषा में लिखे गये हैं वह भाषा ही देवगिरा है। देवगिरा से ही संगीत और संस्कृत का विकास हुआ है। ऋग्वेद में उल्लेख किया गया है—

चत्वारि वा परिमिता पदानि, तानि विदु ब्राह्मणा ये मनीषिणः।
गुहा त्रीणि निहिताने गायन्ति, तुरीयं वाचो मनुष्या वदन्ति।। [71]

पुराणों में गन्धर्वों और किन्नरों की संगीत के क्षेत्र में व्यापक चर्चा की गयी है। किन्नरों और गन्धर्वों की प्रतिमाएँ भी पुरातत्त्व में प्राप्त हुई हैं और उनका स्थान देवताओं की तरह प्रतिष्ठित है। गन्धर्वों के कलात्मक विकास के परिणामस्वरूप ही भारतीय संगीत के इतिहास में गान्धार शैली प्रतिष्ठित हुई। किन्नरों की प्रतिष्ठा में वाग्भट ने लिखा है कि 'संगीत से किन्नरों ने स्वर्ग को रसमय बना दिया था।'

"गायन्ति यत्र किन्नर्यो गौरी परिणयोत्सवम्।[72]

देवों के गणपति, इन्द्र, नागों के शिवशंकर, यक्षों के कुबेर, गन्धर्वों के चित्रसेन तथा किन्नरों के शान्तनु वैदिक साहित्य में प्रसिद्ध हैं।

सुश्रुत तथा चरक संहिता में शब्दब्रह्म से मन्त्रों की अदृश्य शक्ति के प्रमाण मिलते हैं, जिनके द्वारा मन्त्रों की शक्ति से चिकित्सा की जाती थी—

"एतैर्वेदात्मकै मन्त्रैः कृत्या व्याधि विनाशनैः।[73]
"तत्र मन्त्रं प्रयुज्जीत, अहिरसि आयुरसि सर्वतः।।"[74]

शब्द या अक्षर तो प्रतीक है, वह एक निश्चित ध्वनि का प्रतिनिधित्व करते हैं इसलिए तात्त्विक महत्त्व उस ध्वनि का है, जो किसी नियत अक्षर से अभिव्यक्त होती है। प्रत्येक ध्वनि का अर्थगाम्भीर्य उसके स्वरों पर निर्भर करता है। ह्रस्व, दीर्घ, प्लुत, उदात्त, अनुदात्त, स्वरित, अनुनासिक तथा निरनुनासिक इनकी अवान्तर श्रुतियों का सम्मिश्रण

न जाने कितने राग और रागिनियों का जनक हो सकता है। स्थान और प्रयत्न भेद से एक 'अ' वर्ण ही 18 प्रकार का होता है, श्रुति और अनुश्रुतियों के भेद से वह असंख्य रूप धारण कर सकता है, इसकी गणना असम्भव है।

सारे शब्द और अक्षर जो ध्वनिमात्र के प्रतीक होते हैं। वे एक 'नाद' के मूर्तरूप हैं। वह नाद जिसे वक्ता के अतिरिक्त कोई सुन नहीं सकता। स्थान और प्रयत्न के बिना भी वह प्रत्यक्ष है। स्थान और प्रयत्न से उच्चारित ध्वनि आहतनाद है। किन्तु आहतनाद का स्रोत वह अनाहतनाद ही है। हम उसे मूल ध्वनि या अन्तर्नाद कह सकते हैं।

योगशास्त्र में इस अन्तर्नाद को ही धारणा, ध्यान और समाधि का साधन कहा गया है। इसी में अनाहतनाद की अनुभूति अन्तर्निहित है। ध्वनि अथवा नाद के आधार पर सुश्रुत ने विष चिकित्सा का एक आश्चर्यजनक प्रयोग लिखा है—

ओषधियों का कल्प बनाकर एक दुन्दुभी में लेप करे व सुखा ले। फिर जिस व्यक्ति को सर्प ने काटा हो उसे जागृत रखने के लिए वहीं नगाड़ा बजाया जाये तो वह ध्वनि सर्प के विष को दूर कर देगी।[75] जब ध्वनि चिकित्सा का आधार हो सकती है, तब शब्द तो ध्वनि और वक्ता के मनोभावों के सम्मिश्रण से उत्पन्न होते हैं। चिकित्सक की मानसिक शक्ति ही ध्वनि पर आरूढ़ होकर मन्त्र बन जाती है।

बृहदारण्यक उपनिषद् में याज्ञवल्क्य और उनकी पत्नियों मैत्रेयी और कात्यायनी के संवाद में मधुविद्या का प्रसंग आया है। उसमें महर्षि याज्ञवल्क्य ने मैत्रेयी को मधुविद्या प्रदान की थी। इस मधुविद्या के रूप में जो तत्त्व प्रदान किया गया उसमें विज्ञान और अध्यात्म का समन्वित रूप है। उन्होंने कहा कि वीणा के स्वर मधुर होते हैं, उसको पाने के लिए स्वर नहीं पकड़े जा सकते इसलिए वीणा को पकड़ो, बजते हुए शंख की ध्वनि को नहीं पकड़ा जा सकता, ध्वनि पकड़ना है तो शंख को पकड़ो। स्वस्थ और सुखी रहने के लिए आत्मतत्त्व को प्राप्त करो क्योंकि सुख का स्रोत वही है।[76]

धन्वन्तरि सम्प्रदाय में पुरुष को तीन प्रकार से विश्लेषित किया गया है,1. अधिभूत 2. अधिदेवत और 3. अध्यात्म। जैसे बुद्धि अध्यात्म है, बोधव्य अधिभूत है और ब्रह्म अधिदैवत है। अहंकार अध्यात्म है। बुद्धि का अधिदैवत रूप ब्रह्म है, अहंकार का रुद्र, मन का चन्द्रमा, श्रोत्र की दिशाएँ, हाथों का इन्द्र, पैरों का विष्णु, गुदा का मित्र, उपस्थ का प्रजापति, त्वचा का वायु, चक्षु का सूर्य, रसना का जल, घ्राण का पृथ्वी और वाणी का अग्नि। इस अधिदैवत विवेचन से स्पष्ट होता है कि शरीर की विभिन्न क्रियाओं का अधिदैवत रूप ही प्रकृति की सम्पूर्ण क्रियाओं का अधिदैवत रूप है। प्रकृति में कार्य करनेवाली शक्तियाँ ही शरीर के अन्दर भी कार्य करती हैं।

चरक के विचार से जगत् में सब-कुछ दो भागों में विभक्त हैं—सत् और असत्। इनके प्रमा ज्ञान के लिए, प्रत्यक्ष, अनुमान, आप्तोपदेश तथा युक्ति ये चार साधन उन्होंने बताये हैं। चरक का सिद्धान्त है कि बाह्य सृष्टि में जो तत्त्व काम कर रहे हैं वही तत्त्व मनुष्य के अन्दर विद्यमान है और वही तत्त्व एवं नियम कार्य करते हैं।[77] इसी कारण

से मनुष्य अपने ज्ञानेन्द्रियों से पाँच गुणों का प्रत्यक्ष अनुभव करता है— 1. शब्द, 2. स्पर्श, 3. रूप, 4. रस और 5. गन्ध। शब्द का आधार आकाश है, स्पर्श का वायु, रूप का तेज, रस का जल और गन्ध का पृथ्वी ये पाँचों आधार पंचभूत कहे गये हैं। न्याय दर्शन में कहा गया है—

"पृथिव्या यस्तेजो वायुराकाश मिति भूतानि।"

मनुष्य की सम्पूर्ण अनुभूतियाँ इन्हीं पाँच गुणों के अन्दर सीमित है परन्तु इन पाँच गुणों का ज्ञान करानेवाला एक तत्त्व और है वह चेतन आत्मा है। पंचभूतों में ज्ञान और चेतना किसी तत्त्व में नहीं है इसलिए यह छठा तत्त्व आत्मा ही है। आत्मा का स्थान हृदय में है। हृदय ही जीवन का आधार है और सभी प्रकार की अनुभूतियाँ हृदय से की जाती हैं। चरक सूत्र में कहा गया है—

प्रतिष्ठार्थ हि भावनामेषां हृदयमिष्यते
गोपान सीनामागार कर्णिके वार्थ चिन्तकैः।।[78]

स्पर्श से जिस धडकन का ज्ञान होता है वही जीवन है, वह जीवन हृदय के आश्रित है। शरीर, इन्द्रिय, मन और आत्मा का एकत्र संयोग ही जीवन है। इस जीवन से जो चेतना उत्पन्न होती है उसका महान् केन्द्र हृदय ही है। जीवन शक्ति को बल देनेवाला मुख्य तत्त्व ओज का केन्द्र भी हृदय है इसीलिए वह 'महत्' है। और चूँकि शरीर, इन्द्रिय, मन और आत्मा संयुक्त रहने के लिए हृदय से ही अर्थना करते हैं इसलिए वह अर्थ भी कहा जाता है आत्मचेतना की अनुभूति इसी केन्द्र में होती है। नादब्रह्म, शब्दब्रह्म और अनाहतनाद सभी का यह केन्द्र बिन्दु है। शब्द आकाश का गुण है, किन्तु 'नाद' पंचमहाभूतों पर आश्रित है, बिना पंच महाभूतों के अनाहतनाद की उत्पत्ति असम्भव है। अतः अनाहतनाद का पंच महाभूतों से अन्योन्याश्रित सम्बन्ध है।

ज्ञान किसी के आलम्बन से उत्पन्न नहीं होता वह स्वयं प्रकाशित होनेवाला तत्त्व है। वह निरालम्ब है। एक ऐसा अपार समुद्र है जिस पर किसी का आधिपत्य नहीं है। दर्पण में अपना प्रतिबिम्ब दिखायी देता है पर वह सत्य नहीं है क्योंकि दर्पण में अपना मुख नहीं है तो भी प्रतिबिम्ब को ज्ञान का आधार माना जाता है, जो अवास्तविक है। इसी प्रकार किसी व्यक्ति को ज्ञान का आलम्ब मानना भी मिथ्या है। क्योंकि ज्ञान स्व प्रकाश है वही ब्रह्म है। उपनिषदों में कहा गया है—**"वह वाणी और शब्द का विषय नहीं है केवल अन्तःकरण से मिश्री के माधुर्य की भाँति अनुभव होता है।"**

वैदिक साहित्य में भगवान् शिव को कैलास पर समाधिस्थ रहने का वर्णन विभिन्न स्थानों में मिलता है। भगवान् शिव के इस समाधि का तत्त्व क्या था उनके इस समाधि से क्या अनुभूति प्राप्ति होती थी यह निर्णय करना कठिन था। कालिदास ने इस भाव को अपने शब्दों में लिखा है—**"स्वयं विधाता तपसः फलानां केनापि कामेन तपश्चकार।"** जो भगवान् शिव दूसरों को तपस्या का फल प्रदान करते थे वे स्वयं न जाने क्या पाने के लिए तपस्या करने बैठे हैं।[79] निश्चय ही वह समाधिस्थ होकर अपने अनुयायियों को ब्रह्मानन्द की प्राप्ति के लिए एक प्रेरणा स्रोत के रूप में आदर्श स्थापित करना चाहते थे।

वैदिक युग में भगवान् शिव एवं उनके परिवार की पूजा धर्म बन गयी थी। कालिदास ने उस युग की वाणी को इन शब्दों में व्यक्त किया है—

वागर्थाविव सम्पृक्तौ वागर्थ प्रतिपत्तये।
जगतः पितरौ वन्दे पार्वती परमेश्वरौ।।

वाणी और अर्थ की प्राप्ति के लिए विश्व के माता-पिता पार्वती एवं शिव को मेरी श्रद्धा स्वीकार हो जो शब्द और अर्थ की भाँति नित्य सम्बद्ध है। वायुपुराण में भी यही उल्लेख है—

"शब्द जातमशेषं तु धत्ते सर्वस्य वल्लभा।
अर्थ रूपं यदखिलं धत्ते मुग्धेन्दु शेखरः।।

दार्शनिक सत्य यह है कि न्याय, वैशेषिक तथा सांख्य योग से आगे बढ़कर उस युग में भारतीय संगीत की राष्ट्रीय मीमांसा के उस शब्दब्रह्म का साक्षात्कार करने को उद्यत था जिसके प्रकाश के बिना तमोमय विश्व प्रकाशित नहीं होता।

वैदिक काल से आधुनिक काल तक वाणी में निहित स्वरों एवं स्वयंभूनाद आदि द्वारा उत्पन्न रसानुभूति के अनेक अलौकिक, कल्याणकारी एवं विचित्र चमत्कारी उदाहरण मिलते हैं। वेदों तथा उपनिषदों में आत्मा एवं परमात्मा के सौन्दर्य का जिस प्रकार वर्णन किया गया है उसी आधार पर ध्वनिवादी आचार्यों ने इस सौन्दर्यानुभूति को स्व प्रकाशानन्द अर्थात् आत्मचैतन्य से अलौकिक आनन्दानुभूति प्रमाणित किया है।

भूतपूर्व प्रधानमन्त्री अटल बिहारी वाजपेयी ने वेदों की महिमा का बखान करते हुए कहा है—

वेद-वेद के मन्त्र-मन्त्र में, मन्त्र-मन्त्र की पंक्ति-पंक्ति में,
पंक्ति-पंक्ति के शब्द-शब्द में, शब्द-शब्द के अक्षर स्वर में,
दिव्य ज्ञान-आलोक प्रदीपित, सत्यं शिवं सुन्दरम् शोभित,
कपिल, कणाद और जैमिन की स्वानुभूति का अमर प्रकाशन
विशद-विवेचन प्रत्यालोचन, ब्रह्म जगत् माया का दर्शन।।

वेदों से सार तत्त्व को सरलतापूर्वक पुराणों में व्यक्त किया गया है। यहाँ पर वेद वाक्य **"ये त्रिसप्ता पर्यन्ति विश्वांरूपाणि"** के रूप में उद्धृत किया है। नारदपुराण में इसी तथ्य को प्रमाणित करते हुए कहा गया है—

सर्व तत्त्वम मयं सान्तं सर्व ब्रह्माः मीश्वरम्।
सहस्र शीर्षकं देवं वन्दे भावात्मकम् हरिम्।।[80]

इसी तत्त्व को भागवतपुराण में विशुद्ध तत्त्व के रूप में स्वीकार किया गया है। यहाँ वैदिक एवं पौराणिक मतों से नादात्मा ब्रह्म के वास्तविक भाव की पुष्टि होती है।

न सोस्ति प्रत्ययोलोके यः शब्दानुगमादृते।
अनुविद्धमिव ज्ञानं सर्व शब्देन भाषते।।

वाणी पदार्थ का रहस्य प्रकाशित करती है और अपना स्वयं भी विश्व में ऐसा कोई ज्ञान नहीं है जो वाणी के प्रकाश के अन्तर्गत न हो। गुरु शिष्य को कुछ नहीं देता केवल

गुरु की वाणी ही अज्ञात को ज्ञात करा देती है। अँधेरे में बिना दीपक वाणी से व्यक्ति का परिचय एक-दूसरे को होता है। यह प्राणी विश्व में आता है तो सृष्टि रचना से सर्वथा अपरिचित। वाणी द्वारा ही विश्व का ज्ञान प्राप्त कर लेता है सारा साहित्य वाणी (शब्द) का ही संकलन है। अर्थात् समूची सृष्टि शब्दब्रह्म से ओत-प्रोत है। जिस प्रकार वाणी से अर्थ और अर्थ से वाणी का अभिन्न सम्बन्ध है, उसी तरह अनाहतनाद से आहतनाद का घनिष्ठ सम्बन्ध है। किसी ने राम के चरित्र में किसी ने श्याम के चरित्र में एक ही तत्त्व का साक्षात्कार किया। महर्षि वेदव्यास ने भागवत में लिखा है कि- वासुदेव की भक्ति में ही ज्ञान है, वासुदेव की ही भक्ति में तप है, वासुदेव की ही भक्ति में धर्म है और वासुदेव की ही भक्ति में मुक्ति है।[81]

देवता शब्द विज्ञान में भावात्म संज्ञा है, इतिहास में जातिवादी, ज्योतिष में समुदाय -वाची तथा आयुर्वेद में जीवन के विभिन्न पहलुओं को बोधित करनेवाला तत्त्व देवता होता है। वही संगीत से आत्मतत्त्व में बोधित होनेवाला ब्रह्म है।

"एको देवः सर्व भूतेषु गूढः।" (ऋग्वेद)

"रूपंरूप प्रतिरूपो बभूव।" (उपनिषद्)

वस्तुतः सम्पूर्ण विश्व का देवता एक ही है किन्तु उसके अन्तर्गत कार्य करनेवाले अनेक देवता हैं जो एक-एक वस्तु की सत्ता के प्रतिनिधि हैं। एक ही शक्ति कारण कार्य भेद से अनेक रूपों में बँट गयी है। अनेक रूपों में बँटी हुई वह शक्ति ही अनेक रचनाओं का देवता है। इसीलिए देवता चेतन है। पहाड़, समुद्र, सूर्य, चन्द्र, नक्षत्र में जो भी अभिव्यक्ति हम देखते हैं वह देवता का ही प्रत्यक्षीकरण है। कारणों से कार्य का जन्म होने से पूर्व भी देवता अन्तर्निहित रहता है। इसलिए जड़ कहे जानेवाले पदार्थ में भी देवता की चेतना सक्रिय रहती है। अतः किसी वस्तु के मौलिक तत्त्व और समन्वय की खोज, चिन्तन अथवा साधना का नाम ही उस देवता की पूजा है। उसका परिज्ञान ही प्रसाद है और उससे प्राप्त होनेवाला आनन्द ही उस देवता का वरदान है।

वेद की संहिताओं में लाखों मन्त्र हैं, प्रत्येक मन्त्र का एक देवता है, वह देवता मन्त्र का प्रतिपाद्य तत्त्व होता है। देवत्व को भारतीय दर्शन में 'भूमा' कहा गया है। मनोविज्ञान का यह नियम है कि जब मन भूमा पर पहुँच जाता है तब अवयवों का दुःख समाप्त हो जाता है। भूमा की साधना ही मन्त्र की साधना है। इस प्रकार मनुष्य मिथ्या है, मनुष्यत्व अमर अवयव मिथ्या है और देवता ही सत्य है। निरुक्त में कहा गया है—**"सत्यं वै देवाः अनृतं मनुष्याः।"**

गान कला का अन्तिम ध्येय देवत्व की प्राप्ति है। साधक उस आनन्द रस के जितने गहरे पहुँचता है, उतना ही महान् होता है। यह सौन्दर्य की 'भूमा' है। अवयव सुन्दर नहीं होते, 'भूमा' ही सुन्दर है। इसलिए सबसे महान् साधक वह है जो सत्य और शिव होने के बाद सुन्दर भी है। इस प्रकार गान का सौन्दर्य ही देवता है। नाद में ब्रह्म के सौन्दर्य को ढूँढ़ना ही सत्य और शिव की साधना है।

भगवान् कृष्ण के भेजे उद्धव वृन्दावन गये गोपियों से मिले, सौगात और उलाहनें लेकर लौटे। श्रीकृष्ण ने पूछा उद्धव गोपियों से क्या वार्त्ता लाये हो सुनाओ, उद्धव ने जो सुनाया वह द्रष्टव्य है—

आँसुनि की धार औ उभार कौ उसासनि के,
तार हिचकीन के तनिक लेन देहु।।
कहैं रतनाकर फुरन देहु बात रंच,
भावनि के विषम प्रपंच सरि लेन देहु।।
आतुर ह्वै और हूं न कातर बनावो नाथ,
नैकुस निवारि पीरधीर धरिलेन देहु।।
कहत आवै है कहि आवत जहाँ लौ सबै,
नैकु थिर कढ़त करे जो करिलेन देहु।।[82]

इस तन और मन दोनों को विकल करनेवाली व्यथा ब्रह्म और जीव के बिछोह को स्पष्ट कर रही है। संगीत की शक्ति से नाद साधना द्वारा जीव और ब्रह्म एकाकार हो जाते हैं। मनुष्य स्वयं एक महान् शक्ति पुंज है। किन्तु वह अपनी शक्ति को नहीं जानता क्योंकि उसे ज्ञान के जो साधन इन्द्रियों के रूप में प्राप्त हैं वे पराञ्चि है उन्हें अवाञ्चि किया जाये तब आत्मचिन्तन हो इस अवाञ्चीकरण का नाम ही योग है। मनुष्य को जो कुछ दिखायी देता है वह केवल शरीर है। शरीर के अन्दर जो भी है वह पराञ्चि आँखों से नहीं दिखायी देता। भारत के प्राणाचार्यों ने उस तत्त्व की खोज की और अन्तर्जगत् के रहस्यों का उद्घाटन किया।

उन्होंने शब्द की चार अवस्थाएँ बतायी हैं— परा, पश्यन्ती, मध्यमा और वैखरी। पश्यन्ती, मध्यमा और वैखरी के क्रमशः प्रतीक हैं 'अ' 'उ' 'म' परा का प्रतीक नहीं होता। हृदय में पश्यन्ती, शिर में मध्यमा और कण्ठ में वैखरी होती है। वैखरी श्रवण के क्षेत्र का वशीकरण है। संगीत में अनाहतनाद इसी के अन्तर्गत होता है। मध्यमा मन का वशीकरण है। पश्यन्ती ध्यान का वशीकरण एवं परा सारे ब्रह्माण्ड का वशीकरण है।

ध्वनि की शक्ति से पशु-पक्षी भी बस में किये जाते हैं। साँप जैसा भयानक विषधर ध्वनि की राग-रागिनियों से इतना बँध जाता है कि अपना उग्र स्वभाग छोड़कर आक्रमण करना और काटना भूल जाता है। हिरण, शेर, चीता और भालू आदि प्राणियों की यही दशा है।

सन्त हरिदास के शिष्य बैजू बावरा के संगीत में यह बल प्रत्यक्ष था कि जब वह गाते, सैकड़ों पशु-पक्षी उनके चारों ओर इकट्ठे हो जाते थे। हम जब प्रेम की भाषा बोलते हैं तो दूसरों में प्रेम भर जाता है। शास्त्रकारों ने लिखा है कि दीपक राग गाते-गाते गायक के चारों ओर के वातावरण में आग की लपटें प्रदीप्त हो उठती हैं। जैजैवन्ती का राग जब वातावरण में घुल जाता है, वियोग और विप्रलम्भ के भाव सारे श्रोताओ में हठात् भर जाते हैं। इस प्रकार भावनाओं का अभियान शब्द द्वारा ही सम्पादित होता है। शब्द की शक्तियाँ वक्ता के भावों की प्रेरणा ही हैं किन्तु उन प्रेरणाओं का माध्यम केवल शब्द होता है। स्थूल

शब्द (वैखरी वाणी) जितना प्रभाव करता है, सूक्ष्म शब्द (मध्यमा और पश्यन्ती) उससे कहीं अधिक प्रभावशाली हैं।

"शब्द का केन्द्र चेतन आत्मा है। आत्मा की प्रेरणा से मन सक्रिय होता है वही शरीरगत अग्नि और वायु को सक्रिय करके शब्द का उच्चारण प्रस्तुत करता है।"[83] शब्द वाच्यार्थ प्रस्तुत करता है, उसके अनन्तर लक्षणा, व्यंजना और ध्वनि द्वारा प्रतीत होनेवाले अर्थ आत्मा की इच्छा से ही प्रकट होते हैं।

सम्पूर्ण ब्रह्माण्ड का विश्लेषण 'अ' 'उ' 'म्' में समाविष्ट है क्योंकि पिण्ड और ब्रह्माण्ड का वैज्ञानिक निर्माण एक जैसा है इसलिए 'अ' का अर्थ जन्म 'उ' का जीवन और 'म्' का मृत्यु भी होता है। इन्हें आदि मध्य और अवसान भी कह सकते हैं। म् हलन्त है क्योंकि उसके आगे प्रवाह नहीं रहता।

इसी प्रकार शरीर के वैज्ञानिक विश्लेषण के सैकड़ों मन्त्र वेदों में मिलते हैं। उनका भी 'कूट' मन्त्र 'भूः' भुवः स्वः बताया गया है। भूः माने प्राण भुवः माने अपान और स्वः माने व्यान। प्राण, अपान और व्यान द्वारा ही शरीर मन और प्राण का संचालन होता है। वैदिक मन्त्रों में ऋषि, छन्द, देवता और विनियोग ये चार बातें प्रत्येक मन्त्र के साथ जुड़ी हैं। ध्वनि, अक्षर, मात्रा, विराम, स्वर, व्यंजन, अनुस्वार, विसर्ग, उदात्त, अनुदात्त, स्वरित, ह्रस्व, दीर्घ, प्लुत और हलन्त्य सभी मन पर भिन्न-भिन्न रूप से प्रभाव करते हैं।

मन्त्र योग स्वयं एक शैली है। मन्त्र योगी तीन तरह की शक्तियों का प्रयोग मन्त्र चिकित्सा में करते हैं। साधना, संकल्प और शब्द इन तीनों का समुच्चय ही मन्त्र है। ध्वनि की प्रथम प्रेरणा, ओऽम् या ह्रीं है। मन्त्र यहीं से आरम्भ होता है। स्वर अक्षरों की आत्मा है, व्यंजन शरीर, स्वर और व्यंजन का समुच्चय मन्त्र बन जाता है। जैसे आत्मा और शरीर का समन्वय जीवन कहा जाता है दोनों का समन्वयन प्राण होता है।

कहा गया है कि सन्त तुलसीदास एक बार वृन्दावन गये थे, किसी मन्दिर में भक्त लोग उन्हें ले गये। वैष्णव परिपाटी के अनुसार भक्तों ने भगवान् की साष्टांग वन्दना की, किन्तु भक्त तुलसीदास नहीं झुके। भक्तों ने इसका कारण पूछा तब तुलसीदास बोले प्रभु को मैंने राम के रूप में धनुष-बाण लिये हुए ही सदैव ध्यान किया है, मुकुट और काछनी के साथ कभी नहीं, वही मुद्रा हो मेरा मस्तक तभी झुकना चाहता है।

मोर मुकुट कटि काछनी भले बने हो नाथ।
तुलसी मस्तक तब नवै धनुष बाण लेउ हाथ।।

तुलसी ने सामने देखा तो श्याम सुन्दर धनुष-बाण लिये राम के रूप में आविर्भूत हो गये। तुलसी ने साष्टांग प्रणाम किया। कहते हैं परमहंस रामकृष्णदेव को भी माँ दुर्गा का ऐसा ही साक्षात्कार हुआ था। प्रत्याहार की यह स्थिति ही मन्त्र विद्या की पराकाष्ठा है। जिन्हें यह साधना प्राप्त हो गयी वे मन्त्र योगी हो गये, वही सिद्ध हैं। सुश्रुत ने सारे मन्त्रों का सार गायत्री मन्त्र को बताया है तथा प्रज्ञापराध से बचने के लिए उसे हमेशा याद रखने की सलाह दी है।

ॐ भूर्भुवः स्वः तत्सवितुर्वरेण्यं।
भर्गो देवस्य धीमहि, धियो योनः प्रचोदयात्।।[84]

सुश्रुत चिकित्सा में गायत्री मन्त्र का उल्लेख करते हुए कहा गया है—

यत्र नो दीरितो मन्त्रो योगष्वेतेषु साधने।
शब्दिता तत्र सर्वत्र गायत्री त्रिपदा भवेत्।।[85]

गायत्री मन्त्र का सम्बन्ध ऋक्, यजु, साम तीनों वेदों से है। इन वेदों का सम्बन्ध अनाहतनाद से, अनाहतनाद से संगीत, संगीत से अध्यात्म और अध्यात्म से दर्शन की ओर एक-दूसरे को अन्तःसम्बन्धों से जोड़ा गया है। ऋग्वेद पारलौकिक ज्ञान का भण्डार है, अनाहतनाद पारलौकिक ज्ञान के पहुँच का मार्ग है। यजुर्वेद यज्ञादि अनुष्ठानों को सम्पन्न कराने, संगीत के माध्यम से प्रयुक्त मन्त्रों द्वारा मानव की प्रदूषित वृत्तियों को शान्त कर सत्त्वगुण की स्थापना करता है। वहीं पर सामवेद गायन में प्रयुक्त मन्त्रों का संकलन है।

ऋग्वेद संहिता श्रीमद् सायणाचार्य भाष्य और यजुर्वेद संहिता के उमटाचार्य तथा महीधर द्वारा गायत्री मन्त्र की व्याख्या 'सविता' रूपी परमात्मा के सम्बोधन से किया है, जिससे मूर्त एवं अमूर्त सब-कुछ उत्पन्न हुआ है। सभी दोषों को शान्त करनेवाली शक्ति के कारण 'भर्ग' कहा गया है। मन्त्र में निहित भाव यह है कि हम उस सविता के वरण किये जाने योग्य प्रार्थनीयभर्ग का ध्यान करें। गायत्री के प्रथम तीन शब्द भूर्भुवः स्वः व्याहृतियाँ कही जाती हैं और शाब्दिक दृष्टि में ये क्रमशः पृथ्वी लोक, अन्तरिक्ष लोक तथा स्वर्गलोक की ओर संकेत करते हैं। मन्त्र के आरम्भ में ओंकार शब्द तथा उक्त तीनों व्याहृतियों का उच्चारण किया जाता हैं। ॐ परमात्मा का द्योतक है, भूर्भुवः स्वः उसकी सम्पूर्ण सृष्टि का प्रतिनिधित्व करता है। इनके उच्चारण द्वारा परमात्मा और उसकी सृष्टि को सम्बोधित किया जाता है। इस पर ध्यान केन्द्रित करने से नाद ब्रह्म का आविर्भाव होने लगता है।

मन्त्र शरीर के अन्दर से सूक्ष्म ध्वनि को विशिष्ट तरंगों में बदलकर ब्रह्माण्ड में प्रवाहित करने की क्रिया है। इसके प्रत्येक अक्षर का विशेष अर्थ एवं महत्त्व है। प्रत्येक अक्षर के उच्चारण में चाहे वह वाचिक हो, उपांशू हो या मानसिक हो विशेष प्रकार की ध्वनि निकलती है एवं शरीर तथा विशेष अंगों, नाड़ियों में विशेष प्रकार का कम्पन पैदा करती है, जिससे शरीर से विशेष प्रकार की ध्वनि तरंगें निकलती हैं जो वातावरण या आकाशीय तरंगों से संयोग करके विशेष प्रकार की क्रिया करती हैं। मन्त्रों के जप से श्वास-प्रश्वास के शरीर में आवागमन से तथा विशेष अक्षर से, विशेष स्थान की नाड़ियों में कम्पन पैदा होने से विशेष प्रकार का विद्युत् प्रवाह होने लगता है जो साधक के ध्यान लगाने से एकत्रित होकर शारीरिक ऊर्जा से सम्पर्क करके नाद उत्पन्न करता है।

सांख्य तत्त्व में जगत्मूलाधार त्रिसप्त पद पर कहा गया है, भाषा के संसर्ग से यह अद्वितीय ब्रह्मद्वैतावस्था को प्राप्त होता है। यह द्वैतावस्था ही निर्गुण और सगुण है।

सर्वप्रथम अव्यक्तावस्था को ही सांख्य तत्त्व में 25वाँ तत्त्व मान्य किया गया है, जो सदा सच्चिदानन्दस्वरूप है तथा व्यक्त अवस्था को त्रिगुणात्मक तत्त्व के रूप में वर्णित किया गया है।[86]

उपर्युक्त विवेचन से अनाहतनादस्वरूप ब्रह्म को निर्गुण ब्रह्म और आहतनाद को सगुण ब्रह्म के आध्यात्मिक स्वरूप में चित्रित किया गया है। त्रिगुणात्मक तत्त्व से ही सारी सृष्टि संचालित है, यह तत्त्व अकार, उकार और मकार कहे गये हैं। इन्हीं को सत्, रज और तम गुणों की प्रधानतावाला कहा गया है। इस त्रिगुणात्मक तत्त्व से ही नादस्वरूप ब्रह्म 'प्रणव' साक्षात्कार होकर मूल तत्त्व बन जाता है। मार्कण्डेय पुराण में प्रणव तत्त्व का विवेचन करते हुए कहा गया है—

स्तदभवान् मत्प्रसादात् पन्नगेन्द्रायं च यत,
अस्यान्तर्गत मायत्तं स्वर व्यंजन सम्मतम्
तद शेषं मया दत्तं भवतः कम्बलस्य च।।[87]

प्रणव तत्त्व ओंकार पद का वाच्य है, इस ओंकार में त्रितत्त्व के साथ बिन्दु-नाद की कलाएँ भी सम्मिलित हैं। इस प्रणव में तीनों प्रकार की वाणियों का समावेश है। ये वाणियाँ वैखरी, मध्यमा और पश्यन्ती हैं जिनके द्वारा सम्पूर्ण स्वर मात्रादि अक्षरों का त्रिविध रूप में वर्णन किया गया है।

भागवत महापुराण में भी इसी कथन की पुष्टि की गयी है—

स एवं जीवो विवरं प्रसूतिः प्रायेण घोषण गुहां प्रविष्टः।
मनोमयं सूक्ष्ममुपेत्थ रूपं माप्ता स्वरो वर्ण इति स्थहिः।। [88]

यह प्रणव में विद्यमान नाद तत्त्व पाणिनि जी के सूत्र के आधार पर वर्ण, अनुनासिका की संज्ञा में कहे गये हैं। अनुनासिका में ही यह तत्त्व झंकृत होता है, जो नकारात्मक वायु का सूचक है। ऋषियों-मुनियों ने दीर्घकाल तक अक्षरों, मन्त्रों, स्वरों पर मनन, चिन्तन एवं उस पर अध्ययन, प्रयोग, अनुसन्धान करके उनकी शक्तियों को पहचाना जिनका वर्णन वेद एवं पुराणों में किया गया है।

पदार्थ जगत् में ऊर्जा उत्पन्न करने के लिए विस्फोट करना पड़ता है उसी तरह चेतन जगत् में मन्त्र एवं मात्रिकाओं के स्फोट से नाद का आविर्भाव होता है, चूँकि संसार के प्राणी और पदार्थ सब एक ही महत् चेतना के अंश हैं इसलिए मन में उठे संकल्प का पालन पदार्थ चेतना आसानी से करने लगती है। जब संकल्प शक्ति क्रियान्वित होने लगती है तब इच्छानुसार प्रभाव एवं परिवर्तन आरम्भ हो जाता है। नाद साधना से मन, बुद्धि, चित्त, अहंकार में असाधारण परिवर्तन हो जाता है और विवेक, दूरदर्शिता, तत्त्वज्ञान और ऋतम्भरा बुद्धि का उदय हो जाता है।

जिन्दगी के धागे में लगी गाँठ को ऋषियों ने ग्रन्थि कहा है। मानो ग्रन्थि के खुल जाने पर परम शक्ति से साक्षात्कार हो जाता है। इस ग्रन्थि के कारण जिसे माया कहा गया है, ब्रह्म से समीपता के बावजूद दूरी बनी रहती है। यह सब एक अंगारे की तरह होता है जो अपने ऊपर राख जमाये बैठा रहता है जबकि उसके अन्दर ओज, तेज, प्रकाश,

उष्मा सब-कुछ अकारण दबा है। यह पूरी तरह राख न बन जाये, इससे पूर्व ध्यान की फूँक से उसे प्रज़्वलित कर देना चाहिए।

जीवन के धागे को गठान से मुक्त करते ही नादस्वरूप ब्रह्म की प्राप्ति हो जायेगी और यहीं से अनाहतनाद के रहस्य की परतें खुलना शुरू हो जायेंगी जिससे जीवात्मा से महात्मा, महात्मा से देवात्मा और अन्त में परमात्मा तक के पहुँच का मार्ग खुल जायेगा।

वेदान्त में कहा गया है कि परिष्कृत आत्मा ही परमात्मा है। इसलिए हम जितना साधना के आन्तरिक रूप को जानेंगे उतनी ही शीघ्रता से परमात्मा को प्राप्त कर सकेंगे। जो संगीत परमात्मा को समर्पित होता है, वह आत्मा से निकलने के कारण दिव्य होता है किन्तु दुनिया की प्रसन्नता के लिए गाया जानेवाला संगीत चाहे वह कितना ही उत्कृष्ट कोटि का हो उसमें दिव्यता नहीं रहती।

वेदों में परमात्मा के इस आनन्द को भूमा, आनन्द एवं रस से सम्बोधित किया गया है—**'आनन्दो ब्रह्मेति व्यजानात'**। अर्थात् ब्रह्मको आनन्द जाने या **'रसो वै सः'** अर्थात् परमात्मा रसस्वरूप है। या **'विज्ञानं आनन्दं ब्रह्म'** अर्थात् ब्रह्म विज्ञान और आनन्दस्वरूप है। ब्रह्म आनन्दघन है, आनन्द घनीभूत है, पूर्ण आनन्द है। जहाँ साधक आत्मा के अतिरिक्त कुछ भी नहीं देखता सुनता और न जानता वह भूमा की स्थिति है, भूमा में अमृत है, ऐसा समझकर आत्मा में ही रमण करता है।

अध्यात्म में एक सुन्दर शब्द है शरणागति, शरणागति में भरोसे का भाव होता है वह हिम्मत पैदा करती है, वह परिणाम के प्रति अनासक्त बना देती है सभी धर्मों में इस मन्त्र को स्वीकार किया गया है। बुद्ध ने जिसे शरण कहा है उसे ही महावीर ने अपनी दया घोषित किया है। श्रीकृष्ण ने गीता में इसे मेरे भरोसे का नाम दिया तो गुरुनानक देव ने कहा **'चिन्ता छोड़ो'** और मोहम्मद साहब ने इसे ही तेरी रहमत कहकर शरणागति की सलाह दी है भक्ति का मूलतत्त्व ही शरणागति है। भक्ति से ही शक्ति प्राप्त होती है और शक्ति ही ब्रह्म साक्षात्कार कराती है।

जब स्व का समर्पण कर दिया जाता है तो जीवन परमात्मा के रस से सराबोर हो जाता है और जिसे परमात्मा का रस मिल जाये उसके आनन्द की सीमा नहीं रहती अर्थात् **'अनहद'** हो जाता है और अन्य सभी रस फीके लगने लगते हैं।

साधारण बोलचाल में श्रुति शब्द से समस्त वैदिक साहित्य का बोध होता है किन्तु अधिकांश विद्वानों ने केवल मन्त्र भाग को ही श्रुति बताया है। वेद कोई पुस्तक वाचक शब्द नहीं है, बल्कि विभिन्न ऋषियों-मुनियों के अनुभवसिद्ध आध्यात्मिक नियमों के संग्रह का नाम वेद है। संगीत विद्या वेदों में बीज रूप में विद्यमान है। वेद के प्रत्येक मन्त्र किसी दिव्य ईश्वरीय विभूति की स्तुति हैं। स्तुति के साथ-साथ सांगीतिक सृष्टि के अनेक तत्त्वों एवं रहस्यों का वेदों में उद्‌घाटन किया गया है। भारतीय संगीत की उत्पत्ति और विकास वेदों से ही हुआ है।

वैदिक आर्यों ने अग्नि, वरुण, इन्द्र, सूर्य, ऊषा, रुद्र आदि विविध देवताओं की स्तुति में गीत गाये हैं, किन्तु उन सबमें उन्होंने एक ही परम शक्ति को देखा है। वह शक्ति एक ही है केवल विद्वज्जन उसे भिन्न-भिन्न नामो से पुकारते हैं।

संगीत की सत्ता तथा क्षमता स्वतः सिद्ध है, यह एक रसमयी अनन्त भावनात्मक उपासना है। प्राकृतिक जगत् तथा मानव-जीवन में समान रूप से अनुभूत स्पन्दन द्वारा नाद की उत्पत्ति होती है, जो संगीत का मूलाधार है। संगीत सरिता के अनादि स्रोत के दर्शन सर्वप्रथम हमें वैदिक साहित्य में ही होते हैं। **''सामानियोवेत्ति तत्त्वम्''** अर्थात् श्रीमद्भगवद्गीता में सामवेद को ईश्वर का अंश माना गया है। वैदिक काल में संगीत और धर्म एकरूप थे यद्यपि वेद ग्रन्थों में नितान्त संगीत-सम्बन्धी साहित्य नहीं मिलता किन्तु वैदिक वाङ्मय में संगीत कला का प्रयोग किया गया है। उस काल में उपासना के दो साधन मन्त्र एवं तन्त्र प्रचलित थे। मन्त्र संगीतमय एवं गेय होते थे। सामवेद में देवताओं की प्रशंसा उनके माहात्म्य का वर्णन एवं उनसे पिता तुल्य वात्सल्य की कामना निहित है। इन देवताओं की पूजा-अर्चना में भक्तिभाव विद्यमान है ऋग्वेद के एक प्रसिद्ध मन्त्र में विष्णु नाम के संकीर्त्तन का उल्लेख किया गया है—

तमुस्तौ तारः पूर्ण्य यथा विद ऋतस्य गर्भजनुषा पिपर्तन।
आस्य जानतो नाम चिदि वक्तन महस्ते सुमति भजामहे।।

छान्दोग्योपनिषद् में श्रीकृष्ण की बाँसुरी के जादू का असर होने के कारण उन्हें सामगायन का ज्ञाता बताया गया है। सामगान प्रायः सोमरस बनाते समय चन्द्रलोक वासी देवों की स्तुति में गाने का नियम था, उस समय के प्रमुख वाद्ययन्त्र, दुन्दुभी, वेणु एवं वीणा थे। इस उपनिषद् में संगीत वाद्यों के दृष्टान्त स्थान-स्थान पर मिलते हैं, जो ब्रह्म का गुणगान करते हैं।

भारतीय संगीत में वाद्यों को संगीत का मुख्य अंग माना गया है आन्तरिक भावों व अनुभूतियों को संगीतात्मक ध्वनि, लय तथा बोलों के माध्यम से प्रकट करनेवाले उपकरणों को वाद्य कहा जाता है। भारतीय शास्त्रकारों के मत में वाद्यों की उत्पत्ति का कारण देवाधिदेव शंकर हैं। दक्ष के यज्ञ का विध्वंस करने के पश्चात् उद्वेग को शान्त करने के लिए भगवान् शिव ने नन्दी, नारद, तुम्बुरु आदि को वाद्य निर्माण के लिए प्रेरणा दी फलस्वरूप वाद्यों का जन्म हुआ।

ध्वनि विज्ञान का महत्त्वपूर्ण सिद्धान्त यह है कि 'नाद' नियमित कम्पनों का समूह है। जिस प्रकार नदी का प्रवाह अखण्ड दिखायी देता है किन्तु वह असंख्य जलबिन्दुओं का समूह होता है उसी प्रकार वाद्यों का नाद भले ही अखण्ड सुनायी दे किन्तु वह विशिष्ट ध्वनि तरंगों का समूह होता है, जिसे वातावरण माध्यम बनकर उन तरंगों को श्रवणेन्द्रियों तक पहुँचाता है। जिस प्रकार पानी में कंकड़ फेंकने पर उसकी लहरें चलती हैं उसी प्रकार हवा के गति के कारण अन्तरिक्ष में नाद के विभिन्न वर्तुलों का निर्माण होता है और यही हमारे कानों में प्रविष्ट होकर मूल वस्तु की तरह कम्पन पैदा कर देते हैं, कम्पनों का यही समूह नाद है। भौतिक विज्ञान की दृष्टि से नियमित कम्पन तथा नियमित कालवाली

ध्वनि ही नाद है। ध्यानपूर्वक सुनने से वाद्यों में स्वरों तथा उसमें पिरोये हुए शब्दों का उच्चारण भी सुनायी देता है।

गात्र वीणा से अनाहतनाद की उत्पत्ति- अनाहत चक्र से उत्पन्न ध्वनि ओंकार का दूसरा प्रकार **'अनाहतनाद'** है। यह अन्तर्मुखी होता है और प्राण को पोषित करने के लिए गात्र वीणा की नाड़ियों में रक्त संचरण के लिए श्वास वायु से स्पन्दित होकर क्रियाशील होता रहता है। इस सन्दर्भ में संगीत ग्रन्थ स्वर मेल कलानिधि का श्लोक संगीत विशारद में श्रुति प्रकरण में उल्लेखित किया गया है।[89]

तस्य द्वा विंशतिर्भेद श्रवणात् श्रुतयो मताः।
हृदयाभ्यान्तर संलग्ना नाडयो द्वा विंशतिर्मताः।।

अर्थात् हृदय स्थान में बाईस नाड़ियाँ हैं, उनके सभी नाद स्पष्ट सुने जा सकते हैं अतः उन्हीं को श्रुति कहते हैं, यही नाद के बाईस भेद माने गये हैं। यह बाईस नाड़ियाँ हृदय के अन्दर के हिस्से से जुड़ी हुई हैं। ऐसा मत व्यक्त किया गया है कि ये बाईस नाड़ियाँ अनाहत चक्र में क्रियाशील रहती हैं। वस्तुतः अनाहतनाद उत्पन्न होने का यही स्थान है, जिसकी रचना इस श्लोक से स्पष्ट होती है।

वाद्य कोई भी हो ध्वनन क्रिया उससे होती ही है, चाहे वायु में वायु से प्रतिध्वनित हो अथवा वायु में आघात से ध्वनियाँ उत्पन्न हों यह प्रामाणिक सत्य है। बाईस रक्त वाहिनी नाड़ियों से बाईस श्रुति ध्वनियों के प्रस्फुटन की प्रक्रिया-प्राकृतिक रूप से संचालित होती रहती है। रक्त प्रवाह शरीर का गुण है, प्रवाह छिद्रों से ही होता है। अर्थात् वायु श्वास के द्वारा जब शरीर के अन्दर प्रवेश करती है तभी नाड़ियों से रक्त का प्रवाह होता है। यह प्रवाह तभी सम्भव होता है जब नाड़ियों के छिद्रों में मुँह से अन्दर आती हुई वायु छिद्रों में दबाव डालती है। इसी अवस्था में उन छिद्रों से ध्वनियाँ उत्पन्न होती हैं। जैसा कि बाँसुरी वाद्य के छिद्रों से ध्वनियाँ उत्पन्न होती हैं।

यही बाईस नाड़ियों के छिद्रों से उत्पन्न बाईस ध्वनियाँ ही बाईस श्रुतियाँ हैं जिनके विषय में महर्षि पतंजलि ने अपने योग दर्शन में विवेचन करके पूर्णतः अनाहतनाद घोषित किया है।[90] यही अनाहतनाद उत्पादक वाद्य रचना का स्वरूप है जहाँ से ये ध्वनियाँ अनादि, अनन्त और अविरल गति से ध्वनित होती रहती हैं। यहीं पर सदाशिव निवास करते हैं, इसीलिए गीता में भगवान् श्रीकृष्ण ने उपदेश किया है—**'वेदानां सामवेदोऽस्मि।''** यहीं साम का मूलतत्त्व स्थिर है, जिसे ऋग्वेद कहता है—

''वागेव सा प्राणोऽमस्तत्साम।''[91] अर्थात् वाणी ऋचा और प्राण साम है।

स्वामी ईश्वरानन्द ब्रह्मचारी ने कहा है कि—''जीवन वीणा को झंकृत करने का सबल माध्यम कीर्त्तन है। 'कीर' का अर्थ तोता और 'तन' का अर्थ पिंजड़े से है। अर्थात् शरीरस्थ तोता जीव है, जो शरीर रूपी पिंजड़े के अन्दर से वीणा के तारों को झंकृत करता रहता है।''

भारतीय संस्कृति का प्रत्येक पक्ष धर्म से अनुप्राणित है, यही कारण है कि भारतीय संगीत भी धर्म के प्रभाव से अछूता नहीं रहा। धार्मिक तथ्यों के आधार पर यह स्पष्ट होता

है कि वाद्यों की उत्पत्ति का सम्बन्ध किसी-न-किसी देवी-देवता से रहा है—जैसा कि वीणा में देवी सरस्वती, डमरू में भगवान् शंकर तथा बाँसुरी में भगवान् श्रीकृष्ण की कल्पना साकार रूप ग्रहण करती दिखायी देती है। इस प्रकार मानव ने वीणा से तन्त्री वाद्यों, डमरू से ताल वाद्यों तथा बाँसुरी से सुषिर वाद्यों के निर्माण की प्रेरणा प्राप्त की। संस्कृत साहित्य में बताया गया है कि माता सरस्वती वीणा धारण करके वीणा वाद्य से मानव समाज को यह प्रेरणा प्रदान करती है कि हमारी हृदय रूपी वीणा सदैव झंकृत होती रहे।

प्रदत्ते प्रेरणा वाद्यात् वीणा हस्ताम्बुजं हि यत्।
हृत्तन्त्री खलु चास्माकं सर्वदा झंकृतं भवेत्।।

जिस प्रकार मन में भाव पैदा होने पर शरीर के किसी-न-किसी क्रिया में वह साकार हो उठता है, क्रोध की स्थिति में अंग-प्रत्यंग कम्पित होना, वाणी मूक होने पर भी भाव का प्रदर्शित होना, रक्त संचार बढ़ जाने से हृदय की धड़कन से अप्रत्याशित ध्वनि का उत्पन्न होना अनाहतनादोत्पत्ति है।

मनन करने से मन में अनेक तरह से विचार उत्पन्न होते हैं जो शब्द का सम्मिश्रण होते हैं। मन स्थूल शरीर का हिस्सा नहीं होता अतः वायु के प्रभाव से वह अछूता रहता है, मन आत्मा का भाग होने से पंचतत्त्वों से निर्मित नहीं होता। शब्द एक प्रकार का आकर्षण या चुम्बकीय क्षेत्र है जो समय और स्थान परिवर्तन करके भी नित्य बना रहता है और वायु के संग्रह-विग्रह से शब्द का प्रकटीकरण होता है। जिस प्रकार बाँसुरी में प्रवाहित वायु शरीर से ऊर्जा ग्रहण करके वेग प्राप्त करती है, और छिद्रों से विमुदित होती है, और शब्दों का प्रकटीकरण होने लगता है। शब्द पुनः मिश्रित होकर वायु में घुल जाता है। यह शब्द का ऊर्जा रूप है। इसी प्रकार अन्य वाद्यों का भी यही गुण है। वायु के बिना कर्णेन्द्रियाँ भी ध्वनि का आभास नहीं कर सकतीं।

संस्कृत साहित्य में नारद और सरस्वती को वीणा धारण करने के लिए प्रसिद्धि प्राप्त है। किन्तु अनेक साहित्यकारों ने जिस अवन्तीराज उदयन के चरित्र का चित्रण करके अपनी वाणी को प्रसिद्ध किया है, उसकी जगत्वशीकारिणी वीणा घोषवती की कथा भी अमर है। घोषवती ने ही महासेन पुत्री वासवदत्ता को उदयन के प्रणय बन्धन में बाँध दिया था।

महर्षि पाणिनि, पतंजलि, कौटिल्य, भास तथा शूद्रक के ग्रन्थों में जहाँ वाद्यों के वादन की कला के अलौकिकता पर प्रकाश डाला गया है वहीं महर्षि वाल्मीकि ने अपने महाकाव्य रामायण में लव-कुश के कलापूर्ण वीणावादन के साथ रामायण गायन की अलौकिकता को लौकिकता में समाहित किया है।[92]

प्रमाणैर्बहुभिर्वद्धां तन्त्रीलयसमन्विताम्।
बालाम्यां राघवः श्रुत्वा कौतूहलपरोऽभवत्।।

अर्थात् बहुसंख्यक प्रमाणों ध्वनि परिच्छेद के साधनभूत द्रुत, मध्य और विलम्बित इन तीनों की आवृत्तियों अथवा सप्तविध स्वरों के भेद की सिद्धि के लिए बने हुए स्थानों से

बँधा और वीणा की लय से मिलता हुआ इन दोनों बालकों का वह मधुर गान सुनकर श्रीरामचन्द्र जी को बड़ा कौतूहल हुआ।

इसी प्रकार आश्रम में बज रहे वाद्यों एवं गीतों की संगीत को सुनकर शत्रुघ्न जी भाव विभोर होकर मूर्च्छित हो गये थे। जिसका उल्लेख करते हुए रामायण में कहा गया है।[93]

तन्त्रीलयसमायुक्तं त्रिस्थानकारणान्वितम्।
संस्कृतम् लक्षणोपेतं समतालसमन्वितम्।।

अर्थात् हृदय, कण्ठ और मूर्धा इन तीनों स्थानों में मन्द्र, मध्यम और तार स्वर के भेद से उच्चारित संस्कृत भाषा में निर्मित व्याकरण, छन्द, काव्य और संगीतशास्त्र के लक्षणों से सम्पन्न गानोचित ताल के साथ गाये गये इस काव्य के तालमय संगीत को सुनकर शत्रुघ्न जी मूर्च्छित हो गये थे, और उनकी आँखों से अश्रुपात होने लगा था।

रामायणकालीन महर्षि वाल्मीकि के शिष्य लव-कुश का वीणावादन आहतनाद का उत्कृष्ट उदाहरण है। वही भासकृत वासवदत्तम् के नायक उदयन की प्रसिद्ध ऐन्द्रजालिक वीणा थी जिसका नाम घोषवती था, जिसे उदयन की शिष्या वासवदत्ता ने शून्य में वादन करके वाद्यों में **'अनाहतनाद'** का अलौकिक उदाहरण प्रस्तुत किया था।

''प्रशस्तः घोषो यस्याः सा।'' उदयन की वीणा का नाम घोषवती था। इसी वीणा से उदयन ने वासवदत्ता को वीणावादन सिखाया। उदयन ने बताया है कि वासवदत्ता वीणा-वादन में इतना तल्लीन हो जाती थी कि उसके हाथ से कोण (बजाने का यन्त्र) गिर जाने के बाद भी वह शून्य में बिना कोण के हाथ चलाती रहती थी। इस प्रकार की घटना वासव दत्ता द्वारा अनेकों बार की गयी है। संस्कृत के महाकवि भास ने लिखा है—[94]

बहुशोऽयुपदेशेषु यया मामीक्ष माणया।
हस्तेनस्तस्त्र कोणेन कृतमाकाशवादितम्।।

इस प्रकार वासवदत्ता के हाथ से कोण खिसक जाने पर शून्य में वीणावादन करने से भले ही कोई प्रत्यक्ष स्वर न निकले हों किन्तु वासवदत्ता को वीणावादन के **'अनाहतनाद'** की अनुभूति प्रतीत होती है। डॉ. वासुदेवशरण अग्रवाल ने कहा है कि—**''जीवन रूपी संगीत ही नादब्रह्म या वाग्देवी की वीणा है, जिसके सप्तक में विश्व के आनन्द की सप्तधाराएँमूर्तरूप ग्रहण करती हैं।''**

अन्तरिक्ष से विभिन्न वाद्यों की ध्वनियों का धरती में सुने जाने का उल्लेख भगवान् श्रीराम एवं श्री कृष्ण के जन्म के समय रामचरितमानस में तुलसीदास जी ने एवं भागवत पुराण में महर्षि व्यास ने किया है—

गगन बिमल संकुल सुर जूथा। गावहिं गुन गन्धर्ब बरूथा।।
बरसहि सुमन सुअंजुलि साषी। गगगहि गगन दुन्दुभी बाजी।।[95]
मनांस्यासन् प्रसन्नानि साधूनामसुरन्द्रुहाम्।
जायमानेऽजने तस्मिन् नेदुंर्दुन्दुभ्यो दिवि।।[96]**(भागवत पुराण)**

भगवान् कृष्ण के काली नाग के फन पर नृत्य करने के समय भी विभिन्न वाद्यों के अन्तरिक्ष में वादन एवं गायन का उल्लेख भागवत में किया गया है—

त मर्तुमुद्यतभ वेक्ष्य तदा तदीयगन्धर्वसिद्धसुरचारणदेववध्वः।
प्रीत्या मृदंगपणवानकवाद्यगीत पुष्पोपहारनुतिभिः सहसोपसेदुः।।

अर्थात् भगवान् श्रीकृष्ण जो स्वयं नृत्य, गान, वाद्य आदि समस्त कलाओं के प्रवर्तक माने गये हैं, के नृत्य पर आकाश से गन्धर्व, सिद्ध, चारण और देवांगनाओं ने भगवान् के नृत्य पर ताल देते हुए प्रेमपूर्वक मृदंग, ढोल, नगाड़े आदि बजाये। इसी प्रकार महर्षि वाल्मीकि ने भी अपने रामायण में लिखा है कि रावण के मारे जाने पर आकाश से मधुर स्वर में देवताओं की दुन्दुभियों के स्वर युद्धभूमि में सुनायी दे रहे थे।[97]

"अथान्तरिक्षे व्यनदत सौम्यस्त्रिदश दुन्दुभिः"।

जैनाचार्य रविषेण कृत पद्म पुराण के नवम पर्व में लंकाधिपति रावण के लिए बताया गया है कि वह भगवान् शिव की भाव भक्ति में इतना तल्लीन हो गया था कि उसने अपनी भुजा की नाड़ी रूपी तन्त्री खींचकर वीणावादन किया था।

जगाद रावणं साधो साधु गीतमिदं त्वया।
जिनेन्द्र स्तुति सम्बद्ध रोम हर्ष कारणम्।।

संगीत की सच्ची साधना वही है, जिसके फलस्वरूप मानव का मन उस उच्चतर सूक्ष्म नाद का अनुभव करने के योग्य बन सके। चाहे वह गायन से हो, वाद्यों से हो अथवा नर्तन से। योगियों ने इन शक्तियों को ऊर्ध्वगामी बनाने में संगीत की तीनों विधाओं को सहायक माना है। योगियों की भाषा में संगीत **'नादयोग'** है। बृहदारण्यक उपनिषद् में ब्रह्म की एकता एवं स्फोट्वाद के सिद्धान्त के प्रमाण में दुन्दुभी, शंख एवं वीणा के आध्यात्मिक प्रमाण देते हुए कहा गया है—

सयथा दुन्दुभेर्हन्य मानस्य न वाह्य शब्दांशक्नुयाद् ग्रहणाय,
दुन्दुभेस्तु ग्रहणेन दुन्दुभ्याघातस्य वा शब्दो गृहीत्।

अर्थात् जैसे आघात किये जाने पर दुन्दुभी से उत्पन्न शब्द को ग्रहण न कर पाने पर भी आघात के शब्द के साथ उसके शब्द को भी ग्रहण कर लिया जाता है, उसी प्रकार ब्रह्म के सामान्य तथा विशेष की एकता का भी ज्ञान हो जाता है। इस प्रकार भारतीय मनीषियों ने दृश्य एवं अदृश्य, प्रत्यक्ष एवं काल्पनिक अनाहत एवं आहत, चेतन एवं जड़ सभी पदार्थों का विवेचन कर प्रकृति के अनेकानेक रहस्यों एवं गुप्त शक्तियों का उद्घाटन किया है।

संगीत में चाहे गीत हो या वाद्य नादब्रह्म की अनुभूति के अवसर प्राप्त होते हैं। वर्णारम्भ से आत्मानुभूति के लय को प्राप्त करने का अवसर अवश्य ही प्राप्त होता है, आत्मानुभूति पुरुषार्थ है और ब्रह्मानुभूति परम पुरुषार्थ है। इस प्रकार बिना पुरुषार्थ के न तो आत्मानुभूति प्राप्त की जा सकती है और न ही ब्रह्मानुभूति।

जब किसी वाद्य को अन्तश्चेतना से झंकृत किया जाता है तो उससे प्रवाहित होनेवाली आवाज में ब्रह्म संयुक्त होकर नादब्रह्म के रूप में प्रवाहित होने लगता है, और वादक कलाकार आन्तरिक भावों से एकाकार होकर एक साथ अनाहत एवं आहतनाद में संयुक्त हो जाता है।

"**शब्द गुणकं आकाशं**" शब्द आकाश का गुण है। वह पवन के माध्यम से ही संचारित होता है। चाहे वह गायन से उत्पन्न नाद हो या वादन से। आकाश भी निर्गुण और निराकार है, शब्द के रूप में ही उसमें गुण की अभिव्यक्ति होती है। इस सगुण शब्द को दूर तक पहुँचानेवाले पवन की भी कोई आकृति नहीं होती वह भी निराकार है स्वतः उसमें कोई स्वर नहीं होता, वह सम्पर्कानुसार गुणों को प्रसारित करता है।

इस प्रकार यह स्पष्ट हो जाता है कि गात्र वीणा या ईश्वर निर्मित मानव शरीर ही एकमात्र ऐसा वाद्य यन्त्र है जिसमें अनाहतनादोत्पत्ति स्वस्फूर्त होती रहती है। सन्त कबीर ने अपने साहित्य में वाद्यों के अनाहतनाद को अनेक स्थानों में अपने शरीर के अन्दर उद्भूत एवं श्रव्य होने का उल्लेख करते हुए लिखा है—

कबीर कमल प्रकासिया ऊगत निर्मल सूर।
निशि अँधियारी मिटि गयी बाजे अनहद तूर।।

अर्थात् जब इस शरीर के अन्दर सहस्रार के प्रकाश का भान हो गया उसी समय ज्ञान का सूर्योदय भी उदित हो गया, तब अज्ञान की अँधेरी रात समाप्त हो गयी और अनाहतनाद की तुरही बजने लगी और ऐसा प्रतीत होने लगा कि—

सुरति समानी निरति में, अजपा माहीं जाप।
लेख समाना अलेख में, ज्यों आपा माहीं आप।।

अनाहतनाद का सम्बन्ध आत्मा से होता है और वाद्य भौतिक पदार्थ होने के कारण जड़ होते हैं, जड़ में चेतना का संचार स्वस्फूर्त नहीं हो सकता। मनुष्य जड़, चेतन का संयोग है तथा आत्मा को जानना अध्यात्म शब्दब्रह्म केवल आत्मा का विषय है। श्रीमद् भागवत में कहा गया है[98]—

अहं वै सर्वभूतानि भूतात्मा भूतभावनः।
शब्दब्रह्म परं ब्रह्म ममोभे शाश्वती तनू।।

भारतीय संगीतशास्त्र षड्दर्शनों की तरह ब्रह्म विषयक ज्ञान की अत्यन्त विकसित परम्परा है। यह संगीत दर्शन, न्याय के समान साधनप्रधान भी है और वेदान्त की तरह साध्यप्रधान भी, वस्तुतः देखा जाये तो परब्रह्म विषयक चिन्तनधारा संगीत के बिना अपूर्ण है। श्री स्वामी शवर ने मीमांसा दर्शन में "**अर्धकत्ववाद विकल्प स्यात्**" में स्पष्ट कहा है—

सामवेदे सहस्रं गीत्युपायाः।
आह कतमे गीत्युपायाः नाम उच्यते।
गीति नामि क्रिया ह्यभ्यन्तर प्रयत्नजन्य स्वर विशेषाणाम्।
मिथ्यं जिका सामशब्दाभिलप्या।।[99]

अर्थात् सामवेद में हजारों गीति के उपाय हैं। गीति का अर्थ गान क्रिया है यह आभ्यन्तर प्रयत्न से उत्पन्न होकर विशेष स्वर को उत्पन्न करती है, उसी को सामशब्द

कहा जाता है। वह नियम प्रमाणवाली ऋचा में गायी जाती है। उस गान क्रिया को उत्पन्न करने के लिए ऋचा के अक्षरों का विकार, विश्लेषण, विकर्षण, अभ्यास, विराम, स्तोम आदि के बिना ही ऋचाएँ रहती हैं। परन्तु प्रयोगकाल में उद्गाता उन ऋचाओं के वर्णों के विकार दूर करके गाता है। संगीत दामोदर में कहा गया है—

न नादेन बिना ज्ञानं न नादेन बिना शिवः।
नाद रूप परं ज्योतिर्नाद रूपी स्वयं हरिः।।[100]

प्रणव ब्रह्म में ज्योतिराकाश शक्ति का वाचक नाद है। अर्थात् यहाँ पर ब्रह्मरूपी प्रणवनाद से ही ज्योतिर्मय कहा जा सकता है। क्योंकि अव्यक्त शक्ति ज्योतिर्मय है।[101] विष्णुपुराण में भी इसी कथन की पुष्टि करते हुए कहा गया है—

हृद विकसित पद्मं सोर्क सोमाग्नि बिम्बम्।
प्रणवमयमचिन्त्यं यस्य पीठम् प्रगल्भम्।।
अचल अमल सूक्ष्मं ज्योतिराकाश शून्यम्।
भवतुम ममुदेशव सच्चिदानन्द रूपः।। [102]

अर्थात् इस सच्चिदानन्दमयी शक्ति को योगियों के द्वारा पिण्ड चक्रों में अनाहतनाद के रूप में अनुसन्धान किया गया है। वेदान्त ग्रन्थ संक्षेपशारीरकम् में नादस्वरूप ब्रह्म को आत्मा में ही प्रमाणित करते हुए कहा है—

परमात्म पदं पराकृत द्वितयं, प्राप्यमणि स्वभावतः।
अनवाप्तव देव लिप्सते लभते, चैव मयं प्रमाणतः।।[103]

जैसे मुट्ठी में स्थित सुवर्ण विस्मरण के कारण खोया हुआ प्रतीत होता है। आप्त पुरुष के वाक्य से जानकर उसे प्राप्त करता है, वैसे ही स्वभाव से प्राप्त द्वैतरहित परमात्म पद को भी अप्राप्त समझकर व्यक्ति खोजता है और वेदान्त वाक्य प्रमाणों से उसे प्राप्त करा देता है। इसलिए इतना ही काफी है कि, **''स्वस्य प्रकाशमान सुखत्वं पुरुषार्थ प्रयोजकम्।''**

अपना ही प्रकाशमान् सुख पुरुषार्थ का प्रयोजक है। और ऐसा सुख तो नित्य सिद्ध आत्मसुख में ही है। वेदान्त प्रमाणजनित दृढ़ ब्रह्माकार बुद्धि अपने जन्ममात्र से ही अनादि अविद्या रूप आँखों में बँधी पट्टी को समूल भस्मसात् कर डालती हैं। यह श्रुति का कथन है।

भारतीय संगीत को अनादि कहा गया है, इसका अर्थ यह भी हो सकता है कि वेद के समान ही संगीत का भी दर्शन किया गया हो। संगीत की वैदिक अवधारणाओं के अन्तर्गत इसकी तात्त्विक विवेचना की गयी है। ब्रह्मा सृष्टि के रचयिता माने गये हैं।

संगीत आध्यात्मिक तत्त्वों से लबालब भरी है। भारतीय संगीत अन्तर्प्रज्ञा तथा सहज ज्ञान के फलस्वरूप एक ऐसी आध्यात्मिक शक्ति है जहाँ सम्पूर्ण सृष्टि के न केवल भौतिक वरन् आत्मजन्य सुखों की भी अनुभूति होती है। यह एक ऐसी संवेदना है—

जिसके सापेक्ष अर्थों में शब्द, अर्थ, भाव, रस, सौन्दर्य, कल्पना आदि के द्वारा व्यक्तित्व का विकास होता है।

मीमांसा में वेद विहित कर्मों से धर्म का निरूपण किया गया है। मीमांसा का प्रथम सूत्र है **'अथातो धर्म जिज्ञासा'** संगीत के माध्यम से हम ईश्वर के गुणों का गान करके धर्म को उपार्जित करते हैं। सामगान से लेकर सूर, तुलसी, कबीर, मीराँ आदि के भक्तिमय पदों को गाते-गाते संगीत साधक ईश्वर के परम भक्त बन जाते हैं। अर्थात् जो लाभ मीमांसा से प्राप्त होता है, जो मानव की कर्म विद्या का मापदण्ड है, वही लाभ संगीत से भी प्राप्त होता है।

वेद मूलतः दर्शनग्रन्थ हैं, परन्तु उनके मन्त्र गेय होने के कारण संगीतमय हैं। स्वरों की वैदिक एवं आध्यात्मिक संज्ञाएँ—क्रुष्ट, प्रथम, द्वितीय, षड्ज तथा ऋषभ आदि वेदों की उप शाखाओं, उपनिषदों, संहिताओं, शिक्षा ग्रन्थों में प्राप्त होती हैं।

अनाहतनाद की अव्यक्त ध्वनियाँ जब व्यक्तावस्था को प्राप्त होती हैं, तभी वर्णों का व्यापार प्रारम्भ होता है। भगवान् कृष्ण ने त्रितत्त्व का प्रथम बिन्दु अकार को बताया है। समस्त विश्व के भाषाओं का प्रथम अक्षर **'अकार'** ही मूल बिन्दु है। नन्दिकेश्वर ने अपने कारिका में कहा है—**''अकारो बै सर्वषाक''**। जिस प्रकार वाणी में आद्यस्वर है और सभी स्वर व्यंजन का आधार है वैसे ही संगीत में षड्ज समस्त स्वरों का भी आधार है।

शंकर जी के डमरू से निकले हुए चौदह सूत्रो में से त्रिगुणात्मक तत्त्व का प्रथम बिन्दु ही 'ण' कारण रूप में विद्यमान है। यहाँ पर अकार तत्त्व केवल ज्ञानस्वरूप है। इस तत्त्व की विवेचना पुराणों में सात्त्विक रूप में मिलती है। क्योंकि सत्त्वगुण को उदय होने पर रज एवं तामस गुण अपने-आप समुद्भूत हो जाते हैं। संगीत के प्रथम तत्त्व 'अकार' को ही षड्ज कहा गया है। यह षड्ज अकार तत्त्व का अभिन्न अंग है।[104]

दूसरा तत्त्व 'इकार' कार्य तत्त्व है क्योंकि ज्ञानस्वरूप ब्रह्म अपनी चित् प्रधान शक्ति के द्वारा ही इच्छा-शक्ति को जाग्रत करता है, इकार शक्ति के संयोग से ब्रह्म के समस्त कार्य सम्पन्न होते हैं। 'इकार' तत्त्व ही संगीत के स्वरूप 'ब्रह्म' का वाहक-वाचक तत्त्व है। इकार तत्त्व को उच्चारण करने के लिए कण्ठ-जिह्वादिक अवयव समुद्भूत होते हैं, तब सहज भाव से उकार तत्त्व का उद्भव हो जाता है। इस प्रकार 'उकार' तत्त्व को परिच्छिन्न ब्रह्म अर्थात् सगुण ब्रह्म कहते हैं। नारदीय शिक्षा में बताया गया है—

वायुः समुत्थितो नाभिः कण्ठ शीर्ष समाहतः।
नाना बन्ध वहः पुष्पो गान्धारस्तेन हेतुना।।[105]

समस्त वाणी का आधार मुख्य तीन ही स्वर माने गये हैं जिन्हें वैदिक विवेचन में त्रितत्त्व बताया है यही त्रितत्त्व सत्त्वगुण, रजोगुण और तमोगुण है। इसी तत्त्व को 'स' 'रे' 'ग' 'म' 'प' 'ध' 'नि' के रूप में कहा गया है। यह संगीतमयी स्वरत्रिगुणात्मक तत्त्व में

सन्निहित है तथा इन्हीं तत्त्वों को प्रणव का अभिन्न अंग माना गया है। संगीत दर्पण में कहा गया है—

नादेन व्यंजते वर्णः पदं वर्णात् पदं वचः।
वचस्ते व्यवहारोऽयं नादाधीनमयं जगत्।।[106]

यहाँ पर एक ही ब्रह्म अनेक लक्षणों में दृष्टिगोचर होता है। इस सम्बन्ध में भागवद्पुराण का भी ऐसा ही मत है—

"एकायनो सव द्विफला स्त् मूला धनुः रसा पंच विधा षडात्मा।"

अर्थात् कारण बिन्दु ब्रह्म बीजस्वरूप से अंकुरित वृक्षादिक प्रपंच के बिना शेष वही कारण बिन्दु बीज के रूप में उपलब्ध नहीं हो सकता वस्तुतः जो आभ्यन्तर है वही बाह्य भी है। और यहाँ पर बाह्य आभ्यन्तर रूप व्याप्त इस नाद तत्त्व में दोनों पक्ष से रसात्मक आनन्द की अनुभूति करानेवाला है।

अंशी परमात्मा का अंश आत्मा है। अतः पूर्ण परमात्मा के सम्बन्ध से वह भी पूर्ण है। सन्तों ने आत्मब्रह्म की साधना द्वारा परमात्म-प्राप्ति में इस बात को ध्यान रखा है—**'स्थाली पुलाकान्याय'** से व्यक्ति अपने आत्मा अर्थात् अन्तर्यामी को जान ले तो परमात्मा—सर्वान्तिर्यामी को उसी समय जान ले। उपनिषद् के आधार पर गृहीत यह सिद्धान्त अन्तर्यामी की व्याख्या में कहता है कि प्राणियों के हृदय कमल में निवास करनेवाला भगवान् का जो रूप उनको सब व्यापारों में नियुक्त करता है उसको अन्तर्यामी की संज्ञा दी गयी है। आत्मा और परमात्मा में समान लक्षण होने के कारण ही उनकी एकता यथार्थ और अनुभवैकगम्य है।

ब्रह्मनिरूपण

ब्रह्मनिरूपण के प्रसंग में द्वैत-विशिष्ट जगत् के अधिष्ठाता तथा नियन्ता के रूप में अवर ब्रह्म की कल्पना की गयी है, और उसके लिए सन्तों ने काल और निरंजन शब्दों का प्रयोग किया है। श्वेताश्वतर उपनिषद् के षष्ठ अध्याय में निर्गुण काल और निरंजन का विशेष रूप से विश्लेषण किया गया है। श्रीकृष्ण द्वारा परब्रह्म के अर्थ में 'निरंजन' को दी गयी श्रेष्ठता की महात्मा कबीर ने भी व्याख्या की है। उनके द्वारा 'निरंजन' परब्रह्मपरमात्मा का ही पर्याय समझाया गया है। सन्तों को यह अनुभूति हो गयी थी कि **"यो नः पिता जनिता विधाता।"** सबका पिता एक परमात्मा ही है।

कठोपनिषद् में आत्म-प्राप्ति के उपायों का वर्णन करते हुए कहा गया है—

नायमात्मा प्रवचनेन लभ्यो, न मेधया न बहुना श्रुतेन।
यमेवैष वृणुते तेन लभ्यस्तस्यैष आत्मा वृणुते तनू स्वाम्।।[107]

अर्थात् यह आत्मा वेदाध्ययन द्वारा प्राप्त होने योग्य नहीं है और न धारणा शक्ति से न ही अधिक श्रवण से ही प्राप्त हो सकती है। यह साधक जिस आत्मा का वरण करता है, उस आत्मा से ही प्राप्त की जा सकती है।

रामतापिनीय उपनिषद् में लिखा है कि योगी लोग जिस नित्यानन्द स्वरूप चिन्मय ब्रह्म में रमण करते हैं वह परब्रह्मपरमात्मा राम शब्द द्वारा अभिहित होता है। सन्तों की निष्ठा किसी एक मूर्ति या रूप में नहीं बल्कि वे प्रत्येक प्राणी को परमात्मा का प्रतीक मानते हैं।[108]

सन्त मत के अनुसार ब्रह्मज्ञान के लिए ध्यानयोग को और ध्यानयोग की योग्यता प्राप्त करने के लिए हठयोग को आवश्यक माना गया है। ब्रह्म निर्गुण है, कहने का तात्पर्य यह होता है कि वह सत्त्व, रजस् और तमस् इन तीन गुणों से विशिष्ट प्रकृति में विकसित अहंकार, मन, बुद्धि, इन्द्रिय आदि विकृतियों से परे है।

अध्यात्म रामायण में कहा गया है–**"इदं रहस्यं हृदयं ममात्मनो।"**[109]

ज्ञान तिलक में आत्मानन्द का वर्णन करते हुए कहा गया है—

आत्ममाहि जब भये अनन्दा, मिटि गये तिमिर प्रगटे रघुचन्दा।

अनादि अनन्त और सनातन होने से ब्रह्म प्रत्येक जीव का सहयोगी और समानधर्मी है। वही ईश्वर प्रेम में व्याकुल होकर अपना स्वरूप भूल जाता है और उसकी खोज करने लगता है। ज्ञानमूलक खोज दर्शन देता है और प्रेममूलक खोज भक्ति देता है श्रीमद्भागवत में कहा गया हैं—

आत्मारामाश्च मुनयो निर्ग्रन्था अप्युरुक्रमे।
कुर्वन्त्यहैतुकीं भक्तिमित्थम्भू भूतगुणो हरिः।।[110]

अर्थात् वे मननशील विद्वान् जिनकी बाहरी वृत्ति बन्द हो गयी है, जो आत्मा में ही रमण करते हैं। जिनकी सब ग्रन्थियाँ खुल गयी हैं, जो सर्वथा मुक्त हैं वे भगवान् श्रीहरि की भक्ति करते हैं और उन्हीं में एकाकार हो जाते हैं।

अनाहतनाद के परिप्रेक्ष्य में ब्रह्म की व्याख्या निर्गुण ब्रह्म एवं आहतनाद के सन्दर्भ से सगुण ब्रह्म के रूप में ग्राह्य है। निर्गुण ब्रह्म की उपासना अर्थात् निर्गुण भक्ति की व्याख्या करते हुए आचार्य हजारीप्रसाद द्विवेदी ने कहा है—**"इसी ज्ञानप्रवण नैतिकता प्रधान योगमार्ग के खेत में भक्ति का बीज पड़ने से जो मनोहरलता उत्पन्न हुई उसी का नाम निर्गुण भक्ति मार्ग है।"**[111]

सगुण भक्ति का स्वरूप पांचरात्र की ब्रह्म भावना, ब्रह्म की औपनिषदिक कल्पना के अनुरूप है—

सर्वद्वन्द विनिर्मुक्तं सर्वोपाधि विवर्जितम्।
षड् गुण्यं तत् परं ब्रह्मसर्वकारण कारणम्।।

षड्गुण्य परब्रह्म का नाम नारायण भी है, वे निर्गुण होकर भी सगुण हैं, प्राकृत गुणों से रहित होने से वे निर्गुण हैं। परन्तु षड्गुणों से सम्पन्न होने के कारण सगुण हैं। पांचरात्र में भगवान् के सगुण और निर्गुण दो रूप बताये गये हैं।

जिस आँख से जीवन के परम सत्य का अनुभव हो सके वह आँख सबके पास है लेकिन बन्द है, किसी एक व्यक्ति की आँख खुल भी जाये तो वह प्रमाण सिर्फ उसी के लिए होता है। मीराँ को नाचते देखकर लोग उसको पागल समझते थे, क्योंकि मीराँ का नाच ही सिर्फ लोगों को दिखायी देता था, वह नहीं दिखायी देता था जिसे देखकर मीराँ नाचती थी। लोगों ने कबीर को गीत गाते हुए देखा होगा लेकिन कबीर के भीतर उन गीतों का जन्म कैसे हुआ यह किसी को पता नहीं है। भगवान् बुद्ध को लोगों ने मौन होते हुए देखा है, लेकिन क्या देखकर बुद्ध शान्त हुए यह किसी को पता नहीं है। भगवान् बुद्ध ने कहा है, ''जो पहुँचा दे परम स्थिति तक वह सत्य है। सत्य की एक कसौटी तर्क है, जो तर्क से सिद्ध हो वह सत्य है, परन्तु सत्य की अन्तिम कसौटी आनन्द है, कि जिससे आनन्द फलित हो, वह सत्य है।''

भाष्यकारों ने ईश्वरवाद की स्थापना पर विशेष बल दिया, आत्मा को ही दो भागों में विभाजित कर दिया गया—जीवात्मा एवं परमात्मा। **''ज्ञानाधिकरणमात्मा। सः द्विविधः जीवात्मा परमात्मा चेति।''**

इस दृष्टि से आत्मा ही केन्द्र बिन्दु है जिस पर आगे चलकर परमात्मा का भव्य प्रासाद निर्मित किया गया। आत्मा को ही ब्रह्मरूप में स्वीकार करने की विचारधारा वैदिक एवं उपनिषद्‌कालीन है। **प्रज्ञाने ब्रह्म, अहं ब्रह्मास्मि, तत्त्वमसि, अयमात्मा ब्रह्म** जैसे सूत्र वाक्य इसके प्रमाण हैं।

वैदिक दर्शन में जीवधारी, भौतिक पदार्थ और आत्मा के संयोग के परिणाम हैं। यह आत्मा स्वयं सर्वव्यापी, अशरीरी परमात्मा का अंश है, लेकिन उससे विभक्त अलग अस्तित्व धारण किये रहती है। अपने मूल परमात्म तत्त्व में उसके विलय को मोक्ष कहा गया है।

''हरिरेव जगत् जगदेव हरिः। हरितो जगतो नहि भिन्न तनुः।''

इस संसार में तथा इसके बाहर जितने मूर्त तथा अमूर्त वस्तु समूह हैं, वे सब-के-सब भगवान् की ही मूर्ति हैं। जैसे आकाश ने सबको घेरा हुआ है वैसी ही जीवन की ऊर्जा सभी में व्याप्त है कण-कण चाहे पदार्थ का हो, चाहे चेतना का परमात्मा की ही अभिव्यक्ति है। इस प्रकार वेद, पुराण और उपनिषद् ब्रह्म के स्वरूप को आत्मा से अभिन्न नहीं मानते अनाहतनाद का स्रोत आत्मा ही है आत्मा में ही वह परमात्मस्वरूप नाद तत्त्व अनुभूत होता है इसलिए इस तत्त्व को हम ब्रह्मतत्त्व के रूप में मानते हैं। याज्ञवल्क्य ऋषि ने एक प्रसंग में जनक को स्वरों की धारयित्री देवी की शक्ति का दर्शन कराया है—

''यावत् ब्रह्मनिष्ठतमं तावतीवाक्। एष एव परमानन्दः अन्यानि भूतानि मात्रा भुयं जीवन्ति इति।''

वाक् शक्ति से ही निर्गुण ब्रह्म सगुण स्वरूप धारणकर इस धरती पर देव वर्णित ज्ञान का प्रसारण करता है।

माण्डूक्य ऋषि ने शिक्षाशास्त्र की रचना की जिसे माण्डूक्य शिक्षा के नाम से जाना गया। इस ग्रन्थ की संगीत सम्बन्धी एकमात्र विशेषता यह है कि इसमें सर्वप्रथम प्राचीन सप्त स्वरों की भूचर या खेचर प्रणालियों से समानता की गयी है। सप्त रंगों में स्वरों को निश्चिन किया गया है। और आकाश के गुण ध्वनि (नाद) तथा प्राणिमात्र में प्राकृतिक ध्वनि की पारस्परिक समानता नर श्रेष्ठों (विष्णु आदि) से की गयी है।

इसी प्रकार नारदीय शिक्षा में उदात्त, अनुदात्त और स्वरित स्वरों का स्मरण कराते हुए उच्चारण की सहायता के लिए साम-हस्त संज्ञा का वर्णन किया गया है। गायकों के गुण-दोषों का वर्णन करते हुए स्वरों के प्रयोग को 'बाज' की शक्तिशाली परन्तु विनम्र उड़ान के सदृश माना गया है जो अपना प्रभाव तो डाले परन्तु नम्रतापूर्वक इसमें स्वर सन्धि का वर्णन करते हुए कहा गया है कि एक स्वर से दूसरे स्वर पर जाते हुए प्राकृतिक तथा स्वाभाविक लय होनी चाहिए जिस प्रकार अँधेरे के साथ उजाला।

नारदीय शिक्षा में सर्वप्रथम श्रुतियों को प्रधान एवं एकान्त प्रयोजनीय माना गया है। इसमें स्वर समूहों को ब्राह्मण, क्षत्रिय, वैश्य और शूद्र नामक चार जातियों में विभाजित किया गया है। संगीत की धार्मिकता, आध्यात्मिकता तथा दार्शनिक चिन्तनधाराओं को मान्यता प्रदान की गयी है।

पाणिनि जी के व्याकरणप्रधान ग्रन्थों में गायन, वादन एवं नृत्य संगीत के इन तीनों तत्त्वों का उल्लेख मिलता है। इनकी अष्टाध्यायी में संगीत को शिल्प संज्ञा में अभिहित किया गया है। इनकी शिक्षा में संगीत को अलौकिक आनन्द से परिपूर्ण ज्ञान माना गया है। इनके ग्रन्थों में सामगायन के विषय में पर्याप्त चर्चा की गयी है। वैदिक मन्त्रों का पठन-पाठन तथा उच्चारण-उदात्त, अनुदात्त तथा स्वरित स्वरों से किया जाता था। शिक्षा प्रतिशाख्यों में संगीत के त्रिस्थानों पर प्रकाश डालते हुए त्रैष्टुभ, जगती छन्दों से पुनः अध्यात्म का दर्शन कराया गया है। इस ग्रन्थ में गायन पद्धति सर्वथा नियमबद्ध और अनुशासित होती थी। निपुण कलाकार के लिए यह आवश्यक समझा जाता था कि उसे संगीतशास्त्र का पर्याप्त ज्ञान हो। सर्वप्रथम पाणिनि ने ही स्वरों का पशु-पक्षियों के साथ सम्बन्ध तथा सामगायन के समय सिद्धान्त का दार्शनिक विवेचन प्रस्तुत किया है।

प्रातः पाठेन्नित्य गुरसिस्थितेन स्वरेण शार्दूल रूतोपमेन।
माध्येन्दिने कण्ठगतेन चैव चक्राहव संकुचित संनिमेन।।
तारन्तु विद्यात् सदनं तृतीयं शिरोगतन्तच्च सदा प्रयोज्यम्।
मयूर हंसाम्बभृत स्वराणां तुल्येन नादेन शिर स्थितेन।।[112]

अर्थात् वक्ष से उत्पन्न शार्दूल के समान, दोपहर में चक्रवाक के समान, सायंकाल में मयूर के समान वेदपाठ नियमित करना चाहिए।

शंखनाद पर एक विशेष दर्शन प्रतीत होता है। दीर्घश्वास से लगातार ध्वनि में जब इसे बजाया जाता है तो ईश्वर के प्रति की जानेवाली वन्दना के उपरान्त लक्ष्य-प्राप्ति के

लिए पूर्ण तथा समर्पण भाव उत्पन्न हो जाता है। तीनों लोकों में उसकी गूँज प्रवाहित होती है, इसलिए विशेष मांगलिक अवसरों पर शंखनाद को शुभ माना गया है।

वेदों पर देवताओं ने किसी को हाथ नहीं लगाने दिया पर गन्धर्वों ने सारे ऋग्वेद को स्वरों की सात तन्त्रियों में कसकर साम की सृष्टि कर डाली। साभवेद एक नया वेद ही बन गया, इस प्रकार संगीत वेदों से ही पल्लवित, पुष्पित और फलित हुआ। जैमिनीय सूत्र में उल्लेख है—

ऋच्य ध्यूढं सामगीयते। गीतिषु सामाख्या।
षड्ज मध्य मना मानौ, ग्रामौ गायन्ति मानवाः।।[113]

महाभारत में भी संगीत के वैदिक अवधारणाओं की पुष्टि करते हुए उल्लेख किया गया है। इन्द्र ने अर्जुन के संगीत शिक्षा हेतु चित्रसेन की नियुक्ति की थी। अर्जुन ने चित्रसेन से गीत, वाद्य और नृत्य का ज्ञान प्राप्त किया था—

गीतं नृत्यं विचित्रं च वादित्रं विविध तथा
शिक्षयिष्याम्यहं राजन् विराटस्य पुरस्त्रियः।। [114]

अज्ञातवास में जब पाण्डव एक वर्ष बिताने के लिए विराट की राज्य सभा में पहुँचे तो वृहन्नला रूपी अर्जुन ने संगीत शिक्षा के द्वारा राज सेवा करने की इच्छा प्रकट की थी। विराटराज की आज्ञा पाकर वृहन्नला ने उत्तरा को गीत, वादित्र तथा नृत्य की शिक्षा दी थी। महाभारत के विराट पर्व में इस बात के पर्याप्त उल्लेख मिलते हैं।

गायामि नृत्याम्यथ वादयामि भद्रोऽस्मि नृत्ये कुशलोऽस्मि गीते।
त्वमुत्तरायै प्रदिशस्व यां स्वयं भवामि देव्या नरदेव नर्तकः।।[115]
"सं शिक्षयामास च गीत वादित्रं सुतां विराटस्य धनंजय प्रभु।"[116]

इस प्रकार हम देखते हैं कि संगीत धारा दो रूपों में प्रवाहित हुई। एक प्रकार का संगीत वह था जो धार्मिक अनुष्ठानों एवं उत्सवों पर प्रयुक्त होता था तथा दूसरे प्रकार का संगीत लौकिक समारोहों के अवसर पर प्रयुक्त होता था।

वैदिक काल में इन दोनों प्रकार के संगीत का प्रचलन था। महाभारत-काल में इन दोनों का स्वरूप और भी स्पष्ट हो गया था। प्रथम प्रकार का संगीत **'सामगान'** का रूप धारण किया तो दूसरा गन्धर्व के नाम से प्रसिद्ध हुआ। महाभारत-काल में सामगान की परम्परा शास्त्रीय पद्धति से विकसित होती हुई दिखायी देती है—

उत्कृष्ट साम गीतों को **'ज्येष्ठ सामन'** कहा जाता था।[117] ज्येष्ठ सामन का उल्लेख मनुस्मृति में भी पाया जाता है। यहाँ यह पद ज्येष्ठ साम गायकों का वाचक है। महवृत गायन एक प्रकार का विशिष्ट सामगीत होता था (शान्ति पर्व 87-5) इसका गायन गवामयन के एक दिन पूर्व होता था, (विष्णु स्मृति 56-24) याज्ञिक अनुष्ठानों में **'होता'** अध्वर्यु और उद्गीता (सामन) तीनों का महत्त्वपूर्ण एवं स्वतन्त्र स्थान था। होता का कार्य मन्त्र पाठ करना अध्वर्यु का कार्य हवन करना तथा साम गायक का कार्य स्तुति गान करना था।

ऋग्भिर्य मनु शंसन्ति नाम कर्माणि वह वृचाः।
यजुभिर्य हविर्वेद्या जुह वुरध्वयं वोऽध्यपरे।।
सामभिर्ये च गायन्ति सामगाः शुद्ध बुद्धयः।।[118]

सामगीतों के अन्तर्गत रथन्तर एवं वृहत्साम का विशेष प्रचलन था—

"रथन्तरं यच्च वृहच्च गीयते यत्र वेदिः पुण्य जनैर्वृता च।"

याज्ञिक अनुष्ठानों में सामगान के अतिरिक्त विविध गाथाएँ भी गायी जाती थीं।

"सामानि स्तुति गीतानिगाथाश्च विविधापि"

इन गाथाओं में ब्रह्मगीतों का समावेश होता था—**"अत्र गाथा ब्रह्मगीताः कीर्तयन्ति पुराविदः।"**[119] यहाँ पर ब्रह्मगीतों से तात्पर्य ब्रह्मचर्चा अथवा अध्यात्म ज्ञान से युक्त गीतों से है।

इस प्रकार से महाभारत में संगीत के आहत एवं अनाहतनाद की व्याख्या पूर्णरूपेण वैदिक नियमों के अनुरूप थी। महाभारत में संगीत के तीनों स्वरूपों गीत, वाद्य एवं नृत्य का विशद विवेचन मिलता है जो पूर्णरूपेण वैदिक अवधारणाओं पर आधारित है।

महाभारत में अनेक प्रसंगों में देववाणियों का भी उल्लेख मिलता है। अर्जुन के जन्म से पूर्व जब देववाणी हुई थी, तब उस समय अप्सराओं ने गायन-वादन किया था। उसी समय प्रसिद्ध गन्धर्व तुम्बुरु ने अन्य गन्धर्वों के साथ गीत का गायन किया था। गन्धर्व एवं अप्सराओं के निवास सदैव दिव्य संगीत से निनादित रहते थे। नारद की तपस्या से प्रसन्न होकर भगवान् शंकर ने उन्हें यह वरदान दिया था कि गायन-वादन में उनके समान तेजस्वी एवं कीर्त्तिमान् और कोई नहीं होगा।[120]

श्रीमद्भागवत महापुराण के रास प्रकरण में महर्षि वेदव्यास ने जीव और ब्रह्म के रास रूप क्रीड़ा का सुन्दर चित्रण किया है। इस क्रीड़ा में गोप सुन्दरियों के साथ योग के लिए कृष्ण रूप ब्रह्म ने माया रूप वंशी का आश्रय लिया है। उस योगमाया रूप वंशी में उन शब्दों की नित्य स्थिति मानी गयी है जो गोपियों के साथ सम्बन्ध के लिए दिव्य शक्ति से संयुक्त है, तथा इस वेणु का प्रतिध्वनन गोपियों के हृदयाकाश में योगानुसन्धान के लिए बाध्य करता है। फलस्वरूप विवश होकर नाद रूपी ब्रह्म के सामरूप तत्त्व को जानने के लिए वे अनुसन्धान करती हैं।

यहाँ परब्रह्म के द्वारा वेणु का वादन किया जाकर सम्यक् रूप से गोपियों के मन को आकृष्ट करने का अभिप्राय है। अर्थात् श्रीकृष्ण के मधुर वेणु का निनाद जिसे परमानन्दमयी सामरस का सूचक माना जाता है उसे गोपियों के प्रति अनेक विधाओं में गीतात्मकता के साथ प्रदर्शित किया गया है, जिसके आलम्बन से गोपियाँ बाह्य जगत् का ज्ञान खो करके ब्रह्मात्मक 'रव' के आनन्द में संलिप्त हो जाती हैं।

सामवेद के बीज मन्त्र का तत्त्वतः ज्ञान प्रकाशित करने के लिए ब्रह्म ने मुरली में 'क्लीं' बीज का गान किया था कल ईम 'क्लीं' इसी बीज के गान द्वारा ब्रह्म ने सम्पूर्ण

गोपियो को आह्वान किया है। इसके अद्भुत प्रभाव से केवल उन्हीं गोपियों ने उस वंशी के गान को सुना था, जिनको बुलाना ब्रह्म को अभीष्ट था। तात्पर्य यह है कि जो आँखों को आनन्द प्रदान करनेवाला रसात्मक ब्रह्म है, वही कानों से सुना जानेवाला है। रसात्मकता में जो भेद प्रतीत होता है वह इन्द्रियों का है न कि रसात्मकता का।

यहाँ परब्रह्म ने यह संकेत किया है कि जिसका दर्शन नेत्रों से किया गया है उसी का गुणानुवाद कानों से भी सुनने योग्य है। अतः वेणु गीत या नाद भगवत गुणानुवाद के रूप में श्रवण करने योग्य गीतात्मक स्वरूप बताया गया है।

रास क्रीड़ा स्थल में अनेकों प्रकार से रसात्मक दृश्यों का समावेश होना पाया जाता है। वस्तुतः यही सम्यक् प्रकार के आनन्दमयी दृश्यों में अप्राकृत रूपों से साम के स्वरूप में यहाँ दृष्टिगोचर होते हैं। यहाँ इस दृश्य का एवं उसकी मधुरिमा का वर्णन भगवान् शिव द्वारा इस प्रकार से किया गया है—

शृणु पार्वति यत्नेन लीलानां त्रितयं महत्।
यस्मिन्ज्ञाते जीव सृष्टिर्भवाब्धि प्रतरेत्मुखम्।।
नास्य ज्ञानं ब्रह्म सृष्टिं विना कस्यापि जायते।
अक्षर ब्रह्महृदये वास्तवीं विद्धि शांकरि।।
नित्य वृन्दावने य च सा स्मृता प्रतिभासिकी।
ब्रज भूम्यां च या लीला सा स्मृता व्यवहारिकी।।
यस्मिन् स्थाने वास्तवी च लीला प्रोक्ताति सुन्दरि।
तत्स्थानं कोटि ब्रह्माण्ड महाशून्यादिलक्षणम्।।
मानं तस्यापि किमपि विद्यते नैव शाम्भवि।
तत्र भूमिं स्वप्रकाशामांकाशं च तथा विधम्।।[121]

इस तरह से महारास में स्व और पर का सर्वथा अभाव है। इसका तात्पर्य यह है कि अन्तर्हृदय में भक्त महारास के दिव्य आनन्द का अनुभव करे। गोपियों के हृदय में क्षण भर के लिए देहभाव अर्थात् 'स्व' का उदय हुआ और श्यामसुन्दर तुरन्त अन्तर्धान हो गये मानो यह लीला इस प्रसंग की अलौकिकता को ही प्रतिपादित करती है। इसी प्रकार गोस्वामी तुलसीदास ने पुष्प वाटिका में प्रभु के दर्शन न होने से जनकनन्दिनी की व्याकुलता को उल्लेखित किया है—

चितवति चकित चहूँ दिसि सीता। कहँ गये नृप किसोर मन चिंता।।
जहँ विलोक मृग सावक नैनी। जनु तहँ बरिस कमल सित श्रेनी।।[122]

महारास प्रसंग में गोपियों की भावनाएँ मुखर रूप से सामने आती हैं किन्तु यहाँ वाणी के स्थान पर नेत्र बोल रहे हैं। पुष्पवाटिका प्रसंग में जानकी जी केवल भगवती पार्वती के समक्ष ''वैखरी वाणी का प्रयोग करती हुई दिखायी देती हैं, अन्यथा पूरे प्रसंग में उनकी वाणी प्रकट नहीं हुई। परा शक्ति के द्वारा जिस ''परा वाणी का प्रयोग किया

जा रहा है वह पश्यन्ती', के साथ एकाकार है। और उसकी अभिव्यक्ति 'मध्यमा' के माध्यम से नेत्र कर रहे हैं। इस प्रकार यहाँ परा, पश्यन्ती और मध्यमा तक ही वाणी का प्रयोग है।

तत्त्वतः अन्तर्यामी और बहिर्यामी ब्रह्म में कोई भेद नहीं है—**"मुझको कहाँ ढूँढ़ता बन्दे मैं तो तेरे पास रे।"** में इस भावना की अभिव्यक्ति होती है कि तात्त्विक सत्य यही है। रामचरितमानस में श्री सुतीक्ष्ण जी के प्रसंग में सन्त तुलसी ने वर्णन किया है कि प्रभु के आगमन का समाचार सुनकर सुतीक्ष्ण जी भगवान् से मिलने चल पड़े, प्रेमोन्माद की दशा में उनके हृदय में प्रभु प्रकट हो जाते हैं और वे आनन्दमयी समाधि में डूब जाते हैं। अनोखी स्थिति तब आयी जब प्रभु श्रीराम उनके सम्मुख पहुँच जाते हैं, बहिर्यामी ईश्वर उनके सामने खड़ा उन्हें जगा रहा है, किन्तु मुनि अन्तर्हृदय से बाहर नहीं निकल रहे। तब प्रभु ने चतुर्भुज रूप का दर्शन कराया, व्याकुल होकर मुनि का ध्यान खुला। इस प्रकार अन्तर्यामी और बहिर्यामी ब्रह्म का एक साथ साक्षात्कार हुआ।[123]

निरभिमानता की अन्तिम स्थिति का अर्थ है व्यष्टिसृष्टि के समष्टि होना, जीव का शिव से ब्रह्म में एकत्व। व्यवहार में यह ऐक्यानुभूति सबमें 'हरिदर्शन' की दृष्टि का हमेशा के लिए उन्मेष कर देती है और अन्यता का नितान्त अभाव हो जाता है। परमात्म ज्योति और नादब्रह्म का साक्षात्कार उस परम तत्त्व की व्यंजना के रहस्य को उद्घाटित करती है।

कबीर देख्या एक अंग, महिमा कही न जाय।
तेज पुंज पारस घणी नैनू रह्या समाय।।

जहाँ ज्ञान की भूमिका से युक्त भक्ति भाव की अभिव्यक्ति है वहाँ कोई भक्त चाहे निर्गुण राग का वर्णन भले करे, परन्तु जिस परब्रह्मपरमात्मा में सगुण-निर्गुण दोनों अध्यस्त हैं, उनकी ओर संकेत करनेवाले की वाणी केवल निर्गुणपरक नहीं हो सकती। अद्वितीय अखण्ड और एक को दोनों अपनी-अपनी भावना, धारणा और विवेक के अनुसार पा ले तो एक ऐसी स्थिति आ जाती है, जिसे मात्र 'अनिर्वचनीय' ही कहना पड़ता है। फिर भी निर्वचन करने में प्रवृत्ति होती है क्योंकि प्रेमानुभूति की अभिव्यक्ति में कोई सिद्धान्त नहीं टिकता और वर्णन करनेवाला आत्मविस्मृत हो जाता है।[124]

वेदान्त के सिद्धान्त की मान्यता है कि ब्रह्म को पाना नहीं है, केवल उसे जानना है। पाया तो उसे जाता है जो स्वयं से भिन्न हो। समस्त शास्त्रों का सार वाक्य यही है कि जीव और ब्रह्म में कोई भेद नहीं है। गोपियाँ भगवान् श्रीकृष्ण के अवतार तत्त्व से पूर्ण परिचित हैं फिर भी वही गोपियाँ वियोग काल में विलाप करती हैं तो उनकी अन्तःस्थ भावना मुखर होती है—

"आप केवल यशोदा के पुत्र नहीं हैं अपितु समस्त संसार के प्राणियों की अन्तरात्मा हैं। देवताओं की प्रार्थना से द्रवित होकर विश्व की रक्षा के लिए यदुकुल में अवतरित हुए हैं।"

इस वाणी में गोपियाँ तत्त्वज्ञ ही नहीं सर्वज्ञ भी प्रतीत होती हैं। गोपियों का विरह गीत रहस्यपूर्ण एवं तात्त्विक है। उसमें कितना रस भरा है, इसका अनुभव भागवत महापुराण के गोपीगीत में किया जा सकता है।[125]

हमारे द्वारा ओंकार के उच्चारण में क्रमशः पश्यन्ती, मध्यमा, और वैखरी वाणी का ही प्रयोग होता है। मगर भगवान् श्रीकृष्ण ॐ इति कहते हैं। इति का अर्थ समाप्ति है। किन्तु यहाँ इति को तीन अर्थों में कहा गया है—'प्रथम' अन्त में 'दूसरा' परे और तीसरा 'जैसा'। वैखरी, मध्यमा और पश्यन्ती इन तीनों के अन्त में परा वाणी है। यहाँ परा वाणी की ओर संकेत है। अर्थात् निःशब्द वाणी। अतः यहाँ ॐ इति का अर्थ है जहाँ ॐ समाप्त होता है याने ॐ के भी पार। साधना की प्रारम्भिक अवस्था में साधक ॐ का उच्चारण करते हैं वह पश्यन्ती, मध्यमा और वैखरी वाणी से सम्पादित होता है। जैसे-जैसे साधक उक्त तीन वाणियों से उच्चारित साधना की गहराई में उतरता जाता है वैसे-वैसे उक्त वाणियों से उच्चारित होनेवाले शब्द पीछे छूटते चले जाते हैं।

नाम सुमिरन की साधना और शाश्वत मौन की साधना करते हुए जब साधक परम अवस्था में पहुँचता है तो सारे शब्द निःशब्द हो जाते हैं और एक ऐसा शाश्वत मौन साधक के अन्तरतम वा बाहर स्पन्दित होने लगता है जिसकी अनुभूति उसे परावाणी के झूले पर ही होती है, जो भी उस स्थिति में पहुँचता है वही उस अविनाशी परमात्मा के मूल स्पन्दन का एक हिस्सा बन जाता है।

परावाणी का मूल विषय परमात्मा है, उसकी व्याख्या लौकिक प्रकार से नहीं की जा सकती है फिर भी कहा जा सकता है कि वह अविनाशी, अक्षर ब्रह्म है। हमारे शास्त्रों में अक्षर ब्रह्म के लिए एक शब्द ओम् जिसके सुमिरन के लिए गीता में **'व्याहरन्मात्मनुस्मरन्'** कहा गया है। सामान्यतः इसका अर्थ ओम् का उच्चारण करना है क्योंकि **'व्याहरन्'** शब्द का अर्थ ही उच्चारण करना है। लेकिन यहाँ सोचनेवाली बात यह है कि समस्त इन्द्रियों के द्वार बन्द कर दिये गये तो मुँह से या कण्ठ से उच्चारण द्वारा वाणी का प्रयोग कैसे हो सकता है। वह तो अव्यक्त है और प्राणों में निरन्तर स्फुरित हो रही है। अतः जो स्पन्दन हमारे भीतर हो रहा है उस अवस्था में केवल परब्रह्म का अपने अन्दर स्मरण ही किया जा सकता है।

वहाँ इन्द्रियों का कोई काम नहीं है क्योंकि यह घटना इन्द्रियातीत कही गयी है यानी जो बिना इन्द्रियों के सम्भव हो, ऐसा अनुभव है। स्पष्ट है, यहाँ **'व्याहरन्'** शब्द से तात्पर्य हृदय की पुकार से है। अन्तरतम की आवाज से है क्योंकि हम जानते हैं कि ओम् शब्द के बाह्य उच्चारण से जो व्यक्त होता है, वह अव्यक्त परमात्मा का वाचक भले हो सकता है स्वयं वह वाच्य परमात्मा नहीं हो सकता क्योंकि वाणी से व्यक्त होनेवाले ओंकार नाद को अविनाशी, अक्षर, अनन्त व अव्यक्त नहीं कहा जा सकता क्योंकि उस व्यक्त ध्वनि का नाश, क्षरण, अन्त व अभिव्यक्ति भी होती है। अतः यह स्पष्ट हो जाता है कि अपरा वाणी से उच्चारण किया जानेवाला ॐ नाद व्यक्त और नाशवान् होता है। मगर उसका

वाच्य शब्दब्रह्म अव्यक्त और अविनाशी होता है गीता में स्पष्ट किया गया है—
'अव्यक्तोऽक्षर इत्युक्तस्तमाहुः परमां गतिम्''।[126]

अर्थात् जो अक्षर है, वह संसार की किसी भाषा द्वारा व्यक्त नहीं हो सकता उसी अव्यक्त अक्षर को परमगति कहते हैं। उक्त श्लोक में भगवान् श्रीकृष्ण अपना स्वयं का वास्तविक परिचय देते हुए कहते हैं **'अव्यक्तोऽक्षर'**। यानी उनका अव्यक्त और अक्षर रूप है।

संसार की समस्त भाषाएँ वैखरी, मध्यमा और पश्यन्ती के अन्तर्गत आती हैं लेकिन एक वाणी या भाषा है, जो बोली नहीं जाती फिर भी सुन ली जाती है उसे हम मूक भाषा या गूँगों की भाषा कहते हैं। इसमें व्यक्ति इशारे या संकेत से अपनी बात कहते हैं। इसी प्रकार जब साधक साधना की उच्च भावभूमि पर पहुँचता है तो इन्द्रियो को कौन कहे मन-बुद्धि भी काफी पीछे छूट जाते हैं। अतः उस स्थिति में जो अनुभूति होती है, उसे व्यक्त करने के लिए गूँगों जैसे भाषा में भी उसकी अभिव्यक्ति की कोशिश भर की जा सकती है, सही अर्थों में उसे इशारों से भी इंगित नहीं किया जा सकता है। इसीलिए गीता में उसको **'अव्यक्तोऽक्षर'** कहा गया है।

जब ओंकारनाद हमारे अन्दर ध्वनि बनकर प्रवेश करता है तब उस ध्वनि से एक अलौकिक तरंग उत्पन्न होती है, उस तरंग से एक प्रतिध्वनि पैदा होती है और वह प्रति ध्वनि जो नाद पैदा करती है। वही नाद बाद में ब्रह्म के रूप में परिवर्तित हो जाता है और तब वह हमारे अन्दर अनाहत रूप में प्रकट होकर हमें अपना साक्षात्कार करा देता है। सनातन काल से इस विषय पर भरपूर प्रकाश डाला गया है। हमारे ऋषियों-मुनियों ने मन को नियन्त्रित करने के जिन उपायों का जिक्र किया है उनमें मन्त्र साधना को विशेष महत्त्व दिया गया है। वास्तव में जब 'मन्त्र' शब्द की व्युत्पत्ति पर विचार करते हैं तो यह स्पष्ट होता है कि जिसके द्वारा मन पर नियन्त्रण किया जा सके उस शक्ति को मन्त्र कहते हैं। मन्त्रों में अपार शक्ति होती है और उनकी संख्या भी ब्रह्म की अनन्तता की तरह है। सभी मन्त्रों से निकलनेवाले स्थूल व सूक्ष्म 'नाद' ओंकार जैसी ध्वनि से ओत-प्रोत होते हैं और उनकी साधना पूर्ण होने पर जो फल साधकों को उपलब्ध होते हैं उनमें आनन्द का रस इतना प्रगाढ़ होता है कि साधक उस रस का पान करने में मस्त हो जाता है। **''सत्य को जानने का रास्ता कान नहीं आँख है, इसीलिए सत्य को जाननेवाले को द्रष्टा कहा गया है।''** इसीलिए जिसने जान लिया उसके ज्ञान को हम दर्शन कहते हैं— श्रवण नहीं। इसी सिद्धान्त पर हम तीसरे आँख की खोज करते हैं। तीसरी आँख दो प्रकार से सक्रिय होती है या तो साधक चेष्टापूर्वक दोनों आँखों की ज्योति को भीतर खींच ले, क्योंकि हमारे आँखों की चेतना बाहर की ओर बहती है। इसी को कबीर ने **''आँख उल्टा कर लेना''** कहा है। अथवा आँख बन्द कर आत्मा की दृष्टि से आन्तरिक जगत् को देखें। मतलब है जो धारा बाहर बह रही है उसे अन्दर बहाना है।

आत्मा किसी पदार्थ से सृष्ट नहीं हुई वेदों ने घोषणा की है कि मैं शरीर में रहने वाली आत्मा हूँ। शरीर मर जायेगा पर मैं नहीं। मैं इस शरीर में विद्यमान हूँ। और जब यह शरीर नष्ट हो जायेगा तब भी मैं रहूँगा। मैं इस शरीर से पूर्व भी था और बाद में भी रहूँगा। कुछ लोग जन्म से ही सुखी होते हैं। पूर्ण स्वास्थ्य एवं वैभव का आनन्द भोगते हैं, वहीं कुछ लोग जन्म से ही दुःखी होते हैं। किसी को हाथ-पाँव नहीं तो कोई अन्धा है, कोई मूर्ख है और अभावों से भरा जीवन जी रहा है। ऐसा क्यों? अतएव यह स्वीकार करना ही होगा कि इस जन्म के पूर्व ऐसे कारण होने चाहिए, जिनके फलस्वरूप मनुष्य इस जन्म में सुखी या दुःखी है। और ये कारण उसके ही पूर्वार्जित कर्म हैं। वेद कहते हैं कि आत्मा ब्रह्म स्वरूप है, वह केवल पंचभूतों के बन्धनों में बँध गयी है। और उन बन्धनों के टूटने पर पूर्णत्व को प्राप्त हो जायेगी अर्थात् जन्म-मृत्यु के बन्धन से मुक्त हो जायेगी। इसी अवस्था को तुरीय, निर्विकल्प या पूर्णावस्था कहा गया है। जब आत्मा निर्विकल्प अवस्था को प्राप्त कर लेती है, तब वह ब्रह्म के साथ एकाकार हो जाती है। द्वैत समाप्त हो जाता है। वह स्वयं सत्यस्वरूप, ज्ञानस्वरूप एवं आनन्दस्वरूप हो जाती है।

ऐसे ही महान् सन्त कबीर 'निष्काम, निर्गुण एवं निर्विकार योगी' थे, उनमें पूजा, सेवा एवं साधना इतनी अद्भुत और अलौकिक थी, जिसके कारण उन्हें आत्मा-परमात्मा की ऐक्यानुभूति हुई थी, उनकी अद्वैतानुभूति का परिणाम था कि सर्वत्र, सबमें, हर समय उन्हें वही-वही दिखता था। उनका समर्पण उनके शब्दों से व्यक्त हो रहा है—

"मैं नाहीं कछु आहि न मोरा। तनधन सरबस गोविन्द तोरा।।"

कबीर निःसंकोच खुलकर बोलते हैं, भले ही श्रोता दोषों को स्वीकार न करें, वह चाहते हैं कि लोग आत्म परिष्कार के लिए प्रवृत्त होने में देर न करें और मोक्ष का मार्ग प्राप्त करें—

पर तन पर धन पर तिय निन्दा पर अपवाद न छूटै।
आवागमन होत है, पुनि पुनि इहूं पर संग न छूटै।।

ध्यान में चित्तवृत्ति अविच्छिन्न रूप से ध्येय अर्थात् परमात्म चिन्तन में लगी रहे यह जरूरी है। श्रद्धापूर्वक ध्यान में लीन होकर वह उसको सफल बना सके थे। उनका अनुभव दूसरों के लिए उपदेश बन गया। ध्येय की प्राप्ति का अर्थ उससे एकता, अद्वैतबोध है।

अस्तुति निन्दा आसा छोड़ै तजै मान अभिमाना।
लौह कंचन सम करि देखै, वे मूरति भगवाना।।

धर्मशास्त्र भी उस समय पूर्णता को प्राप्त हो जायेगा जब वह उस मूल कारण को जान लेगा कि मृत्युलोक में एकमात्र अमृतस्वरूप जो है, वह परमात्मा है। और अन्य सब आत्माएँ, उसी के प्रतिबिम्ब स्वरूप हैं। इस प्रकार अनेकेश्वरवाद, द्वैतवाद से होते हुए अद्वैतवाद की प्राप्ति होती है।

धर्म अनुभूति की वस्तु है, बोलने की नहीं, वह कोई मतवाद भी नहीं है, न सिद्धान्तों का समूह चाहे वे कितने भी सुन्दर क्यों न दिखते हों। आत्मा की ब्रह्म स्वरूपता को जान लेना, तद्रूप हो जाना, उसका साक्षात्कार करना, यही धर्म है। अपने सम्पूर्ण मन और प्राण के साथ अपनी श्रद्धा की वस्तु के साथ एकरूप हो जाना ही धर्म है।

सो ध्यान धरहु जिन बहुरि न धरना।
ऐसे मरहु कि बहुरि न मरना।।

इस खोज में विज्ञान और धर्म एक ही नतीजे पर पहुँचते हैं कि पदार्थ को तोड़कर अन्तिम अविभाजनीय कण प्रकाश है और उसी से नाद उत्पन्न होता है। तथा धर्म स्वयं के भीतर डूबकर पूरी गहराई में उतरने पर प्रकाश ही देखता है और इसी से नाद उत्पन्न होता है। जब वह आन्तरिक गहराई से बाहर देखता है तो सब चीजें विलीन हो जाती हैं केवल प्रकाश ही दिखायी देता है। धर्म रहस्य है और आश्चर्य की खोज है। योग शरीर से शुरू करके भीतर की ओर ले जाता है, भक्ति भीतर से शुरू करके बाहर की ओर ले जाती है बाहर और भीतर के ये दो नाम नहीं बल्कि ये दो छोर हैं। इसीलिए जो घटित होता है वह पूरे प्राणों में स्पन्दित होता है। इस ब्रह्म का अनुभव रोएँ-रोएँ तक स्पन्दित होता है।

इस प्रकार अन्तर्यामी अनाहतनाद हो या बहिर्यामी आहतनाद, ब्रह्मानन्द रस से लबालब भरा है। जो आहत एवं अनाहत दोनों प्रकार के सांगीतिक तत्त्व की वैदिक अवधारणा को पुष्ट करता है। कविवर बिहारी ने रसानुभूति के इस आनन्द को व्यक्त किया है। दो पंक्तियाँ द्रष्टव्य हैं—[127]

तन्त्री नाद, कवित्त रस सरस राग रति रंग।
अनबूड़े बूड़े, तिरे, जिन बूड़े सब अंग।।

अध्याय-3

भारतीय ग्रन्थों के नादांश का विवेचन

तमक्षरं ब्रह्म परं परेशमव्यक्तमाध्यात्मिकयोगगम्यम्।।
अतीन्द्रियं सूक्ष्मविवातिदूरमनन्तमाद्यं परिपूर्णमीडे।। [128]

अर्थात् जो अविनाशी, सर्वशक्तिमान्, अव्यक्त, इन्द्रियातीत और अत्यन्त सूक्ष्म है जो अत्यन्त निकट रहने पर भी बहुत दूर जान पड़ता है, जो आध्यात्मिक योग अर्थात् ज्ञान योग या भक्ति योग के द्वारा प्राप्त किया जा सकता है, उन्हीं आदि पुरुष अनन्त एवं परिपूर्ण परब्रह्मपरमात्मा की मैं स्तुति करता हूँ।

शरीर तीन प्रकार का बताया गया है—स्थूल, सूक्ष्म और कारण, गुण भी तीन हैं सत्त्व रज और तम। इन्हीं तीन गुणों से सृष्टि संचालित है। स्थूल से सूक्ष्म शरीर में प्रवेश करना ही समाधि है। सूक्ष्म शरीर सत्त्वगुण का प्रकाश पाकर सूक्ष्म जगत् में कार्य करता है। समाधि अवस्था में सत्त्वगुण की प्रधानता से उसके प्रकाश में ध्येय वस्तु के स्वरूप का ज्ञान होता है।

सूक्ष्म शरीर को एक पैर में डोरी बाँधे हुए पक्षी अथवा पतंग के सदृश समझना चाहिए। यह डोरी प्राण की है और चर्खी हृदय स्थान की जहाँ प्राणों की ग्रन्थि है। उदान इस सूक्ष्म शरीर को बाहर के समष्टि-प्राणों से जोड़े रहता है। जिस प्रकार पक्षी अनेक दिशाओं में घूमकर कहीं आश्रय न मिलने के कारण बन्धन के स्थान पर ही आ जाता है उसी तरह मन अनेक दिशाओं में घूमकर आश्रय न मिलने के कारण प्राण का ही सहारा लेता है, क्योंकि यह प्राण से बँधा है। **'अनन्त वैमनः'** चित्त अनन्त है।

तत्कालीन अक्षरविज्ञानवेत्ताओं ने भलीप्रकार विज्ञात और उच्चारित शब्द अथवा वर्णों को स्वर्ग अथवा अभीष्ट कामनाओं का साधक बताया है।

"एकः शब्द प्रयुक्तः सम्प्रज्ञातः स्वर्गेलोके कामधुग्भवति"
एवं वर्णाः प्रयोक्तव्या नाव्यक्ता नय पीड़िताः।
सम्यग्वर्ण प्रयोगेषा ब्रह्मलोके महीयते।। [129]

मत्स्य पुराण में इस रहस्य को स्पष्ट करते हुए लिखा गया है—कि वर्णमाला का प्रत्येक अक्षर ही मन्त्र है जिसका मनन भी भयानक आपत्तियों से (मन्त्र) मुक्ति प्रदान करता है।

ऊँची अवस्थावाले योगीजन समाधि अवस्था में सूक्ष्म जगत् में सूक्ष्म शरीर से भ्रमण करते हैं और पुनः अपने स्थूल शरीर में लौट आते हैं। चेतन से प्रतिबिम्बित सत्त चित्त जिसमें अहंकार बीज रूप से छिपा हुआ अपने कार्य को बन्द किये रहता है, जिसकी संज्ञा अस्मिता है उसको कारण शरीर समझना चाहिए। वशिष्ठ वाक्य में कहा गया है—

"द्वे बीजे चित्त वृक्षस्य प्राणस्पन्दन वासने"
एकस्त्रिश्चतपो क्षीणे क्षिप्रं द्वे अपि वश्यतः।।

चित्त रूपी वृक्ष के दो बीज हैं प्राण स्पन्दन और दूसरी वासना। इसमें से एक के सूक्ष्म होने पर दूसरा भी शीघ्र ही क्षीण हो जाता है। अर्थात् दोनों का कार्य करने में अधिक सम्बन्ध है। इसलिए प्राण सब इन्द्रियों की वृत्तियों को रोककर मन की एकाग्रता करने में समर्थ होता है।

महर्षि कश्यप की यह खोज है कि बोलनेवाली जीभ जिसे हम एक समझते हैं— एक नहीं दो होती हैं। दोनों ऊपर से एक आवरण में बन्द हैं, वस्तुतः जैसे हमारे दोनों हाथ अलग-अलग हैं वैसे ही, वागीन्द्रिय भी अलग-अलग दो हैं। जब जीभ का एक भाग बोलता है तब दूसरा भाग उस ध्वनि को ग्रहण करता है। कान जीभ के मूल तक पहुँचाने का ही कार्य करते हैं सुनती जीभ है, कान नहीं। फक्क रोगी के शरीर में कफ और वात दोष से दूषित माता का दूध वागीन्द्रिय को पुष्ट नहीं करता फलतः बालक गूँगा तो रहता ही है और कानों के द्वारा पहुँचे शब्द भी उसकी वागीन्द्रिय ग्रहण नहीं करती इसलिए वह बहरा हो जाता है। बोलनेवाले बहरे लोगों की वागीन्द्रिय सदोष नहीं है। उनके कानों द्वारा शब्द करनेवाले वे मार्ग सदोष हैं जो ध्वनि को वागीन्द्रिय तक ले जाते हैं। कश्यप संहिता में इसका उल्लेख किया गया है—

तत्र वागीन्द्रियं त्वेकं द्विधाभिन्नं यथा करौ।
अर्धेनशब्दं वदन्ति गृहत्यर्धेन तं पुनः।।
तस्माच्च मूका भूयिष्ठं भवन्तिबधिराःनरा।
वाङ्गमूलं हि स्मृतंश्रोत्रं ब्राम्भ्रंशे भ्रश्यते हि तत्।।[130]

मनुष्य तीन तरह के गुणयुक्त होते हैं—सत्त्व, रजस् और तमस्। शरीर की तरह मन के चार दोष होते हैं—1. मन, 2. बुद्धि, 3. चित्त, 4. अहंकार। मन की वृत्ति में मनन् होता है, बुद्धि में निश्चय होता है, चित्त में सुःख-दुःख, श्वास-प्रश्वास, आलस्य-तत्परता आदि प्रतीत होते हैं। अहंकार में स्व और पर का व्यवहार रहता है। मन का दार्शनिक विवेचन करने पर मन में पाँच प्रकार की शक्तियाँ दिखायी देती हैं—1. प्रमाण, 2. विपर्यय, 3. विकल्प, 4. निद्रा, 5. स्मृति। सम्पूर्ण मानस चतुष्टय को मन कहते हैं, क्योंकि बुद्धि, चित्त, अहंकार की वृत्तियाँ भी मन के द्वारा होती हैं जिस प्रकार शरीर में वात पित्त कफ के लक्षण प्रकट होते हैं उसी प्रकार सत्त्व, रजस् और तमस् के लक्षण मन में प्रकट होने लगते हैं।

शरीर में चार प्रकार के कोष हैं—1. अन्नमयकोष, 2. मनोमयकोष, 3. प्राणमयकोष और 4. आनन्दमयकोष। इनमें क्रमशः एक से दूसरा बड़ा शक्ति पुंज है। शरीर, मन, प्राण

और आनन्द या चैतन्य इन चार परिवेशों में वेष्टित है, प्रत्येक परिवेश के द्वारा चेतन आत्मतत्त्व की शक्ति विकीर्ण होती है। शरीर, मन और प्राण से जो शक्ति अभिव्यक्त होती है उसका केन्द्र चेतना है। वही आनन्दमयकोष है। भारतीय योगशास्त्र में मनोमय से प्राणमय कोष एक सीढ़ी ऊँचा है, मनोमय परिवेश में जो शक्तियाँ प्राप्त होती हैं, प्राणमय परिवेश में उससे अधिक सूक्ष्म और महान् शक्तियाँ उपलब्ध होती हैं। किन्तु दोनों के विकिरण का मार्ग मन के द्वारा ही है।[131]

मनुष्य ने जब शारीरिक शक्ति से आगे मनोमय और प्राणमय परिवेश की शक्तियों का विकास किया तो उसे 'शब्द' जैसा माध्यम प्राप्त हुआ, जो शक्ति का संवाहक है। जैसे विद्युत् प्रवाह को एक सिरे से दूसरे सिरे तक ले जाने का माध्यम तार होता है वैसे ही आध्यात्मिक परिवेश में भावनाओं और मानसिक शक्ति को एक से दूसरे तक ले जाने का माध्यम शब्द है।

रूप, रस, गन्ध, स्पर्श, क्रमशः तेज, जल, पृथ्वी और वायु के गुण हैं कोई गुण ऐसा नहीं है जो भावनाओं का संवाहक हो और प्रकाशस्वरूप भी। शब्द में ये गुण विद्यमान हैं। वह आकाश का गुण है इसलिए आकाश की तरह व्यापक भी है, योगशास्त्र का कहना है कि यदि शब्द, अर्थ और ज्ञान की भेद वृत्ति समाप्त कर दी जाये तो विश्व के सम्पूर्ण प्राणियों की भाषा समझी जा सकती है।[132]

इस प्रकार आध्यात्मिक चेतना में शब्द का बहुत बड़ा योगदान है। रूप, रस, गन्ध, स्पर्श सभी छूट जाते हैं तो भी शब्द का सहयोग चेतना के साथ रहता है। प्रेम के गीत सुनकर श्रोता के हृदय में प्रेम उमड़ता है, हास्य के गीत सुनकर श्रोता हँसने लगता है। शब्द के साथ यह प्रेम और हास्य कैसे आता है? प्रत्येक वस्तु का ज्ञान प्रकाश में होता है किन्तु शब्द से होनेवाला ज्ञान अँधेरे में भी होता है। अतः स्पष्ट है कि शब्द स्वयं प्रकाश है और मानव के भाव शब्द में घुल जाते हैं। यह अविनाशी भी है इसीलिए यह ब्रह्म है। इसी कारण इसे नादब्रह्म, शब्दब्रह्म कहा गया है।

अनाहतनाद अव्यक्त ब्रह्म का मूल तत्त्व है जो योग के माध्यम से जानने योग्य बताया गया है। अनाहतनाद का स्वरूप भावों का प्रकाशन होने पर भी अव्यक्त ध्वनि रूप ही रहता है। इसमें वाक्यार्थ जैसे अर्थ का बोध नहीं होता। इन्हीं अव्यक्त अनाहत ध्वनि से ही शब्द की उत्पत्ति होती है, जिसे शब्दब्रह्म कहते हैं। शब्दब्रह्म में दो तत्त्व शब्द और ब्रह्म विद्यमान हैं। शब्द में प्रकाशन तत्त्व उसका रहस्य है, जबकि ब्रह्मतत्त्व उसमें व्याप्त उसकी सूक्ष्मता है।

अनाहतनाद अन्तर्जगत् में योग साधना से प्राप्त ध्वनि की अनुभूति है, यही अनुभूति शब्दब्रह्म की उत्पत्ति का कारण है। यही शब्दब्रह्म आनन्दातिरेक का स्फुरण करता हुआ बाह्य जगत् में प्रस्तुत होकर पूर्ण शब्द का स्वरूप ग्रहण कर आहतनाद में परिवर्तित हो जाता है। अर्थात् अनाहतनाद ही आहतनाद की उत्पत्ति का कारण है।

कुछ धार्मिक सन्तों एवं तत्त्ववेत्ताओं ने इसी अनाहतनाद (अव्यक्त शब्द) को अनहदनाद, अनहद वाणी, अनहदशबद, अनहद धुनि आदि शब्दों में व्यक्त किया है। जैसे

महात्मा कबीर, गुरु नानकदेव, गुरु अर्जुनदेव, गुरु अमरदास आदि की रचनाओं में अनाहतनाद को अनहद शब्द से सम्बोधित किया गया है।

अनहदनाद का तात्पर्य हदविहीन नाद है, जिसकी कोई सीमा न हो। भारतवर्ष में संगीत के अनेक प्रकार हैं जैसे—भजन, गीत, लोकगान, शास्त्रीय संगीत, कव्वाली आदि। सभी प्रकार के संगीत में आनन्द तत्त्व विद्यमान रहता है किन्तु इसकी सीमा निश्चित है कहीं-न-कहीं यह संगीत समाप्त होता है। जब किसी धर्म स्थल, मन्दिर, गुरुद्वारों आदि से कीर्त्तन, भजन सुनकर व्यक्ति वापस लौटता है तो प्रायः यह कहता सुना जाता है कि मन्दिर में मन शान्त था पुनः सांसारिक कार्यों में आकर मन उलझ गया।

यह ऐसी स्थिति है जैसे कोई व्यक्ति इत्र की दुकान के पास से निकल जाये तो इत्र की सुगन्ध से आनन्द की प्राप्ति होती है पर इस सुगन्ध के आनन्द की सीमा है। जब वह इत्र के दुकान की सीमा के बाहर दूर चला जाता है तब वह इत्र की सुगन्ध के आनन्द से वंचित हो जाता है। यदि वही व्यक्ति इत्र को अपने शरीर में लेप कर ले, इसके बाद कहीं भी चला जाये तब इसकी सुगन्ध भी उसके साथ-साथ जायेगी। इस प्रकार ऐसे आनन्ददायक संगीत के खोज की आवश्यकता है जो हमेशा आनन्दित रख सके। आहतनादस्वरूप संगीत तो सर्वविदित ही है, जो सीमाबद्ध है और इत्र के दुकान तक सुगन्ध के आनन्द की तरह है।

संगीत का दूसरा स्वरूप अनाहतनाद अथवा अनहदनाद है, जिसे गाया अथवा बजाया नहीं जाता वह स्वतः ही अपने-आप बजता रहता है। ऐसे संगीत की प्राप्ति सद्गुरु के माध्यम से योगाभ्यास द्वारा जानने योग्य बताया गया है। कबीरदास जी ने इस प्रकार के संगीत का उल्लेख करते हुए कहा है—[133]

निरभउ के घरि बजावहि तूर। अनहद बजहि सदा भरपूर।।

अर्थात् उस निर्भय प्रभु के घर में अर्थात् इसी मानव शरीर के अन्दर यह संगीत सदैव बज रहा है, जो अनहद है, जिसकी कोई सीमा नहीं है। इसी कथन को गुरु अमरदास जी ने भी प्रमाणित करते हुए कहा है कि जो लोग सांसारिक संगीत में ही आनन्दित रहते हैं उन्हें उस अलौकिक संगीत का आनन्द नहीं प्राप्त हो सकता।

इतु किंगुरी चिआतु न लागे जोगी ना सचु पले पाइ।
इतु किंगुरी सांति न आवै जोगी अभिमानु न बिचहूँ जाइ।।

अर्थात् जो सांसारिक किंगरी बजा रहा है उससे ध्यान नहीं लग सकता न ही सच्चाई उसके हाथ आ सकती और उसे शान्ति भी प्राप्त नहीं हो सकती बल्कि अपने ज्ञान का एक अच्छे संगीत साधक होने का अभिमान ही संचित कर सकता है।

वास्तव में बाह्य संगीत अर्थात् आहतनाद भी अन्तर्जगत् की ओर संकेत करता है मन्दिर, गुरुद्वारे या अन्य धर्म स्थल जहाँ होनेवाले भजन, कीर्त्तन हमें वास्तविक जीवन के सत्य की ओर इशारा करते हैं, कि ऐसा ही संगीत जो भगवान् के मन्दिर में हो रहा है वही इस शरीर के अन्दर भी बज रहा है। गुरु गोविन्दसिंह जी ने गुरुवाणी में कहा है—

देव सयाने किया निसाणी। तहं बाजै सबद अनाहत वाणी।।

अर्थात् यहाँ पर शरीर को ही परमात्मा के घर की निशानी बताते हुए कहा गया है कि वहाँ निरन्तर अनहदवाणी बज रही है। नानकदेव ने भी कहा है—[134]

अनहदशबद बाजै दिनराती।
अविगत की गति गुरु मुखि जाती।। एवं
अनहद बाजे धुनि बज दे कुर सबदि सुणीजै।
तितु घटि अन्तरि चानणा करि भक्ति मिलीजै।।

कबीरदास जी ने भी नानकदेव के कथन की पुष्टि करते हुए कहा है कि इस शरीर के अन्दर लगातार अनहदनाद बज रहा है। आवश्यकता उस स्थान को जानने की है जहाँ पर वह अनहदवाणी बज रही है—

"पंच सखी मिलि मंगल गाइआ अनहद वाणी नाद बजाइआ।"[135]

जन्मकाल से ही अनहदवाणी का नाद हमारे अन्तर में बज रहा है तभी हमारे अन्दर के पाँचों मित्र—क्षमा, दया, शील, सन्तोष एवं सत्य प्रसन्न होकर हमारे लिये आनन्द का मार्ग खोल देते हैं। जब अन्तर्दृष्टि खुलती है तभी अन्तर्जगत् में प्रवेश कर मन को शान्ति मिलती है तभी प्रभु के गायन को जान पाते हैं। जब अनहद शब्द की ध्वनि सुनायी देती है तो परमात्मा के इस शरीर रूपी घर में ही उस परम शक्ति का प्राकट्य हो जाता है—**'पंच सबद धुनि अनहद बाजै हम घरि साजन आए।'** कबीरदास जी पुनः कह रहे हैं—

पंचे सबद अनाहद बाजै संगे सारिग पानी।
कबीरदास तेरी आरती कीनी निरंकार निरवानी।।[136]

अर्थात् हे निरंकार मैं तेरी वहीं आरती करता हूँ जहाँ पर पाँच धुनें बज रही हों इसी सत्य को गुरु नानकदेव भी प्रामाणिकता प्रदान करते हुए कहते हैं—[137]

घर महि घरु देखाई देइ सो सतिगुरु पुरखु सुजाणु।
पंच सबद धुनिकार धुनि तहं बाजै सबदु नीसाणु।।

अर्थात् जिसने हमें इस शरीर में ही सच्चे से घर को दिया है वही पूर्ण सत्गुरु है। पूर्ण सत्गुरु हमें हृदय में ही प्रभु के दर्शन करा देते हैं वह हमें वहाँ पर बजनेवाली पाँच प्रकार की धुनों को सुना देते हैं।

यहाँ यह विचारणीय है कि नानकदेव और कबीरदास जी भी पाँच शब्द ही क्यों कह रहे हैं? इसका सीधा अर्थ है कि ध्वनि पाँच प्रकार की बतायी गयी है पहली—आवाज जो हवा से पैदा होती है, जैसे बाँसुरी, शंख आदि, दूसरी—तार के कम्पन से पैदा होनेवाली जैसे वीणा, सितार आदि, तीसरी—चमड़े पर थाप देने से जैसे तबला, मृदंग आदि और चौथी—दो धातुओं के टकराने से जैसे झाँझ, मँजीरा, घण्टा आदि पाँचवीं आवाज पत्ती से उत्पन्न होनेवाली है जैसे—हारमोनियम इत्यादि। इन्हीं कारणों से इन्हें पाँच शब्दों से सम्बोधित किया गया है—

गुरु नानकदेव ने कहा है कि पूर्ण गुरु के द्वारा ही वह महल प्रकट होता है जो हमें उस अनहद वाणी के स्थान तक पहुँचा दे, हमें वहाँ ले जाये जहाँ वह धुनें बज रही हैं —

पूरे गुर ते महल पाइआ पति परगटु लोई।
नानक अनहद धुनि दरिवजदे मिलिया हरि सोई।।

ब्रह्मानन्द जी ने भी अपने भजनमाला में अनाहतनाद की पुष्टि में भजन गाया है—

पहले-पहले रिल मिल बाजे पीछे न्यारी - न्यारी रे।
घण्टा, शंख, बाँसुरी, वीणा, ताल मृदंग नगारी रे।।[138]

ब्रह्मानन्द जी के अनुसार आरम्भ में सभी अनाहत ध्वनियाँ एक साथ संयुक्त रूप से सुनायी देती हैं। जो बाद में क्रमशः अलग-अलग घण्टा, शंख, नगारी, बाँसुरी, वीणा और मृदंग के ताल की तरह सुनायी देने लगती है। उन्होंने आगे और भी स्पष्ट करते हुए लिखा है—[139]

बिना बजाये निश दिन बाजै घंटा शंख नगारी रे।
बहरा सुन-सुन मस्त होत है तन की खबर बिसारी रे।।

अर्थात् बिना बजाये ही यह अनाहत ध्वनि दिन-रात बज रही है जिसे सुनकर बहरा भी आनन्दानुभूति में ऐसा मस्त हो जाता है कि उसे अपने शरीर की भी सुध नहीं रह जाती।

सिख धर्म ग्रन्थों में अनहदनाद को दसवें ताल की संज्ञा दी गयी है। गुरुग्रन्थ साहिब में बताया गया है कि नव तालों को नाम से भरकर अथवा नवों को अहंकार, मल, विक्षेप, द्वैत से खाली करके दसवें ताल से भरे। माया की सुरति रंचमात्र भी न रह जाय, केवल नाम सुरति रहे। नाम निरंजन को ही सुने, स्पर्श करे, देखे, स्वाद ले और मनन करे, फिर दसवें ताल को (शुद्ध सुरति) नाम सबद से भरे तब उसे अनहद शून्य के तूर बजते प्रतीत होंगे। ऐसी स्थिति में उसका वास एकाकार (एक ओंकार) के मण्डल में हो जाता है। वह जो एक ओंकार शब्दब्रह्म है, जो केवल स्वर वाणी द्वारा रचा जा सकता है, उसकी अनाहत ध्वनि अन्य ध्वनियों से विलक्षण, अद्वितीय एवं आनन्द देनेवाली है।

धावतु थाम्हिआ सतगुरु मिलिये दसमा द्वार पाइया।
तिथै अमृत भोजन सहजधुनि उपजै जितु सबदि जगतु थम्हि रहाइया।।
तहं अनेक बाजे सदा अनहदु है सगे रहिआ समाए।।[140]
अदि सटु अगोचर, पार ब्रह्म मिलि साधू अकथ कथाइया था।
अनहद सबदु दसम दुआरि बजिओ तहं अमृत नाम चुआइया था।।[141]
अनहदो अनहदु बाजे रुण झुण कारे राम।
मेरा मनो मेरा मनु राता लाल पिआ रे राम।।
आसन वैसणि थिरु नाराइणु तितु राता बिचारे।
नानक नामि रते वैरागी अनहद रुण झुण कारे।।[142]

अर्थात् अनाहत (अनहद) शब्द में ब्रह्म का निवास है, उससे सदैव अमृतरस टपक रहा है। गुरुग्रन्थ साहिब की वाणियों में प्रयुक्त सांगीतिक शब्दावली में अनहद स्वरूप का गहनता के साथ उल्लेख गायकी की परम्पराओं सहित हरि प्राप्ति पथ में **'दशम द्वार'** अर्थात् **'अनहद'** के रूप में प्रयोग किया गया है।

शैव दर्शन के अनुसार संगीत में नाद शब्द का सम्बन्ध तुरीया शक्ति से माना गया है। विद्या शक्ति को आनन्द शक्ति तथा अविद्या शक्ति का प्रमुख तत्त्वज्ञान कहा गया है। जिसका साधक प्रयोजन निश्चित कर उपासना करते हैं। लक्षणा में इच्छा का प्रमुख हाथ होता है जिससे साधक वांछित लक्ष्य को पाने की चेष्टा करता है। इसे क्रिया शक्ति में परिवर्तित कर अभ्यास, साधना आदि के मार्गों को अपनाता है। इसी माध्यम से वह व्यंजना शक्ति में प्रविष्ट होकर आनन्द शक्ति को प्राप्त करता है।

डॉ. भोला शंकर ने कहा है—"जिस प्रकार आनन्द शक्ति के द्वारा अनुत्तर परम शिवतत्त्व का प्रत्यभिज्ञान होता है, ठीक उसी प्रकार व्यंजना शक्ति काव्य के आत्मस्वरूप ध्वनि की जो स्वयं शब्दब्रह्म (स्फोट) है, अभिव्यक्त का साधक, सहृदय को उस रसोहम् (आनन्दोहम्) की स्थिति का प्रत्यभिज्ञान कराती है।"[143]

कवि लोचन ने तुरीया शक्ति की व्याख्या करते हुए कहा है—

स्फुटी कृतार्थ वैचित्र्य बहिः प्रसर दायिनीम्।
तुर्या शक्तिमहं वन्दे प्रत्यक्षार्थ निदर्शिनीम्।।[144]

अर्थात् तुरीया शक्ति अर्थ वैचित्र्य को स्फुट अथवा प्रकटकर उसे फैलाती है तथा प्रत्यक्ष अर्थों का निर्देश करती है। मैं उस तुरीया शक्ति, व्यंजना शक्ति, आनन्द शक्ति नाद शक्ति की वन्दना करता हूँ।

शिवमहापुराण में योग के द्वारा अनाहतनाद ध्वनि के श्रवण की विधि सहित अनेकों सिद्धियों का विस्तारपूर्वक विवेचन किया गया है—[145]

तं श्रुत्वा मुच्यते योगी सद्यः संसार बन्धनात्।
ततः स योगिभिर्नित्यं सूक्ष्मात्सूक्ष्मतरो भवेत्।। 29।।
प्रत्ययो दृश्यते वृद्धे किं पुनस्तरुणे जने।
नचोंकारो न मन्त्रोऽपि नैवं बीजं न चाक्षरम्।। 37।।
अनाहतमनुच्चार्य शब्दब्रह्म शिवं परम्।
ध्यायन्ते देवि! सततं सुधियो यत्नतः प्रिये।। 38।।
तस्माच्छब्दा नवं प्रोक्ताः प्राण विद्धिस्तु लक्षिताः।
तान्प्रवक्ष्यामि यत्नेन नाद सिद्धिमनुक्रमात्।। 39।।
घोषं कांस्यं तथाश्रृंगं घण्टा वीणादि वंशजान्।।
दुंदुभि शंख शब्दं तु नवमं मेघ गर्जितम्।। 40।।
नव शब्दान् परित्यज्य तुंकारं तु समभ्यसेत्।
ध्यायन्नेवं सदायोगी पुण्यैः पापैर्न लिप्यते।। 41।।

अर्थात् योगवेत्ता पुरुष प्राणायाम द्वारा योगाभ्यास करे, अन्धकार में तर्जनी उँगली से दोनों कानों को बन्द करके दो घड़ी दबाये रखे उस अवस्था में उसे अग्नि प्रेरित शब्द सुनायी देगा। नियमित रूप से जो साधक दो घड़ी तक शब्दब्रह्म का साक्षात्कार करेगा वह समदर्शी होकर सिद्धियों को प्राप्त करेगा, जैसे आकाश में वर्षा से युक्त बादल गरजता

है, ऐसे अनाहत शब्द को सुनकर योगी संसार बन्धन से मुक्त हो जाता है। योगियों द्वारा प्रतिदिन चिन्तन ध्यान करने से वह शब्द क्रमशः सूक्ष्म से सूक्ष्मतर होता जाता है, यह शब्दब्रह्म ही सुखद मोक्ष का कारण है। बाहर-भीतर के भेद से रहित अविनाशी और समस्त उपाधियों से रहित परब्रह्म है। इस शब्दब्रह्म में न ओंकार है, न मन्त्र है, न बीज है, न अक्षर है, यह केवल अनाहतनाद ध्वनि है। बिना बजाये ही प्रकट होनेवाली ध्वनि है। यह उच्चारण में न आनेवाला परम कल्याण रूपी शब्दब्रह्म है।

इस अनाहतनाद रूपी शब्द को नौ प्रकार के शब्दों से अनुभवगम्य बताया गया है। जिन्हें प्राणवेत्ता पुरुषों ने लक्षित किया है इन नौ प्रकार के शब्दों के श्रवण को नादसिद्धि कहते हैं। इन नौ प्रकार के शब्दों में क्रमशः 1. घोष, 2. कांस्य, 3. शृंग, 4. घण्टा, 5.वीणा, 6. बाँसुरी, 7. दुन्दुभि, 8. शंख और 9. मेघ गर्जन बताया गया है।

इन नौ प्रकार के शब्दों को त्यागकर तुंकार का अभ्यास करने की सलाह दी गयी है। योगाभ्यास द्वारा सुनने का प्रयत्न करने पर भी जब योगी उन शब्दों को नहीं सुनता और निरन्तर अभ्यास जारी रखता है ऐसी स्थिति में वह शब्द सात दिनों में प्रकट होने लगता है जो मृत्युंजयी कहा गया है। आगे अनाहतनाद की प्रत्येक ध्वनि से अलग-अलग होनेवाले प्रत्यक्ष लाभों का उल्लेख करते हुए कहा गया है—[146]

प्रथमं नदते घोषमात्मशुद्धि करं परम्।
सर्वव्याधि हरं नादं वश्याकर्षणमुत्तमम्।। 44।।
द्वितीयं नदते कांस्यं स्तम्भयेत्प्राणिनां गतिम्।
विषंभूत ग्रहान्सर्वान्वध्नीयान्नात्र संशयः।।45।।
तृतीयं नदते शृङ्गमभिचारि नियोजयेत्।
विद्विडुच्चाटने शस्त्रो मरिणे च प्रयोजयेत्।।46।।
घण्टा नादं चतुर्थ तु वदते परमेश्वरः।
आकर्षः सर्वदेवानां किं पुनर्मानुषा भुवि।।47।।
वीणा तु पंचमो नादः श्रूयते योगिभिः सदा।
तस्मादुत्पद्यते देवि दूरा दर्शनमेव हि।।49।।
ध्यायतो वंश नादं तु सर्वतत्त्वं प्रजायते।
दुन्दुभिध्यायमानस्तु जरामृत्यु विवर्जितः।।50।।
शंख शब्देन देवेशि कामरूपं प्रपद्यते।
योगिनो मेघनादेन न विपत्सङ्गमो भवेत्।।51।।
यश्चैक मनसा नित्यं तुंकारंब्रह्म रूपिणम्।
किमसाध्यं न तस्यास्ति यथामति वरानने।।52।।
सर्वज्ञः सर्वदर्शी च काम रूपी ब्रजत्यसौ।
न विकारैः प्रयुज्येत शिव एव न संशयः।।53।।

अर्थात् प्रथम घोषात्मक नाद प्रकट होता है, जो आत्मशुद्धि का उत्कृष्ट साधन है। दूसरा कांस्य नाद है जो प्राणियों की गति को स्तम्भित करता है, तीसरा शृंगनाद है जो

अभिचार से सम्बन्ध रखनेवाला है। चौथा घण्टानाद है जिसका साक्षात् भगवान् शिव उच्चारण करते हैं। पाँचवाँ वीणानाद है जिसे योगी पुरुष सदा सुनते हैं। छठा वंशीनाद है, जिसे सुनकर योगी को सम्पूर्ण तत्त्वों की प्राप्ति हो जाती है। सातवाँ नाद दुन्दुभिनाद है जिसके चिन्तन से जरा और मृत्यु के कष्ट दूर हो जाते हैं। आठवाँ शंखनाद है, इसके अनुसन्धान से इच्छा रूप धारण की शक्ति प्राप्त होती है। और नवाँनाद मेघनाद है जिसके श्रवण से योगी को कभी विपत्ति नहीं आती है।

इस प्रकार महर्षि व्यास द्वारा भगवान् शिव एवं माता पार्वती के संवाद रूप से अनाहतनाद के नवधा स्वरूप की व्याख्या करते हुए यहाँ तक कहा है कि इसकी सिद्धि हो जाने से साधक समस्त विकारों से मुक्त होकर स्वयं शिवस्वरूप, सर्वज्ञ एवं समदर्शी हो जाता है।

स्वच्छन्द उद्योत में भी अनाहतनाद की व्याख्या की गयी है, जो स्वयं अव्यक्त ध्वनि के रूप में है। इसमें भी शिव महापुराण की तरह ही अनाहतनाद के आठ प्रकारों का उल्लेख किया गया है—[147]

अष्टधा सतु देवेशि व्यक्तः शब्द प्रमेदतः।
घोषो रावः स्वनः शब्दः स्फोटाख्योध्वनिरेवच।।
झंकारोध्वांन्कृतवश्चैव अष्टौशब्दाःप्रकीर्तिता।
नवमस्तु महाशब्दः सर्वेषां व्यापदः स्मृतः।।
श्रवणांगुलि संयोगाद्यः शब्दः सम्प्रवर्तते।
दीप्ति वह्नि स्वन्त मासः सः शब्दोः घोष उच्यते।।
तदन्ते अनुभवो यस्य ईषन्मर्म विसर्पिणः।
भिन्न कश्यानिभो रुक्षः स रावः स्थान्तदन्तगः।।
ततो वंशध्वनि प्रख्यो निवाते सौम्य वर्षवत्।
स नादः स्वप्न इत्युक्तस्तत्परः कथितो ह्रसो।।
चतुर्थः सतु वैशब्दः सर्व शब्द भवारणिः।
आत्मानं राव यन्नादः रवे यथा भ्रामरी रवः।।
वाक्यस्य स्फुटतोधन्ते वर्णभेदावभाषकः।
स्फोट इत्युदितो नादः पंचमः शास्त्रभिस्ततः।।

अर्थात् इस अनाहतनादस्वरूप ध्वनि को आठ प्रकार से व्यक्त किया गया है। 1.घोष, 2. राव, 3. स्वन, 4. शब्द, 5. स्फोट, 6. ध्वनि, 7. झंकार, 8. ध्वंकृति ये आठ व्यक्तनाद हैं। व्यक्त शब्द से लौकिक अभिव्यक्ति नहीं समझना चाहिए। इसी बात को आचार्य क्षेमराज ने धर्म शिवाचार्य जी के पद्धति को उद्धृत करते हुए—स्पष्ट किया है कि कर्ण और अंगुलि के सहयोग से दीप्त वह्नि जनित शब्द के सदृश सुना जानेवाला शब्द ही घोष है। उस घोष के अनन्तर काँसे के टूटने के तुल्य जो रुक्ष शब्द सुनायी देता है वही राव है, राव के परे वंश ध्वनि के समान तथा निर्वात प्रदेश में सौम्य वर्षा के समान नाद ही स्वन शब्द वाच्य है। आकाश से भ्रमरी रव के समान सम्पूर्ण शब्दों की जन्मभूमि

रूप नाद को शब्द कहा गया है। वाक्य को स्फुट रूप से अवगत करानेवाला वर्ण भेद का नाद ही स्फोट है।

वस्तुतः यहाँ अनाहतनाद स्वरूप का जो विवेचन किया गया है वह पूर्णतः महर्षि वेदव्यास के शिवमहापुराण में वर्णित अनाहतनाद का पुष्टीकरण है। विभिन्न उपनिषदों में अनाहतनाद के ब्रह्म स्वरूप का विवेचन तात्त्विक एवं यौगिक स्वरूप में किया गया है। उपनिषदों के अनुसार विवेचना निम्नानुसार है—

योगचूड़ामणि उपनिषद् में ओंकार अर्थात् प्रणव को ही अनाहतनाद का पर्याय कहा गया है।

अकारो राजसो रक्तो ब्रह्मा चेतन उच्यते।
उकारः सात्त्विकः शुक्लो विष्णुरित्यभिधीयते।। 75।।
मकारस्तामसः कृष्णो रुद्रश्चेति तथोच्यते।
प्रणवात्प्रभवो ब्रह्मा प्रणवात्प्रभवोहरिः।।76।।
प्रणवात्प्रभवो रुद्रः प्रणवो हि परो भवेत।
अकारे लीयते ब्रह्मा ह्युकारे लीयते हरिः।। 77।।
मकारे लीयते रुद्रः प्रणवो हि प्रकाशते।
ज्ञानिनामूर्ध्वगो भूयादज्ञाने स्वादधोमुखः।।78।।
एवं वै प्रणवस्तिष्ठेद्यस्तंवेद स वेदवित्।
अनाहतस्वरूपेण ज्ञानिनामूर्ध्वगो भवेत्।। 79।।
तैलधारामिवाच्छिन्नं दीर्घघण्टानिनादवत्।
प्रणवस्य ध्वनिस्तद्वन्तदग्रं ब्रह्म चोच्यते।।80।।

अर्थात् यहाँ अकार, उकार और मकार में तीन वर्ण, तीन वेद, तीन लोक, तीन गुण, तीन अक्षर, तीन स्वर, सब 'प्रणव' द्वारा प्रकाशित होते हैं। सभी जीवों में जागृत अवस्था में 'अकार' नेत्रों में रहता है। स्वप्नावस्था में 'उकार' कण्ठ में रहता है और सुषुप्ति अवस्था में 'मकार' हृदय में रहता है। 'अकार' स्थूल, विराट् और विश्व है। 'उकार' हिरण्यगर्भ तेजस् और सूक्ष्म है, और 'मकार' कारण, अव्याकृत और प्राज्ञ है। प्रणव से ही ब्रह्मा, विष्णु और महेश तीनों की उत्पत्ति कही गयी है। प्रणव ही परा तत्त्व है। ब्रह्मा अकार में लय हो जाते हैं, केवल प्रणव ही प्रकाशित रहता है। यह ज्ञानी में ऊर्ध्वमुख एवं अज्ञानी में अधोमुख होता है। इसके जाननेवाले को वेदवित् कहा जाता है। वह अनाहत रूप से ज्ञानियों में ऊर्ध्वगति होता है। प्रणव की यह अनाहतनाद ध्वनि तैल की अविच्छिन्न धारा और घण्टा के दीर्घ निनाद (शब्द) की तरह होती है। इसी उपनिषद् में आगे बताया गया है कि प्राणायाम के द्वारा अभ्यास जारी रखने से वायु के आवागमन द्वारा मन को उसी वायु में संलग्न करके योगी समभाव के विशेष तत्त्व को प्राप्त कर लेते हैं। आकाश मण्डल में पवन के जाने से उन्हें महान् ध्वनि सुनायी देने लगती है। यह अनाहत ध्वनि घण्टा के आवाज की तरह सुनने में आती है, और नादसिद्धि हो जाती है।[148]

गगनं पवन प्राप्ति ध्वनिरुत्पद्यते महान्।
घण्टाऽऽदीनां प्रवाद्याता नाद सिद्धि सदीरिता।।

अद्वय तारकोपनिषद् में कुण्डलिनी शक्ति को जागृत करने के विधि का उल्लेख करते हुए योगी को साधना में सर्प के फुफकार की तरह अनाहत ध्वनि सुनायी देने की पुष्टि की गयी है।[149]

तर्जन्यग्रोन्मीलितकर्णरन्ध्रद्वये तत्र फूत्कारशब्दो जायते।
तत्र स्थिते मनसि चक्षुर्मध्यगतनीलज्योति स्थलं
विलोक्यान्तर्दृष्ट्या निरतिशयसुखं प्राप्नोति। एवं हृदये पश्यति।।

अर्थात् शरीर के मध्य में चन्द्रमा के समान प्रकाशवाली सुषुम्ना नाड़ी है, जो मूलाधार से ब्रह्मरन्ध्र तक जाती है। इस नाड़ी के मध्य में करोड़ों बिजलियों के समान तेजवाली मृणाल के सूत्र की तरह सूक्ष्म कुण्डलिनी शक्ति होती है, इस शक्ति को जाग्रत करके योगी अनाहतनाद की भी सिद्धि प्राप्त कर लेते हैं।

दोनों कानों के छिद्र को तर्जनी अँगुलियों के अग्रभाग से बन्द कर लेने पर सर्प के फुफकार की तरह ध्वनि सुनायी देने लगती है जो पूर्णतः अनाहतनाद है उसमें मन को स्थित करने पर चक्षुओं के मध्य अन्तर्दृष्टि लगाने पर अतुलनीय आनन्दानुभूति होती है। इसी प्रकार का दर्शन एवं श्रवण हृदय में भी हो सकता है।

ध्यानबिन्दूपनिषद् में नाद और विन्दु की व्याख्या करते हुए अनाहतनाद का ब्रह्म के रूप में उल्लेख किया गया है—[150]

बीजाक्षरं परं बिन्दु नादं तस्योपरि स्थितम्।
सशब्दं चाक्षरे क्षीणे निःशब्दं परम पदम्।।
अनाहतं तु यच्छब्दं तस्य शब्दस्य यत्परम्।
तत्परं विन्दते यस्तु स योगी छिन्नसंशयः।।
पुष्पमध्ये यथा गन्धःपयोमध्ये यथा घृतम्।
तिल मध्ये यथा तैल पाषाणे ष्विव काञ्चनम्।।

अर्थात् यहाँ बीजाक्षर परम बिन्दु है, उसके ऊपर नाद की स्थिति है। वह नाद (शब्द) अक्षर में लय हो जाता है, तब शब्दरहित परम पद का रूप अनाहतनाद होता है।

अनाहतनाद से भी परे जो शब्द होता है उसको प्राप्त कर योगी अपने संशयों की निवृत्ति करता है। जिस प्रकार फूलों में गन्ध रहती है, दूध में घी रहता है, तिल में तेल और पाषाण में सोना होता है इसी प्रकार योगी के हृदय में अनाहतनादस्वरूप ब्रह्म भी व्याप्त रहता है।

ओंकार निनादेन वायोः सहरणान्तिकम्।
यत्यद्वलमसमादध्यात्समयङ्ग नाद लया बधि।।

ध्यान से ओंकार की ध्वनि के बाद रेचक का अन्त हो जाने पर नाद का भी लय हो जाता है।

पाशुपत ब्रह्मोपनिषद् में कहा गया है कि नादब्रह्म की साधना परा विद्या है जो सत्य, तपस्या और ब्रह्मचर्य से वेदान्त मार्ग द्वारा प्राप्त होती है जिनका अन्तःकरण शुद्ध होता है जिनके दोष क्षीण हो जाते हैं वे स्वयं अपने भीतर उस नादात्मा ब्रह्म को देख लेते हैं।[151]

एवंरूपा परा विद्या सत्येन तपसाऽप च।
ब्रह्मचर्या दिभिर्धर्मैर्लभ्या वेदान्तवर्त्मना।।
स्वशरीरे स्वयंज्योतिःस्वरूपं पारमार्थिकम्।
क्षीणदोषाः प्राश्यन्ति नेतारे माययाऽऽवृताः।।

माया में लिप्त व्यक्ति उस परंब्रह्म का दर्शन एवं श्रवण नहीं कर सकते हैं। अर्थात् ऐसे साधक जिनके विकार दूर हो चुके हैं, जो माया-मोह से मुक्त हो चुके हैं वह उस नादात्मा परब्रह्म के अलौकिक ज्योति को प्राप्त कर सकते हैं। सरस्वतीरहस्योपनिषद्- में कहा गया है कि—[152]

सविकल्पौ निर्विकल्पः समाधिर्द्विविधो हृदि।
दृश्यशब्दानुभेदेन स विकल्पः पुनर्द्विधा।।
कामाद्याश्चित्तगा दृश्यास्तत्साक्षित्वेन चेतनम्।
ध्यायेदृश्यानु विद्धोऽयं समार्षिधः सविकल्पकः।।
असङ्गःसच्चिदानन्दः स्वप्रभो द्वैतवर्जितः।
अस्मीतिशब्द विद्धोऽयं समाधिः सविकल्पकः।।
स्वानुभूतिरसावेशाद्दृश्य शब्दापे क्षितुः।
निर्विकल्प समाधिः स्यान्निवातस्थितदीपवत्।।

अर्थात् अनाहतनाद रूप ब्रह्म की साधना करनेवाला पुरुष बाह्याभ्यन्तरित रूप से सदा ही समाधिरत रहे। हृदय में सविकल्प और निर्विकल्प दो प्रकार की समाधि होती है सविकल्प समाधि के भी दो रूप बताये गये हैं प्रथम दृश्यानुविद्ध और दूसरा शब्दानुविद्ध। चित्त में जो विकार उत्पन्न होते हैं वे सब दृश्य हैं और चेतन आत्मा उसके साक्षी रूप में रहती है। यही दृश्यानुविद्ध सविकल्प समाधि बतायी गयी है। शब्दानुविद्ध सविकल्प समाधि वह है जिसमें साधक सोचता है, कि मैं अद्वैत स्वरूप हूँ। संगरहित, अनाहतनाद-स्वरूप, स्वयं प्रकाश हूँ, मैं ही सच्चिदानन्द हूँ। आत्मरूप में अनुभव किये जानेवाले रस के आवेश से दृश्य एवं शब्द की उपेक्षा करके साधक का हृदय निर्विकल्प समाधि का अनुभव करता है, जैसे वायुरहित स्थल में रखा हुआ दीपक अविचल रूप से प्रकाशित होता रहता है। ऐसी ही स्थिति साधक की हो जाती है। अनाहतनादब्रह्म साक्षात्कार की स्थिति है जिसकी अनुभूति समाधि की अवस्था में प्राप्त होती है।

सौभाग्यलक्ष्म्युपनिषद् में कहा गया है कि योग से ही योग की वृद्धि होती है—इसलिए योग के द्वारा योग को जाने। योगी राजयोग अथवा गुरु द्वारा बताये गये हठयोग के द्वारा लक्ष्य को प्राप्त कर सकता है। जो साधक प्राणायाम का अभ्यास करते हैं वे प्राणायाम द्वारा प्रणव चिन्तन करके उसी में रमण करते हुए अनाहतनाद का आत्म-साक्षात्कार करते हैं—[153]

श्रवणमुखनयननासानिरोध ने नैव कर्तव्यम्।
शुद्धसुषुम्नासरणौ स्फुटममलं श्रूयते नादः।।
विचित्रघोषसंयुक्तानाहते श्रूयते ध्वनिः।
दिव्यदेहश्च तेजस्वी दिव्यगन्धोऽप्यरोगवान्।।
सम्पूर्णहृदयः शून्ये स्वारम्भे योगवान्भवेत्।
द्वितीयां विघटीकृत्य वायुर्भवति मध्यगः।।
दृढ़ासनो भवेद्योगी पद्माद्यासनसंस्थितः।
विष्णुग्रन्थेस्ततो भेदात्परमानन्द सम्भवः।।
अतिशून्यो विमर्दश्च भेरीशब्दस्ततो भवेत्।
तृतीयां यत्नतो भित्त्वा निनादो मर्दलध्वनिः।।
महाशून्यं ततो याति सर्वसिद्धिसमाश्रयम्।
चित्तानन्दम् ततो भित्त्वा सर्वपीठगतानिलः।।
निष्पत्तौ वैष्णवः शब्दः क्वणतीति क्वणोभवेत्।
एकीभूतं तदा चित्तं सनकादिमुनीडितम्।।
अन्तेऽनन्तं समारोप्य खण्डेऽखण्डं समर्पयन्।
भूमानं प्रकृतिंध्यात्वा कृत्यकृत्योऽमृतोभवेत्।।
योगेन योगं संरोध्य भावं भावेन चाञ्जसा।
निर्विकल्पं परं तत्त्वं सदा भूत्वा परं भवेत्।।
अहंभावं परित्यज्य जगद्भावमनीदृशम्।
निर्विकल्पे स्थितो विद्वान्भूयो नाप्यनुशोचति।।

अर्थात् कान, नाक, मुख और नेत्र के छिद्रों को बन्द करने पर अभ्यास की एक अन्त अवधि आ जाती है। जिससे सुषुम्ना नाड़ी से प्रणव की अनाहतध्वनि (स्वयंभूनाद) सुनायी देने लगती है। अनाहतचक्र में ध्वनि सुनते हुए विभिन्न प्रकार के घोष सुनायी देते हैं। शून्य में पूर्ण मनोयोग से ध्वनि सुनते रहने से आरम्भ में साधक योग युक्त रहता है। इस प्रकार इच्छा-शक्ति द्वारा प्रेरित आत्मा जब सुषुम्ना मार्ग पर अग्रसर होती है तब स्वाधिष्ठान चक्र को भेदकर उसके मध्यवर्ती छिद्र के द्वारा प्राणवायु सुषुम्ना में प्रविष्ट हो जाती है। इसके पश्चात् तृतीय मणिपूरक नामक चक्र में स्थित माया अनेकों कामनाओं की वृद्धि करती है, उसे अविच्छिन्न कर देने पर परम आनन्द की प्राप्ति होती है। शून्य को लाँघती हुई प्राणवायु जब नाड़ी के साथ संघर्षित होती है तब उससे भेरी की तरह ध्वनि सुनायी देती है। तृतीय मणिपूरक चक्र को भेदकर चलते हुए प्राणवायु से मृदंग की तरह ध्वनि निकलती है। फिर अन्य चक्रों को भेदते हुए चलनेवाली प्राणवायु महाशून्य में पहुँचकर सब प्रकार की सिद्धियों की दात्री हो जाती है। तदनन्तर प्राणवायु तालुचक्र द्वारा चित्त को जीतकर तालुचक्र का भेदन करके चित्त स्थित सभी आनन्द की प्रदाता बन जाती है।

इस साधना के अन्त में **'स्वयंभूनाद'** प्रणव शब्द के रूप में स्वयं प्रकट होकर गूँजता है, चित्त इसी नाद में लीन हो जाता है। सनकादिक मुनियों का कथन है कि उस महाचक्र में स्थित साधक अन्त में अनन्त का समारोप करता है। मायाग्रस्त रूप को ब्रह्म में समर्पित कर साधक आत्मा को सर्वव्यापकता के चिन्तन द्वारा सम्प्रज्ञात योग पर विजय प्राप्तकर अभाव से भाव का विरोध करता है, तब साधक निर्विकल्प समाधि को प्राप्त होकर कैवल्य में स्थित होता है। उस समय उसका अहंभाव मिट जाता है और मायामय संसार भी लुप्त हो जाता है। तब साधक परमानन्द में निमग्न हो जाता है।

सीतोपनिषद् - क्रियाशक्तिस्वरूपम्। हरेर्मुखान्नादः।
तन्नादाद्विन्दुः विन्दोरोंकारः।
ओंकारात्परतो राम वैखानसपर्वतः।
तत्पर्वते कर्मज्ञानमयीभिर्बहु शाखा भवन्ति।।20।।[154]

अर्थात् भगवान् श्रीहरि के मुख से उन सीता का क्रिया शक्तिरूप से नाद रूप में प्राकट्य हुआ। उस नाद से विन्दु और विन्दु से ओंकार व्याप्त हुआ और ओंकार से परे राम वैखानस पर्वत है, जिसकी कर्म और ज्ञान से सम्बन्धित अनेक शाखाएँ हैं। अमृतनादोपनिषद् में उल्लेख किया गया है कि-[155]

नालमात्रविनिष्कम्पो धारणायोजनं तथा।
द्वादशमात्रो योगस्तु कालतो नियमः स्मृतः।।
अघोषमंव्यञ्जनमस्वरं च यत्तालुकण्ठोष्ठम नासिकं च यत्।
अरेफजातमुभयोष्मवर्जितं यदक्षरं न क्षरते कथंचित्।।

अर्थात् इस उपनिषद् में प्रणवनाद का ही विवेचन किया गया है। कहा गया है कि यह साधना ताल वृक्ष के समान शीघ्र ही फलदायक है। इसके बारह मात्राओं की आवृत्ति समान समय में निश्चित की गयी है। यह प्रणवनाद बाह्य प्रयत्न से उच्चारित नहीं होता। यह न व्यंजन है और न स्वर। कण्ठ, तालु और नासिका से भी नहीं बोला जाता। यह न तो मूर्धा से उच्चारित होता न ही दन्त स्थान से। यह कभी क्षरित नहीं होता यह पूर्ण अनाहतनाद है। प्रणव का प्राणायाम रूप से अभ्यास करने पर मन को निरन्तर नाद रूप में लगाने से अनाहतनाद का साक्षात्कार होता है।

नादविन्दूपनिषद् में आत्मा और ब्रह्म की एकता का चिन्तन करने पर कल्याणकारी ज्योतिस्वरूप परमात्मा का नाद रूप में साक्षात्कार होना बताया गया है।[156]

ब्रह्मप्रणवसन्धानं नादो ज्योतिर्मयः शिवः।
स्वयभाविर्भवेदात्मा मेधापार्येऽशुमानिव।।
सिद्धासने स्थितोयोगी मुद्रां संधाय वैष्णवीम्।
शृणुयाद्दक्षिणे कर्णे नादमन्तर्गतं सदा।।
अभ्यस्य मानो नादोऽयं बाह्यमावृणुते ध्वनिः।
पक्षाद्विपक्षमखिलं जित्वा तुर्यपदं व्रजेत।।

अर्थात् योगी को सिद्धासन में बैठकर वैष्णवी मुद्रा धारण करनी चाहिए और अनाहतनाद को दायें कान से सुनना चाहिए। इस तरह से नाद का किया गया अभ्यास बाहर की ध्वनियों को ढँक लेता है। इस प्रकार 'अकार' और 'मकार' के दोनों पक्षों पर विजय प्राप्त करके योगी धीरे-धीरे पूरे प्रणव को जीते। ऐसा करने पर साधक तुर्य पद प्राप्त कर आत्मसाक्षात्कार कर लेता है।

श्रूयते प्रथमाभ्यासे नादो नानाविधो महान्।
वर्धमाने तथाभ्यासे श्रूयते सूक्ष्मसूक्ष्मतः।।
आदौ जलधिजीमूतभेरीनिर्झरसम्भवः।
मध्ये मर्दलशब्दाभो घण्टाकाहलजस्तथा।।
अन्ते तु किंकिणीवंशवीणाभ्रमरनिःस्वन्।
इति नानाविधा नादाः श्रूयन्ते सूक्ष्मसूक्ष्मतः।।
महति श्रूयमाणे तु महाभेर्यादिकध्वनौ।
तत्र सूक्ष्मं सूक्ष्मतरं नादमेव परामृशेत्।।
घनमुत्सृज्य वा सूक्ष्मे सूक्ष्ममुत्सृज्य वा घने।
रममाणमपि क्षिप्तं मनो नान्यत्र चालयेत्।।

अर्थात् अभ्यास के आरम्भ में अनाहतनाद जोर-जोर से तेज आवाज में सुनायी देता है। अभ्यास बढ़ जाने पर यह नाद क्रमशः धीमा होता जाता है। शुरू में इस अनाहनाद की ध्वनि नगारी, झरना, भेरी, मेघ गर्जन और समुद्र से उत्पन्न ध्वनि की तरह रहती है। यही बाद में भ्रमर, वीणा, वंशी तथा किंकिणी की तरह मधुर हो जाती है। इस तरह से यह ध्वनि धीमी-से-धीमी होती हुई कई तरह से सुनायी देती है।

भेरी आदि की ध्वनि सुनने पर उसमें धीमे-से धीमे नाद का विचार करना चाहिए साधक को चाहिए कि वह धीमे से घने और घने से धीमे नाद में जाये और मन को भटकने न दे। इस प्रकार जब मन समस्त सांसारिक प्रपंचों को भूल जाता है तब वह दूध में मिले पानी की तरह इस अनाहतनाद के साथ एक होकर चिदाकाश में लय हो जाता है। साधक को चाहिए कि वह जिस नाद में मन लगे उसी का चिन्तन करता रहे। चूँकि नाद में चित्त विलीन हो जाता है इसलिए समस्त चिन्ताओं को छोड़कर और अन्य सभी चेष्टाओं को त्यागकर उस नादब्रह्म की खोज करनी चाहिए।

विषय-वासनाओं के वन में घूमनेवाला मन रूपी हाथी नादाभ्यास रूपी तेज अंकुश से काबू में आ जाता है। नादाभ्यास करने पर विषय-वासनाएँ दग्ध हो जाती हैं तथा मन और प्राण का परब्रह्म में लय हो जाता है।

मानवीय आँख केवल बाह्य रूप को ही देख सकती है, ब्रह्म के आन्तरिक स्वरूप अर्थात् आत्मा का ज्ञान, उसकी अनाहत ध्वनियों का अलौकिक गुंजार, आन्तरिक इन्द्रियों द्वारा प्रदत्त अनुभव और बौद्धिक गतिविधि पर आधारित ज्ञान आत्मिक इन्द्रियों के द्वारा ही प्राप्त किया जा सकता है। आत्मिक वास्तविकताओं का प्रत्यक्ष ज्ञान, ब्रह्म दर्शन और

उसके अनाहतनाद का अनुभव उसी ब्रह्म की ही एक देन है। यह दर्शन एवं श्रवण मानसिक कल्पना नहीं अपितु सीमित मन से परे एक सत्य का उद्घाटन है।

गीता में भगवान् श्रीकृष्ण ने कहा है कि दिव्य सृष्टि को देखने के लिए दिव्य दृष्टि होनी चाहिए। हे अर्जुन तू मुझे अपनी आँखों से नहीं देख सकेगा इसलिए मैं तुझे दिव्य दृष्टि देता हूँ इससे तू मेरी दिव्य शक्ति को देख।[157]

न तु मां शक्यसे द्रष्टुमनेनैव स्वचक्षुषा।
दिव्यं ददामि ते चक्षुः पश्य मे योगमैश्वरम्।।

जिस प्रकार अपने शरीर को जानने के लिए किसी प्रमाण की जरूरत नहीं होती उसी प्रकार आत्मा को जानने के लिए भी किसी प्रमाण की आवश्यकता नहीं होती क्योंकि वह शरीर से भी निकटतर है।

अत्तार ने इब्राहिमएधम की एक उक्ति उद्धृत की है–[158]

साधक के लिए आनन्द का द्वार खुले इससे पहले उसके हृदय से तीन आवरण हटने चाहिए–पहला आवरण यह है कि उसे यदि दोनों लोकों का साम्राज्य एक शाश्वत उपहार के रूप में दिया जाने लगे तो भी वह आनन्दित न हो, क्योंकि जो भी कोई किसी सिरजी गयी वस्तु के लिए आनन्दित होता है वह लोभी है और लोभी मनुष्य को परमात्मा का ज्ञान नहीं हो सकता। दूसरा आवरण यह है कि यदि उसके पास दोनों लोकों का साम्राज्य हो और वह उससे ले लिया जाये तो उसे इस प्रकार अपने दरिद्र हो जाने पर शोक नहीं करना चाहिए क्योंकि यह क्रोध का चिह्न है, और जो क्रुद्ध होता है वह कष्ट पाता है। और तीसरा आवरण यह है कि उसे किसी भी स्तुति या पक्षपात के कारण बहकना नहीं चाहिए क्योंकि जो बहकता है उसकी आत्मा छुद्र होती है, और इस प्रकार की आँखों पर सत्य की ओर से पर्दा पड़ा रहता है। साधक को उच्च मनवाला होना चाहिए।

उपनिषद् का कथन है—

शृण्वन्तोऽपिनशृण्वन्ति, जानन्तोऽपिनजानते।
पश्यन्तो अपि न पश्यन्ति ज्ञान चक्षुषु।।

अर्थात् कोई भी पार्थिव आँख सर्वोच्च रूप को नहीं देख सकती मानवीय आँख ऐसे दिव्य प्रकाश को देखने के लिए नहीं बनी, मांस चक्षु, मांस की बनी हुई आँख है जबकि दिव्य चक्षु दैवीय आँख है।

तात्पर्य यह है कि अलौकिक शक्ति का दर्शन या उसकी ध्वनि का श्रवण स्वयं को अलौकिक बनाकर ही प्राप्त किया जा सकता है। शरीर लौकिक और आत्मा अलौकिक है। आत्मा परमात्मस्वरूप है अतः आत्मा के द्वारा ही आत्मा के स्वरूप एवं उसके ब्रह्मत्व को जाना जा सकता है। उसकी सत्ता सर्वत्र व्याप्त है। इसलिए वह सर्वसुलभ है। जब योगी अपने-आपको शरीर न मानकर आत्मा मानता है और उसके अन्दर प्रवेश करता है तो वह ज्योतिर्मय नादस्वरूप ब्रह्म से एकाकार होकर उसका साक्षात्कार प्राप्त करता है।

सेण्ट हिल्डेगार्ड (1098-1180) ने एक स्त्री के दर्शन का उल्लेख किया है जिसमें उसने एक सुन्दर पुरुष को देखा था, उस रूप ने अपना परिचय जिन शब्दों में दिया वह व्यक्त किया जा रहा है—[159]

"मैं ही वह सर्वोच्च और अग्निमय शक्ति हूँ जो जीवन की सब चिनगारियों को जन्म देता हूँ मुझमें मृत्यु का कोई अंश नहीं है फिर भी मैं उसका नियतन करता हूँ, क्योंकि मैं ज्ञान द्वारा उसी प्रकार ढका हुआ हूँ जैसे पंक्षी पंखों से ढका होता है। मैं दिव्य तत्त्व का वह सप्राण और अग्निमय सार हूँ जो खेतों में चमकता है। मैं पानी में चमकता हूँ। मैं सूर्य, चन्द्र और तारों में जल रहा हूँ। अदृश्य वायु में जो रहस्यमय शक्ति है वह मेरी ही है, मैं सब प्राणियों के श्वास को सम्हालता हूँ, हरियाली और फूलों में मैं ही साँस लेता हूँ और जब जलधाराएँ जीवित वस्तुओं की भाँति बहती हैं तब वह मैं ही होता हूँ। मैंने ही उन स्तम्भों को बनाया है जो सारी पृथ्वी को सम्हाले हैं, ये सब इसलिए जीवित हैं क्योंकि मैं उनमें हूँ और मैं उनका जीवन हूँ, मैं ज्ञान हूँ, जिस गर्जनामय शब्द से सब वस्तुएँ बनी थीं वह शब्द मेरा ही है। मैं सब वस्तुओं में रमा हुआ हूँ जिससे वे निष्प्राण न हो जायँ। मैं जीवन हूँ।"

इस प्रकार यहाँ स्पष्ट हो रहा है कि कोई उच्च सत्ता है जो समस्त सृष्टि का संचालन करती है जो समस्त जीवधारियों में प्राण के रूप में व्याप्त है, वही प्राणतत्त्व ब्रह्मतत्त्व है इसी तत्त्व के द्वारा अनाहतनाद का सृजन होता है।

कबीरदास जी के साहित्य में अनाहतनाद की व्यापक व्याख्या की गयी है। उन्होंने आत्मा का वर्णन किया है शरीर का नहीं, वे हृदय की सूक्ष्म भावनाओं की तह तक पहुँचे थे जहाँ से अनहदनाद ध्वनि का प्राकट्य होता है। कबीर ने कहा है **"साधो शब्द साधना कीजै"** वेद, पुराण, देव, मुनि, षट्दर्शन, वैरागी सभी शब्द का उपदेश करते हैं, शब्द के द्वारा माया संसार को उत्पन्न करती है, इस प्रकार शब्द का ही विस्तार शब्द द्वारा उस मूल चेतना आत्मस्वरूप को समझो अर्थात् शब्द का मूल अनाहतनाद है। जो चेतन आत्मतत्त्व है। वह सर्वत्र व्याप्त अविनाशी परमतत्त्व शब्दब्रह्म में होनेवाला स्पन्दन, आकाश का गुण होने से अनहदनाद कहा गया है। कबीर का कहना है कि साधक समस्त विषय-विकारों का त्याग करके जब ध्यानावस्थित होता है तब उसके भीतर अनहद बाजा बजने लगता है और बादल के बरसात की तरह गड़गड़ाहड की ध्वनि सुनायी देती है। जिसका कोई पारावार नहीं रहता इसीलिए इन ध्वनियों को अनहद कहा है। उन्होंने कहा है—[160]

तिल में तेल काष्ठ में अग्नि घृत पय माहिं समाया।
शब्दों में अर्थ पदारथ पद में स्वर में राग समाया।।
बीज माहिं अंकुर तरु शाखा, पत्र, फूल, फल, छाया।
त्यों आतम में है परमातम, ब्रह्म जीव अरु माया।।

अर्थात् जैसे तिल में तेल, काष्ठ में अग्नि, दूध में घी, शब्दों में अर्थ, पद में पदार्थ, स्वर में राग तथा बीज में अंकुर और उससे वृक्ष, शाखाएँ, पत्र, फूल, फल एवं छाया आदि हैं, वैसे ही आत्मा में नादात्मा ब्रह्म है।

कबीर दर्शन पर उर्वशी सूरती ने कहा है—[161]

झलमली ज्योति झनकार भनकत रहै।
नाद अरु बिन्दु मिल भया रंग रेला।
सुन की नेहरा सुन्य सुनता रहे।
शब्द सू शब्द बोल्य निरति सू निरत लगी रहै।।
जैसे चित्त सो चित्त मिलि चेतन भया। उन्मनी दृष्टि ये भाव देखा।
मिटि गया घोर अँधियार तिहुँ लोक में। स्वेत फटकार मनि हरि वेध्या।।
उलटत नैया नाउ चरंत बैना। चन्द्र और सूर्य लोपि रण राखिये।।

यहाँ हठयोग के अन्तर्गत प्रयुक्त ज्योति, नाद, बिन्दु, शून्य, शब्द, निरति आदि से समाधि दशा का चित्रण किया गया है। निर्गुण ज्ञान और योग के समन्वित रूप से अनाहतनादस्वरूप ब्रह्म का वर्णन किया गया है। यहाँ नदी में नाव का उलटा चलना, चन्द्र सूर्य नाड़ियों का लोप और मध्यम मार्ग का अनुगमन खेचरी मुद्रा से अमृतपान और भँवर गुंजार से अनाहतनाद का उल्लेख किया गया है। कबीरदास जी ब्रह्मानन्द सागर में डूब चुके थे। उन्होंने अपने अनुभव के जो गीत गाये हैं उनका एक-एक शब्द उस अनाहतनाद-स्वरूप ब्रह्म का बखान कर रहा है—[162]

करत कल्लोल दरियाव के बीच में। ब्रह्म की छौल में हंस झूलै।।
अर्ध और ऊर्ध की पेग बाढ़ी तहाँ। पलट मन पवन को कँवल फूलै।।
गगन गरजै तहँ सदा पावस झरै। होत झनकार नित बजत तूरा।।
बेद कत्तेब की गम्म नाहीं तहाँ। कहै कबीर कोई रमै सूरा।।
गगन की गुफा तहँ गैव की चाँदवा। उदय और अस्त का नाम नाहीं।।
दिवस और रैन तहाँ नेक नहीं पाइये। प्रेम परकास के सिन्धु माहीं।।
सदा आनन्द, दुःख व्यापै नहीं। पूरनानन्द भरपूर देखा।।
भर्म और भ्रांति तहं नेक आवै नहीं। कहै कबीर रस एक पेखा।।

कबीरदास जी ने कहा है कि ठोस योग युक्ति अर्थात् पूर्णतः एकाग्रचित्त होकर ध्यान साधना करने से पवित्र हृदय मन्दिर में वह प्रियतम परमात्मा मिल जाता है, वहाँ पर पूर्ण आनन्द घटित होता है, और वहीं मंगलप्रद अनहद बाजा बजता है।[163]

जोग जुगत से रंग महल में पिय पाये अनमोल रे।
कहै कबीर आनन्द भयो है बाजत अनहद ढोल रे।।

कबीरदास जी की परम्परा के कवि बुल्लेशाह जी का कथन है कि जब मैंने सत्य से सच्चे इश्क को जाना तो बाहरी बातों को छोडकर अन्तर्जगत् में प्रवेश किया जहाँ हजारों नाद बज रहे हैं।[164]

जां में सवक इश्क दा पढ़िया मसजिद को लोजी उठा डरिआ।
डेरे जा ठाकुर दे वड़िया जित्थे वजदे नाद हजार।।

द्वापर युग में भगवान् श्रीकृष्ण के वंशीनाद को सुनकर गोपियाँ मगन रहती थीं यह वंशीनाद सिर्फ गोपियों को ही सुनायी देता था क्योंकि गोपियों को अन्तर्जगत् का ज्ञान प्राप्त था। यह धुन गोपियाँ अनाहतनाद से अन्तर्जगत् में सुना करती थीं। यह बाँसुरी द्वापर में भी बजती थी और आज भी बज रही है। और इसे सुन पा रहे हैं ऐसे योगी जिन्हें अन्तर्जगत् का ज्ञान प्राप्त है। अन्तर्जगत् का ज्ञान सच्चे गुरु की कृपा से प्राप्त हो सकता है वही अनाहतनाद को अन्तर्जगत् में सुना सकते हैं—गुरुवाणी में गुरु गोविन्दसिंह ने लिखा है—[165]

''अन्तरि जोति निरंतरि वाणी। सांचे साहिबसिऊलिवलाई।''
''सुणीया वंशी दीया घन घोरा। कूका तन मन वांगू मोरा।।''

आचार्य शंकर ने प्रपंचसारतन्त्र में हृल्लेखा को ब्रह्मशक्ति बताते हुए नादतत्त्व को कुण्डलिनी शक्ति में निहित बताया है—[166]

मां ज्ञात्वा सकल मयास्य कर्म वन्धं। तद्विष्णोः परम पदं प्रयाति लोकः।।
तामेतां त्रिनगति जन्तु जीव भूतां। हृल्लेखा जपत च नित्य मर्चयीत।।

अर्थात् जिसका ज्ञान हो जाने पर सम्पूर्ण पूर्वजन्मार्जित शुभ-अशुभ और मिश्र कर्मों का बन्धन छूट जाता है तथा साधक ब्रह्म के परम पद चिदानन्दैक रस तथा परब्रह्मपद वाच्य स्थान को प्राप्त कर लेता है। इसी सम्पूर्ण चराचर जगत् की आत्मस्वरूप चिन्मात्र परा प्रकृति 'हृल्लेखा' का सामान्य वर्ण एवं विशेष रूप में जाप का विधान है। 'हृल्लेखा' का तात्पर्य पर प्रकृति से है जो ब्रह्मशक्ति है। यह शक्ति नादतत्त्व के अन्तर्गत कुण्डलिनी शक्ति में निहित है। जिसका एकीकरण इसी शक्ति के द्वारा होता है। अहं स्वरूप शब्दब्रह्म की उत्पत्ति इसी शक्ति से होती है। हृदय में विश्रान्ति का स्थान बनानेवाली इस शक्ति का उल्लेख मतंग तन्त्र में किया गया है—[167]

हृद्यकारो द्वादशान्ते हकारस्तदिदं विदुः। अहमात्मकम् द्वैतं प्रकाशात्म विश्रमः।।

यहाँ पर हृदय देश में, 'अ' कार और द्वादशान्त में 'ह' कार का उदय होता है यही प्रत्याहार क्रम से अशेष वर्णों को अपने गर्भ में लिये हुए अहं स्वरूप अद्वैत तत्त्व है, जिसे प्रकाश की आत्म विश्रान्ति कहा गया है।

इस प्रकार अनाहतनाद के अन्तराल में वर्तमान अखण्ड शब्दतत्त्व जो वैदिक मत के अनुसार 'अ' कार 'उ' कार तथा 'म' कार की तीनों मात्राएँ नाद, बिन्दु का समावेश होकर 'प्रणव' का स्वरूप धारण करते हैं। अर्थात् यह प्रणव मन्त्र है। **''उच्चार्यमाणां ये मन्त्रान् मन्त्रात्यापि तद् बिदुः''**। यह अव्यक्त शक्ति नादयुक्त प्रणव तत्त्व के रूप में पंच वर्ण युक्त अवगम्य अर्थ से बोधित होता है। एक ही नाद वर्ण प्रणव की आत्मा के रूप में ध्वनित होकर रसात्मक आनन्द की अनुभूति का कारण है।

यही प्रणव नाद ऋषियों, मुनियों के लिए उपासना का आभ्यन्तर प्रयत्न है। जैसा कि विभिन्न ग्रन्थों में नौ प्रकार की अनाहत ध्वनियों का वर्णन किया गया है, इसकी उत्पत्ति

योग के द्वारा शरीर में इड़ा, सुषुम्ना, पिंगला आदि नाड़ियों के द्वारा प्रेरित होकर प्राणवायु नौ प्रकार के नाद को अभिव्यक्त कराते हुए रस के रूप में **''रसो वै सः मोक्ष धाम''** अर्थात् परमानन्द पद को प्रदान करनेवाला रव है। यही रव व्यक्त होकर भेद को प्राप्त होते हुए आहतनाद के रूप में दृष्टिगोचर होता है।

स्वामी रामकृष्ण परमहंस ऐसे ही योगी हुए हैं जिन्होंने दुनिया के आध्यात्मिक इतिहास में युग-पुरुष का स्थान प्राप्त किया था। उन्होंने मानव जाति की सहस्रों वर्ष की अलौकिक साधनाओं, सूक्ष्म दार्शनिक तत्त्वों तथा दैवीय अनुभूतियों को केन्द्रित एवं घनीभूत किया था।

''स्वामी जी स्वयं कहते थे कि पूर्व युगों में अवतरित राम एवं कृष्ण इसी शरीर में विद्यमान हैं, और यहाँ के अनुभव समूह वेद, वेदान्त का भी अतिक्रमण कर चुके हैं। यथार्थतः आध्यात्मिक जगत् में इस प्रकार का अलौकिक जीवन इससे पूर्व कभी देखने में नहीं आया। स्वामी जी आध्यात्मिक अनुभूति की सर्वोच्च अवस्था में पहुँच चुके थे।''

स्वामी रामकृष्णदेव के शिष्य स्वामी शारदानन्द द्वारा लिखित मूल बँगला ग्रन्थ 'श्रीरामकृष्ण लीला प्रसंग' में उनको प्राप्त अन्तर्जगत् के संगीत का उल्लेख किया गया है। स्वामी जी माता काली के सामने बँगला कवि श्री नन्दकुमार की कविता का गायन करते थे जिसमें अनाहतनाद का स्पष्ट उल्लेख है।[168]

भुवन भुलाइनि मांभव मोहिनि।
मूलाधारे महोत्पले वीणा वाद्य विनोदिनी।।
शरीरे शरीरी यन्त्रे सुषुम्नादित्रयतन्त्रे।
गुण भेदे महामन्त्रे तीन ग्राम - संचारिणी।।
आधारे भैरवाकार षट दले श्रीराग आर।
मणिपुरे ते मल्हार बसन्ते हृद प्रकाशिनी।।
विशुद्धे हिन्दोल सुरे कर्णाटक आज्ञापुरे।
तान, मान, लय, सुरे त्रिसप्त - सुर भेदिनी।।
श्रीनन्द कुमारे कय तत्त्व का निश्चय हय।
तव तत्त्व गुणत्रय, का की मुख - आच्छादिनी।।

इस भजन में सुनायी दे रही संगीत के भिन्न-भिन्न रागों को स्वामी जी ने भिन्न-भिन्न स्थानों में सुना है और विभिन्न स्थानों पर होनेवाली विभिन्न रागों की अनूभूति में उन्होंने माँ के ही दर्शन किये हैं। इस प्रकार इस संगीत को उन्होंने माँ की महिमा मानते हुए माँ का स्वरूप स्वीकार किया है। अतः यह अलौकिक संगीत ब्रह्मनाद है। यही अनाहतनाद है।

शब्दात्मक ब्रह्म ही अर्थ का कारण है। **''कारणस्य कारणम् अर्थः स्मात कारणार्थम्''** यहाँ कारण के भी कार्य का सम्पादन अर्थस्वरूप ब्रह्म से है। नाद, शब्दब्रह्म के प्रत्येक

तत्त्वांगों का निरूपण है। शब्द का स्वरूप ही कारण कहा गया है, अर्थात् अव्यक्त ब्रह्म का स्थूल शब्द है, जो कार्यस्वरूप है।

अव्यक्त बिन्दु ही मूल बिन्दु है, इस मूल बिन्दु को ब्रह्म की संज्ञा में रखते हुए अक्षर-ब्रह्म के संयोग से शब्दब्रह्म की उत्पत्ति कर उसमें ब्रह्मत्व की स्थापना की गयी है। यहाँ दोनों बातें सत्य हैं कि ब्रह्म ही शब्द है और शब्द ही ब्रह्म है। अव्यक्त पद से शब्द में केन्द्रित होना ही ब्रह्मत्व का सम्बोधन है। ब्रह्म की स्थापना के लिए शब्द का निर्माण किया गया है। इसका उदाहरण योगशास्त्र समाधि पाद में **''निर्विचार वैशारयेअध्यात्मप्रसादः''** **''ऋतम्भरा तत्र प्रज्ञा''** कहकर किया गया है। ऋग्वेद में भी शब्दों की चातुर्यता प्रमाणित करते हुए कहा गया है—[169]

गौरीर्मिमाय सलिलानि तक्षत्येकपदी, द्विपदी सा चतुष्पदी।
अष्टपदी नवपदी वभूवुसी सहस्राक्षरा परमे व्योमन्।।41।।
चत्वारि वाक् परिमिता पदानि तानि विदु ब्रम्हिणाये मनीषिणः।
गुहा त्रीणि निहता नेङ्गयन्ति तुरीयं वानो मनुष्या, वदन्ति।।45।।
इन्द्रं मित्रं वरुणमग्निमाहु रथो दिव्यः स सुपर्णो गरुत्मान्।
एकं सद् विप्रा बहुधा वदन्त्यग्नि यमं मातरिश्वान् माहुः।।46।।

अर्थात् जलों को प्रेरणा करनेवाली बिजली शब्दवान् हुई वह आकाश में एक-चार-आठ और नौ पदों से सहस्र अक्षरवाली हुई। वाणी चार प्रकार की है। विद्वान् उसके ज्ञाता हैं, उसके तीन पद अज्ञात हैं और चौथे पद को मनुष्य बोलते हैं। मेधावी जन एक ब्रह्म का अनेक रूपों में वर्णन करते हैं।

समस्त सृष्टि को यहाँ मूल बिन्दु के नाम से अभिहित किया गया है। यह आख्या वस्तुतः आकारहीन ब्रह्म के सृष्टि रूप यन्त्र की रचना के अनुरूप है। शब्दातीत परतत्त्व की संज्ञा महाबिन्दु है। सृष्टि का सूक्ष्म रूप विशेषात्मक होने के कारण अभिन्न पदार्थ रूप परब्रह्म को ही नाद, शब्दब्रह्म आदि पदों से निर्दिष्ट करते हैं। शब्दब्रह्म में ब्रह्मत्व की स्थापना होते ही भेदों में विभक्त होकर प्राणरूपी शून्यतत्त्व, अग्निरूपी स्थूलतत्त्व नाद के नाम से शून्याकार शब्दब्रह्म में केन्द्रित होकर स्थित होता है। यही अव्यक्त पद से वाच्य है। यही अनाहतनाद की संज्ञा निराकार से सम्बोधित है।

न्यायशास्त्र में **''शब्दगुणःकमाकाशं''** कहा गया है। भगवद्गीता में श्रीकृष्ण द्वारा विभूतियों के वर्णन में बताया गया है कि तत्त्व में निहित ब्रह्मत्व शब्दब्रह्म के रूप में स्फुटित होता है। जिस प्रकार सृष्टि रचना के पूर्व धरा मण्डल की आवश्यकता होती है उसी प्रकार प्रत्यक्ष स्थिति हेतु स्थूल की आवश्यकता होती है। अतः परावाणी जिसे ब्रह्मतत्त्व बताया गया है पूर्ण होने के कारण परा कहा गया है।

ब्रह्मसूत्र शांकर भाष्य की **'ब्रह्म जिज्ञासा'** के सन्दर्भ में स्पष्ट किया गया है कि ''समस्त सृष्टि अव्यक्तात्मक ब्रह्म के रूप में अकारात्मक विन्दु पर आकलित है।'' इसी लक्ष्य को पुराणों में **'ब्रह्म दैवत्यतद्योजात'** अकार के रूप में सम्पूर्ण प्राणियों में व्याप्त बताया गया है।[170]

शिवमहिम्न स्तोत्र में "अर्धचन्द्र से लेकर उन्मनापर्यन्त सम्पूर्ण ध्वनि, वर्ण, नाद, शब्द के द्वारा बोधित होता है।"[171] प्रणव भारती में व्यक्त किया गया है—[172]

"विचारों का स्पष्टीकरण स्वरों से होता है और इस प्रकार प्राकट्यभाव से आनन्द का उद्‌भव हो जाता है। तथा यही स्वर वर्णात्मक रूप से शब्द का सूक्ष्म स्वरूप कहा गया है जिसे परा, पश्यन्ती, मध्यमा और वैखरी इन चार वाणियों के भेद रूप में जाना जाता है। मध्यमा को नाद और ध्वनि आदि पदो से सम्बोधित किया जाता है। मध्यमा के दो भेद बताये गये हैं प्रथम—सूक्ष्म, द्वितीय—स्थूल। सूक्ष्म से ही स्थूल का उद्‌भव होता है। अर्थात् सूक्ष्म नाद अनाहतनाद है और इसी सूक्ष्म अनाहतनाद से स्थूल आहतनाद की उत्पत्ति होती है। कामकलाविलास में सूक्ष्म एवं स्थूल मध्यमा का निरूपण करते हुए नौ प्रकार के नाद का उल्लेख किया गया है—[173]

द्विविधा मध्यमा सा सूक्ष्म स्थूलाकृतिः स्थिता सूक्ष्मा।
नवनादमयी स्थूला नव वर्गात्मा च भूत लिप्यात्मा।।
अध्यकारण मन्या कयि त्वन योर्य स्ततो हेतोः।
सैवेयं न हिभेदस्तादात्म्यं हेतु-हेतुमदभीष्टम्।।

अर्थात् सूक्ष्म नौ नाद हैं, स्थूल नौ वर्गात्मक हैं तथा भूत लिपिस्वरूप हैं नौ नादों में 1. चिणि, 2. चिणि-चिणी, 3. घण्टा, 4. शंख 5. तन्त्री, 6. ताल, 7. वेणु, 8. भेरी और 9. मृदंगनाद हैं। यह सभी नौ प्रकार के नाद श्रोत्र ग्राह्य नहीं हैं योगियों द्वारा इनका अनुभव योगानुसन्धान के द्वारा किया जाता है।

अनाहतनाद के भिन्न स्वरों में सुनायी देने का कारण विभिन्न प्रकारवाला होना नहीं है। इसका मूल स्वर एक और अपरिर्वतनीय है। इस भिन्नता का कारण योग में प्राणशक्ति का शरीर के अलग-अलग भाग में जमा किया जाना है।

अनाहतनाद अनादि अनन्त परमात्मा का सुना जा सकनेवाला पारलौकिक आध्यात्मिक स्वर है। यही उस परम चेतना का मूल स्वर है। शैव साधकों ने वाणी के महत्त्व को स्तोत्रविधि द्वारा व्यक्त किया है—[174]

आत्मात्वम् गिरिजा मतिः सहचराः प्राणाः शरीरं गृहं।
पूजाते विषयोपभोग रचना निद्रा समाधि स्थितः।।
संचार पदयोः प्रदक्षिण विधिः स्तोत्राणि सर्वागिरो।
यद्यत्कर्म करोमि तत्र दखिलं शम्यो तवाराधनम्।।

अर्थात् आत्मा तुम शिव हो, बुद्धि पार्वती है, प्राण सहचर है तथा शरीर घर है, विषयों का उपभोग ही शिव पूजा है, निद्रा ही समाधि दशा है, पद संचरण ही प्रदक्षिणा है तथा समस्त वाणी स्तोत्र है। मैं जो भी काम करता हूँ वह शिवाराधना है। शैव दर्शन में विद्याशक्ति को ही आनन्द शक्ति मानते हुए आत्मा के शिव स्वरूप का प्रत्यभिज्ञान कराकर इसे वास्तविक आनन्ददशा **'तुरीयावस्था'** को व्यक्त करते हुए इसे तुरीया शक्ति माना है।[175]

परमात्मा के आनन्दमयीरस का आलम्बन बिना योग के सम्भव नहीं हो सकता। विष्णुपुराण में ऐसा ही मत व्यक्त करते हुए कहा गया है—[176]

आत्मप्रयत्न सापेक्षा विशिष्टा या मनोगतिः।
तस्या ब्रह्मणि संयोगो योग इत्यभिधीयते।।

इस प्रकार अनाहतनाद के अनुसन्धान में महर्षियों द्वारा योग की अनेक विधियों से उपासना की गयी है। इस उपासना में ब्रह्म जिज्ञासा की तरह अनेक तत्त्वों का समावेश है। योग में समाधिस्थ होनेवाला योगी ज्ञानस्वरूप परमात्मतत्त्व का आलम्बन अष्टांगयोग के माध्यम से करता है।

अनाहतनाद संसार की समस्त ध्वनियों से अधिक शक्तिशाली, दिव्य और सम्मोहन से युक्त है। साधक नादब्रह्म के स्वर से हंस से परमहंस की अवस्था को प्राप्त कर लेता है। अनाहतनाद समाधि की स्थायी पृष्ठभूमि है। आत्मसाक्षात्कार के साधारण प्रयोग से लेकर अध्यात्म की उच्चतम अवस्था तक मन, बुद्धि, चित्त और अहंकार पर अडिग नियन्त्रण तथा स्वतन्त्रता हासिल करने के लिए अनाहतनाद का प्रयोग योगी साधक करते हैं।

अनाहतनाद का मूल स्रोत अनुभूति है। अनुभूति भावात्मक होने से अव्यक्त है। इसलिए अनाहतनाद भी अव्यक्त है। अनाहतनाद की अवधारणा आध्यात्मिक है तथापि उसे रहस्यवाद से जोड़ा जा सकता है क्योंकि साधक के अतिरिक्त कोई भी व्यक्ति अनाहतनाद का रहस्य नहीं जान सकता।

वारिवस्यारहस्य में कहा गया है—

"ततो नौ नादाः अविकृत तू नादयो जातः तत्समिश्रश्चनादध्वन्यादिमध्यमा पद वाच्या नाति सूक्ष्मा परावत्राति स्थूला बैखरी वदतो मध्यमाख्या मातृका मध्यमा व यव रूपमविकृत शून्यं स्पर्शदध्वनि, बिन्दु शक्ति बीजसक्षराख्यंनोदत्वकं मूलाधारादिष्टकेनादे नादान्ते ब्रह्मरन्ध्रे च स्थितम्।"[177]

अर्थात् उपर्युक्त नवनादों की अविकृत शून्य स्थिति समष्टि नाद ध्वनियों में न तो अति सूक्ष्म है, न ही अत्यन्त स्थूल है, इस मध्यमा में विकृत रूप शून्य, स्पर्श, नाद, ध्वनि, बिन्दु, शक्ति बीजाक्षर निहित है। उपर्युक्त नौ नादों का मूल आधार ब्रह्मरन्ध्र है, जिसमें इसकी स्थिति है। प्रणवनाद भी अनाहतनाद का पर्याय है। प्रणवशब्द की व्याख्या करते हुए महर्षि पतंजलि ने कहा है कि **"तस्य वाचकः प्रणवः।"**[178]

तात्पर्य यह है कि उस ईश्वर का बोधक शब्द ओऽम् है। जिस अर्थ का बोधक जो शब्द होता है वह शब्द उस अर्थ का वाचक कहलाता है। और जिस वाचक शब्द से जो बोध्य अर्थ होता है वह अर्थ उस शब्द का वाच्य कहलाता है। ॐ और ईश्वर का वाच्य-वाचक भाव सम्बन्ध है। ईश्वर और वाचक प्रणव में अनादि सम्बन्ध दिखाया गया है। शास्त्रों में वर्णन है कि प्रणव ध्वनि केवल ध्यान द्वारा अनुभव करने योग्य है। अर्थात् अनाहतनाद है।

छान्दोग्योपनिषद् में **उद्गीथोपासना** की विधि का उल्लेख किया गया है। इस विधि के अनुसार, उद्गीथ अर्थात् ओऽम् अक्षर की उपसाना से ब्रह्म चिन्तन करने का उपदेश किया गया है। रत्नप्रभा जैसे प्रामाणिक भाष्य में भी यह प्रतिपादित किया गया है कि **'उद्गीथ'** परब्रह्म के साक्षात्कार का साधन है। तैत्तिरीयोपनिषद् में भी नाद साधना के प्रणव स्वरूप का वर्णन किया गया है। इसके द्वारा आनन्द एवं दिव्यानुभूतियों को इन्द्रियजन्य आनन्द से अधिक श्रेष्ठ कहा गया है।

वैज्ञानिक दृष्टि से प्रणव का स्वरूप यह है कि जहाँ कोई कार्य होता है वहाँ कम्पन अवश्य होता है, और जहाँ कम्पन होता है वहाँ शब्द होते हैं। सृष्टि के आदिकारण रूप कार्य की ध्वनि ही ओंकार है। प्रणव ध्वन्यात्मक होने के कारण उसका कोई भी अंग मुख से उच्चारण करने योग्य नहीं है। किन्तु मानसिक जाप से परे केवल ध्यान की अवस्था में अन्तःकरण में प्रणवध्वनि सुनायी देती है। यह ओंकार अर्थात् वर्णात्मक प्रणव 'अ' 'उ' 'म्' के सम्बन्ध से कहा गया है। इस वाचक प्रणव और वाच्य ईश्वर में अनादि और अभिमिश्र (नित्य) सम्बन्ध है। इस वाचक प्रणव के मानसिक जाप की परिपक्व अवस्था के पश्चात् योगी केवल ध्यान रूप ध्वन्यात्मक प्रणव की भूमि में पहुँच जाता है। और अनाहतनाद का उद्घोष उसके अन्तःकरण में स्वस्फूर्त ओऽम् ओऽम् होने लगता है। इस ओंकार में कोई व्यवहार नहीं है न ही कोई प्रपंच है, वह शिव और अद्वैत है। इस प्रकार ओंकार आत्मा ही है, जो इस प्रकार जानता है, वह आत्मा से आत्मा में प्रवेश कर ओंकार की अनाहत ध्वनि आत्मा में ही सुनकर आनन्दित होता रहता है।

ऋग्वेद में आत्मा और परमात्मा के एकीकरण का उल्लेख करते हुए कहा गया है।[179]

यदग्ने स्यामहं त्वं त्वं वाघास्या अहम्। स्युस्टे सत्या इहाशिषः।।

अर्थात् हे प्रकाशमान् परमात्मन्! यदि मैं तू हो जाऊँ और तू मैं हो जाये तो तेरा आशीर्वाद संसार में सत् हो जाये। तात्पर्य यह है कि जब आत्मा और परमात्मा का मिलन अन्तर्जगत् में होगा तब उसके प्रकाश रूप सत्य से अनाहत ध्वनि उत्पन्न होगी।

इस प्रकार ब्रह्मतत्त्व हमारे अस्तित्व का आन्तरिकतम आत्मा है। सम्पूर्ण जीवन उसके जीवन के लय की गति है। हमारी शक्तियाँ और कर्म सब-के-सब उसी से निकलते हैं। यदि हम अपने अज्ञान के कारण इस गम्भीरतम सत्य को नहीं समझ पाते तो सत्य नहीं बदल जाता। जब हम परमात्मा के प्रकाश के लिए पारदर्शक माध्यम बन जाते हैं तब वह हमारे अन्दर अपने आलोक को उत्पन्न कर चमत्कारी अनुभूतियाँ कराने लगता है। इस सम्बन्ध में डॉ. सर्वपल्ली राधाकृष्णन ने अपनी गीतादर्शन की व्याख्या में राइज ब्रोक के कथन का उल्लेख किया है—[180]

''केवल वही व्यक्ति दिव्य प्रकाश का चिन्तन करने के उपयुक्त है जो किसी वस्तु का दास नहीं है यहाँ तक कि अपने सद्गुणों का भी दास न हो।''

अनाहतनाद ब्रह्म की वह माया है, जो अत्यन्त दुष्कर है, वह सहज में नहीं प्राप्त हो सकती। उसे जानने के लिए कठिन योग, तप, ध्यान आदि साधनाओं के मार्ग से चलकर समाधि की अवस्था तक पहुँचना होगा। यह निरन्तर अभ्यास, सद्गुरु का

मार्गदर्शन एवं ईश्वर की कृपा से ही अनुभवगम्य हो सकता है। इसे प्राप्त कर लेने के बाद भी निरन्तर अभ्यास से ही इसे सुरक्षित एवं संरक्षित रखा जा सकता है। गोस्वामी तुलसीदास जी ने रामचरितमानस में कहा है—[181]

कहत कठिन समुझत कठिन साधत कठिन बिबेक।
होइ घुनाच्छर न्याय जौं, पुनि प्रत्यूह अनेक।।

इस प्रकार विभिन्न हिन्दू सनातन ग्रन्थों वेद, पुराण, उपनिषद्, न्याय, दर्शन, मीमांसा एवं अन्य सर्वमान्य ग्रन्थों, गुरुग्रन्थ साहिब, गुरुवाणी एवं कबीरदास जी के साहित्य के अथाह सागर से निकले स्वानुभूति के अनमोल मोती, विभिन्न विद्वानों, विचारकों के विचार एवं निर्णय के प्रकाश में अनाहतनाद के नादांश का विवेचन किया गया।

अनाहतनाद के परिप्रेक्ष्य में यह निष्कर्ष निकलता है कि चित्त सागर है उसमें उठनेवाली तरंगें वृत्तियाँ हैं, मन भटकता है, भ्रमित होता है, बहाने ढूँढ़ता है, कि हम संसार में हैं। गृहस्थी हैं, ऐसे में हम साधना कैसे कर सकते हैं। संसार तो मन में रहता है। इसका निवास चित्त के संस्कारों व उसमें उपस्थित कर्मजाल में है। इसे त्यागना होगा। दुनिया में चार प्रकार के लोग रहते हैं—मूढ़, अज्ञानी, मुमुक्षु और ज्ञानी। जिज्ञासु भी चार प्रकार के होते हैं। मूढ़ जिज्ञासा की पहुँच से बाहर होते हैं। मूढ़ मानता है कि ज्ञान सम्भव नहीं है। और पशुवत् जीवन जीता है। अज्ञानी समझता है कि मुझे सम्पूर्ण ज्ञान है। वह अकड़ से भरा होता है, उसे झुकना नहीं आता। मुमुक्षु में मोक्ष की आकांक्षा निहित रहती है, वह सरल और विनम्र होता है, उसमें जिज्ञासा का शुद्धतम स्वरूप रहता है। ज्ञानी में जिज्ञासा निःशब्द रहती है। ज्ञानी का केवल इतना ही अर्थ है कि वह जानने के लिए सब तरह से खुला रहता है। उसमें हठ नहीं होता है, ज्ञानी का सही अर्थ ध्यानी है, जो ध्यानपूर्ण है वही ज्ञानपूर्ण है। ज्ञानी छोटे बच्चों जैसे सरल एवं सदैव सीखने को उत्सुक रहते हैं। हमारा आत्मिक उत्थान अपने अहंकार के अवरोध से अवरुद्ध है। जब तक 'मैं' हूँ, तब तक परमात्मा नहीं हो सकता, और जब 'मैं' मिट जाये तभी वह हो सकता है। ईसा मसीह का कहना है कि जो अपने को मिटायेंगे, केवल वे ही बचेंगे। जो अपने को बचायेंगे वे व्यर्थ ही अपने को मिटा रहे हैं। सन्त कबीर ने कहा है—

"जब मैं था तब हरि नहीं, अब हरि हैं मैं नाहिं।"

बुद्धि से जीवन की जानकारियाँ मिलती हैं, जीवन नहीं मिलता। बुद्धि से तर्क बढ़ते हैं, ज्ञान नहीं बढ़ता। ज्ञान तो श्रद्धा से मिलता है। इसी से जीवन के स्रोत का पता चलता है। इसी से बुद्धि का सन्ताप मिटता है। बुद्धि से उपजी पीड़ाओं के लिए श्रद्धा ही ओषधि है। श्रद्धा में जीवन की सरसता है, उल्लास है, उत्सव है, आनन्द है। श्रद्धा शब्द अध्यात्म में, साधना पथ में सुपरिचित व सुप्रचलित है। यहाँ श्रद्धा के दो रूप मिलते हैं, पहला रूप उस श्रद्धा का है, जो विचार पर, तर्क पर आधारित है। दूसरा रूप श्रद्धा का वह है जो विचार या तर्क पर आधारित न होकर अनुभव पर आधारित है। विचार व तर्क पर आधारित श्रद्धा कभी श्रेष्ठ नहीं हो सकती है। श्रेष्ठ श्रद्धा तो वही है, जिसका आधार अपना निजी अनुभव है। बुद्धि को जब बोध होने लगता है तो उसे प्रज्ञा कहते हैं। प्रज्ञा

जब परिष्कृत हो जाती हैं तब उसे ऋतम्भरा प्रज्ञा कहते हैं। जब पूरी तरह से भ्रान्तियाँ समाप्त हो जाती है, तब समग्र बोध की स्थिति जन्म लेती है, जिससे आगे चलकर कैवल्य की स्थिति प्राप्त होती हैं, जो मन और बुद्धि से बढ़ते हुए बोध के साथ चरम बोध पर ले जाती है।

सुख-दुःख, सत्-असत्, जीवन-मृत्यु, छोटा-बड़ा आदि का भोक्ता मन है। जिस-जिस इन्द्रिय के पास मन जाता है उसे वह उत्प्रेरित करता है और विवेक जो मन से भी सूक्ष्म है वही मन पर नियन्त्रण कर उसे दिशा देता है। यह विवेक साधक के ज्ञान, भक्ति एवं साधनाओं पर निर्भर होता है। जब तक प्राण रहता है तभी तक शरीर भी रहता है, मन और इन्द्रियाँ भी तभी तक कार्य करती हैं अतः प्राणतत्त्व ही ब्रह्मतत्त्व है, वही अनाहतनाद का स्रोत है। साधक ज्ञान, भक्ति एवं योग साधनाओं के द्वारा सामंजस्य बनाकर विवेक को जाग्रत करता है। विवेक ही चेतन तत्त्व है जिसकी उन्नति से नादब्रह्मस्वरूप लक्ष्य **'अनाहतनाद'** की अनुभूति होती है। ब्रह्मस्वरूप अनाहतनाद की अनुभूति हो जाने पर द्वैत समाप्त हो जाता है तब केवल और केवल आनन्दतत्त्व ही शेष रह जाता है। विवेक चूड़ामणि में बताया गया है—[182]

> **किमपि सतत बोधं केवलानन्द रूपं।**
> **निरुपममति वेलं नित्य मुक्तं निरीहं।**
> **निरवधिगगनाभं निष्कलं निर्विकल्पं।**
> **हृदि कलयति विद्वान् ब्रह्म पूर्ण समाधौ।।**
> **प्रकृति विकृति शून्यं भावनातीत भावम्।।**

अर्थात् केवल आनन्द। आनन्द। वहाँ न तो कोई दिशा है न देश है न आलम्बन न रूप न नाम केवल अशरीरी आत्मा अपनी अनिर्वचनीय आनन्दमय अवस्था में बुद्धि के गोचरीभूत जितने भी भाव हैं, उन समस्त भावों से अतीत एक भावातीत भाव में अवस्थित है। शास्त्रों में जिसका आत्मा के साथ आत्मा का रमण कहा गया है। ऐसी अवस्था प्राप्त हो जाती है। इसी आनन्द को ब्रह्मानन्द कहा गया है। यही अनाहतनाद है।

अध्याय-4

जीवात्माओं में नादब्रह्म के परमात्मस्वरूप की अभिव्यक्ति

ब्रह्माण्डीय चेतना का उद्‌गम स्रोत कहाँ है, इसकी तलाश करते हुए तत्त्वदर्शी ऋषि अपने गहन अनुसन्धान के सहारे इस निष्कर्ष पर पहुँचे हैं कि यह समस्त हलचलें जिस आधार पर चलती हैं वह शक्ति स्रोत 'शब्द' है—अचिन्त्य, अगम्य, अगोचर, परब्रह्म को जगत् चेतना के साथ अपना स्वरूप निर्धारित करते हुए 'शब्दब्रह्म' के रूप में प्रकट होना पड़ा। सृष्टि से पूर्व यहाँ कुछ नहीं था—कुछ नहीं से सब-कुछ को उत्पन्न होने का प्रथम चरण 'शब्दब्रह्म' अथवा उसी को 'नादब्रह्म' कहते हैं। योगशिखोपनिषद् में 'नाद' की महिमा का वर्णन करते हुए कहा गया है—

नाति नादात्परो मन्त्रो न देवः स्वात्मनः परः।
नानुसन्धेः परा पूजा नहि तृप्तेः परं सुखम्।।[183]

नाद से बड़ा कोई मन्त्र नहीं, नाद से बड़ा कोई देव नहीं, नादानुसन्धान से बड़ी कोई पूजा नहीं और तृप्ति से बड़ा कोई सुख नहीं है। नादब्रह्म की अनुभूति का सर्वोत्कृष्ट माध्यम संगीत ही है। वाराहोपनिषद् में तो यहाँ तक कहा गया है कि मुक्ति की कामना करनेवालों को अन्य सभी चिन्तन छोड़कर एकाग्रचित्त से नाद साधना करनी चाहिए।

शब्दब्रह्म प्रकृति और पुरुष का मध्यवर्ती सम्बन्ध सूत्र है। इस पर अधिकार होने से दोनों ही क्षेत्रों में घनिष्ठता बन जाती है। प्रकृति क्षेत्र की शक्तियों एवं ब्रह्म क्षेत्र की चेतनाओं का समन्वय हो जाने से विभिन्न प्रकार की विभूतियों एवं ऋद्धियों-सिद्धियों का वैभव उपलब्ध हो जाता है।

अग्निपुराण के अनुसार एक शब्दब्रह्म है और दूसरा परब्रह्म है। शास्त्र और प्रवचन से शब्दब्रह्म तथा विवेक, मनन, चिन्तन से परब्रह्म की प्राप्ति होती है इसी परब्रह्म को बिन्दु भी कहते हैं। भारतीय मनीषियों ने शब्द को नादब्रह्म कहा है। ब्रह्म या परमात्मा एक विराट् तथा सर्वव्यापी तेजस् सत्ता का नाम है, जिसकी शक्ति का कोई पारावार नहीं है। इस तरह से तत्त्वदर्शी ऋषियों ने शब्दब्रह्म की सामर्थ्य को पहले ही जान लिया था। वहीं इस विषय पर गम्भीर खोजें हुईं और 'मन्त्र विज्ञान' नाम की एक स्वतन्त्र शाखा की स्थापना हो गयी। शब्दब्रह्म या नादब्रह्म के दो भेद होते हैं अनाहत और आहतनाद। बिना किसी आघात के

दिव्य प्रकृति के अन्तराल से जो ध्वनियाँ उत्पन्न होती हैं उन्हें अनाहत या अनहदनाद कहते हैं। और जो किसी प्रेरणा या आघात से उत्पन्न होते हैं। वाणी के आकाश तत्त्व से टकराने अथवा किन्हीं दो वस्तुओं के टकराने से उत्पन्न ध्वनि आहतनाद है।

अनहदनाद का मूक रूप है **'प्रताहतनाद'**। स्वच्छन्द तन्त्र ग्रन्थ में इन दोनों नादों के अनेकों भेद-उपभेद बताये गये हैं। आहत और अनाहतनाद को आठ भागों में विभक्त किया गया है—घोष, रव, स्वन, शब्द, स्फुट, ध्वनि, झंकार, ध्वंकृति।[184] अनाहतनाद की चर्चा महाशब्द के नाम से की गयी है। इस शब्द को सुनने की साधना को **'सुख'** कहते हैं। अनहदनाद बिना नाद की एक प्रकार से दैवी सन्देश की प्रणाली है। साधक इसे जानकर सब-कुछ जान सकता है। इन शब्दों में ओऽम् ध्वनि आत्म-कल्याणकारक और विभिन्न प्रकार की सिद्धियों की जननी है। इन्हें स्थूल कर्णेन्द्रियाँ नहीं सुन पातीं, वरन् ध्यान, धारणा द्वारा अन्तःचेतना में ही इनकी अनुभूति होती है। श्रुतियों के अनुसार, "शब्दब्रह्म की तात्त्विक अनुभूति हो जाने से समस्त मनोरथों की पूर्ति हो जाती है। वहीं शतपथ ब्राह्मण के अनुसार शब्दब्रह्म को ठीक तरह से जाननेवाला ब्रह्मतत्त्व को प्राप्त कर लेता है।

नादब्रह्म अनेकानेक सगुण रूपों में अभिव्यक्त होता है। आध्यात्मिक दर्शन योग, तन्त्र, व्याकरण में ध्वनि की दृष्टि से नाद की व्याख्या की गयी है। नादाभिव्यक्ति के दो रूप माने गये हैं—प्रथम—वर्ण रूप और द्वितीय—स्वर रूप। वर्ण रूप नाद की व्याख्या व्याकरणशास्त्र, न्याय, पूर्व मीमांसा में विस्तृत समीक्षा की गयी है। वहीं स्वर रूप नाद की विवेचना संगीत के क्षेत्र में विस्तृत रूप से की गयी है।

नादब्रह्म के उपासक संगीत साधक सहस्राब्दियों से **'स्वरूप'** का चिन्तन ध्यान करते आ रहे हैं। संगीत साधकों की मान्यतानुसार यह सारा विश्व ही वाणी से उत्पन्न हुआ है **"वागेव विश्वा भुवनानि यज्ञे।"** (ऋग्वेद)

भिन्न प्रतीत होनेवाले वर्ण अथवा शब्द तथा स्वर परोक्षतः भिन्न होते हुए भी नादाश्रित हैं। स्वरूप में ध्वनि तरंगों, स्पन्दन, नादभेद का विशेष महत्त्व है, जो शब्द रूप से इसके स्वरूप को अलग करता है। विद्वान् जानते हैं कि संगीतज्ञ शब्दों का न्यूनतम आश्रय लेते हुए उतार-चढ़ाव द्वारा शाब्दिक भाव तथा रस को व्यक्त करने का प्रयास करते हैं। ध्वनि के उतार-चढ़ाव की शैली 'काकुभेद' से वंचित भाषा निष्प्राण होगी, उदात्त, अनुदात्त, स्वरित, कम्पित दीप्त स्वरों को 'काकुभेद' का ही आदि स्रोत माना जाता है।

गायन, वादन तथा नृत्य नाद के मुख्य प्रकार हैं। तीनों के सामंजस्य से आहतनाद की सम्मोहिनी शक्ति अभिव्यक्त होती है—

गीत, वाद्य, अरु नृत्य को कह्यो आतमानाद।
तानसेन संगीत मत जामेंउपजत स्वाद।।[185]

वाद्य नाद का मुख्य अंग है, इसके अतिरिक्त अमूर्त अदृश्य ध्वनि का मूर्त रूप होने के कारण सुस्पष्ट है, वादन श्रव्य होने के साथ द्रष्टव्य भी है। समीक्षकों ने वाद्यों की उपमा अथवा रूपक से नाद का विवेचन किया है।

नाद सागर अगाध है, जिसको पार करना सरल नहीं है, नाद सागर में डूब जाने के भय से तैरना सीखनेवालों की भाँति स्वयं सरस्वती ने अपने वक्ष में दो तुम्बियोवाली वीणा लगा रखी है, जिससे वह नाद महासागर में सुरक्षित सन्तरण कर सकें।

नादाब्धैः परे तो न जानाति सरस्वती।
मंज्जन भयात् अद्यापि तुं वुं वहति वक्षसि।।

डूबने के भय से तुम्बा लेकर तैरनेवालों की भाँति वीणा का आश्रय लिये सरस्वती की जब यह दशा है, फिर सामान्य जनों की क्या हालत होगी इसका सहज अनुमान किया जा सकता है।

स्वर को मोक्ष का साधन माना गया है, वीणा वादन मोक्ष-प्राप्ति का सहज मार्ग है। उल्लेखनीय है कि प्राचीन काल में स्वरप्रधान समस्त वाद्यों को वीणा कहा जाता था। नाद सिद्धि के लिए अनादिकाल से वाद्यों का अपना महत्त्व रहा है। प्राचीन शास्त्रकारों ने मानव शरीर को ही आदि वीणा की संज्ञा दी है। शरीर को दैवी वीणा (ईश्वर प्रदत्त) अथवा गात्र वीणा कहा गया है, तथा अन्य लौकिक वीणा को दार्वी वीणा वर्ग में रखा गया है। नाड़ी तथा हृदय के स्पन्दन की लय के साथ ही गात्र वीणा-निरन्तर झंकृत होती रहती है। नारदीय शिक्षा में इसका उल्लेख किया गया है।[186]

सामान्य लोगों के लिए आहतनाद, आनन्द, उल्लास तथा मनोरंजन का साधन है। जबकि अनाहतनाद परमात्मा से सम्पर्क स्थापित करने का ब्रह्मज्ञान प्राप्ति का आध्यात्मिक मार्ग है। संगीत मकरन्द में अनाहतनाद की व्याख्या करते हुए कहा गया है—

आकाश सम्भवो नादोयः सोऽनाहत संज्ञितः।
तस्मिन्न नाहते नादे विरामं प्राप्य देवताः।
योगिनो अपि महात्मानस्तदाऽनाहत संज्ञकः।
भन्ते निक्षिप्य संयाति मुक्तिं देवता प्रयत मानसाः।।[187]

अनाहतनाद बिना आघात ही उत्पन्न होता है, जिसे केवल योगीजन स्थितप्रज्ञ निर्विकल्प समाधि में ही सुन पाते हैं। ऐसी अवस्था प्राप्त करके योगी ब्रह्मानन्द में लीन हो जाते हैं। नादब्रह्म का वास्तविक स्वरूप अनाहतनाद ही है। नद् धातु से उत्पन्न शब्द 'नाद' का अर्थ ही अव्यक्त ध्वनि है।

सगुण तथा निर्गुण ब्रह्म की भाँति नाद को भी दो भागों में विभक्त किया गया है अनाहतनाद निर्गुण ब्रह्म की तरह एवं आहतनाद सगुण ब्रह्म की तरह है। संगीत मकरन्द में बताया गया है—"**अनाहतौ, हतश्चैव स नादो द्विविधोमतः।**" तथा संगीत दर्पण में-"**आहतोऽनाहतश्चेति द्विधानादो निगद्यते।**" भेद स्पष्ट किया गया है।

मध्ययुगीन निर्गुण सन्तों ने भी अनाहतनाद की व्याख्या की है—यारी ने "**भृंगनाद भँवर गुंजार गगन चढ़ि गाजै।**" द्वारा भृंगनाद को अनाहतनाद का पर्याय बताया है। कबीरदास जी ने "**चुवत अमीरस भरत ताल जहं शब्द उठै असमानी हो।**" अनिर्वचनीय ब्रह्मानन्द की व्याख्या स्पष्ट करने के लिए आहतनाद के अनेक वाद्यों का आश्रय लेकर किया है। "**र रंकार ही भृंगनाद है।**" "**बाजे बजै सितार बाँसुरी र रंकार मृदुवानी**

हो।'' कबीरदास जी ने ''अनहतकिंगरी बाजै'' द्वारा शब्दातीत परब्रह्म का वर्णन किया है। उल्लेखनीय है—

''निर्झर झरै अनहत बजै तब उपजै ब्रह्मज्ञान।'' का प्रतिपादन करनेवाले कबीर वाद्यों से सुपरिचित थे, वीणा के आकार-प्रकार के आधार पर उन्होंने रूपक द्वारा ही रहस्यानुभूति अथवा अनाहतनाद के प्रतिपादन का प्रयास किया है—

चन्द्र-सूर दोउ तुम्बा करिहूँ चित्त-चेतन की डांडी।
सुषमन तन्ती बाजन लागी, इहिं विधि तृष्णा छांडी।।

कबीरदास जी की व्याख्या अनाहतनाद की समीक्षा में भी वाद्यों के महत्त्व को परिलक्षित करती है।

अनाहतनाद निर्गुण शब्दब्रह्म अथवा अनाहतनाद की सगुण अभिव्यक्ति ही आहतनाद है। अनाहतनाद बिना किसी प्रयास के उत्पन्न होता है, तथा योगाभ्यासी साधकों को ही सुनायी देता है। परन्तु आहतनाद घर्षण, आघात या अन्य प्रयास जैसी प्रतिक्रियाओं द्वारा उत्पन्न होता है, तथा दृष्टिगोचर होनेवाली मूर्ति की तरह सामान्य जनों को भी सुनायी देता है। इस प्रकार आहतनाद, अनाहतनाद का मूर्त रूप है। तानसेन की संगीत रचनाओं में अनाहतनाद की समीक्षा करते हुए कहा गया है—

अनाहत बाजत आपुही, आहत दैव बजाई।
तानसेन संगीत मत, इन्हके कहे सुभाई।।
नाद अनाहत को सदा, सुर मुनि करै जुध्यान।
गुरु उपदेशै मुक्ति दै, यह जानौ पर मान।।

आहत और अनाहतनाद का सम्बन्ध -

अनाहतनाद का सम्बन्ध आहतनाद से ठीक उसी प्रकार से है जैसे जीवात्मा का परमात्मा से, प्रकाश का अन्धकार से, सत् का असत् से, विचारों का वाणी से, स्वयं का अपनी छाया से और धर्म का विज्ञान से। मुण्डकोपनिषद् में इसका सुन्दर वर्णन किया गया है—[188]

द्वा सुपर्णा सयुजा सखाया समानं वृक्षं परिषस्वजाते।
तयोः पिप्पलं स्वाद्वरन्यनश्नन्नन्योऽभिचाकशीति।।

एक साथ रहनेवाले तथा परस्पर सखाभाव रखनेवाले दो पक्षी—परमात्मा और जीवात्मा एक ही वृक्ष (शरीर) का आश्रय लेकर रहते हैं, उन दोनों में एक जीवात्मा उस वृक्षरूपी शरीर के कर्मफलों का स्वाद ले-लेकर उपभोग करता है पर दूसरा परमात्मा उपभोग न करता हुआ केवल प्रकाशित करता है। इसी प्रकाशरूप ब्रह्म को योगीजन साधना की परम स्थिति के सफलता पर ब्रह्मानन्द अर्थात् **'अनाहतनाद'** को निर्गुण रूप में अनुभव करते हैं और यही ब्रह्मानन्द **'अनाहतनाद'** सगुण रूप धारण करके शब्दों से प्रस्फुटित होकर गीतरूप से, स्तुति के रूप में व्यक्त होने लगता है। तब यही अनाहतनाद आहतनाद का रूप धारण कर लेता है—श्वेताश्वतर उपनिषद् में कहा गया है—

ज्योतिरात्मनि नान्यत्र समं तत्सर्व जन्तुषु।
स्वयं च शक्यते द्रष्टुं सु समाहित चेतसा।।[189]

परमात्मा की ज्योति आत्मा में ही रहती है, अन्यत्र कहीं नहीं, यह सब प्राणियों में समान रूप से चमकती है, और इसे अपने मन को समाधि में शान्त करके स्वयं देखा जा सकता है, अनुभव किया जा सकता है। इस आत्मज्ञान रूपी अनाहत ध्वनि को प्राप्त करने के लिए हमें अपने मन को सब प्रकार के विक्षेपों से रहित करना होगा और हृदय को सब प्रकार की भ्रष्टता से मुक्त करना होगा तभी उस परब्रह्म की अलौकिक ध्वनि अनाहतनाद का आभास ब्रह्मानन्द के रूप में प्राप्त किया जा सकता है। जबकि आहतनाद के लिए ऐसा बन्धन नहीं है। परन्तु वह स्वरूप जो अनाहत से प्रस्फुटित होकर आहतनाद में परिणत होता है उसका स्वरूप अलौकिक से लौकिक बनकर सम्पूर्ण वातावरण को सरस एवं सुगन्धित कर देता है।

एक बार हम अपने भीतर जायँ चित्त की उस गुफा में प्रवेश करें तो ब्रह्म का अनुभव होगा और हमें लगेगा कि जितना आनन्द बाहर है उससे बहुत अधिक दिव्यानन्द रस अन्दर भरा हुआ है, पहली तह अँधेरे की है, उसे पार करने पर स्वयंप्रभा दिखायी देगी यह ब्रह्म है, इसी में स्थित होने से अगली प्रतिक्रिया **'अनाहतनाद'** की होगी। यही ब्रह्मनाद है। यही ब्रह्म का निर्गुण रूप है। परन्तु यह सबके बस का नहीं है, यह उसी को प्राप्त हो सकता है जिसके ऊपर उसी परब्रह्म की कृपा हो जाय। गोस्वामी तुलसीदास जी ने रामचरितमानस में कहा है—

सोइ जानइ जेहि देहु जनाई। जानत तुम्हहि तुम्हहि होइ जाई।।[190]

अर्थात् जिसने उस परब्रह्म को जान लिया वह उसी परब्रह्मस्वरूप हो गया पर वह कैसे जाना जा सकता है? जानने के लिए अज्ञानरूपी पर्दे को हटाना होगा माया-मोह के आवरण से अपने को मुक्त करना होगा। **"घूँघट के पट खोलरे तोहि पिया मिलेंगे।"** वास्तव में यथार्थ को जानना ही ज्ञान है और उस ज्ञान में स्थित हो जाना विश्वास है। श्रद्धा और विश्वास अन्तःकरण में उदय हो जाने के पश्चात् ही ब्रह्मशक्ति का रहस्य जीव हृदयंगम कर सकता है। संगीत एक साधना है। हमारे ऋषियों-मुनियों ने इसी साधना और तपबल से ईश्वर से साक्षात्कार किया था। प्रकृति उनके संगीत पर परिवर्तित हो जाती थी। महाराष्ट्र की लेखिका ने अपने मेघ-मल्हार नामक पुस्तक में संगीत सम्राट् तानसेन एवं गुजरात राज्य के संगीत के चमत्कार को उल्लेखित किया है—कि वर्ष 1963 में अखबार में छपी खबर **'दीपक राग'** गाने के बाद तानसेन के शरीर में जलन उत्पन्न हो गयी थी जिसे मेघ-मल्हार गाकर जलन शान्त करनेवाली ताना-रीरी बहनों की समाधियाँ गुजरात के बडनगर गाँव में पायी गयी हैं अहमदाबाद के पुराविद् डॉ. हरिदास गौदानी इस सम्बन्ध में और भी अनुसन्धान कर रहे हैं। इस खबर से प्रेरित होकर लेखिका ने पुस्तक लिखी है—उसमें कहा गया है कि सूरदास जी ने तानसेन की प्रशंसा में कहा है—

विधिना यह जिय जान है शेषहि दिये न कान।
धरा मेरु सब डोलते तानसेन की तान।।

इसी पुस्तक में बताया गया कि बादशाह अकबर ने चमत्कारी संगीत दीपक राग सुनाने का आग्रह तानसेन से किया था जिस पर उन्होंने दीपक राग सुनाया जिससे दीपक राग के चमत्कार से वातावरण में चैतन्य तत्त्व तरंगित होने लगा और एकाएक सारे कक्ष में प्रकाश भर गया, सारे दीपक अपने-आप जल उठे, किन्तु तानसेन के शरीर में असह्य जलन उत्पन्न हो गयी जिसे ताना रीरी बहनों के राग-मल्हार गाने से चमत्कारिक वर्षा हुई और तानसेन की जलन शान्त हुई।

उसी पुस्तक में तानसेन के गुरु दर्शन के लिए वृन्दावन जाने का उल्लेख है, लेखिका ने लिखा है कि तानसेन जैसे ही वृन्दावन की सीमा में पहुँचे, कल्पना सागर में डूब गये वह भगवान् कृष्ण के मुरली की धुन, ग्वालों की क्रीड़ा और गोपियों की रासलीला में ऐसे तल्लीन हो गये कि उन्हें बाँसुरी की धुन सुनायी देने लगी और शब्दों का विस्फोट हुआ और अनाहत ध्वनि आहतनाद के रूप में परिवर्तित होने लगी जिसका परिणाम यह हुआ कि तानसेन ध्रुपद की रचना कर गुनगुनाने लगे।[191]

एरी आज बाँसुरी बजाई वन मध्य,
कौन ढंग कौन रंग फूंकि-फूंकि
सुनत श्रवण सुधि रही नहीं तन की
भई हौं बावरी,
वृन्दावन दिसि हेरि झुकि-झुकि
ब्रह्मा वेद पढ़त, भूले, शिव समाधि माहिं डोले
सुरनर मुनि मोहे देवांगना, देखै लुकि - लुकि
सप्त स्वर, तीन ग्राम, इक्कीस मूर्छना लै।
तानसेन प्रभु मुरली बजावत, बोलत मोर कोकिला कुहुकि-कुहुकि।।

स्वामी हरिदास से मिलने पर तानसेन को स्वामी जी ने बताया है कि संगीत कला अथाह समुद्र की तरह है। सागर की गहराई नापी नहीं जा सकती। ठीक ऐसा ही अनाहतनाद है। इसका जन्म प्रत्यक्ष **'सामवेद'** से हुआ है। संगीत की साधना करके जब साधक नादब्रह्म की सिद्धि प्राप्त करते हैं तब वही अन्तर की संगीत बाह्य जगत् में उद्घाटित होकर समाज का कल्याण करती है।

शब्द-नाद से वह आकाश में गुंजायमान होता है, उसे गति मिलती है और उन शब्दों को वेद मन्त्रों की सामर्थ्य प्राप्त हो जाती है जिससे संगीत के स्वरों से प्राकृतिक चमत्कार उत्पन्न होने लगते हैं। संगीत के आहत और अनाहत स्वरों का जब सम्मिलन हो जाता है ऐसी स्थिति शब्दब्रह्म बन जाती है। यही शब्दब्रह्म या नादब्रह्म अनेकानेक चमत्कारों का प्रदाता है।[192]

इस प्रकार साधक अनाहतनाद से आहतनाद में प्रविष्ट होता है। और आहतनाद से भी तल्लीनता की ऐसी स्थिति उत्पन्न होती है कि साधक अपनी सुध-बुध खो बैठता है और प्रत्यक्षतः तो वह आहतनाद में रहता है किन्तु परोक्षरूप से वह आहत में रहते हुए

भी अनाहत में प्रविष्ट हो जाता है। इस तरह से यह कहा जा सकता है कि अनाहतनाद एवं आहतनाद एक-दूसरे के पूरक हैं।

अन्धकार का समुद्र उतना ही गहरा और विशाल है जितना प्रकाश का निवास-स्थान और वे एक-दूसरे से जरा भी दूर नहीं हैं, बल्कि वे एक-दूसरे में मिले-जुले हैं साथ-साथ विद्यमान हैं, और इसमें किसी का भी आदि-अन्त नहीं है। ठीक ऐसा ही सम्बन्ध आहत और अनाहतनाद का है। वे एक-दूसरे से अभिन्न हैं।

जब हमारी प्रकृति शुद्ध हो जाती है, तब ज्ञान के दर्पण से वासनाओं की धूल को हटाकर उसे स्वच्छ कर दिया जाये तो वह विशुद्ध होकर चेतना का प्रकाश उसमें प्रतिबिम्बित होने लगता है यही चेतना ही ब्रह्म है और उसके प्रकाश से ही नाद उत्पन्न होता है। जब हमारे शरीर के अन्दर ब्रह्म का जन्म होता है तब हमारे आँखों से केचुली उतर जाती है और कारागार के द्वार खुल जाते हैं। हृदयासन में विराजे उस ब्रह्म के गुप्त मार्ग का पर्दा फट जाता है तब हमें दिव्यनाद सुनायी देने लगता है। यह दिव्य ध्वनि अनाहतनाद है।

ब्रह्मविद्या ब्रह्म का विज्ञान है। वास्तविकता को समझने में यह हमारी सहायता करता है। शंकराचार्य ने अपनी पुस्तक **'अपरोक्षानुभूति'** में उल्लेख किया है—"कि ज्ञान की उपलब्धि विचार के सिवाय अन्य किसी साधन से नहीं हो सकती जैसे संसार की वस्तुएँ प्रकाश के बिना दिखायी नहीं पड़ सकती हैं।"[193]

नोत्पद्यते विना ज्ञानं विचारेणाऽन्य साधनैः।
यथा पदार्थ मानं हि प्रकाशेन विना क्वचित्।।

ज्यों-ज्यों हमारा ज्ञान बढ़ता है त्यों-त्यों हम अज्ञान के अन्धकार को अधिक अनुभव करने लगते हैं। जैसे दीपक जलाने पर हमें चारों तरफ अँधेरे का ज्ञान होता है। धम्मपद में कहा गया है कि आत्मा ही आत्मा का स्वामी है। **"अत्ता ही अत्तनोनाथः"** और आत्मा ही आत्मा का लक्ष्य है। **"अत्ता ही अत्तनोगतिः।"**[194] संगीत आत्मा से ही अनाहतनाद के रूप में उत्पन्न होकर आत्मा में ही लीन हो जाती है।

संगीत रत्नाकर में कहा गया है—ब्रह्मा ने सामवेद से गीत का संग्रह किया है—सर्वज्ञ पार्वतीपति-शंकर गीत से प्रसन्न होते हैं, गोपीपति श्रीकृष्ण वंशीध्वनि के वशीभूत हैं, ब्रह्मा सामगीत में रत हैं, सरस्वती वीणा में आसक्त हैं अन्यदेव यक्ष, गन्धर्व, दानव तथा मानवों के विषय में क्या कहा जाये।[195]

जिस बालक को अभी विषयों का ज्ञान नहीं हुआ जो केवल पालने में सोना जानता है वह भी आहतनाद रूपी गीत के अमृत को प्राप्त करके अपना रुदन समाप्त कर देता है। कितने आश्चर्य की बात है कि जो वनचर वन में भ्रमण करता है और तृण ही जिसका आहार है ऐसे मृगशावक भी लुब्धक के संगीत पर मोहित होकर अपना जीवन समर्पित कर देता है। उस गीत का माहात्म्य कौन वर्णन कर सकता है जो धर्म-अर्थ-काम और मोक्ष का एकमात्र साधन है।[196]

मध्ययुगीन भक्तिकाल के सन्तों - ऋषियों एवं कवियों ने आहतनाद एवं अनाहतनाद का संयुक्त स्वरूप देखा, सुना और अनुभव को अपनी रचनाओं में व्यक्त किया। सन्त तुलसीदास की रामचरितमानस अनाहतनाद का साकर स्वरूप बनकर दुनिया के सम्मुख प्रस्तुत है। महात्मा सूरदास के हृदयाकाश में उमड़-घुमड़कर घनघोर गर्जना के साथ होनेवाली श्यामसुन्दर के रूप लावण्य की बरसात को ब्रह्म के सगुण स्वरूप के रूप में सूरसागर को हिन्दी साहित्य ने स्वीकार किया है।

महात्मा कबीर का ब्रह्म तो उनके अनुभवों की देन ही है। आचार्य क्षितिमोहन सेन ने उनके लिए कहा है कि, "कबीर की आध्यात्मिक क्षुधा और आकांक्षा विश्वव्यापी है। वह कुछ भी नहीं छोड़ना चाहती है, इसलिए वह ग्रहणशील है, वर्जनशील नहीं, उन्होंने हिन्दू, मुसलमान, सूफी, वैष्णव, योगी प्रवृत्ति की सभी साधनाओं को जोर से पकड़ रखा है।" वहीं कबीर साहित्य के मर्मज्ञ गोविन्द त्रिगुणायत ने लिखा है—

"वस्तुतः कबीर ने मधुमक्खी के समान अपने समय में विद्यमान सभी धर्म-साधनाओं और निज के योग से अपनी भक्ति का ऐसा छत्ता तैयार किया है जिसका मधु अमृतोपम है, जिसका पानकर भारतीय जनमानस कृत-कृत्य हो उठता है। यह मधु अक्षुण है युगों से भारतीय इसकी मधुरिमा का रसास्वादन कर रहे हैं।" कबीर का कहना है—

कस्तूरी कुण्डल बसै, मृग ढूँढ़ै बन माहिं।
ऐसे घट-घट राम हैं, दुनिया देखे नाहिं।।

वास्तव में उनका प्रभु रोम-रोम और सृष्टि के कण-कण में व्याप्त है। कबीर पहले साधक हैं बाद में कवि। उन्होंने अपनी साधना में ब्रह्म को जिस-जिस रूप में देखा है, उसका साक्षात्कार किया है उसी रूप में उसका वर्णन भी किया है। कबीरदास जी के साहित्य में अनहदनाद की व्यापक चर्चा की गयी है।

शब्दब्रह्म की चर्चा करते हुए विष्णुपुराण में उल्लेख किया गया है—

"शब्दब्रह्माणि निष्णातः परंब्रह्माणि गच्छति।"[197]

योग का ज्ञान प्राप्त हो जाने पर साधक वैदिक नियमों के परे पहुँच जाता है। ब्रह्म को दो प्रकार का कहा गया, प्रथम, शब्दब्रह्म और दूसरा, उससे परे ब्रह्म। जब कोई व्यक्ति शब्दब्रह्म में निष्णात हो जाता है तब वह उससे परे विद्यमान ब्रह्म तक पहुँच जाता है। जब साधक ब्रह्म में स्थित हो जाता है तब विश्वास का अन्त अनुभव के रूप में हो जाता है यही अनाहतनाद का अनुभव है। इस अनुभव के होते ही वाणी मूक हो जाती है और सिद्धान्त मन्द पड़ते हुए विलीन हो जाते हैं। गीता (6/44) में कहा गया है—

पूर्वाभ्यासेन तेनैव ह्रियते ह्यवशोऽपिसः
जिज्ञासुरपि योगस्य शब्दब्रह्मातिवर्तते।।

इसी कथन की पुष्टि करते हुए श्रीधर ने कहा है—**"स एवात्मानं देहमधिकृत्य-भोक्तृत्वेन अध्यात्म शब्देनोच्यते।"** माण्डूक्य उपनिषद् में जोर देकर कहा गया है कि ब्रह्म अनिर्वचनीय और निर्गुण है।

"अद्रष्टम्, अव्यवहार्यम्, अग्राह्यम्, अलक्षणं, अचिन्त्यम्, अव्यपदेशम्, एकात्म प्रत्यय, सारयं, प्रपञ्चोपशंम्, शान्तम्, शिवम्, अद्वैतम्।[198]

अतः ब्रह्म सिर्फ अनुभवगम्य है। इस प्रकार अनाहतनाद ब्रह्मस्वरूप है और सिर्फ अनुभव से ही जानने योग्य है। मुनि लोग यह बताते हैं कि उन्होंने परमात्मा की वास्तविकता को अपने आत्मा की गहराइयों में अनुभव किया है, और उनका ज्ञान प्रत्यक्ष है। सत्य तो स्वयं अपने प्रकाश में चमक रहा है और इस बात की प्रतीक्षा में है कि यदि रुकावट डालनेवाले आवरण हटा दिये जायँ तो वह साधक द्वारा देख लिया जाये। मनुष्य को अपने विकसित और पवित्र अन्तर्ज्ञान द्वारा नादब्रह्म को अपने आत्मा में ही देखना और सुनना है। योगवाशिष्ठ में कहा गया है—

न शास्त्रैर्नापि गुरुणादृश्यते परमेश्वरः
दृश्यते स्वात्म नैवात्मा स्वयं सत्त्वस्थवाधिया।।[199]

प्राणिमात्र में नादब्रह्म की अभिव्यक्ति

अनाहतनाद आन्तरिक अनुभूति है, विचारों से शब्दों का निर्माण होता है, शब्दों के बिना चिन्तन नहीं हो सकता, जहाँ चिन्तन होता है वहाँ शब्द होने ही चाहिए इस प्रकार अनाहतनाद के रूप में चिन्तन शब्द के रूप में आहतनाद रूप से उत्पन्न हो जाता है अतः अनाहत और आहतनाद का सम्बन्ध प्रत्यक्ष और परोक्ष दोनों रूपों में होता है। भगवान् श्रीकृष्ण के व्यक्तित्व को गीत की कड़ी जैसा बताया गया है, उनके व्यक्तित्व में चिन्तन एवं विचार से ज्यादा नृत्य, गीत और संगीत है। कृष्ण को हम बिना बाँसुरी के सोच ही नहीं सकते। कृष्ण ने कहा है कि शब्द, सिद्धान्त और शास्त्र से अधिक मैं गीत, संगीत, लय और नृत्य हूँ। जीवन का जो परम रहस्य है वह सिद्धान्तों से हल नहीं होता, वह तो किसी तल्लीनता में ही पूरा होता है। सामवेद तल्लीनता का शास्त्र है, वह संगीत और गीत का वेद है।

नृत्य का अर्थ है कि शरीर का एक-एक अंग जीवन्त हो गया है। गीता में श्रीकृष्ण द्वारा सामवेद में होने का तात्पर्य यही है मैं समस्त ध्वनियों में लयबद्धता हूँ, समस्त ध्वनियों में संगीत हूँ, हर शब्द में मैं संगीत के स्वरूप में रहता हूँ। वह यह भी कहते हैं कि मैं सभी के हृदयों में हृदय हूँ। सबकी आत्माओं की आत्मा और इन्द्रियों में मन हूँ।

ईश्वर केवल अनुभवातीत अन्य दिव्य तत्त्व ही नहीं बल्कि विश्वव्यापी आत्मा भी है, जो मनुष्य के व्यक्तित्व और जीवन-शक्ति का आधार है। विश्व का आदि तत्त्व ब्रह्म मनुष्य के आन्तरिक आत्म, आत्मा द्वारा ही जाना जा सकता है। शतपथ ब्राह्मण में कहा गया है—**"वस्तुतः यह समस्त जगत् ब्रह्म है।"**[200]

छान्दोग्य उपनिषद् में भी कहा गया है—"हृदय के अन्दर जो यह मेरी आत्मा है, वही ब्रह्म है। ईश्वर सर्वथा अन्य, अनुभवातीत और जगत् तथा मनुष्य से पूर्णतया परे है। और फिर भी वह मनुष्य में प्रवेश करता है, उसमें रहता है और उसके अस्तित्व का ही अन्तरतम सार बन जाता है।[201]

इस जगत् में चार तरह के लोग होते हैं—प्रथम, वे जो अपने को शरीर ही मानते हैं दूसरे, जो अपने को मन मानते हैं तीसरे, जो अपने को आत्मा मानते हैं और चौथे, वे हैं जो अपने को परमात्मा ही जानते हैं। अधिकतर लोग अपने को शरीर ही मानते हैं। इन्द्रियाँ शरीर हैं, भीतर प्रवेश करें तो मन है, और मन के भी भीतर चेतना है जो व्यक्ति यह जान ले कि मैं चेतना हूँ उसने नादब्रह्म के तत्त्व को जान लिया, जिसने यह नहीं जाना उसने कुछ भी नहीं जाना। गहनतम जो हमारे भीतर केन्द्र है सबसे गहरे में छिपा हुआ जो केन्द्र है वही चैतन्य है। इसीलिए हम परमात्मा के लक्षण में सत्-चित्-आनन्द को स्वीकारते हैं। सत्य उसे कहा, चैतन्य उसे कहा, आनन्द उसे कहा, अर्थात् अनाहतनाद ही सत्यस्वरूप ब्रह्म है, वही चैतन्य है और उसी से आनन्द का सृजन होता है।

आत्मिक अनुभव का यह पहलू ही यदि सब-कुछ हो तो अज्ञान, अन्धकार और मृत्यु का संसार जिसमें हम रहते हैं, अन्तर्निहित वास्तविकता के संसार से सत्य, प्रकाश और जीवन का संसार बिलकुल भिन्न होगा और ईश्वर तथा जगत् एक-दूसरे से भिन्न दिखेंगे। यहाँ ईश्वर स्वरूप में अनाहतनाद है और संसार की कल्पना आहतनाद के स्वरूप में की गयी है। आत्मबोध-7 में कहा गया है कि—

तावत सत्यं जगत् भाँति शुक्तिका रजतं यथा।
यावन्ये ज्ञायते ब्रह्म सर्वाधिष्ठानमद्वयम्।।

विश्व सत्ता में सत् और असत् उसी तरह व्याप्त है जैसे दूध के अन्दर मक्खन उन दोनों की विशेषता है—

अस्ति भांति प्रिय रूपं नामचेत्यं शयश्चकम्।
आद्यन्तयं ब्रह्म रूपं जगत् रूपं मतो द्वयम्।। (वाक्यसुधा)

यहाँ पर जैसे अनाहतनाद रूपी ब्रह्म उस दूध के अन्दर मक्खन के रूप में व्याप्त है वैसे ही प्राण रुपी ब्रह्म जगत् के प्राणियों में व्याप्त है, और जीवन का संचालन कर रहा है। यही ब्रह्मतत्त्व ही जीवन है, यही चेतना है, यही वाणी है, यही साँस है, यही प्राण है, इसी ब्रह्मतत्त्व से ही प्राणिमात्र का जीवन जुड़ा हुआ है और ब्रह्मतत्त्व निकल जाने से वह मृत शरीर के रूप में शेष रह जाता है।

योग का अर्थ है जोड़ना, वह शक्ति जो व्यक्ति को परमात्मा से जोड़ दे, जो छुद्र को विराट् से जोड़ दे, जो बूँद को सागर से जोड़ दे। इसकी विपरीत शक्ति परमात्मा की ओर से योग शक्ति है। जिसके द्वारा परमात्मा की विराटता छुद्रता से जुड़ी होती है, जिसके द्वारा सागर बूँद से जुड़ा होता है। कबीर ने कहा है कि मेरी बूँद सागर में गिर गयी। अब मैं उसे कैसे खोजूँ—

हेरत-हेरत हे सखी रह्या कबीर हेराय।
बुन्द समानी समुन्द्र में, सो कत हेरी जाय।।

यहाँ कबीर की बूँद अनाहत के सागर में गुम गयी है, उस बूँद को खोजते-खोजते कबीर स्वयं खो गये। खोजने निकले थे ब्रह्म को ब्रह्मानन्द सागर में स्वयं खो गये। पुनः कबीर कहते हैं -

हेरत - हेरत हे सखी रह्या कबीर हेराय।
समुन्द्र समाना बुन्द में, सो कत हेरी जाय।।

अब कबीरदास जी कहते हैं कि ढूँढ़ते-ढूँढ़ते कबीर गुम गये हैं, अब समुद्र अर्थात् अनाहत ब्रह्म बूँद अर्थात् आहत ब्रह्म में समा गया है कैसे ढूँढूँ। तात्पर्य यह है कि अनाहतनाद से आहतनाद और तल्लीनता से लीन होकर आहतनाद से भी अनाहतनाद में साधक प्रविष्ट हो जाते हैं।

महाभारत युद्ध के प्रसंग में जब महाराज धृतराष्ट्र ने संजय से पूछा कि विजय किसकी होगी। तब, संजय ने निःसंकोच उत्तर दिया—जहाँ कृष्ण हैं वहीं विजय है, जहाँ चन्द्र है वहीं चाँदनी है, जहाँ देव शंकर हैं वहीं देवी अम्बिका हैं, जहाँ सन्त हैं वहीं विवेक है, जहाँ गुरु हैं वही ज्ञान है आदि-आदि। जहाँ अनाहत ब्रह्म है वहीं आहत ब्रह्म है। ब्रह्म एक है उसका रूप आकार नहीं है वह निर्गुण और सगुण से परे है वह संसार के कण-कण में व्याप्त है। वह हमारे शरीर के प्रत्येक श्वास में है, प्रत्येक जीवधारी के प्राणरूप में व्याप्त है, इसका न तो वर्णन हो सकता, न कल्पना से ग्रहण हो सकता। वह अनुभवगम्य है। उसकी प्राप्ति सगुण में भक्ति के अन्तर्गत प्रेम और अनुभूति से तथा निर्गुण में योग के अन्तर्गत समाधि से हो सकती है। भक्त बिहारी ने कहा है—

निरगुन सरगुन एक है सब धरि रह्या समाइ।
दरिया केरी लहर ज्यूँ रूप धरे मिलि जाइ।।

इस प्रकार यह स्पष्ट हो जाता है कि अनाहतनाद समुद्र की अगाध जलराशि की तरह है और आहतनाद उसी का अंश लहर की तरह जो उसी ब्रह्मानन्द सागर में विलीन रहती है।

कर्म में दर्शन की शक्ति न होने से देवता भी परमेश्वर के दर्शन नहीं कर सकते हैं। कर्म अन्धा होता है और ज्ञान में दर्शन, की शक्ति होती है। परन्तु स्थूल ज्ञानेन्द्रियों में भी परमेश्वर के दर्शन की क्षमता नहीं है। **''भक्तियुक्त ज्ञान ही परमेश्वर के साक्षात्कार में समर्थ है।''**[202] इस प्रकार निर्गुण सन्तों का मुख्य उद्‌देश्य प्रपंच रूप असत्य के आवरण में छिपे परमात्मस्वरूप नादब्रह्म रूपी सत्य की खोज और उसका अनुभव है। इस प्रकार हृदय की भावना ही मुख्य बिन्दु है।

अनन्य प्रेम से चित्त की तल्लीनता और एकाग्रता मुख्य है। अपना आराध्य और ध्येय दोनों एक है यह जानकर उसके दर्शन-मिलन और स्वरूप को जानने की उत्कण्ठा होती है, तब बाहर की वस्तु, व्यक्ति, कर्म और अपना शरीर इसमें सहायक होने पर भी महत्त्वपूर्ण हो सकते हैं। इस प्रकार भक्ति, योग, ज्ञान और निष्काम कर्म चारों का विनियोग एक में हो जाता है यही निर्गुण है।

जब ब्रह्म विभिन्न रूपों को धारण करता है तब वह सगुण होता है, परन्तु उसका निर्गुण रूप ही महान् होता है। उसी को 'परमपद' की संज्ञा दी जाती है। परमात्मा का यह स्वरूप ज्ञानमय, व्यापक, स्वसवेद्य, स्वयं प्रकाश और अनुपम है।

इस संसार में तथा इसके बाहर जितने मूर्त तथा अमूर्त समूह हैं वे सब भगवान् की ही मूर्ति हैं, यह भावना जिस हृदय में दृढ़ हो जाती है वही व्यक्ति रागद्वेष से मुक्त हो सकता है। अर्थात् सगुणभक्ति की चरम परिणति चित्त शुद्धि के बाद **"ब्रह्मात्मैक्य बोध है।"**

ब्रह्मानुभव का तात्पर्य है सार वस्तु की उपलब्धि। इसकी प्राप्ति स्थूल बुद्धि से ऊपर उठने पर ही सम्भव है। स्वानुभूति से पता चलता है कि वह सर्वान्तर्यामी परब्रह्म हमारे भीतर आत्मा के रूप में विराजमान अन्तर्यामी है। आस्तिक और नास्तिक की विवेचना करते हुए ऋग्वेद में कहा गया है—

"नैतावद एनापरोअन्यद् अस्ति"[203] केवल यही नहीं कुछ अन्य अतीन्द्रिय भी हैं। आस्तिक और नास्तिक के बीच एक सुविदित अन्तर है, **नास्तिक सोचता है–हम जो देखते हैं, अनुभव करते हैं, छूते हैं और अनुमान करते हैं उसके अलावा और कुछ नहीं है। जबकि आस्तिक इसके अतिरिक्त अतीन्द्रिय को भी मानता है।** ब्रह्मसूत्रों में निराकार और साकार एक ही सत्य के विभिन्न पहलू बताये गये है।[204]

"जीव ईश्वरस्यांशो भवितुर्महतियथाग्नेर्विस्फुलिंग" जिसमें ताप समान होता है और वे इस निष्कर्ष पर पहुँचते हैं कि इन दो सिद्धान्तों से अंशत्व का अर्थ निकलता है।

अनाहतनाद सागर के उस अगाध जलराशि की तरह है जिससे उठती हुई लहरें आहतनाद बनकर उसके क्षेत्र से बाहर निकल जाती हैं और वापस उसी में समा जाती हैं। एकाकार हो जाती हैं। मुक्तिका उपनिषद् में कहा गया है—**"तिलेषु तैलवत् वेदे वेदान्त - सुप्रतिष्ठाः।"**[205]

जिस तरह तिल से निकले तेल को वेद कहा गया है, वेद को ब्रह्म का विषय बताया गया उसी तरह अनाहतनाद और आहतनाद को समझा जा सकता है। अनाहतनाद वेदस्वरूप है और आहतनाद उसी वेद का विस्तारित ज्ञान है। भागवत में इस कथन को प्रमाणित करते हुए कहा गया है—

"वेदाः ब्रह्मात्म विषयाः"[206] **यही तथ्य ब्रह्मसूत्र पर शंकरभाष्य की भूमिका में कहा गया है– "आत्मैकत्व विद्या प्रतिपत्तये सर्वे वेदान्ता आरभ्यन्त।"**[207]

एक ही अग्नि बहुत तरह से जलती है—**"एकाग्निर्बहुधा समिद्ध।"** एक ही सूर्य जगत् को आलोकित करता है—**"एकः सूर्यो विश्वमनु भुभूवः।"** एक ही ऊषा समस्त अन्धकार को दूर करती है। वही एक ब्रह्म इन सभी रूपों में प्रकट हुआ है। वही ब्रह्म अनाहतनाद है, और फैला हुआ उसका प्रकाश जो सारी सृष्टि को आलोकित किये है आहतनाद है।

धर्म और विज्ञान के अर्थ में अनाहतनाद धर्मस्वरूप है और आहतनाद विज्ञान की तरह। विज्ञान पदार्थ की खोज है, जबकि धर्म आत्मा की खोज, ये दोनों खोज अलग हैं, इनके आयाम अलग हैं इन दोनों की विधियाँ अलग हैं अगर विज्ञान की खोज करना है तो प्रयोगशाला में जाना होगा और धर्म की खोज के लिए अपने अन्दर जाना होगा। विज्ञान की खोज में पदार्थ से प्रयोग करना होगा जबकि धर्म की खोज में चैतन्य से जुड़ना होगा।

धर्म के पास कोई प्रमाण नहीं है, सिर्फ अनुभव है, जबकि विज्ञान के पास प्रमाण है अनुभव कुछ भी नहीं है।

वेद, बाइबिल या कुरान सभी कहते हैं कि यह ईश्वरीय वचन है क्योंकि इनके वचनों को मानकर जो जीवन-यात्रा करता है, एक दिन उसका लहर होना मिट जाता है और यह प्रतीति हो जाती है कि वह सागर है। हिन्दू चिन्तन के अनुसार हम किसी भी चीज को या जीव को परमात्मा से अलग करके नहीं देख सकते, हम परमात्मा के अतिरिक्त किसी को नहीं स्वीकारते हमारा परमात्मा सभी को आच्छादित कर लेता है वह हर जीवन में आत्मा के रूप में विद्यमान है।

शिर्डी के साईं बाबा के जीवन में एक उल्लेख है कि उनके एक भक्त ने कहा कि बाबा अब मैं सभी जीवों में भगवान् को देखने लगा हूँ। वह भक्त बाबा को रोज भोजन लाता था और भोजन कराने के उपरान्त ही भोजन करता था। बाबा ने कहा कल से तुम भोजन मत लाना, मैं स्वयं भोजन करने आऊँगा। अगले दिन भक्त भोजन की थाल लेकर घर के बाहर वृक्ष के नीचे बैठ गया और बाबा के आने की प्रतीक्षा करने लगा। एक कुत्ता बार-बार भोजन की ओर आये और भक्त डण्डा मार-मारकर कुत्ते को भगाये, बहुत समय बीतने पर वह थाल लेकर बाबा की कुटिया में पहुँचा तो बाबा के आँसू बह रहे थे, भक्त ने कहा बाबा आप आये नहीं, बाबा ने पीठ दिखाते हुए कहा—मैं तो गया था तुम डण्डे मार-मारकर मुझे भगाते रहे। भक्त बोला—बाबा पहचानने में भूल हो गयी, अब नहीं होगी। अगले दिन पुनः थाल लेकर दरवाजे पर बैठा कि एक कोढ़ी आ गया उसे देख वह बाबा की कुटिया की ओर थाल लेकर भागने लगा यह कहते हुए कि यह बाबा का भोजन है छूना नहीं दौड़ते-दौड़ते वह बाबा की कुटिया पहुँचा वह कोढ़ी भी पीछे-पीछे दौड़ रहा था। पीछे देखा तो कोढ़ी ही बाबा दिखायी देने लगे। तात्पर्य यह है कि परमात्मा हर जीव में है उसे समझने के लिए हमारी दृष्टि पर्याप्त नहीं है।[208] भगवान् श्रीकृष्ण गीता में कहते हैं—

अश्वत्थः सर्ववृक्षाणां देवर्षीणां च नारदः
गन्धर्वाणां चित्ररथः सिद्धानां कपिलो मुनिः।।[209]

सब वृक्षों में पीपल हूँ देवर्षियों में मैं नारद, गन्धर्वों में चित्ररथ हूँ, सिद्धों में कपिलमुनि हूँ। इस प्रकार श्रीकृष्ण समस्त जीवधारियों में जहाँ भी जीवन है अपनी उपस्थिति बताते हैं। यहाँ तक कि पौधों में भी जीवन होने से वे कहते हैं कि मैं वृक्षों में पीपल हूँ। इसी प्रकार अन्य जीवधारियों में भी अपनी उपस्थिति बता रहे हैं।

उच्चैःश्रवसमश्वानां विद्धि माममृतोद्भवम्।
ऐरावतं गजेन्द्राणां नराणां च नराधिपम्।।[210]

इसी प्रकार से घोड़ों में उच्चैःश्रवा हाथियों में ऐरावत और मनुष्यों में राजा मुझे ही जानो।

इस प्रकार भगवान् ने जिन जीवों के नाम गिनाये हैं वे सब प्रतीकस्वरूप हैं। तात्पर्य यह है कि समस्त जीव में जहाँ तक अस्तित्व दिखायी देता है वहाँ ब्रह्म ही है हम परमात्मा

में ही हैं। उसके बिना खून नहीं दौड़ेगा, हृदय नहीं धड़केगा, मन विचरण नहीं करेगा, स्वाँसें नहीं चलेंगी और न ही वाणी बोलेगी। उसके बिना कुछ भी नहीं होगा। वह अस्तित्व है, लेकिन उसे देखने की कोई इन्द्रिय हमारे पास नहीं है। हम योग साधनाओं के बल से अपनी आत्मा में उसकी अनुभूति ज्योति रूप में अथवा नाद रूप से कर सकते हैं।

जावालोपनिषद् में बताया गया है कि ब्रह्मरन्ध्र में प्राण का प्रवेश होने पर शंखध्वनि एवं मेघगर्जन के समान नाद होता है, वायु के मस्तक में प्रवेश करने से झरने जैसी ध्वनि सुनायी पड़ती है। इससे साधक को प्रसन्नता होती है और प्रवृत्ति अन्तर्मुखी बनती हैं।

महायोग विज्ञान का कथन है कि जब अन्तर में ज्योतिस्वरूप आत्मा का प्रकाश जागता है तब साधक को कई प्रकार के नाद सुनायी पड़ते हैं। इसमें से एक व्यक्त होते हैं और दूसरे अव्यक्त। जिन्हें किसी बाहर के शब्द से उपमा न दी जा सके उन्हें अव्यक्त कहते हैं। यह अन्तर में सुनायी देते हैं और उनकी अनुभूति मात्र होती है। जो घण्टा आदि की तरह कर्णेन्द्रियों द्वारा अनुभव में आते हैं उन्हें व्यक्त नाद कहा गया है।

ब्रह्मयोग विज्ञान में प्राणायाम द्वारा वायु स्थिर हो जाने से नाना प्रकार की ध्वनि सुनायी पड़ने का उल्लेख किया गया है। यह भी कहा गया है कि चन्द्र मण्डल से अमृत टपकता है जिह्वा को यह दिव्य रसास्वादन होने लगता है। यह शीतल अमृत जैसा रस साधक को अमर बना देता है। नाद साधक का इतना आत्मिक उत्थान हो जाता है कि काम, क्रोध, मोह, लोभ, अहंकार आदि उस पर कोई प्रभाव नहीं दिखा सकते, इसीलिए नाद साधक पर यह विजय प्राप्त नहीं कर सकते वह सदा इनसे अप्रभावित ही रहता है। इसीलिए नाद साधक दिनोंदिन शक्तियों को विकसित कर नाद साधना से अन्तिम सीढ़ी तक पहुँचना सम्भव हो जाता है।

मन ही इन्द्रियों का स्वामी है, क्योंकि मन का संयोग न होने से कोई भी इन्द्रिय काम करने में समर्थ नहीं रहती। फिर मन, प्राण और वायु के अधीन है अतः वायु के वशीभूत होते ही मन का लय हो जाता है। मन लय होकर नाद में अवस्थान करता है। सदा नाद के अनुसन्धान करने से संचित पापों के समूह भी नष्ट हो जाते हैं, और उसके अनन्तर निर्गुण एवं चैतन्य ब्रह्म में मन वा प्राण दोनों निश्चय ही विलीन हो जाते हैं। तब नाद के विषयीभूत अन्तःकरण की वृत्ति से प्राप्त सुख को जीतकर स्वाभाविक आत्मा के सुख का आविर्भाव होता है।

आध्यात्मिक अभ्यास का सार है स्वयं में केन्द्रित होना। इस अभ्यास से एक होश विनिर्मित होता है। एक अनूठा जागरण घटित हो जाता है। स्वयं में दृढ़तापूर्वक स्थिर होने का निरन्तर प्रयास, सतत अभ्यास हमें बोधपूर्ण बना देता है। अभ्यास की प्रगाढ़ता को गहन करना है, यह प्रगाढ़ता व अभ्यास की निरन्तरता ही हमें बोधपूर्ण होशपूर्ण बनाती है। ध्यान के माध्यम से व्यक्ति अपने वर्तमान में स्थिर व एकाग्र होता है। अपनी ऊर्जा का संग्रह करता है। ध्यान उस बीज की तरह है, जिसका जितना ध्यान रखा जाये, खाद-पानी दिया जाये, उतनी ही आसानी से वह पल्लवित होता है, फूलता-फलता है। ध्यान

हमारे अन्तर्मन की यात्रा है, जिस पर हमें अकेले ही चलना होता है। हमारे कर्म ही चेतन अथवा अचेतन मन का निर्माण करते हैं। जो जैसा कर्म करते हैं, वैसे ही बन जाते हैं। जब हम किसी व्यवहार को बार-बार करते हैं तो वही हमारा स्वभाव बन जाता है। भगवान् श्रीकृष्ण ने कहा है कि मन के भटकाव को रोकने के लिए अभ्यास योग का साधन करना चाहिए। संसार से भागना उपाय नहीं है। अभ्यास करने का मतलब भागना नहीं जागना है, परमात्मा से मिलने में बाधा परिवार नहीं है, बल्कि अपना ही मन है। संसार तो बस एक परिस्थिति है। उस स्थिति में यदि हम जागृत रहे तो परमात्मा से मिलन सम्भव है। जहाँ परमात्मा के अनुभूति की बात है, वह सर्वत्र है। उसे पाने के लिए कहीं जाने की नहीं बल्कि जागने की आवश्यकता है। इसीलिए भगवान् श्रीकृष्ण ने अभ्यास का मार्ग सुझाया है। भगवान् ने पूरे प्रकरण में तीन उपाय बताये हैं, पहला शुद्धतम भाव है। भक्ति, यदि यह सम्भव न हो तो सँभालो योग की प्रक्रियाओं का अभ्यास यह दूसरा उपक्रम है। यह भी सम्भव न हो तो फिर करो कर्मयोग का अभ्यास इतना करो कि अपने सारे कर्मों को मुझमें समर्पित कर दो, यह मान लो कि जो कुछ हो रहा है, मैं ही कर रहा हूँ तुम तो एक उपकरण की तरह हो।

भगवान् से हमें प्रेम करना चाहिए। ऐसा प्रेम जो अनहद हो, सन्त कबीर ने प्रेम के आधार को निचोड़कर रख दिया है। कबीर ने कहा है, घाटे में केवल वही आदमी रहा जिसने दुनिया को ठगा—

कबीर आप ठगाइये और न ठगिये कोय।
आप ठगे सुख ऊपजै, और ठगे दुख होय।।

मौन भी एक साधना है। मौन रहकर स्वयं को अच्छी तरह जाना जा सकता है। जितना अधिक मौन सधने लगता है, क्षमताएँ उतनी ही अधिक बढ़ती जाती हैं। इससे आन्तरिक विकास का मार्ग खुलता है, और ऊर्जा का संरक्षण होता है। जरूरी होने पर बोलना चाहिए सारगर्भित शब्दों में स्वयं को अभिव्यक्त करना चाहिए। वाद-विवाद से बचना चाहिए। सन्त मलूकदास ने कहा है—

मलूक वाद न कीजिए, क्रोधौ देव बहाय।
हार मानु अनजान तैं, बक-बक मरै बलाय।।

अनुभूतियाँ बदलती हैं तो अभिव्यक्ति भी बदल जाती है। घटना स्वामी विवेकानन्द जी के जीवन की है। उनके गुरु स्वामी रामकृष्णदेव माता काली के अनन्य भक्त थे। स्वामी विवेकानन्द के पिता की मृत्यु हो गयी, वह अपने पीछे भारी कर्ज छोड़ गये थे, गरीबी चरम पर थी, खाने को रोटी तक न थी, मकान भर था, उसे भी रिश्तेदार हड़पने की तैयारी में थे, यह पीड़ा उनसे सही नहीं जा रही थी। एक दिन उन्होंने अपनी एवं परिवार की पीड़ा स्वामी जी से कही, उत्तर में स्वामी जी ने कहा—मेरे पास ऐसा कुछ भी नहीं है, कि मैं तेरी मदद कर सकूँ। पर हाँ माता काली तेरी मदद कर सकती हैं। तू उन्हीं से क्यों नहीं माँग लेता। इस बात पर स्वामी विवेकानन्द का वेदान्त ज्ञान व पाश्चात्य दर्शन का पाण्डित्य आड़े आ गया। वह कहने लगे उस पत्थर की प्रतिमा से क्या माँगूँ? स्वामी जी

ने कहा तू अपने को बड़ा वेदान्ती समझता है और जड़-चेतन में भेद करता है। इस जगत् में ऐसा क्या है, जहाँ परमात्मा नहीं है। विवेकानन्द के पास कोई उत्तर न था। स्वामी जी ने कहा अच्छा तू चल, मेरे कहने से माता के पास चल, यदि तुझे माता साकार व साक्षात् अनुभव दे तो अपने मन की बात कह देना। इसे नकारा नहीं जा सकता था, अतः वह माता काली के सामने गये, तब वहाँ कोई पत्थर की मूर्ति नहीं थी, वहाँ तो साक्षात् माता काली उपस्थित थीं। उन्हें भरोसा नहीं हो रहा था, वे आँखें मल-मलकर देख रहे थे। पर सत्य तो सत्य था। माता काली मुस्करा रही थीं सत्य जीवन्त था, जाग्रत था। यह ऐसी अनुभूति थी जिसे नकारा नहीं जा सकता था। माँ बोलीं—संकोच न कर, जो माँगना है माँग ले, तुझे सब मिलेगा। स्वामी जी सिर्फ यही कह पाये माता तू मुझे ज्ञान दे, भक्ति दे, वैराग्य दे। इस प्रकार स्वामी विवेकानन्द की इस अनुभूति ने उनकी अभिव्यक्ति बदल दी।

इन्द्रियों का स्वामी मन, मन का स्वामी प्राण, प्राण का स्वामी लय और यह लय नाद के आश्रित है। सिद्धासन के समान कोई आसन नहीं, कुम्भक के समान कोई बल नहीं, खेचरी के समान कोई मुद्रा नहीं और नाद के समान कोई लय नहीं है।

शब्द को ब्रह्म कहा गया है क्योंकि ईश्वर और जीव को एक शृंखला में बींधने का काम शब्द द्वारा ही होता है। सृष्टि की उत्पत्ति का प्रारम्भ भी शब्द से हुआ है। पंच तत्त्वों में सबसे पहले आकाश तत्त्व बना, आकाश की तन्मात्रा शब्द है अन्य समस्त पदार्थों की भाँति शब्द भी दो प्रकार के हैं सूक्ष्म और स्थूल, सूक्ष्म शब्द को विचार कहते हैं और स्थूल शब्द को नाद। शब्दब्रह्म का दूसरा रूप जो विचार है, सन्देश की अपेक्षा कुछ सूक्ष्म है, वह नाद है प्रकृति के अन्तराल में एक ध्वनि प्रतिक्षण उठती रहती है, जिसकी प्रेरणा से आघातों के द्वारा परमाणुओं में गति उत्पन्न होती है और सृष्टि का समस्त क्रिया-कलाप चलता है यह प्रारम्भिक शब्द ॐ है। वह ओऽम् ध्वनि जैसे-जैसे अन्य तत्त्वों के क्षेत्र में होकर गुजरती है वैसे ही उसकी ध्वनि में अन्तर आता है। वंशी के छिद्रों में हवा फूँकते हैं तो उसमें एक ध्वनि उत्पन्न होती है। इसी प्रकार ओऽम् ध्वनि भी विभिन्न तत्त्वों के सम्पर्क में आकर विविध प्रकार की स्वर-लहरियों में परिणित हो जाती है। इन स्वर-लहरियों को सुनना ही नादयोग है।

तन्त्रशास्त्र के अनुसार यह शिव बिन्दु है, सम्पूर्ण प्राणियों में नादात्मक शब्द के रूप में विद्यमान रहता है, अपने से अभिन्न विश्व का परासृष्ट करनेवाला पराद्युत विमर्श ही शब्द है, सब भूतों में जीव कर्त्ता के रूप में स्फुरित होने के कारण उसे नाद कहते हैं। प्राणात्मक उच्चार से जो अव्यक्त ध्वनि निकलती है, उसी को अनाहतनाद कहा जाता है। इसका कर्त्ता और बाधक कोई नहीं है। यह नाद हर प्राणी के हृदय में अपने-आप ध्वनित होता रहता है। अर्थात् एक ही नाद के स्वरूपवाला वर्ण है।

संगीत रत्नाकर में कहा गया है कि नादब्रह्म समस्त प्राणियों में चैतन्य और आनन्दमय है। उसकी उपासना करने से ब्रह्मा, विष्णु, महेश तीनों की उपासना हो जाती है। ये तीनों नादब्रह्म के साथ बँधे हुए हैं।[211]

हिन्दू धर्म त्रिदेव के सिद्धान्त को स्वीकार करता है। ब्रह्मा, विष्णु, महेश एक ही परम सत्ता के तीन रूप हैं। ईसाइयत भी परमात्मा के तीन स्वरूप मानती है, त्रिमूर्ति परमात्मा है। परमात्मा, उसका बेटा और होलीघोष्ट।[212]

अनाहत और आहतनाद की समीक्षा में यह कहा जा सकता है कि लहरें सागर नहीं हैं, लहरों में सागर है, क्योंकि सागर बिना लहरों का भी हो सकता है, लहरें सागर के ऊपर ही उठती हैं और सागर बहुत गहरा है। इन सबके भीतर जो है, इन सबके नीचे जो है, जिस पर ये लहरें उठती हैं, और जिसमें ये लहरें विलीन हो जाती हैं। वह सागर नादस्वरूप ब्रह्म है उसको हम नहीं देख पाते हैं हम सिर्फ उसके आहत स्वरूप लहरों को ही देख पाते हैं।

आत्मा स्व प्रकाशित है, पदार्थ पर प्रकाशित है, और चेतना स्व प्रकाशित है, ये दो अस्तित्व हमें दिखायी देते हैं, चेतना के लिए किसी और को जानने की जरूरत नहीं है, चेतना स्वयं को ही जानती है। जैसे एक दीया जलता है तो सारे कमरे को प्रकाशित कर देता है। दीया बुझ जाये तो कमरा दिखायी नहीं देता, लेकिन दीया जलता है तो अपने को भी प्रकाशित करता है, उसके लिए किसी दूसरे दीये की जरूरत नहीं पड़ती। इस प्रकार चेतना अपने को ही जानती है, और अनुभव करती है, बाकी चीजों को जानने के लिए किसी और साधन की आवश्यकता होती है।

गीता में श्रीकृष्ण का अर्थ ही परम चैतन्य है, चेतना की शुद्धतम अवस्था। अर्जुन कहते हैं कि मेरे ज्ञान से आप नहीं जाने जा सकते, आप तो स्वयं प्रकाशित हैं, अगर मैं आपको जानूँ भी तो आपका शरीर ही जान पाता हूँ। इसलिए ज्ञानियों ने कहा है कि परमात्मा को तब तक नहीं जाना जा सकता है जब तक आप स्वयं परमात्मा न बन जायँ।

अगर ज्ञान का अर्थ किसी वस्तु को उसके केन्द्र से जानना है, परिधि से नहीं, उसके बाहर से नहीं। उसके प्राणों में, उसके अन्तस्तल में डूबकर जानना, अगर ज्ञानी की यही परिभाषा है तो धर्म के अतिरिक्त ज्ञान का और कोई स्रोत नहीं है। क्योंकि धर्म ही उस कला का जन्मदाता है, जो आपकी सीमाओं को तोड़ डालती है और आपको असीम अर्थात् अनहद के साथ एक हो जाने का अवसर, सुविधा और सम्भावना जुटा देती है।[213]

परमात्मा को किसी भी भाव से पाया जा सकता है, लेकिन हर व्यक्ति हर भाव से नहीं पा सकता, पाया वह हर भाव से जा सकता है, किन्तु कोई एक व्यक्ति हर भाव से करने में समर्थ नहीं हो सकता आपका अपना भाव जो आपका प्राण बन सकता हो जिसका बीज आपके भीतर छिपा हो उसी भाव से आप परमात्मा को खोजें तो खोज सकते हैं। एक-एक व्यक्ति को अपनी तरंग खोजनी पड़ती है कि मेरी तरंग किस भाँति परमात्मा की तरंग से जुड़ सकती है। गीता में भगवान् श्रीकृष्ण ने कहा है—

अहमात्मा गुडाकेश सर्वभूताशयस्थितः।
अहमादिश्च मध्यं च भूतानामन्त एव च।।[214]

हे कुरुश्रेष्ठ अब मैं तेरे लिये अपनी दिव्य विभूतियों को कहूँगा। मेरे विस्तार का अन्त नहीं है। मैं सब भूतों के हृदय में स्थित आत्मा हूँ, तथा सम्पूर्ण भूतों का आदि, मध्य और

अन्त मैं ही हूँ। यहाँ श्रीकृष्ण कह रहे हैं कि वह जो छिपा हुआ हृदय है, वही गहन केन्द्र है सबके भीतर वहीं मैं हूँ। तात्पर्य यह है कि जब तक हमें अपने भीतर के केन्द्र का स्मरण न आये तब तक हम उस कृष्ण रूपी ब्रह्म की सत्ता और अस्तित्व को नहीं समझ पायेंगे।

टेलीपैथी हमारे मन की क्षमता है। वह दूर की चीजों को देख ले बिना आँख के और दूर की वाणी को सुन ले बिना कान के। दूर दृष्टि, दृष्टि है और दिव्य दृष्टि समस्त दृष्टियों से मुक्त होकर, द्रष्टामात्र का रह जाना है।

विज्ञान और धर्म का यही अन्तर है कि वैज्ञानिक होने के लिए सन्देह होना आवश्यक है और धार्मिक होने के लिए श्रद्धा अनिवार्य है। दोनों के यात्रा पथ विपरीत हैं। व्यक्ति चोरी करने से डरता है भीतर से कोई आवाज आती है यह बुरी बात है। किसी की हत्या करने से आपका मन काँप जाता है, भीतर से आवाज आती है हिंसा बुरी चीज है, यह कौन बोल रहा है, अन्दर से, यह अन्तःकरण की आवाज है। फिर भी इस आवाज को दबाकर मन की प्रेरणा से गलत कार्य कर दिये जाते हैं। यहाँ गलत कार्य का किया जाना आहतनाद की श्रेणी नहीं है, बल्कि अन्तःकरण से उठनेवाली आवाज का पालन करना ही आहतनाद है। अन्तःकरण से उठनेवाली आवाज को जब स्वर प्रदान कर दिया जाता है तभी वह आहतनाद बनता है। अन्तःकरण संस्कार से बनते हैं इसीलिए हिन्दू, मुस्लिम, जैन, सिख, ईसाई सबके अन्तःकरण अलग-अलग होते हैं।

नाद साधना में सहायक ध्वनियाँ अनेक हैं। शास्त्रों में इनका वर्णन मेघ की गर्जन, समुद्र की तरंग, विद्युत् की कड़क, वायु की सनसनाहट, निर्जन की साँय-साँय, अग्नि-शिखा की धू-धू, निर्झर निनाद, प्रकृतिगत ध्वनियाँ साधकों को समय-समय पर सुनने को मिली हैं। नाद साधक को इन ध्वनियों का सुनायी पड़ना उसके प्रगति का सूचक होता है। ध्वनि ऊर्जा की इन बहुरूपी धाराओं का उद्गम केन्द्र ओंकार ध्वनि है। और यही मूल ध्वनि है, इस ध्वनि का उच्चारण आहतनाद के रूप में होते-होते यह अनाहतनाद में परिवर्तित हो जाती है।

नाद साधना की सर्वोच्च परिणति इस ओंकार ध्वनि से तादात्म्य स्थापित करना ही है। दर्शनोपनिषद् में अनाहत ध्वनियों का उल्लेख किया गया है कहा गया है—जब ब्रह्म रन्ध्र में प्राणवायु का प्रवेश हो जाता है तब प्रथम शंखध्वनि के समान नाद सुनायी पड़ता है, फिर मेघ ध्वनि की तरह मन्न गम्भीर नाद सुनायी पड़ता है जब यह प्राणवायु सिर के मध्य में स्थित होती है तब ऐसा लगता है मानो पर्वत से कोई झरना कल-कल नाद करता स्रवित हो रहा है। तदुपरान्त अत्यन्त प्रसन्नता का अनुभव होता है और साधक सूक्ष्म आत्मतत्त्व की ओर उन्मुख हो जाता है।

नाद क्रिया के दो भाग हैं बाह्य और अन्तर। बाह्यनाद में बाहर की दिव्य आवाजें सुनी जाती हैं और नाद जगत् के हलचलों की जानकारी प्राप्त की जाती है। और ब्रह्माण्डीय शक्ति धाराओं को आकर्षित करके अपने में धारण किया जाता है। अन्तःकरण में भीतर से शब्द उत्पन्न करके भीतर-ही-भीतर परिपक्व किया जाता है और परिपुष्ट होने पर उसे

किसी लक्ष्य-विशेष पर, किसी व्यक्ति अथवा क्षेत्र में फेंका जाता है और उससे अभीष्ट प्रयोजन की पूर्ति की जाती है इसे धनुष-बाण चलाने के समतुल्य समझा जा सकता है।

जिस दिन श्रीरामकृष्ण परमहंस को माता जी से साक्षात्कार हुआ, ब्रह्म और जीव का एकीकरण हुआ उस दिन स्वामी जी दक्षिणेश्वर की छत पर चढ़ गये और जोर-जोर से चिल्लाने लगे, जिसकी मुझे खोज थी, वह मुझे मिल गया। जिनको चाहिए हो जल्दी आओ मैं बाँट दूँ। क्या मिल गया? एक संगति, एक संगीत, एक लयबद्धता उस परमात्मा और अपने बीच एक स्वर का तालमेल मिल गया। जैसे ही उस स्वर का तालमेल बैठ जाता है वह रामकृष्ण नहीं रह जाते वह भगवान् हो जाते हैं।

कीर्त्तन के माध्यम से भी ब्रह्म प्राप्ति का मार्ग भक्तों ने सन्तों ने निकाला है। इसका इतना ही अर्थ है अध्यात्म में कि हम एक नाम के सहारे, एक शब्द के सहारे, एक गीत के सहारे, एक धुन के सहारे, एक नृत्य की गति के सहारे जो मनुष्य होने का होश है वह खो रहे हैं और जो परमात्मा होने का होश है उसकी ओर बढ़ रहे हैं। कीर्त्तन प्रणाली आहतनाद की श्रेणी है इस माध्यम से अनेकों सन्तों ने ब्रह्म साक्षात्कार की प्राप्ति की है। यहाँ सगुण ब्रह्म की कल्पना आहतनाद के रूप में की गयी है। श्रीरामचरितमानस के प्रारम्भ में ही तुलसीदास जी वन्दना करते हैं—

भवानी शङ्करौ वन्दे श्रद्धाविश्वासरूपिणौ।
याभ्यां विना न पश्यन्ति सिद्धाः स्वान्तःस्थमीश्वरम्।

अर्थात् मैं विश्वास रूपी भगवान् शिव एवं श्रद्धा रूपी भवानी पार्वती की वन्दना करता हूँ, जिनकी कृपा के बिना सिद्ध पुरुष भी अपने अन्तस्थ परमात्मा का साक्षात्कार नहीं कर सकते। तात्पर्य यह है कि ब्रह्म की प्राप्ति चाहे वह अनाहत ब्रह्म हो अथवा आहत ब्रह्म श्रद्धा और विश्वास के बिना प्राप्त नहीं किये जा सकते। जिस प्रकार शिव और शक्ति अविभाज्य हैं वैसे ही श्रद्धा और विश्वास भी एक-दूसरे के पूरक हैं। जब अनाहतनाद होगा तभी आहतनाद भी होगा उसी तरह प्रथम श्रद्धा होना अनिवार्य है। श्रद्धा से ही विश्वास उत्पन्न होता है। श्रद्धा मूल है तो विश्वास फल-फूल से युक्त वृक्ष है। श्रद्धा और विश्वास के बल पर प्रह्लाद के कहने से ब्रह्म खम्भे से प्रकट हो जाता है। मीराँ विष पीकर भी जीवित रहती हैं। यही ब्रह्म का ब्रह्मत्व है। साधना करने पर पहले हृदय में तथा परिपक्व होने पर बाहर भी कण-कण में ब्रह्म की अनुभूति होने लगती है।

भगवान् कृष्ण की तरह भगवान् राम ने भी ब्रह्मत्व को प्रतिपादित किया है। उन्होंने सागर की जड़ता को तोड़ दिया, सिन्धुजल में पत्थर भी तैरने लग गये हैं। विभीषण का संशय दूर करते हुए मानव रूपधारी राम (ब्रह्म) कहते हैं कि जिस रथ में सवार होकर मैं युद्ध करूँगा उस रथ के शौर्य और धैर्य दो पहिये हैं, सत्य उस रथ की ध्वजा, शील की पताकाएँ हैं, बल, विवेक, दम और परहित उस रथ के चार घोड़े हैं, क्षमा, दया, समता की डोर उन घोड़ों को रथ से जोड़े हैं। यहाँ ब्रह्म जीव को समझाता है कि यह जो जीवन का कठिन संग्राम है यह जो तेरा शरीर रूपी रथ है, उसके सद्गुणों पर आरूढ़ होकर तू **'जीवात्मा'** इस जीवन के रण को जीत। पराक्रम और धीरज के पहियों पर सत्य और

शालीनता की ध्वजा-पताकाएँ अपने जीवन में फहरा अपने बल और विवेक से परहित कर, सर्वहित कर क्षमा, दया और समरसता से अपने मन को साध और भगवान् के गुणों का गायन कर।

गीता में श्रीकृष्ण की सारी शिक्षा का सार एक शब्द में कहा जाये तो यह है कि अर्जुन को उन्होंने मात्र एक उपकरण बताया है। जीवन की विराट् शक्ति **'बुद्धि'** जो तेरे अन्दर कार्य करती है वह मैं हूँ, तू सिर्फ साधन है, तू एक बाँसुरी की तरह है, जिससे जीवन गीत गाता है। उसी से जीवन प्रकट हो रहा है। जन्म भी मैं हूँ और मृत्यु भी मैं हूँ।

आदमी, पशु-पक्षी, पौधे सबमें वही परमात्मा विद्यमान है। यह सब उसी सागर की लहरें हैं, जिससे यह लहरें उठती हैं उसी में विलीन हो जाती हैं। वह सागर परमात्मा है उस सागर रूपी परमात्मा को हम नहीं देख पाते, हमारी दृष्टि सिर्फ उन लहरों तक ही सीमित है। परमात्मा विराट् है हम उसे बुद्धि से नहीं जान सकते चूँकि बुद्धि भी उसी विराट् का एक अंश है एक अन्धा व्यक्ति जो प्रकाश में रहते हुए भी प्रकाश को नहीं समझ पाता क्योंकि उसके पास उसे देखने की आँख नहीं होती ठीक ऐसे ही हमारे पास उस परमात्मा को देखने की आँख नहीं है।

हमारे अन्दर जो परमात्मा है वही हमें चलाता है, उसके बिना खून नहीं दौड़ेगा, हृदय नहीं धड़केगा, साँसें नहीं चलेंगी, वाणी नहीं फूटेगी, मन नहीं विचरेगा, उसके बिना कुछ भी नहीं होगा वह अस्तित्व है लेकिन उसे देखने के लिए हमारे पास कोई इन्द्रियाँ नहीं हैं। कबीरदास जी ने कहा है—**''खोजत-खोजत हे सखी रह्या कबीर हेराय''** खोजते-खोजते वह तो नहीं मिला कबीर स्वयं उसी में खो गये। कृष्ण ने कहा कि अनन्य भक्ति से जिसने पुकारा है उसके लिए मैं प्रत्यक्ष हो जाता हूँ, न केवल प्रत्यक्ष होता हूँ बल्कि वह मुझमें प्रवेश कर सकता है और मेरे साथ एक भी हो सकता है। व्यक्ति स्वयं अपने केन्द्र को नहीं देख पाता वह आईने में जैसा अपने को देखता है वैसा ही अपने को जानता है।

बाहर मृत्यु है, भीतर जीवन है, भीतर के उस जीवन की सूचना कृष्ण देते हैं कि सब जीवों में जहाँ भी जीवन है वहाँ मैं हूँ सबके हृदय में आत्मा के रूप में हूँ। जिस दिन व्यक्ति यह जान जायेगा कि शरीर अलग-अलग है और आत्मा का एक ही विस्तार है वह आत्म-स्वरूप में ही ब्रह्म को प्राप्त कर लेगा।

हम सब बिजली के बल्ब की तरह हैं, भीतर जो ऊर्जा प्रवाहित होती है वह एक है उस ऊर्जा को भी वह अपना स्वरूप बताते हैं। बाहर भेद है, अन्दर अभेद है बाहर भिन्नताएँ हैं और अन्दर अभिन्नता, बाहर द्वैत है, भीतर एक है अद्वैत। जो बाहर से जियेगा वह कभी अनुभव नहीं कर सकता। जो भीतर से जियेगा उसे तत्क्षण दिखायी देना शुरू हो जायेगा। इसीलिए भगवान् कृष्ण कहते हैं कि मैं ही सब भूतों के हृदय में आत्मस्वरूप में हूँ सम्पूर्ण भूतों का आदि, मध्य और अन्त मैं ही हूँ। इस प्रकार गीता में भगवान् श्रीकृष्ण ने जीव और ब्रह्म को अभिन्न बताया है। जीव ब्रह्म का ही अंश है। अंश अपने अंशी ब्रह्म को खोजता हैं। हमारे अनेकों ऋषियों, मुनियों एवं सन्तों ने तपोबल,

योगबल एवं भक्तिबल से ब्रह्म से एकता स्थापित की है। महात्मा कबीर ने ऐसे शूरवीर सन्त की परिभाषा करते हुए कहा है कि—"**काम की सेना का दलन कर, क्रोध पर शासन कर सन्त वीरता दिखाता है और विजय मिलने पर परम सुखधाम में ही अपनी वृत्ति को एकाग्र करता है।" 'सतीवत्' वह अपनी अनन्यता का निर्वाह करता है और ज्ञान के खड्ग से संसार रूप रणक्षेत्र में सारी विघ्नबाधाओं का नाश करता है। मृत्यु से निर्भय होकर, प्रारब्ध को पछाड़नेवाला सन्त ही शूरवीर है।**[215]

सन्तों के संग से सुरति जागृत हो जाती है। तीव्रता आने पर मनुष्य का मन अन्तर्मुख होता है। अभ्यास से उसमें स्थिरता आती है। तुलसीदास जी ने लिखा है कि, "जो मनुष्य एक बार सन्त के संग को प्राप्त कर अन्य सब सांसारिक संगों को छोड़ देता है, उसी का सम्बन्ध सुरति की डोर से स्वामी के साथ जुड़ता है, और वह अपने मूल निवास-स्थान में लौट पाता है।" सन्तों की वाणी में सूरत और सुरति दोनों का अर्थ जीव और अन्तःकरण की वृत्ति है। अन्तःकरण की वृत्ति ब्रह्मात्मैक्य के बाद मुक्ति का विलक्षण सुख अनुभव करती है। वह स्वयं आनन्दस्वरूपा होकर अपने सम्पर्क में आनेवाले प्रत्येक को आनन्दमय बना देती है। प्रत्येक मनुष्य में इसके लिए योग्यता होती है। प्रश्न मात्र साधना का होता है सुरति परमतत्त्व से पूर्ण तादात्म्य प्राप्त कर विलीन हो जाय, तब तक सुरति का अभ्यास बना रहना चाहिए।

निरति को एक आन्तरिक उल्लास की स्थिति कहा गया है। कबीरदास जी ने निरति की सफलता के लिए बाहर की खिड़कियों को खोलकर भीतर के पट खोलने अर्थात् इन्द्रियों की पराधीनता से मुक्ति और परम स्वतन्त्रता की प्राप्ति का आदेश दिया है। क्योंकि मन बाह्य पदार्थों से किंचित् भी प्रभावित न हो और अन्तर्वृत्ति आत्मा से संलग्न हो। इस अर्थ को हृदयंगम करने की दृष्टि से योगी कहते हैं—"**मन रूप पवन परमात्मा रूप समुद्र से हिलमिलकर" सुरति-निरति ध्वनि को उत्पन्न करता है।**[216]

शब्द, अर्थ और ज्ञान के परस्पर अभ्यास से शब्द का ज्ञान होता है। शब्द वाचक जिसको जिह्वा से उच्चारण करते हैं और कानों से सुनते हैं, वक्ता के वागीन्द्रिय में रहता है। यही आहतनाद है। जो वर्ण नियम से किसी अर्थ के बोधक होते हैं, वे शब्द कहलाते हैं क्रम शून्य स्फोट रूप ध्वनि से संस्कृत, जो ग्रहण करने योग्य होता है वह शब्द है। इस विषय में वाक्-इन्द्रिय वर्णों में ही स्पष्ट होती है। वर्ण का उच्चारण ही उसका कार्य है। ध्वनि के परिणाम मात्र को ज्ञात करनेवाला श्रोत्रेन्द्रिय है, श्रोत्र का कार्य ध्वनि के परिणाम को ग्रहण करना है। नादानुसंहार, बुद्धि से निर्ग्राह्य है। स्फोट शब्द का कारण एक प्रयत्नजन्य ध्वनि-विशेष है, प्रयत्नभेद से उच्चारण में व्यवधान होने पर एक पद भी व्यवहार में नहीं आ सकता। शब्द को तीन प्रकार से बताया गया है— प्रथम-वर्णात्मक जो वाणी रूप इन्द्रिय से उत्पन्न होता है, द्वितीय-ध्वन्यात्मक वा नादात्मक-यह प्रयत्न प्रेरित शब्द उदान वायु के परिणाम से उत्पन्न होता है। और तृतीय-स्फोट नामक शब्द "**स्फुटत्यर्थोऽस्मादिति स्फोटः।**" यह अर्थ का बोधक और केवल बुद्धि से ग्रहीत होता है। (पतंजलि योग दर्शन - समाधिपाद)[217]

स्फोट नामक शब्द दो प्रकार का कहा गया है— पद स्फोट और वाक्य स्फोट। व्याकरणाचार्य एवं योगाचार्य स्फोट विषय में एक जैसी राय रखते हैं जबकि - नैयायिक शब्दमात्र को अनित्य मानते हैं। मीमांसकों के मत में शब्द को नित्य माना गया है। स्फोट पर आचार्यों ने बड़ा शास्त्रार्थ किया है। इन तीनों-शब्द, अर्थ और ज्ञान का परस्पर अभ्यास भिन्नों में अभिन्न बुद्धि है। कठोपनिषद् में कहा गया है—

पराञ्चि खानि ब्यतृणत् स्वयम्भूस्तस्मात् पराङ् पश्यति नान्तरात्मन्।
कश्चिद्धीरः प्रत्यगात्मानमैक्षदावृत्तचक्षुमृतत्वमिच्छन्।।[218]

स्वयम्भू ने इन्द्रियों के छेंदों को बाहर की ओर बनाया अर्थात् इन्द्रियों को बहिर्मुख बनाया है। इसी कारण से मनुष्य बाहर ही देखता है। अपने अन्दर नहीं देखता। कोई विरला पुरुष ही अमृत को चाहता हुआ आँखों अर्थात् इन्द्रियों को बन्द करके, अन्तर्मुख होकर प्रत्याहार द्वारा अन्तरात्मा को देखता है।

वैदिक दर्शन में जीवधारी भौतिक पदार्थ और 'आत्मा' के संयोग का परिणाम है। यह आत्मा स्वयं सर्वव्यापी अशरीरी परमात्मा का अंश है, लेकिन उससे विभक्त अलग अस्तित्व धारण किये रहती है। अपने मूल परमात्मतत्त्व में उसके विलय को मोक्ष कहा गया है।

शब्द का तात्पर्य अक्षर है अर्थात् अविनाशी तत्त्व जो सदा रहनेवाला है जो जगत् का कारण रूप है, वह शब्द ही सारी सृष्टि, लोक, लोकाचारों तथा पृथ्वी, आकाश आदि का मिला हुआ गोल रूप सबसे घिरा हुआ आलोक प्रतीत होता है वह ब्रह्माण्ड ही है। जिसमें दो ध्रुव है एक ध्रुव से दूसरे ध्रुव के बीच एक ऐसा स्पन्दन है, जिसमें अक्षर रूप ही स्पन्दन है, जो दोनों ध्रुवों को जोड़ता है। श्वास लेने और छोड़ने में भी शब्द होता है, वह वर्णात्मक है, ध्वनियुक्त, ध्वन्यात्मक शब्द जैसे घण्टा में हथौड़ा मारने से उत्पन्न एक ध्वनि पैदा होती है, वैसी ही ध्वनि इस सम्पूर्ण ब्रह्माण्ड में लगातार समायी हुई है। जो हृदयभाव से लगातार प्रतीत होती है। अर्थात् यह तत्त्वबोध का मार्ग रूप है। आकाश का गुण शब्द है इसलिए यह शब्द सब जगह आकाश होने के कारण समाया हुआ है। शब्द में सुरति के बाँधने से सब प्रकार के ज्ञान हो जाते हैं और यह अक्षर अविनाशी है जो कभी भी नष्ट नहीं होता है। शब्द के बारे में सन्तों ने भेद करके बताया है कि एक शब्द घटाकाश में तथा एक आकाश में निवास करता है जिसे निःअक्षर कहा गया है।

सबद-सबद सब कोई कहे, वो है सबद विदेह।
जिह्वा पर आवे नहीं, निरख परख कर लेह।।

शब्द का वाक्य सब लोग कहते हैं परन्तु जो वास्तविक अक्षर है वह विदेह है यानी शरीर के आखिरी सिरे पर प्रकट हो रहा है, जिसको देख और पहचान लें, जो जिह्वा पर नहीं आता और न ही वह घटवाले शब्द जैसा है, वह प्राण के वाक्य से सूक्ष्म सर्वत्र समाया हुआ है। उसे ज्ञानी ही जान सकते हैं। जिसे आँख खोलकर तथा कान के बिना प्रत्याहार से खुले रूप में ही प्रतीत होनेवाला है ऐसा वह तत्त्व है जो सुन्न में तथा सुन्न के भी पार स्थित है।

कुदरती काबे की तू महराब में सुन गौर से,
आ रही है धुन सदा से तेरे बुलावे के लिए।।
क्यों भटकता फिर रहा तू ए तलाशे यार में,
रास्ता सह रंग में है, दिलवर पे जाने के लिए।।(रज्जब)

कुदरत ने काबा रूपी शरीर दिया है, इसमें सुन, यदि तू उस शब्द को ध्यान से सुनेगा तो जो उस धुन से यहाँ तक ध्वन्यात्मक शब्द हो रहा है वह तेरे ध्यान पर पड़ जायेगा और यह भी महसूस होगा कि वह विदेह शब्द धागे की तरह सम्बन्ध में जोड़े हुए है। वह बुला रहा है, उससे मिलकर खुदा से मिल जा जो साहरग का मार्ग दसवें द्वार से होकर गया है, उसमें निर्भय होकर रम जा, रास्ता तय होने में कोई समय नहीं लगता, उस परमात्मा का साक्षात्कार प्रवेश होने पर क्षण-भर में ही हो जाता है।

जहाँ पाँच तत्त्वों की गाँठ बनती है वहाँ जीव में चेष्टा होने लगती है, ब्रह्म में प्रीति न होकर बाह्य विषयों में आसक्ति होती है तभी तक विकल्प से उत्पन्न यह जगत् दिखायी देता है। ब्रह्म में चित्त की स्थिरता होने पर केवल ब्रह्म ही दिखायी देता है और वही सुनायी देता है। माण्डूक्य उपनिषद् में शरीर, आत्मा तथा परमात्मा को क्रमशः घट उसके भीतर सीमाबद्ध आकाश और बाहर अनन्त तक फैले आकाश से तुलना के माध्यम से समझाया गया है—

आत्मा ह्यकाश बज्जीवैघटाकाशैरिवोदितः।
घटादिवच्च संघातैर्जाता वेतन्निदर्शनम्।।
घट दीषु प्रलीनेषु घटाकाशादयो यथा।
आकाशै प्रलीयन्ते तद्वज्जीवा इहात्मनि।।[219]

जिस प्रकार घड़ों के निर्माण पर आकाश विभक्त हो जाता है उसके अलग-अलग भाग उसके अन्दर सीमित हो जाते हैं और ऐसा प्रतीत होता है कि उसके भीतर का रिक्त स्थान-बाहर के विस्तृत आकाश से भिन्न है उसी प्रकार आत्मा (परमात्मा) पदार्थों के मिलन से जीव रूपों में प्रकट होता है। और घड़ों के टूटकर बिखर जाने पर जैसे उनके भीतर समाये हुए आकाशीय क्षेत्रों का बाह्याकाश से भेद मिट जाता है और वे पुनः बाह्याकाश के साथ एकाकार हो जाते हैं ठीक इसी तरह जीवात्माएँ पदार्थों के संयोग से विमुक्त होकर परमात्मा में विलीन हो जाती हैं।

आत्मा के अस्तित्व पर हम केवल इसलिए ही विश्वास नहीं करते कि उसके प्रमाण में हमारे पास उत्कृष्ट युक्तियाँ हैं बल्कि इसलिए भी करते हैं कि हमारे देश में सहस्रों लोगों ने आत्मा के प्रत्यक्ष दर्शन किये हैं, नादब्रह्म को सुना है। आज भी ऐसे बहुत-से योगी हैं जिन्होंने आत्मोपलब्धियाँ की हैं। ऐसे योगियों में बदरीनारायण धाम से भी ऊपर गुफा में निवास करनेवाले बाबा बर्फानी, महान् तन्त्रशास्त्री एवं साधक बाबा डबराल जिन्होंने अपनी साधना-भूमि महाकाल की नगरी उज्जैन को बनाया का नाम आदर एवं श्रद्धा से लिया जाता है। इनके अतिरिक्त अनेकों ज्ञात-अज्ञात योगी हैं जिन्होंने नादब्रह्म के रहस्य को जाना और साधा है। भविष्य में भी ऐसे साधक होते रहेंगे, जिन्हें हृदय में

आत्मा की प्रत्यक्ष अनुभूति होगी। शास्त्रों में कहा गया है कि जब तक साधक उस अनाहतनाद रूपी ब्रह्म का साक्षात्कार न कर लेगा, जब तक आत्मोपलब्धियाँ न प्राप्त होंगी तब तक उसकी मुक्ति असम्भव है। मुण्डकोपनिषद् में कहा गया है—

भिद्यन्ते हृदयग्रन्थिश्छिद्यन्ते सर्वसंशयाः।
क्षीयन्ते चास्य कर्माणि तस्मिन्दृष्टे परावरे।।[220]

चेतन रूप पुरुष और जड़ रूप चित्त के भेद का विवेकपूर्ण साक्षात् हो जाने से हृदय ग्रन्थि का भेदन हो जाता है, जिससे सारे संशयों की निवृत्ति हो जाती है। जिसने ब्रह्म को जान लिया उसके लिए ब्रह्म निकट से भी निकट है और दूर से भी दूर है।

जब जमीन में बीज बो देते हैं उसके लिए पर्याप्त हवा एवं पानी की व्यवस्था करते हैं तब वह बीज कालान्तर में एक विशाल वृक्ष बन जाता है। तब वह बीज, मिट्टी, हवा और पानी नहीं रह जाता, वह विशाल वृक्ष होता है। मिट्टी, हवा, पानी से वह रस खींचकर अपनी प्रकृति के अनुसार विशाल वृक्ष का रूप धारण करता है। ठीक इसी प्रकार एक सच्चा साधक गुरु से शिक्षा प्राप्त कर साधना की जमीन में ध्यान का बीज डालकर प्राणायाम की हवा और एकाग्रता के पानी से रस खींचकर माया-मोह के कीट-पतंगों से उसकी रक्षा करता है, तब वह ध्यान का बीज योग के उर्वरक से शक्ति लेकर एक विशाल ब्रह्म-वृक्ष बन जाता है।

इस प्रकार के अनुभव प्राप्त कर साधक स्वयं सिद्ध हो जाता है। और वह उस ब्रह्मवृक्ष के फलों का रसास्वादन करता है। साथ ही उस ब्रह्म के रसात्मक संगीत से सम्पूर्ण समाज को आनन्दित करता है।

अन्धकार-अन्धकार चिल्लाने से अन्धकार दूर नहीं होता, अन्धकार को दूर करने के लिए अनाहतनादस्वरूप ब्रह्मज्योति जलाना होगा, तभी उस ब्रह्मज्ञान के प्रकाश से जीवन प्रकाशित हो सकता है। ध्यानविन्दूपनिषद् में कहा गया है कि जब यह नाद ब्रह्मनाद अक्षर में लय हो जाता है तब शब्दरहित परमपद का रूप ग्रहण कर लेता है। अनाहत शब्दों से भी परे जो शब्द होता है, उसके पीने से योगी के संशय की निवृत्ति होती है।

बृहदारण्यक उपनिषद् में कहा गया है कि—"**जब हृदय में रहनेवाली कामनाएँ नष्ट हो जाती हैं, तब यह मरणधर्मा मनुष्य ही अमृत हो जाता है और उसे इसी शरीर में ब्रह्म की प्राप्ति हो जाती है।**[221]

निष्कर्ष यह है कि प्राणिमात्र में जीवनतत्त्व ही ब्रह्मतत्त्व है। मानव सृष्टि की उत्कृष्ट रचना ही ब्रह्मतत्त्व से हुई है। मानव ही योगाभ्यास से शब्दब्रह्म और उसके अनाहतनाद स्वरूप को अन्तर्जगत् में अनुभव करता है। नादब्रह्म साधक के साधनाओं द्वारा विभिन्न सोपानों में सुना जाता है। विभिन्न प्रकार के नाद को सुनते हुए साधक के साधना की पूर्णता समाधि की स्थिति तक पहुँचने में मानी गयी है।

यही 'अनाहतनाद' स्फोट होकर शब्द के रूप में बाहर निकलकर संगीत का सृजन करता है। यही संगीत बाह्य जगत् में आहतनाद के रूप में ब्रह्म के अनुभव को व्यक्त

करता है। और चेतन प्राणिजगत् को अपने प्रभाव से सांगीतिक स्वरूप में ब्रह्मानन्दैक रस से आनन्दित करता है।

नाद ही ब्रह्म है, ब्रह्म ही सत्य है, सत्य शाश्वत और अपरिवर्तनशील है तथा समस्त प्राणियों में आत्मस्वरूप में विद्यमान है। इसी आत्मा की चेतन सत्ता के कारण मन, बुद्धि और इन्द्रियाँ क्रियाशील होती हैं, इसी आत्मिक और आध्यात्मिक ज्ञान से जो आनन्द प्राप्त होता है वह शाश्वत होता है, इसीलिए इसे आत्मानन्द या ब्रह्मानन्द कहा जाता है। आनन्द ईश्वरीय वरदान है, जो सुसंस्कृत मनोभूमि के आध्यात्मिक व्यक्तियों को उपलब्ध होता है। मानसिक विकास के साथ-सांथ जब कोई खण्ड सुख से अखण्ड सुख की ओर बढ़ता है तब उसे भौतिक सुख की अपेक्षा मानसिक सुख में ज्यादा रुचि हो जाती है। मानसिक क्षेत्र से भी ऊपर आध्यात्मिक क्षेत्र होता है। कठोपनिषद् में यम नचिकेता से कहते हैं— हे नचिकेता! "परम पुरुष के साम्राज्य का महाद्वार आपके सामने खुला हुआ है, जिसने सम्पूर्ण रूप से मानस तत्त्वों का ज्ञान प्राप्त कर लिया उसने विनाशशील और अविनाशी का भी ज्ञान प्राप्त कर लिया है।"

सम्पूर्ण प्राणिजगत् में जो जीवनतत्त्व की प्रतीति होती है वही ब्रह्मतत्त्व है। ब्रह्म की अभिव्यक्ति हर प्राणी के साँसों में, उसके हृदय की धड़कन में, उसके आँखों की ज्योति में, वाणी के प्राकट्य में, और सम्पूर्ण चेतना के रूप में देखी जा सकती है। वनस्पति जगत् में पेड़-पौधों, लताओं की हरियाली में उसकी जीवन्तता को ब्रह्मतत्त्व के रूप में जाना जाता है। जब हम अध्यात्म की प्रयोगशाला में संसार की तमाम वस्तुओं को रखते हैं तो ज्ञात होता है कि विज्ञान की पहुँच वहाँ तक नहीं है। इस संसार का एक-एक कण उसी परम शक्ति से संचालित हो रहा है। खगोलशास्त्रियों का कहना है कि इस असीमित ब्रह्माण्ड में एक ऐसी अदृश्य शक्ति है जो इसका संचालन कर रही है। महानतम वैज्ञानिक अल्बर्ट आइन्सटीन ने भी इस तथ्य को स्वीकार किया है। वास्तविकता यह है कि विज्ञान और अध्यात्म दोनों का अन्तिम लक्ष्य सत्य की खोज है। विज्ञान जहाँ भौतिक पदार्थों का अध्ययन करता है वहीं अध्यात्म चेतना की यही चेतन शक्ति ब्रह्म है।

अन्त में यह कहा जा सकता है कि वह नादात्मा ब्रह्म पूर्ण है। यह पूर्ण है, वह पूर्ण है, पूर्ण से पूर्ण बनता है, पूर्ण से पूर्ण ले लेने पर भी शेष पूर्ण ही रहता है।

ॐ पूर्णमदः पूर्णमिदं पूर्णात्पूर्णमुदच्यते।
पूर्णस्य पूर्णमादाय पूर्णमेवावशिष्यते।।

अध्याय-5

अनाहतनाद साधना की परम्परा

वैदिक युग में अनाहतनाद साधना ऋषियों-मुनियों द्वारा आरम्भ की गयी थी। उनकी अपने साधना की अलग-अलग परम्पराएँ थीं जो उन्हीं ऋषियों के नाम से जानी जाती रही हैं। ऋषि अपने शिष्यों को ब्रह्मविद्या की शिक्षा में पारंगत करते थे। ब्रह्मविद्या के अन्तर्गत विभिन्न प्रकार की साधनाओं के साथ नाद साधना को प्रधानता दी जाती थी। इन्हीं वैदिक ऋषियों ने गुरु-शिष्य-परम्परा से नाद साधना को ब्रह्मविद्या के रूप में आगे बढ़ाया जो क्रमशः वैदिक युग से रामायण और महाभारत-काल तक ऋषि-परम्परा के रूप में आगे बढ़ती रही। वर्तमान काल में क्रमशः ऋषि-परम्परा का स्वरूप बदलता गया और आज यही ऋषि-परम्परा गुरु-शिष्य के घरानों में परिवर्तित हो गयी, जो आज विभिन्न संगीत के घरानों के नाम से जानी जाती है।

वैदिक युग में वेद की ऋचाओं का गायन होता था, उसमें अशुद्धियाँ होती थीं। इन अशुद्धियों को दूर करने तथा गायन में होनेवाली विविधताओं में व्यवस्था लाने के उद्देश्य से ऋषियों ने विभिन्न शास्त्रों की रचना की जिन्हें वेदांग कहा गया। वेदांग कहने का कारण यह था कि इनका सम्बन्ध वेदों के उच्चारण, उनके गायन एवं अर्थबोध से था। इसमें शिक्षा, छन्द, निरुक्त, व्याकरण, ज्योतिष एवं कल्पसूत्र सम्मिलित है।

शिक्षा-उच्चारण का शास्त्र था। सामवेद की शिक्षा का नाम नारद शिक्षा और यजुर्वेद की शिक्षा याज्ञवल्क्य शिक्षा है। इसी प्रकार पाणिनीय शिक्षा भी है। याज्ञवल्क्य शिक्षा के आरम्भ में ही संगीत की प्रशस्ति के प्रसंग में कहा गया है कि संगीत निपुण व्यक्ति के लिए मोक्ष का मार्ग स्वयं ही प्रशस्त हो जाता है। मोक्ष प्राप्त होने से तात्पर्य ईश्वर प्राप्ति से है—[222]

गीतज्ञोयदि योगी न आप्नोति परमं पदम्।
रुद्रस्यानुचरो भूत्वा तेनैव सह मोदते।।

अर्थात् गीत आदि का ज्ञाता किसी प्रकार योग द्वारा परम पद न भी प्राप्त कर सके तो भी अगले जन्म में वह रुद्र भगवान् का अनुचर होकर उनका सान्निध्य प्राप्त करता है।

पाणिनीय शिक्षा के अष्टाध्यायी में संगीत को शिल्प संज्ञा से अभिहित किया गया है। इनकी शिक्षा में संगीत को अलौकिक आनन्द से परिपूर्ण ज्ञान माना गया है। पाणिनि ने ताल नियन्त्रण के क्षेत्र में विभिन्न पशु-पक्षियों की ध्वनि से एक रहस्यपूर्ण उपलब्धि का उद्घाटन करते हुए लिखा है—[223]

चाषस्तु वदते मात्रां द्विमात्रां त्वेव वापसः।
शिखी रौति त्रिमात्रांतु नकुलस्त्व धर्मान्निकम्।।

पाणिनि जी के नाद का सम्बन्ध मन, वायु, आकाश, आत्मा तथा परमात्मा से है। उन्होंने आत्मा से प्राण, प्राण से अग्नि और अग्नि से वायु के संयोग से स्वर की उत्पत्ति कही है।

छन्दःशास्त्र-वेद के गायन को नियमित करने के लिए बनाया गया था।

निरुक्त-वैदिक शब्दों की व्युत्पत्ति करने के लिए बनाया गया था।

व्याकरण-के लिए पाणिनि जी को जाना जाता है, किन्तु इनसे पूर्व गार्ग्य, स्फोटायन, शकटायन, भरद्वाज आदि ऋषियों ने वेदों के उच्चारण एवं गायन में व्याकरण की व्युत्पत्ति की थी।

ज्योतिष-की रचना भौतिकशास्त्र के रूप में की गयी थी। इससे काल-गणना का ज्ञान किया जाता था।

कल्पसूत्र-ब्राह्मण ग्रन्थों की व्याख्या के लिए कल्पसूत्रों की रचना की गयी थी। वेदों में जो बाते कही गयी थीं, उन्हीं पर विचार करते हुए ऋषियों ने उपनिषदों की रचना की।

शतपथ ब्राह्मण में यजुर्वेद का एक मन्त्र आता है जिसमें ऋषि प्रार्थना करते हैं कि "हे अग्नि! तुम व्रत पति हो, मैं व्रत करूँगा, ऐसी शक्ति दो कि यह व्रत सिद्ध हो, क्योंकि मैं असत्य को छोड़कर सत्य को प्राप्त करना चाहता हूँ।" यह इशारा स्वर्ग से ऊँची स्थिति की ओर है। इस तरह मोक्ष की कल्पना ऋषियों के सामने आयी तब उन्होंने ज्ञानमार्ग पर सोचना आरम्भ किया और उपनिषदों की रचना की।

उपनिषदों में तीन तरह के मत व्यक्त हुए हैं—आत्मा और परमात्मा एक है। आत्मा और परमात्मा अलग-अलग है तथा आत्मा और परमात्मा अलग भी है और एकाकार भी है। इन्हीं तीन मतों से तीन मत वाद चले। जिनमें अद्वैतवाद के समर्थक शंकराचार्य, द्वैतवाद के समर्थक मध्वाचार्य और विशिष्ट द्वैतवाद के समर्थक रामानुजाचार्य हुए। उपनिषदों में ऋषियों ने अपनी अनेक अनुभूतियाँ लिखी हैं।

भारत के मनीषियों का मार्ग प्रधानतः सहज ज्ञान का मार्ग था। इस बात पर जोर दिया जाता रहा कि अपनी आत्मा को शुद्ध करो, अपनी दृष्टि को अन्तर्मुखी बनाओ तथा एकान्त और समाधि का सेवन करो। सहज ज्ञान के यही मार्ग हैं।

ऋषि सहज ज्ञान के बल पर जो कुछ देखते थे उसी को लिख देते थे। उपनिषदों में अनुभव का संकलन करके शिष्यों को आत्मविद्या और तपश्चर्या की शिक्षा देकर एक परिपाटी चलायी जिससे लोग आत्मज्ञान प्राप्त करने के लिए योगमार्ग से ब्रह्म साक्षात्कार का मार्ग प्रशस्त कर सके।

ऋषियों ने ब्रह्म साक्षात्कार के लिए नाद साधना को माध्यम बनाया—ध्यानविन्दूपनिषद् में नाद साधना की विधियों का उल्लेख करते हुए कहा गया है—

हृत्पद्मकर्णिकामध्ये स्थिरदीपनिभाकृतिम्।
अङ्गुष्ठमात्रमचलं ध्यायेदोंकारमीश्वरम्।।
इडया वायुमापूर्य पूरयित्वोदरस्थितम्।
ओंकार देहमध्यस्थयाये ज्वालवलीवृतम्।।
ओंकार निनादेन वायोः संहरणान्तिकम्।
यावद्बलं समादध्यात्सम्यङ्गादलयावधि।।

अर्थात् हृदयमयी कमल की कर्णिका में दीपशिखा तुल्य अंगुष्ठमात्र आकार के ओंकार रूप ब्रह्म का ध्यान करना चाहिए इड़ा (बायीं नासिका) से वायु को उदर में भरे और देह के मध्य में ज्वालामय ओंकार का ध्यान करें। पूरक को ब्रह्म, कुम्भक को विष्णु और रेचक को रुद्र कहा है। ये तीनों प्राणायाम के देवता हैं। आत्मा को नीचे की अरणी के रूप में ग्रहण करके प्रणव को ऊपर की अरणी बनाये। इन दोनों के मन्थन रूप ध्यानाभ्यास से गूढ़ तत्त्व का दर्शन करें। ओंकार का ध्यान करने के बाद रेचक का अन्त होने पर नाद का लय होता है।

कर्णसंकोचनं कृत्वा लिङ्गसंकोचनम् तथा।
मूलाधारात्सुषुम्ना च पद्मतन्तुनिभाशुभा।।
अमूर्तो वर्तते नादो वीणादण्डसमुत्थितः।
शङ्खनादादिभिश्चैव मध्यमेव ध्वनिर्यथा।।
व्योमरन्ध्रगतो नादो मायूरं नादमेव च।
कपालकुहरे मध्ये चतुर्द्वारस्य मध्यमे।।
स्वात्मानं पुरुषं पश्येन्मनस्तत्स्नलयं गतम्।
रत्नानि ज्योतिनादं तु विन्दुमाहेश्वरम् पदम्।।[224]

कण्ठ और लिङ्ग का संकोचन करे फिर मूलाधार से पद्मतन्तु के समान निकलनेवाली सुषुम्ना का संकोचन करे तब वीणा से उठनेवाला अमृत नाद सुनायी देगा, उसी के मध्य में शंख आदि के समान ध्वनि सुनायी देती है। कपाल कुहर के मध्य में चारों द्वारों का मध्य स्थान है, वहाँ आकाशरन्ध्र से जाता हुआ नाद मोर के शब्द की तरह प्रतीत होगा।

उपनिषदों के एक महान् ऋषि याज्ञवल्क्य थे, जिन्होंने वैराग्ययुक्त आत्मविद्या का प्रसार ऋषि-परम्परा के द्वारा नाद साधना से समाधि तक पहुँचकर ब्रह्मानन्द को प्राप्त करने का मार्ग प्रशस्त किया था। जैन मुनियों ने भी इसी मार्ग को अपनाया।

जैन धर्म का अहिंसावाद वेदों से निकला है। ऋषभदेव और अरिष्टनेमि जैन मार्ग के इन दो प्रवर्तकों का उल्लेख ऋग्वेद में मिलता है। जैन धर्म के पहले तीर्थङ्कर श्री ऋषभदेव हैं जिनकी कथा विष्णुपुराण एवं भागवतपुराण में आती है। उन्हें महायोगी योगेश्वर और योग तथा तप मार्ग का प्रवर्तक कहा गया है।

वेदान्त मार्ग के अनुसार प्रत्येक जीव ब्रह्म कोटि में पहुँच सकता है, जैन दर्शन के अनुसार भी प्रत्येक आत्मा, साधना और तपश्चर्या के द्वारा मुक्त बन जाती है। जिसे वेदान्त मुमुक्षु या जीवन्मुक्त कहता है उसे ही जैन दर्शन सिद्ध या अर्हत् बताता है वस्तुतः दोनों के ब्रह्म की प्राप्ति का मार्ग एवं लक्ष्य एक ही है।

ब्रह्मविद्योपनिषद् में कहा गया है—[225]

कांस्यघण्टानिनादस्तुः यथालीयति शान्तये।
ओकारस्तु तथा योज्यशान्तये सर्वमिच्छता।।
यस्मिन्विसलीयते शब्दस्तत्परं ब्रह्म गीयते।
धियं हि लीयते सोऽमृतत्वाय कल्पते।।

अर्थात् जब मोक्ष के पास मुमुक्षु पहुँचता है तो कोसी के घण्टे जैसा शब्द निनादित होता है। इस ओंकार को इसी स्वरूप का समझना चाहिए यह वेदस्वरूप है। जिसमें यह ओंकार शब्द लीन हो जाता है। वही ब्रह्म कहा जाता है। वह अमृतत्व को प्राप्त करने का अधिकारी हो जाता है।

वैदिक साधक जैसे स्थूल शरीर के भीतर एक सूक्ष्म शरीर की सत्ता में विश्वास करते हैं, उसी प्रकार जैन दर्शन में भी स्थूल शरीर के भीतर एक सूक्ष्म कर्म शरीर को मानते हैं, स्थूल शरीर के छूट जाने पर कर्म शरीर जीव के साथ रहता है वही उसे अन्य शरीर धारण करवाता है। आत्मा की मनोवैज्ञानिक चेष्टाओं, वासना, इच्छा, तृष्णा आदि से इस कर्म शरीर की सुपुष्टि होती है। इसलिए कर्म शरीर तभी छूटता है जब जीव वासनाओं से ऊपर उठ जाता है। जब उसमें किसी प्रकार की इच्छा नहीं रह जाती। जैन दर्शन में बताया गया है—[226]

"जैन दर्शन के अनुसार मोक्ष की व्यवस्था इसी प्रकार है, जैनों के यहाँ कैवल्य साधना के सात सोपान माने गये हैं— जीव, अजीव, आसृव, बन्ध, संवर, निर्जरा और मोक्ष। जीव आत्मा है, अजीव शरीर है जिसमें आत्मा निवास करती है। जीव और अजीव का मिलन ही संसार है। अतएव मोक्ष साधना का मार्ग यह है कि जीव को अजीव से अलग कर दिया जाये अर्थात् मनुष्य यह ज्ञान प्राप्त करे कि वह आत्मा है और शरीर से भिन्न है। जीव अजीव से कैसे बँध जाता है अतएव इस बन्धन को नष्ट करने का उपाय यह है कि साधक कर्म से क्षरित होनेवाले संस्कारों से अलिप्त रहने का उद्योग करे। यह प्रक्रिया संवर कहलाती है। आत्मा को पूर्वार्जित संस्कार भी घेरे रहते हैं, इन पूर्वार्जित संस्कारों से छूटने की साधना का नाम निर्जरा है। जीवन नौका में छेद है जिससे उसमें पानी भरता जा रहा है, छेदों को बन्द करना संवर की साधना है। और नाव में पहले से भरे हुए पानी को उलीचने को निर्जरा कहते हैं। संवर और निर्जरा के द्वारा जिसने अपने को संस्कारों अथवा आसृवों से मुक्त कर लिया वही मोक्ष प्राप्त करता है।

मुण्डकोपनिषद् में ऋषि-परम्परा का उल्लेख किया गया है। ब्रह्मा जी को ब्रह्मविद्या का ज्ञाता मानते हुए ऋषि-परम्परा का आरम्भ उन्हीं से कहा गया है—[227]

ॐ ब्रह्मा देवानां प्रथम सम्बभूव,
विश्वस्यकर्ता भुवनस्य गोप्ता।
स ब्रह्मविद्यां सर्वविद्याप्रतिष्ठा,
मथर्वाय ज्येष्ठपुत्राय प्राह।। 1।।
अथर्वणे यां प्रवदेत ब्रह्मविद्याम्।
थर्वातां पुरो वाचाडिंगरे ब्रह्म विद्याम्।
स भरद्वाजाय सव्यवाहाय
प्राह भारद्वाजोऽङ्गिरसे परावराम्।।2।।

अर्थात् ब्रह्मा जी सम्पूर्ण विश्व के सृजनकर्त्ता है, वे देवताओं में सर्वप्रथम उत्पन्न हुए उन्होंने अपने ज्येष्ठपुत्र अथर्वा को ब्रह्मविद्या बतायी, अथर्वा ने वही विद्या अंगी ऋषि से कही, अंगी ऋषि ने भरद्वाजवंशीय सत्यवाह को बताया, सत्यवाह ने अंगिरा को उसका उपदेश दिया। महर्षि अंगिरा के पास शौनक मुनि ने आकर ज्ञान प्राप्त किया। इस प्रकार परा और अपरा दोनों तरह की विद्याओं का ज्ञान प्राप्त किया। ज्ञात हो कि परा विद्या के अन्तर्गत ही नादोपासना की विद्या मानी जाती है। इस प्रकार नादब्रह्म की उपासना सम्बन्धी शिक्षा प्राप्त कर अपनी-अपनी अलग-अलग परम्परा चलायी।

छान्दोग्योपनिषद् में ऋषियों के ओंकार साधना से अनाहतनाद के अनुभूति का वर्णन किया गया है—कहा गया है कि पहले अंगिरा ऋषि ने प्राण रूप ओंकार की साधना प्राण रूप बनकर की थी, इसी से प्राण को अंगिरस कहा जाने लगा। इसी प्रकार बृहस्पति ने भी प्राणों की ओंकार रूप में उपासना की तब प्राण बृहस्पति कहा गया। दाल्भ्य ऋषि के पुत्र 'वक' नाम के प्रसिद्ध ऋषि ने ओंकार की प्राण रूप में उपासना की। नैमिषारण्य में निवास करनेवाले ऋषियों में उद्‌गाता हुए, उन्होंने प्राणोपासना की सामर्थ्य से ऋषियों की कामनापूर्ति के लिए उद्‌गीथ गान किया। इस प्रकार यह शरीर में रहनेवाले प्राण की नाद रूप में उपासना प्राण की आध्यात्मिक उपासना है।

जो ऋचा है वही साम है इसलिए श्वास-प्रश्वास को रोककर साम का गमन करते हैं, जो साम है वही उद्‌गीथ है, इसलिए ऋषिगण श्वास-प्रश्वास को रोककर उद्‌गीथ का गान करते हैं। इस प्रकार ओंकार की साधना पूर्णतः'अनाहतनाद' की साधना है। उद्‌गीथ सम्बन्धी ज्ञान में तीन ऋषियों को निपुण बताया गया है प्रथम शीलवान् के पुत्र शिलक, दूसरे चिकितायन के पुत्र दाल्भ्य और तीसरे जीवन के पुत्र प्रवाहण।

छान्दोग्योपनिषद् के सप्तम अध्याय में वर्णन है कि नारद जी ऋषि सनत्कुमार के पास ज्ञान प्राप्त करने गये व आत्मज्ञान का उपदेश करने का अनुरोध किया—इस पर सनत्कुमार जी ने कहा कि तुम जो कुछ जानते हो बताओ। बाद में जो नहीं जानते मैं बताऊँगा। नारद जी ने बताया मैं चारों वेद, नृत्य, गीत, वादन आदि सब जानता हूँ, तब सनत्कुमार जी ने कहा कि सभी विद्याएँ जो आप जानते हो 'नाम' है, इसलिए तुम नाम की ही ब्रह्म के रूप में उपासना करो। तब नारद जी ने प्रश्न किया कि क्या नाम से भी

अधिक कुछ है? सनत्कुमार ने बताया कि नाम से अधिक वाणी है, वाणी से अधिक मन है, मन से ज्यादा संकल्प है, जब मन इच्छा करता है तब वाणी को प्रेरणा मिलती है, वाणी नाम को प्रेरणा देती है, नामों से मन्त्र एक रूप हो जाते हैं और मन्त्रों से कर्मों का अन्तर्भाव होता है, फिर चित्त को संकल्प से उच्च बताते हुए कहा कि जब मनुष्य चैतन्य होता है तभी संकल्प करता है। ध्यान चित्त से भी श्रेष्ठ है, विज्ञान ध्यान से अधिक है। बल विज्ञान से ज्यादा है और बल से अधिक अन्न है। अन्न से अधिक जल, जल से श्रेष्ठ तेज, तेज से भी श्रेष्ठ आकाश, आकाश से श्रेष्ठ स्मरण, आशा स्मरण से भी ज्यादा है, और प्राण इन सबसे श्रेष्ठ है। जिस प्रकार रथ के पहिये की नाभि में अरे स्थित होते हैं उसी प्रकार प्राण में समस्त जगत् स्थित है और प्राण आत्मा में स्थित है। आत्मा से ही प्राण, आशा, स्मरण, आकाश, अन्न, बल, विज्ञान, ध्यान, चित्त, संकल्प, मनन, वाणी, नाम, मन्त्र, कर्म सब-कुछ आत्मा में ही हो जाता है।[228]

वैदिक दर्शन में मोक्ष वह अवस्था है जब आत्मा परमात्मा में विलीन हो जाती है। बौद्ध दर्शन में इस अवस्था को निर्वाण कहा गया है। जब आत्मा की सत्ता का लोप हो जाता है तब आत्मा कहाँ जाती है यह रहस्य बौद्ध दर्शन नहीं बता सका। जैन दर्शन में इस स्थिति को कैवल्य कहा गया है। जो आत्मा सिद्ध हो जाती है वह चार गुणों से सम्पन्न हो जाती है—

1. अनन्तदर्शन 2. अनन्तज्ञान
3. अनन्तसुख और 4. अनन्तवीर्य।

यह रूप, रस, गन्ध और वर्ण है। भगवान् बुद्ध ने अष्टांगिक मार्ग का उपदेश किया है जिससे दुःखों का निवारण किया जा सकता है। ये मार्ग क्रमशः 1. सम्यक् दृष्टि 2. सम्यक् संकल्प, 3. सम्यक् वचन, 4. सम्यक् कर्म, 5. सम्यक् आजीविका, 6. सम्यक् व्यायाम, 7. सम्यक् स्मृति और 8. सम्यक् समाधि हैं। सम्यक् समाधि में चार प्रकार के ध्यान बताये गये हैं— जिनमें वितर्क और विचार से मन के भावों को सुलझाया जाता है। शान्ति और एकाग्रता से अपने-आपको जानने की कोशिश की जाती है और सुख तथा दुःख से अलिप्त रहने की भावना का विकास किया जाता है।

नागार्जुन ने शून्यवाद का मत प्रतिपादित करते हुए हर चीज को शून्य बताया है। सत्य के दो रूप हैं एक संवृत सत्य और दूसरा परमार्थ सत्य। संवृति सत्य वह है जो दिखायी देता है किन्तु वह सत्य का असली रूप नहीं है। परमार्थ सत्य वह है जो दिखायी नहीं देता किन्तु सत्य का असली रूप है। संवृति सत्य दिखायी तो पड़ता है मगर उसका दिखायी पड़ना ही असत्य है। हम जो कुछ देखते हैं वह शून्य है। कुछ नहीं में कुछ का मिथ्याभास है, तब भी हमें व्यवहार में सत्य मानना पड़ता है। हर चीज शून्य है यही एकमात्र अन्तिम सत्य है। बुद्धि से यह सत्य नहीं पकड़ा जा सकता केवल अनुभव से ही उस निःशब्दता को सुना जा सकता है, जो अस्ति और नास्ति से परे है।[229]

नादबिन्दूपनिषद् में कहा गया है—[230]

सशब्दश्चाक्षरे क्षीणे निःशब्दं परमं पदम्।
सदा नादानुसन्धानात्संक्षीणा वासना भतुया।।
निरञ्जने विलीयेते भनोवायू न संशयः।
नादकोटिसहस्राणि बिन्दुकोटिशतानि च।।

अर्थात् नाद के प्रणव में संलग्न होने पर वह ज्योतिर्मय हो जाता है। उस स्थिति में मन का लय हो जाता है। उसी को विष्णु का परम पद कहते हैं। मन में आकाश का संकल्प तभी तक रहता है जब तक शब्द व बोल सुनायी देते हैं। शब्दों के न रहने पर वह परमात्मा का अनुभव करने लगता है। नाद के रहने तक ही मन का अस्तित्व रहता है। शब्दों में याद किया हुआ नाद अक्षर ब्रह्म में लीन हो जाता है। जब नाद में शब्द न दिखायी दे तो यह समझना चाहिए कि यही परमपद है। जब नाद की खोज करने पर विषय वासनाएँ दग्ध हो जाती हैं तब मन और प्राण का परब्रह्म में लय हो जाता है। अर्थात् हजारों नाद व हजारों बिन्दुओं का उस ब्रह्म प्रणव में लय हो जाता है।

विश्व के समस्त शास्त्रों में वैदिक वाङ्मय अद्वितीय है क्योंकि इसमें वह व्यावहारिक विधि निहित है जिसके द्वारा मनुष्य अपनी चेतना को शुद्ध करके ईश्वर का साक्षात्कार कर सकता है। श्रीमद्भागवत महापुराण में कहा गया है—[231]

तच्छृदद्धाना मुनयो ज्ञानवैराग्ययुक्त या।
पश्यन्त्यात्मनि चात्मानं भक्त्याश्रुतगृहीतया।।

अर्थात् ज्ञान तथा वैराग्य से युक्त सच्चा जिज्ञासु या मुनि वैदिक वाङ्मय अर्थात् वेदान्त श्रुति से सुनी हुई विधि से साधना करके परब्रह्म की अनुभूति प्राप्त कर सकता है। श्रीमद्भगवद्गीता में भी ध्यान योगियों के लिए बताया गया है—[232]

सर्वद्वाराणि संयम्य मनो हृदिनिरुध्य च।
मूर्ध्न्याधायात्मनः प्राणमास्थितो योगधारणाम्।।

अर्थात् योग की स्थिति समस्त ऐन्द्रिय व्यापारों से विरक्ति में है। इन्द्रियों के सारे द्वारों को बन्द करके मन को हृदय में तथा प्राणवायु को सिर की चोटी पर स्थिर करके मनुष्य अपने को योग में स्थापित करता है। योग पद्धति की परिभाषा में यह विधि प्रत्याहार कहलाती है। प्रत्याहार का अर्थ विपरीत है। उदाहरणार्थ—मेरी आँखें संसारी सौन्दर्य देखने में व्यस्त हैं, अतः सौन्दर्य का भोग करने से विरत होकर, आन्तरिक सौन्दर्य को देखने के लिए ध्यान लगाना होगा यही प्रत्याहार है। इसी प्रकार भीतर से ओंकार अर्थात् भगवान् का शब्द रूप या ब्रह्मनाद को सुनना होगा। इसी प्रकार सारी इन्द्रियों को बाह्य कर्म से अलग करके ब्रह्म के ध्यान में लगाना होगा। ध्यान योग की पूर्णता इसी में है कि मन को ब्रह्म में केन्द्रित किया जाये। मन अत्यन्त चंचल है, इसे हृदय में स्थि करना होगा—**'मनो हृदि निरुध्य'** तब हमें प्राणवायु को सिर की चोटी पर ले जाना होत है। योग की यही पूर्णता है, इसी योग की पूर्णता में नाद सिद्धि अन्तर्निहित है।

पद्मपुराण में बताया गया है—**''अतः श्रीकृष्ण नामादि न भवेद् ग्राह्यमिन्द्रियैः।'** कोई भी व्यक्ति अपनी भौतिक इन्द्रियों से ब्रह्म के स्वरूप, नाम, गुण या साज-आवाज

को नहीं समझ सकता। हमारी इन्द्रियाँ अपूर्ण हैं, अतः हम अपूर्णता से पूर्ण को नहीं समझ सकते फिर कैसे देख और सुन सकेंगे बताते हुए कहा गया है—**''सेवतोन्मुखे हि जिस्वादौ''** यदि हम अपनी इन्द्रियों को अभ्यास से प्रशिक्षित करें, शुद्ध बनायें तब वे इन्द्रियाँ उस नादब्रह्म को देखने और सुनने में हमारी सहायता करेंगी। जिस तरह आँखों में मोतियाबिन्दु हो, और कानो में कचड़ा भर जाये तो हम देख-सुन नहीं सकते, पर इसका अर्थ यह नहीं है कि देखने व सुनने के लिए कुछ है ही नहीं। इसी तरह हम उस ब्रह्म और उसके नाद की कल्पना नहीं कर पाते किन्तु यदि हमारा मोतियाबिन्दु हट जाये और कानों की सफाई हो जाये तब हम उन्हें देख भी सकेंगे और सुन भी लेंगे।

ब्रह्मसंहिता कहती है—**''प्रेमांजनच्छुरितभक्ति विलोचनेन- सन्तः सदैव हृदयेषु विलोकयन्ति''** जिन आँखों में भक्ति का अंजन लगा है वे अपने हृदय के भीतर चौबीसों घण्टे उस परब्रह्म का दर्शन करते हैं। अतः हमें अपने इन्द्रियों को नियन्त्रित करने की आवश्यकता है। नियन्त्रण हो जाने की स्थिति में हम उस परब्रह्म का स्वरूप, उसकी नाद ध्वनि, उसके गुण और उसका धाम सब-कुछ समझ जायेंगे और हर वस्तु में उसी ब्रह्म का दर्शन करेंगे और हर आवाज में उसी ब्रह्म की अनाहत ध्वनि सुनायी देगी। संहिता-काल में नाद साधना की जिन ऋषियों ने परम्परा स्थापित की उनमें मुख्य रूप से गृत्समद, विश्वामित्र, वामदेव, अत्रि, भरद्वाज, वशिष्ठ आदि के नाम उल्लेखनीय हैं।

इसी प्रकार रामायण-काल में भी जिन ऋषियों ने नाद साधना की परम्परा स्थापित की उनमें मुख्य रूप से-जमदग्नि, वशिष्ठ, अत्रि, अगस्त्य, भृगु, पुलस्त्य, भार्गव, नारद, भरद्वाज, जनक, गौतम और विश्वामित्र आदि के नामों का उल्लेख रत्नाकर शास्त्री ने अपने ग्रन्थ भारत के प्राणाचार्य में किया है।[233]

योग के माध्यम से ही **'अनाहतनाद्'** की अनुभूति प्राप्त होती है इसलिए आवश्यक है कि योग की विस्तार से विवेचना की जाय। योग की प्रक्रिया काफी दूर तक मनोविज्ञान की प्रक्रिया है—भारतीय ऋषि-परम्परा में योग चित्तवृत्ति के निरोध को कहते हैं **''योगः चित्त वृत्ति निरोधः।''** योग आत्मा की गहराई का सन्धान करनेवाली विद्या का नाम है। यह हलचल एवं प्रलोभनों के बीच मन को स्थिर रखने की साधना है। मनोविज्ञान ने अवचेतन का अनुमान भर लगाया है, जबकि योग अवचेतन मन तक जाने का मार्ग निर्धारित करता है। अनाहतनाद साधना का मार्ग योग से ही आरम्भ होता है। आत्मा पर संस्कारों की परतें जमा रहती हैं, जिससे मनुष्य आत्मज्ञान नहीं प्राप्त कर पाता। योगी, योग के द्वारा उन परतों को तोड़कर अपने आत्म रूप का साक्षात्कार करता है। भारतीय प्राचीन ऋषियों के पास योग के सही अर्थों का ज्ञान था, वे योग के अभ्यासी थे, षट्चक्र, इड़ा, पिंगला, सुषुम्ना, युगनद्ध आदि का ज्ञान योगाभ्यासियों को ही होता है। योग की परम्परा प्राग्वैदिक परम्परा है। योग विधि और अध्यात्म योग के सम्बन्ध में उपनिषदों में व्यापक विचार किया गया है।

योग का निरूपण दर्शन पद्धति के रूप में पतंजलि ऋषि ने किया है। महर्षि पतंजलि के मतानुसार चित्त को ईश्वर पर पूर्णतया केन्द्रित किये बिना ईश्वर का साक्षात्कार नहीं

हो सकता। उनका मानना है कि सांसारिक वासनाओं पर विजय न मिलने से चित्तवृत्तियों का निरोध नहीं हो सकता अतः योग, वैराग्य साधना का पन्थ है। पतंजलि के योग को राजयोग कहा गया है।

ब्रह्मविद्योपनिषद में कहा गया है— कि ब्रह्म ग्रन्थि ओंकार (नासाग्र और नेत्र) में तथा विष्णु ग्रन्थि हृदय में स्थित है। रुद्र ग्रन्थि भृकुटियों के मध्य में स्थित है और वह अक्षर वायु का भेदन करती है। अकार में ब्रह्मा, उकार में विष्णु तथा मकार में रुद्र का स्थान है। उसके अन्त में परात्पर है। कण्ठ का संकोचन करके नाड़ी आदि शक्ति को स्तम्भित करे फिर जिह्वा को दबाकर सोलह आधारवाली ऊर्ध्वगामी त्रिकूटवाली तीन प्रकार की ब्रह्मरन्ध्र को जानेवाली अत्यन्त सूक्ष्म सुषुम्ना नाड़ी को तथा त्रिशंख, वज्र ओंकारयुक्त ऊर्ध्वनाल भृकुटियों की तरफ जानेवाली कुण्डलिनीशक्ति और प्राणों को चालित करके शशिमण्डल का भेदन करे। नवों द्वारों को बन्द करके वज्र-कुम्भक का साधन करे। मन को निर्गुण बनाकर प्रसन्नतापूर्वक पवन को आरूढ़ करे। ऐसा करने से **'अनाहतनाद'** सुनायी देने लगता है। कहा गया है—[234]

ब्रह्मस्थाने तु नादः स्याच्छा किन्यामृतवर्षिणी।
षट्चक्रमण्डलोद्धारं ज्ञानदीपं प्रकाशयेत्।।

अर्थात् ब्रह्म स्थान में नाद सुनायी देने लगता है और शान्ति की नाड़ी में अमृत की वर्षा होने लगती है। षट् चक्रमण्डल का भेदन होने से ज्ञानरूपी दीपक प्रकाशित हो जाता है। पण्डित और सन्त का भेद बताते हुए रामधारीसिंह दिनकर ने कहा है—[235]

"पण्डित और सन्त में वही भेद है जो हृदय और बुद्धि में है। बुद्धि जिसे लाख कोशिश करके भी नहीं समझ पाती, हृदय अचानक ही देख लेता है। विद्या समुद्र की सतह पर उठती हुई तरंगों का नाम है, किन्तु अनुभूति समुद्र की अन्तरात्मा में बसती है। अनुभूति का एक कण कई टन ज्ञान से कहीं अधिक मूल्यवान् है। परमहंस रामकृष्ण अनुभूतियों के आगार थे और उनके जीवन को देखकर एक बार फिर यह स्पष्ट हो गया कि जिसे अनुभूति प्राप्त हो जाती है, ज्ञान का द्वार उसके सामने स्वयं उन्मुक्त हो जाता है तथा सारी विद्याएँ उसे स्वयमेव उपलब्ध हो जाती हैं।"

कौषीतक ऋषि ने भी कौषीतक ब्रह्मणोपनिषद् में कहा है—[236] कि प्राण ही ब्रह्म है उनका मानना है कि प्राण राजा है, वाणी उसकी रानी, कान सन्देश सुनानेवाला द्वारपाल, नेत्र अंगरक्षक और मन दूत है। सभी इन्द्रियाँ देवताओं द्वारा बिना माँगे ही प्राण रूप ब्रह्म को भेंटस्वरूप दी गयी हैं। महर्षि पैखय का भी यही मत है वह भी प्राण को ब्रह्म मानते हैं। प्राणस्वरूप ब्रह्म के निमित्त वाणी से अतीत नेत्रेन्द्रिय वाणीरूप इन्द्रिय को सब ओर से व्याप्त किया हुआ है। श्रोत्रेन्द्रिय से परे मन है। उस मन के द्वारा श्रोत्रेन्द्रिय सब ओर से व्याप्त की हुई है। मन से परे प्राण है। इस प्राण ने मन को सब ओर से व्याप्त किया हुआ है, यही प्राण ब्रह्म है। महान् आत्मा शुष्क भ्रंगार भी प्राण को ही ब्रह्म मानते हैं। उनका

कहना है कि प्राण को ऋक् मानकर उपासना करनी चाहिए। अतः इसी प्राणरूपी ब्रह्म से नादरूपी ब्रह्म का अनुसन्धान किया जाता है।

महात्मा गाँधी ने प्रार्थना को अन्तर्जगत् में पहुँचने का माध्यम मानते हुए कहा है—[237] कि "प्रार्थना धर्म का निचोड़ है।" प्रार्थना याचना नहीं है यह तो आत्मा की आकांक्षा का नाम है। प्रार्थना दैनिक दुर्बलताओं की स्वीकृति है, हृदय के भीतर चलनेवाले अनुसन्धानों का नाम है। वह आत्मशुद्धि का आह्वान है, वह विनम्रता को निमन्त्रण देना है। यह मनुष्यों के दुःख में भागीदार बनने की भी तैयारी है। प्रार्थना में निःशब्द हृदय का होना अच्छा है किन्तु हृदयहीन शब्दों का होना खराब है। भूखा मनुष्य जैसे भोजन से जीभर कर आनन्द लेता है, भूखी आत्मा उसी प्रकार प्रार्थना से सन्तोष प्राप्त करती है।

कीर्त्तन नाद साधना की आरम्भिक अवस्था है। कीर्त्तन बाह्यतः कर्मेन्द्रिय वाणी का कार्य है। जीभ के द्वारा यह वाणी का अमृत रस मन और बुद्धि तक प्रसारित होता है। कुछ दिनों बाद जपकर्त्ता या कीर्त्तनकर्त्ता को उसमें रस आने लगता है, उसे पता नहीं चलता कि कब उसकी कर्मेन्द्रिय वाक् ज्ञानेन्द्रिय रसना में बदल गयी इस मर्म को उद्घाटित करते हुए सूरदास जी ने लिखा है—"**सोइ रसना जो हरि गुन गावै।**" यही स्थिति आगे साधक को मन की एकाग्रता एवं धारणा शक्ति का विकास करने में सहायक होती है। चैतन्य महाप्रभु का मानना है कि संकीर्त्तन मायाबद्ध जीवों के कलुषित चित्त दर्पण को स्वच्छ कर देता है। भक्ति या तत्त्वज्ञान पराभक्ति रूपी वधू का जीवन है जो आनन्द के समुद्र को संवर्द्धित करता है। मन, बुद्धि, प्राण आदि को तृप्त कर देता है।[238]

चेतो दर्पण मार्जनं भवमहादावाग्नि निर्वापणम्।
श्रेयःकैरव चन्द्रिका वितरणं विद्या वधू जीवनम्।।
आनन्दाम्बुधिवर्धनम् प्रतिपदं पूर्णमृतास्वादनं।
सर्वात्मस्नपनं परं विजयते श्रीकृष्ण संकीर्त्तनं।।

वेदों में भी कहा गया है कि जब भजन एवं ध्यान करने से सोयी हुई शक्ति जागती है तो वह प्राण, वाणी और मन को उज्जीवित करती हुई ऊपर की ओर चढ़ने लगती है। हठयोगियों की परिभाषा में इसे कुण्डलिनी शक्ति का जागरण और प्राणोत्थान कहते हैं। इस कुण्डलिनी का वास्तविक जागरण ही 'तरना' शुरू करना है। प्राण की धारा मूलाधार से उठकर ऊपर चढ़ने लगती है। हेमवती शक्ति नाचती-कूदती गायन करती भजन और स्तुति करती हुई मार्ग में प्राण, वाणी, मन के अद्भुत चमत्कार दिखाती हुई ऊपर अपने शिव रूप स्वामी की ओर चढ़ने लगती है। यह आध्यान अर्थात् मानसिक चेतना से युक्त प्राणधारा के रूप में क्रमशः ऊपर जाती हुई अनुभूत होती है।

यही उत्पन्न किये 'अन्धस' (सोम) की धारा है? जिसके साथ-साथ आत्मा ऊँची होती जाती है। इसी धारा के साथ 'मन्दी' नामक भक्त की ऊर्ध्वगति होती है। प्रसिद्ध सात लोक शरीर के अन्दर ही है जहाँ उन्नत होती हुई आत्मा इन सब लोकों को पार करती हुई सत्य लोक में पहुँचकर पूर्ण स्वतन्त्र हो जाती है। प्राण, वाणी, मन आदि शक्तियाँ सिर के सत्यलोक में जाकर ठहर जाती हैं और समाधि सिद्ध हो जाती है।[239]

"तरत समन्दीधावतिधारा सुतस्यान्धसः।।
तरत स मन्दी धावति।।

तात्पर्य यह है कि इस दुःसह संसार-सागर से वही तर सकता है जो 'मन्दी' बन जाये। यदि मन्दी की तरह ध्यान साधना से अन्तःकरण तृप्त हो जाये, संसार की कामना छूट जाये अपने ही मस्ती में मस्त हो जाये तो वांछित लक्ष्य अनाहतनाद की अनुभूति हो जाये। यदि ऐसे लक्षण आ गये तो 'मन्दी' बन गये। **'तरति स मन्दी धावति।'**

डॉ. सर्वपल्ली राधाकृष्णन ने कहा कि, "प्रेरणा ईश्वरीय होनी चाहिए। हमारे संकल्पों का आरम्भ ईश्वरीय इच्छा में होना चाहिए। हमारी भावनाओं को ईश्वरीय आनन्द से एकाकार होना चाहिए। सत्य, शिव और सुन्दर से समन्वित जिस व्यक्तित्व को हम ईश्वर का नाम देते आये हैं उसका अधिक-से-अधिक सामीप्य प्राप्त करना मानव-जीवन का उद्देश्य है। अपने-आपको ईश्वरीय सत्ता के स्तर तक ले जाना यह मनुष्य का श्रेष्ठतम ध्येय है।"[240]

धारणा से अनाहतनाद

वृत्तिमात्र से किसी स्थान-विशेष में चित्त की स्थिरता धारणा है ध्यानावस्था में जब प्रत्याहार के द्वारा इन्द्रियाँ अन्तर्मुख हो जाती हैं तब वह अपने ध्येय विषय को वृत्ति मात्र से ही ग्रहण करता है। वह वृत्ति ध्यान के विषय में तदाकार होकर स्थिर रूप से उसके स्वरूप को प्रकाशित करने लगती है। तात्पर्य यह है कि स्थान-विशेष में चित्त की वृत्ति स्थिर हो जाती है, और तदाकार रूप होकर उसका अनुभव होने लगता है तो वह धारणा कहा जाता है।

योगतत्त्वोपनिषद् में शरीर के भिन्न-भिन्न केन्द्रों पर संयम करने से उद्भूत होनेवाली शक्ति का विस्तार से उल्लेख किया गया है। कर्णेन्द्रियों पर धारणा सिद्ध होने पर वहाँ दिव्य श्रवण शक्ति का प्रादुर्भाव होता है। सामान्यतः मानवीकर्ण निश्चित सीमावाली स्थूल ध्वनियों को ही सुनने की सामर्थ्य रखते हैं। उस सीमा से आगे-पीछे की स्थूल तरंगें भी उसकी ग्रहण क्षमता से परे होती हैं। ऐसे में जब साधक उनमें संयम साधता है तो न सिर्फ सम्पूर्ण स्थूल ध्वनियाँ कर्णगोचर बनती हैं बल्कि अन्तरिक्ष में प्रवाहित होनेवाले कितने ही प्रकार के दिव्यनाद एवं दिव्य सन्देश श्रव्य बनकर प्रकट होने लगते हैं।

मूर्धा में जब चित्त की एकाग्रता सधती है, तो वहीं पर दिव्य वाक् शक्ति का आविर्भाव होता है। इसी प्रकार दिव्य चेष्टा, दिव्य बल, दिव्य गति, दिव्य क्रिया, दिव्य प्रवृत्ति जैसी कितनी ही विभूतियों का विकास भिन्न-भिन्न केन्द्रों पर धारणा साधने से होता है।[241]

तन्त्रमार्ग और अनाहतनाद

भक्ति उपासना और प्रार्थना तन्त्रमार्ग में भी होती है, किन्तु यह उनका प्रधान साधन नहीं है। तन्त्रमार्गी साधक रुदन, गायन अथवा विलाप और प्रार्थनाओं के द्वारा देवी को प्रसन्न नहीं करता बल्कि उसका विश्वास मन्त्रों के शुद्ध उच्चारण और योग पद्धति के द्वारा शरीर में निहित सूक्ष्म शक्तियों के जागरण और विकास में होता है। जब उसकी

कुण्डलिनी शक्ति जागृत हो जाती है, तभी वह समझता है कि उसके आध्यात्मिक उत्थान का मार्ग प्रशस्त हो गया है। तान्त्रिक साधक को साधना के मध्य में विभिन्न प्रकार की भयानक आवाजें एवं भयानक दृश्य देखने-सुनने को मिलते हैं। ऐसी स्थिति में साधक को निडर होकर साधना में केन्द्रित होकर उन डरावनी आवाजों एवं दृश्यों से विचलित हुए बिना अपने लक्ष्य की सिद्धि को प्राप्त करते हैं। इस प्रकार तन्त्रमार्ग की साधना में सुनी जानेवाली मधुर एवं भयानक आवाजें पूर्णतः अनाहतनाद हैं।

सांख्य योग ज्ञान की पद्धति से सत्य की उपलब्धि का मार्ग है। इसमें सत्य की उपलब्धि समाधि के मार्ग से होती है। कामिकागम तन्त्र के अनुसार तन्त्र साहित्य वह है जिनमें तत्त्व और मन्त्र के विषय निरूपित किये गये हैं। उक्त व्याख्या योग सन्देश में करते हुए लिखा गया है—

तनोति विपुलान् अर्थान् तत्वमन्त्र समन्वितान्।
त्राणम् च कुरुते यस्मात् तन्त्रम् इति अभिधीयते।।

अर्थात् तत्त्व से तात्पर्य यह है कि सृष्टि के मूलभूत नियम और सत्य क्या है। मन्त्र से अभिप्राय है कि अक्षरों और शब्दों से उठनेवाली ध्वनियों का वैज्ञानिक स्वरूप और प्रभाव क्या है। अर्थवाचक शब्द के रूप में 'तन्त्र' का दूसरा नाम आगम है। निगम वेद तथा वेदोद्भूत शास्त्रों को कहते हैं। आगम विभिन्न सम्प्रदायों की साधना के अलग-अलग मार्ग बताते हैं, तन्त्र और आगम दोनों के आधार वेद ही हैं।

गुरु गोरखनाथ ऐसे महान् योगी हुए हैं जिन्होंने हठयोग से परमात्मा शिव का आत्मा से एकात्म बोध सिद्ध किया है, उनके द्वारा प्रतिपादित योगमार्ग में मन्त्रयोग, लययोग, हठयोग, राजयोग और महायोग है। उनका कहना है कि भोग का मार्ग श्मशान भूमि की ओर ले जाता है और योग का मार्ग मन्दिर की ओर। उन्होंने स्पष्ट किया है कि देव, देवालय, तीर्थ आदि सब इसी शरीर के अन्दर है, जरूरत है परमात्मा को जानने और उसे जगाने की।

नाथ सम्प्रदाय भारतवर्ष का प्रमुख पन्थ रहा है। इस सम्प्रदाय की उत्पत्ति भगवान् शिव आदिनाथ से कही गयी है। नाथ परम्परा में नौ नाथों का उल्लेख किया गया है— 1.मत्सेन्द्र नाथ, 2.गहिनीनाथ, 3. ज्वालेन्द्रनाथ, 4. कर्णियानाथ, 5. नागनाथ, 6. चर्पटनाथ, 7. रेवणनाथ, 8. भर्तहरिनाथ, 9. गोपीचन्द्रनाथ हुए हैं। ऐसा माना जाता है कि गोरखनाथ साक्षात् शिव हैं। हठयोग के प्रवर्तक भगवान् शंकर हैं, वहीं नादयोग के भी जनक भगवान् नटराज को ही बताया गया है। इस प्रकार अनाहतनाद की साधना गुरु-शिष्य-परम्परा से नाथ सम्प्रदाय में हठयोग से प्रचलित थी। कहा गया है कि भगवान् शिव के दो प्रमुख शिष्य हुए हैं प्रथम मत्सेन्द्रनाथ और दूसरे जालन्धरनाथ। मत्सेन्द्रनाथ के शिष्य गुरु गोरखनाथ हुए हैं गोरखनाथ जी को योग की सम्पूर्ण शिक्षा गुरु-परम्परा से प्राप्त हुई और वे अपनी साधना से विभिन्न चमत्कारी सिद्धियाँ प्राप्त कीं जिसमें नादयोग भी शामिल है। उन्होंने कहा है मैंने पिण्ड में समस्त ब्रह्माण्ड का अनुसन्धान कर महायोग के सिद्धि का रहस्य जान लिया है, इस शरीर के अन्दर अविनाशी परमात्मा—**'अलख**

निरंजन' की अनुभूति प्राप्त कर ली है। इस अनुभूति में परब्रह्म की ज्योति और उसका अनाहतनाद समाहित है।

अनाहतनाद की साधना सत्य की साधना है जिसके लिए साधक को चित्त की भूमि उसी प्रकार तैयार करनी पड़ती है जैसे किसान फसल बोने के लिए जमीन तैयार करता है। इस अनाहतनाद के सत्य की साधना के लिए कुछ अनिवार्य सूत्र हैं जिनमें प्रथम यह है कि साधना का जन्म एकान्त में होता है, भीड़ से साधक को बचना चाहिए यह भीड़ बाहर और भीतर दोनों जगह घेरे रहती है। अन्दर की भीड़-काम, क्रोध, लोभ, मोह, ईर्ष्या, द्वेष आदि से मुक्त होनी चाहिए। इस साधना का दूसरा सूत्र-सहजता है, आडम्बरों के कारण वास्तविकता विस्मृत हो जाती है, इस साधना का अर्थ है, स्वयं को जानना, देखना और सुनना। तीसरा सूत्र है वर्तमान में जीना। भूत स्मृति है और भविष्य कल्पना अतः वर्तमान जितना प्राणवान् होगा, सफलता उतनी ही श्रेठ होगी। इन सूत्रों के परिणाम अनुभूति के रूप में अद्भुत होंगे और परमात्मा से साक्षात्कार होने लगेगा।

हंसोपनिषद् में गौतम और सनत्कुमार ऋषियों के संवाद से अनाहतनाद साधना की विधियों पर प्रकाश डालते हुए कहा गया है—[242] गौतम ऋषि महर्षि सनत्कुमार के आश्रम पहुँचकर ब्रह्मविद्या जानने की जिज्ञासा प्रकट की। उत्तर में महर्षि सनत्कुमार ने विधि का उपदेश करते हुए कहा कि समस्त देहों में यह जीव हंस-हंस जपता हुआ व्याप्त रहता है। इसका साधन करने के लिए पहले गुदा को खींचकर आधारचक्र की वायु को बाहर निकालना चाहिए, फिर स्वाधिष्ठान चक्र की तीन प्रदक्षिणाएँ करके मणिपूरक चक्र में जाकर अनाहतचक्र का अतिक्रमण करना चाहिए फिर विशुद्ध चक्र में प्राणों का निरोध करके आज्ञाचक्र का ध्यान करते हुए ब्रह्मरन्ध्र का ध्यान करना चाहिए इस प्रकार त्रिमात्र आत्मा मैं हूँ ऐसा ध्यान करने से आधारचक्र से लेकर ब्रह्मरन्ध्र तक जो नाद सुनायी देता है वही अनाहतनाद है।

जब यह हंस (आत्मा) उस हृदयरूपी कमल के केसर पर आसीन होता है तब जाग्रतावस्था, कर्णिका पर स्वप्नावस्था और मध्यभाग पर सूक्ष्म के स्थान पर रहने से सुषुप्ति अवस्था होती है। जब हंस हृदय कमल को त्याग देता है तब तुरीयावस्था में चला जाता है। जब हंस नाद में लीन होता है तो तुर्यातीत, उन्मन और अजपोप संहार नामों से कहा जाता है। इस प्रकार सभी भाव हंस के वश में होते हैं, इसीलिए वह मन में रहते हुए चिन्तन करता है। यह हंस जब एक करोड़ जप कर लेता है तब उसे अनाहतनाद की अनुभूति हो जाती है। सभी प्रकार का अनाहतनाद हंस के वश में है जिसे दस प्रकार का कहा गया है—1. चिण, 2. चिञ्चिण, 3. घण्टानाद, 4. शंखनाद, 5. तन्त्रीनाद, 6. तालनाद, 7. वेणुनाद, 8. मृदंगनाद, 9. भेरीनाद और 10. मेघनाद।

इसमें प्रथम नौ को त्याग कर दसवें प्रकार के नाद, मेघनाद का अभ्यास करना चाहिए। इस दसवे नाद से परब्रह्म का ज्ञान और नादब्रह्म का साक्षात्कार होता है।[243]

अदृश्यं नवमे देहं दिव्यं चक्षुस्तथामलम्।
दशमे परमं ब्रह्म भवेद्ब्रह्मात्मसन्निधौ।।

परब्रह्मोपनिषद् में कहा गया है कि मोक्षाधिकारी यति की शिखा तथा यज्ञोपवीत का आदि कारण ओंकार भी एक ही है। इनका ब्रह्मज्ञान ही शिखा है, ओंकार ही उपवीत है और इन दोनों को जोड़नेवाला नाद है। परमात्मा ही ओंकार, ब्रह्म तथा नाद इन तीन लड़ीवाला सूत्र है।[244]

उल्टीसाधना की धारा में साधना की सच्ची सफलता इस बात में है कि घृणित को अघृण्य बना सके, स्थूल से सूक्ष्म के स्तर पर ले जा सके, इस प्रकार की साधना का विकास औघड़ पन्थ में हुआ है। इनका मत है कि द्वैत केवल वहीं नहीं रहता, जहाँ हमारा चित्त आकृष्ट हो जाता है, बल्कि जहाँ जुगुप्सा और घृणा का प्राबल्य है, जिसे देखकर हमारे अन्दर आसक्ति की जगह वितृष्णा उत्पन्न होती है। जिसका चित्त अद्वैत में स्थिर हो जाता है वह मल और मिष्टान्न में भेद नहीं रखता, वह श्रेष्ठ और अधम को एक समान समझता है। भेद ही द्वैत का कारण है, अतः वाममार्गी साधक प्रत्येक प्रकार के भेद को घटाते-घटाते अन्त में शून्य पर पहुँच जाता है। जब वह शून्य की स्थिति में पहुँच जाता है तब अपने में ही मस्त होकर नादब्रह्म का अवगाहन करता है।

शाण्डिल्योपनिषद् में कहा गया है—**''ततः शरीरे लघुदीप्तिबह्निवृद्धि नादाभिव्यक्तिर्भवति।''**[245] अर्थात् योगी को कोमल आसन में बैठकर गर्दन तथा मस्तक को सीधा रख नासाग्र पर दृष्टि रखते हुए दोनों भौंहों के बीच में चन्द्र मण्डल को देखे, फिर बारह मात्रा से इड़ा नाड़ी द्वारा श्वास खींचकर उसे पेट के भीतर रहनेवाले ज्वालाओं से युक्त रेफ और बिन्दु सहित श्वास ऐसे अग्नि मण्डल के साथ संयुक्त करके ध्यान करना चाहिए और फिर पिंगला नाड़ी द्वारा इस वायु को बाहर निकालना चाहिए। इस प्रकार तीन-चार माह तक प्रतिदिन तीन-चार बार अभ्यास करना चाहिए। इससे नाड़ी शुद्ध हो जाती है, शरीर हल्का हो जाता है और अनाहतनाद की अनुभूति होने लगती है।

दक्षिणमार्गी साधना और अनाहतनाद

वैष्णव, शैव और कर्मकाण्डी साधकों की मान्यता है कि आत्मा पाशों में आबद्ध है। उनकी पाशों से छूटने की साधना अलग है— मैं त्वचा नहीं हूँ, मांस, अस्थि, मज्जा और रक्त नहीं हूँ। इस प्रकार सोचते-सोचते सबका निवारण करके वे आत्मज्ञान प्राप्त करते हैं।

तान्त्रिक साधकों का विश्वास इस बात में रहा है कि पिण्ड और ब्रह्माण्ड दोनों एक है जो शक्ति महाब्रह्माण्ड में फैलकर लीला का विस्तार करती है, वही शरीर के भीतर अपना कार्य करती है। अतः सत्य मनुष्य के भीतर छिपा हुआ है और उसे उपलब्ध करने का साधन भी मानव शरीर ही है। हठयोग को उन्होंने वह अभ्यास माना जिसके जरिये शरीर सत्यानुभूति का यन्त्र बनाया जा सकता था। इस प्रकार उपस्थ से लेकर ब्रह्मरन्ध्र तक साधकों ने शरीर के भीतर छह चक्रों की कल्पना की। सबसे नीचे का चक्र मूलाधार और सबसे ऊपर सहस्रार हुआ। शक्ति का निवास मूलाधार में है और शिव का निवास सहस्रार पर है। साधक का कर्त्तव्य है कि वह योग क्रियाओं के द्वारा चक्रों का भेदन करे अर्थात् मूलाधार में स्थित शक्ति को जगाकर उसे सभी चक्रों के भीतर प्रवेश कराते हुए सहस्रार

पर पहुँचा दे। सहस्रार पर पहुँचते ही शक्ति शिव से एकाकार हो जाती है और दोनों के एकत्र होते ही अनाहतनाद के साथ महासुख का अमृत फूट पड़ता है जिसकी उपलब्धि साधक की परम सिद्धि कही गयी है।

योगदर्शन में दक्षिण श्वास को पिंगला कहा गया है जिसमें शिव का निवास है, और वाम श्वास का नाम इड़ा (इंगला) है, जिसमें शक्ति निवास करती है। साधक का कर्त्तव्य है कि वह पिंगला और इड़ा को एक स्थान पर लाकर उन्हें एकाकार कर दे। श्वासों के इस एकीकरण का नाम सुषुम्ना है। जब वे एक-दूसरे से बढ़कर या घटकर नहीं चलते तब वे तटस्थ स्थिति में पहुँचकर समरसता को प्राप्त होते हैं। इसी प्रकार शरीर और मन के द्वन्द्वों को भी तटस्थ बनाना, उन्हें समरसता की अवस्था में ले जाना तन्त्र साधना का ध्येय है।

शाक्त दर्शन की तरह सहजयान भी यह विश्वास करता है कि सत्य का निवास शरीर में है, और शारीरिक क्रियाओं के द्वारा ही वह प्राप्त किया जा सकता है। शारीरिक क्रियाओं के विकास के लिए बौद्ध सहजयानी भी योग का ही आश्रय लेते थे। जिस प्रकार शाक्त योगियों का विश्वास छह या आठ चक्रों में था, बौद्ध सहजयानी केवल चार चक्रों में विश्वास करते थे। जिनके नाम हैं। मणिपूरक या निर्माणचक्र 2. अनाहत या धर्मचक्र, 3. सम्भोगचक्र और 4. उष्णीष कमल (सहस्रार)। इसी प्रकार शाक्त योगियों की पिंगला, इंगला और सुषुम्ना को भी सहजयानी साधक प्राण, अपान और अवधूती कहते थे। सहज योगियों का विश्वास था कि प्रत्येक नारी प्रज्ञा और प्रत्येक नर उपाय का प्रतीक है। उनके साधना की सफलता इसी बात में है कि इस अनुभूति में स्थित हो कि वे नर, नारी नहीं सचमुच ही प्रज्ञा और उपाय हैं। बोधिचित्त की स्थिति को सहजयान महासुख की स्थिति मानता है।

वैष्णव सहजयान ने हठयोग को हटाकर उसके स्थान पर राजयोग को अधिष्ठित किया, यह सोचकर कि रेचक, कुम्भक की क्रिया शरीर और मन को लाठी से हाँककर समाधि में ले जाने की क्रिया है। सात्त्विक समाधि वह है, जिसमें चित्तवृत्तियाँ आपसे आप निरुद्ध हो जाती हैं। उन्होंने बोधिचित्त को हटाकर उसकी जगह 'प्रेम' को अधिष्ठित कर दिया और कहा कि प्रेम स्वाभाविक है और सहज है वही सर्वशक्तिमान् है।

प्रेम के ढाई अक्षरों में व्याप्त परमात्मा समाया हुआ है। शब्द छोटा है। जबकि प्रेम में समाया सत्य विराट् से भी विराट्तर है। प्रेम महाशून्य है। प्रेम महामृत्यु है। ऐसी जगह है प्रेम, जहाँ स्वयं को खोया जा सकता है, लेकिन खोजा नहीं जा सकता। इसकी प्रगाढ़ अनुभूति में स्वयं का अस्तित्व खो जाता है, तब परमात्मा मिलता है।

समरस अथवा सहजानन्द वह है जो स्वरूप ज्ञान से सम्भूत समाधि से उत्पन्न होता है। पतंजलि योगदर्शन में कहा गया है कि मन की प्रक्रियाएँ जब समाधि में जाकर शान्त हो जाती हैं तब योगी अपने स्वरूप में स्थित् होता है। योग की समस्त साधनाओं में साधक समाधि की स्थिति में पहुँचने से पूर्व अनाहतनाद का श्रवण कर लेता है।

डॉ. राधाकृष्णन ने आत्मा और परमात्मा के ज्ञान पर प्रकाश डालते हुए कहा है कि-[246] **"जीवन में धार्मिकता का उदय होने से मनन, ध्यान और निदिध्यासन के अभ्यास से बुद्धि संयोजित होकर सहज या सम्यक् बुद्धि बन जाती है। और तब उसी के प्रसादस्वरूप मनुष्य को आत्मज्ञान प्राप्त होता है। परमात्मा का ज्ञान केबल बुद्धि से नहीं होता वह तभी प्राप्त होता है जब मनुष्य की बुद्धि और कल्पना हृदय और संकल्प संक्षेप में उसका सारा अस्तित्व क्रियाशील हो उठता है। ईश्वर आन्तरिक अनुभूति में प्रत्यक्ष होता है। बाहर हम जिस शक्ति से अन्य वस्तुओं को देखते हैं उससे ईश्वर नहीं देखा जा सकता। आत्मज्ञान या ईश्वर का साक्षात्कार मनुष्य को तब होता है जब वह अपनी इच्छा को ईश्वर की इच्छा में विलीन कर देता है। जब वह संयम और अनुशासन से अपने जीवन को पूर्ण रूप से शुद्ध बना डालता है।"**

कुण्डिकोपनिषद् में वायु के नाद का उत्पन्न होना हृदय का तप कहा गया है। वह शरीर को भेदकर ऊपर की तरफ ज़ाता है और मूर्धा को प्राप्त होता है। अपनी देह में मूर्धा को प्राप्त करना परमगति कही गयी है।[247]

संभूतैर्वायुसंश्रावैर्हृदयं तप उच्यते।
ऊर्ध्वंप्रपद्यतेदेहादभित्वा मूर्धानमव्ययम्।।21।।
स्वदेहस्य तुमूर्धानं ये प्राप्य परमां गतिम्।।22।।

पंचब्रह्मोपनिषद् में भी कहा गया है—[248]

पुण्डरीकं तु तन्मध्ये आकाशो दहरोऽस्ति तत्।
स शिवःसच्चिदानन्दःसोऽन्वेष्टव्यो मुमुक्षुभिः।।

अर्थात् इस ब्रह्म के निवास स्थल शरीर में जो दहर नामक घर है (हृदय) जिसे कमल भी कहते हैं, उसमें दहराकाश है, उसी में मोक्ष के इच्छुक साधकों को सत् एवं आनन्द स्वरूप उस शिव को ढूँढ़ना चाहिए।

भक्तिरस से नाद साधना

देवर्षि नारद ने भक्ति के स्वरूप को—**'अमृतस्वरूपा'** कहा है। तैत्तिरीयोपनिषद् (ब्रह्मानन्दवल्ली) के अनुसार भगवान् को स्वयं रसस्वरूप बताया गया है। रस आनन्द का घनी भूतभाव है—**'रसो वै सः', 'रसह्ये वायं लब्धा नन्दी भवति'**। रस एवं भाव परस्पर अन्योन्याश्रित है। छान्दोग्योपनिषद् में 'ओंकार' को सर्वोच्च रस—**'रसानांरसतमः परमः'** मानते हुए उसके ध्यान एवं जप से ब्रह्मसाक्षात्कार का मार्ग बताया गया है।

साधक को चाहिए कि वह विविध लौकिक भावों से अपने रुचि का भाव चुने तदनुकूल भक्तिरस से ओतप्रोत होकर नाद साधना में संलग्न हो। भक्तिपूर्ण साधना से शीघ्र सिद्धि प्राप्त हो जाती है ऐसा ऋषियों का मत है। सहजिया सम्प्रदाय के अनुसार जब मन की बाहरी और भीतरी क्रियाएँ आनन्द की उच्चतम अनुभूति में विलीन हो जाती हैं तब साधक अपने सच्चे स्वरूप में होता है, वही साधक का सहज स्वरूप है।

अखण्ड ज्योति में भगवान् बुद्ध के उपदेश का उल्लेख करते हुए कहा गया है कि—[249] **"ध्यान की गहनता एवं एकान्त शक्ति का स्रोत है। कोलाहल से काल की निद्रा**

नहीं टूटती, न धक्के मारने से समय का द्वार खुलता है। ध्यान के व्यूह में जाओ, नीरवता और शान्ति को सिद्ध करो, ध्यान की गहनता और एकान्त शक्ति के असली स्रोत हैं। भीड़ के कोलाहल से बचो 'लक्ष्य' को ध्यान के शर से विद्ध करो।"

मौन साधने से भी शान्ति मिलती है, किन्तु मौन भीतर का मामला है। चुप रहनेवाले जरूरी नहीं है कि भीतर से शान्त हों। हमें भीतर की शक्ति को पहचानकर एकाग्रता को और तीव्र बनाना होगा तथा उसका ठीक से संग्रह करते हुए, सही उपयोग करना चाहिए। अकेले में हमारी जीवन शक्ति मन के आश्रित हो जाती है। और मन व्यक्ति को भटका देता है। व्यक्ति मन का खिलौना बन जाता है, लेकिन वही मन एकान्त से डरता है। अकेलेपन को एकान्त में बदलने के लिए योग करना पड़ता है, अपने भीतर परिपक्वता लानी पड़ती है। एकान्त में भरोसे का बल होता है। परमशक्ति की समीपता एवं हर व्यक्ति के अन्दर का देवत्व अच्छे कार्य की ओर प्रेरित करता है। इसके विपरीत हर व्यक्ति के अन्दर एक शैतान भी होता है, जो हमेशा अपने लिये जगह ढूँढ़ता रहता है। यदि उसे आश्रय मिल गया तो यहीं से अपराध की यात्रा शुरू हो जाती है।

ब्रह्म के अनाहतनादस्वरूप निर्गुण ब्रह्म की कण-कण में व्यक्तता स्वीकार की गयी है। ब्रह्म को सृष्टि की उत्पत्ति, स्थिति और लय का कारण माना गया है। इस प्रकार ऐसा मानते हुए शान्त भाव से उसी ब्रह्म की उपासना करनी चाहिए। यह भाव ईशावास्य, छान्दोग्य, मुण्डक, माण्डूक्य, कठ आदि कई उपनिषदों में व्यक्त किया गया है। **"सर्व खल्विदं ब्रह्म तज्जलानिति शान्त उपासीत।"**[250] में उपासना का स्पष्ट उल्लेख किया गया है। मुण्डक में यही बात निरन्तर ध्यान के माध्यम से कही गयी है, जो निर्गुण निराकार तत्त्व न नेत्रों से न वाणी से न अन्य इन्द्रियों से न ही तप आदि कर्मों से ग्राह्य है। उस अवयवरहित तत्त्व को ही विशुद्ध अन्तःकरणवाला साधक ज्ञान के प्रसाद से निरन्तर ध्यान करते हुए अपने शुद्ध अन्तःकरण में उसका प्रकाश एवं उसके अनाहतनाद को अनुभूत कर लेता है।

मुण्डकोपनिषद् में स्पष्ट किया गया है—[251]

न चक्षुषा गृह्यते नापि वाचा नान्यैर्देवैस्तपसा कर्मणा वा।
ज्ञानप्रसादेन विशुद्धसत्त्वस्त तस्तुतं श्यपश्ते निष्फलं ध्यायमानः।।

निर्गुण उपासना या अनाहतनाद साधना निरन्तर ध्यान की उपासना है। आचार्य शंकर ने उपासना को परिभाषित करते हुए कहा है—[252]

"उपासनं नाम यथा शास्त्रम् उपास्यस्य अर्थस्य विषयीकरणेन समीप्यम् उपगम्य तैल धारावत् समान प्रत्यय, प्रवाहेण दीर्घकालंयद आसनं तद्उपासनं आचक्षते।"

अर्थात् उपास्य वस्तु को शास्त्रोक्त विधि से (चिन्तन) विषय बनाकर उसके समीप पहुँचकर तैल धारा के समान वृत्तियों के प्रवाह से दीर्घकाल तक उसमें स्थित रहने को उपासना कहते हैं।

पंचदशीध्यानदीप प्रकरण में बोध और उपासना की स्पष्ट व्याख्या करते हुए कहा गया है[253] कि—जो साधक बोध के स्तर पर परब्रह्म का असन्दिग्ध विज्ञान नहीं प्राप्त कर

सकते, वे भावना के बल से उपासना के द्वारा उसका अनुभव कर सकते हैं। बोध और उपासना का मौलिक अन्तर यह है कि ज्ञान वस्तु तान्त्रिक है, गेय वस्तु के अधीन है। जबकि उपासना कर्तृ तान्त्रिक है, कर्त्ता के अधीन है। बोध विचार से उत्पन्न होता, अनिच्छा के द्वारा उसका निवारण नहीं किया जा सकता और वह उत्पन्न होते ही संसार की सत्यता को नष्ट कर देता है। तत्त्वज्ञानी नित्य तृप्ति और जीवन्मुक्ति प्राप्त कर कृत-कृत्य होकर प्रारब्ध क्षय होने की प्रतीक्षा करता हुआ जीता है। जबकि गुरुजनों के उपदेश पर विश्वास कर स्वयं विचार किये बिना श्रद्धालु भाव से अनन्तरित वृत्ति से सगुण या निर्गुण उपास्यतत्त्व के निरन्तर चिन्तन को उपासना कहते हैं। यह उपासना तब तक चलती रहनी चाहिए जब तक यह भाव न बन जाये कि चिन्त्य स्वरूप तो मैं ही हूँ।''

इस प्रकार यह स्पष्ट है कि निर्गुण ब्रह्म के प्रत्यय की निरन्तर आवृत्ति को ही निर्गुण उपासना कहते हैं, और यह उपासना वैदिक युग से चली आ रही है। वैदिक युग से निरन्तर ऋषिगण परम्परा से नादोपासना करते आये हैं। यही उपासना अनाहतनाद की साधना है। गीता में निर्गुण उपासना या निर्गुण तत्त्व की भक्ति का स्वरूप व्यक्त करते हुए भगवान् श्रीकृष्ण ने कहा है—[254]

ये त्वक्षरमनिर्देश्यमव्यक्तं पर्युपासते।
सर्वत्रगमचिन्त्यं च कूटस्थमचलं ध्रुवम्।।3।।
सन्नियम्येन्द्रियग्रामं सर्वत्र समबुद्धयः।
ते प्राप्नुवन्ति मामेव सर्वभूतहिते रताः।।4।।

अर्थात् जो अपनी समस्त इन्द्रियों को सम्यक् रूप से नियन्त्रित कर सर्वत्र समबुद्धि होकर सब प्राणियों के हित में लीन रहकर अक्षर, अनिर्देश्य, अव्यक्त, सर्वव्यापी, अचिन्त्य, कूटस्थ, अचल एवं ध्रुव (तत्त्व) की परितः उपासना करते हैं, वे मुझे ही प्राप्त होते हैं। इसमें जो निर्गुण उपास्य तत्त्व वर्णित है उसके लक्षक पाँच निषेधक (अक्षर, अनिर्देश्य, अव्यक्त, अचिन्त्य और अचल) तथा तीन विधेयक (सर्वव्यापी, कूटस्थ और ध्रुव) विशेषण हैं। यह उपनिषदों की परम्परा के अनुकूल है। माण्डूक्य उपनिषद् के सातवें मन्त्र में परब्रह्म के निर्गुण, निर्विशेषस्वरूप को समझाते समय उसे अदृष्ट, अव्यवहार्य, अग्राह्य, अलक्षण आदि बताने के साथ-ही-साथ एकात्म, प्रत्ययसार, शान्त, शिव आदि भी कहा गया है। जबकि योगेश्वर श्रीकृष्ण ने निर्गुण तत्त्व की उपासना करनेवालों को अपनी ही प्राप्ति बताकर उन्होंने निर्गुण और सगुण को तत्त्वतः अभिन्न कह दिया है।

निर्गुण के उपासक को अनिवार्यतः इन्द्रियजयी, सर्वत्र समबुद्धि और सर्वभूत हितकारी होकर अनिर्देश्य, अव्यक्त तत्त्व का सब कालों सब देशों में तन्मयतापूर्वक अनुशीलन अनुध्यान कर उसके निकट अपनी स्थिति बनाते-बनाते उससे अभिन्न हो जाना होता है। डॉ. राधाकृष्णन ने निदिध्यासन और समाधि की महिमा का उल्लेख करते हुए कहा है—[255]

''दर्शन हमें गन्तव्य देश के द्वार तक ले जाता है किन्तु उस देश में वह हमारा प्रवेश नहीं करा सकता। उसके लिए तो आध्यात्मिक दृष्टि अथवा अनुभूति का

सहारा लेना होगा। संसार के अन्धकार में हम अबोध बच्चों के समान भटक रहे हैं। हमें अपनी प्रकृति का ज्ञान नहीं है। हम मिथ्या भय और मिथ्या आशा से परिचालित हो रहे हैं। इसलिए उस प्रकाश की आवश्यकता बहुत बढ़ जाती है जो हमें वासनाओं के तिमिर से मुक्त कर सके, जो हमें सत्य का दर्शन करा सके। सत्य का वास बुद्धि के धरातल से परे बड़ी गहराई में है, इस गहराई तक हम केवल निदिध्यासन और समाधि के द्वारा ही पहुँच सकते हैं।"

शिवमहापुराण में अनाहतनाद के साधना विधियों पर प्रकाश डालते हुए कहा गया है कि योग साधना के द्वारा अनाहतनाद सुना जा सकता है।[256]

जब सारी प्रजा सो जाये तब योगी को अन्धकार स्थान में बैठकर श्वास रोकने का प्रयोग करना चाहिए। एक समय तक तर्जनी उँगली से दोनों कानों को बन्द करके अग्नि प्रेरित शब्दों को सुनना चाहिए। तत्पश्चात् ध्यान करना चाहिए। ऐसा करने से योगी को सम्पूर्ण सिद्धियाँ प्राप्त हो जाती हैं तथा अनाहतनाद को सुनकर योगी संसार के बन्धन से मुक्त हो जाता है। नित्य अभ्यास करने से होनेवाला अनाहतनाद क्रमशः सूक्ष्म होता जाता है। शब्दब्रह्म को साधने की यही विधि कही गयी है। शब्दब्रह्म के तत्त्व को जान लेने पर वह समदर्शी और जन्म मृत्यु के बन्धन से मुक्त हो जाता है। कहा गया है कि—इस अनाहतनाद अर्थात् शब्दब्रह्म में न ओंकार है, न मन्त्र है, न बीज है, और न ही अक्षर है, यह केवल अनाहतनाद है जिसे नौ प्रकार की ध्वनियों से व्यक्त होना कहा गया है। यह भी बताया गया है कि योगी को नौ ध्वनियों का परित्याग कर तुंकार का अभ्यास करना चाहिए।

न चोङ्कारो न मन्त्रो अपि नैव बीजं न चाक्षरम्।
अनाहतमनुच्चार्य शब्दब्रह्म शिवं परम्।।
नव शब्दान्य परित्यज्य तुंकार तु समभ्यसेत्।
ध्यायन्नेव सदा योगी पुण्यैः पापै न लिप्यते।।

ऋग्वेद में भी उल्लेख किया गया है—[257]

"स्वरन्ति त्वा सुते नरो वसो निरेक उक्तिथनः" अर्थात् हे शिष्य तुम अपने आत्मिक उत्थान की इच्छा से मेरे पास आये हो मैं तुम्हें ईश्वर का उपदेश देता हूँ तुम उसे प्राप्त करने के लिए संगीत के स्वरों से उसे पुकारोगे तो वह तुम्हारे हृदय गुहा में प्रकट होकर अपना प्यार प्रदान करेगा। इससे यह स्पष्ट होता है कि स्वर ध्वनियों के भावात्मक स्वरूप से ईश्वर-प्राप्ति का मार्ग प्रशस्त होता है।

भारतवर्ष ऋषियों, मुनियों का देश रहा है। यहाँ अनादि काल से शिक्षा का माध्यम गुरु-शिष्य-परम्परा रही है, जिसका संचालन ऋषियों के हाथ में रहा है। इस परम्परा का निर्वहन भगवान् राम ने भी गुरु वशिष्ठ के आश्रम जाकर शिक्षा प्राप्त करने का उल्लेख गोस्वामी तुलसीदास जी ने रामचरितमानस में किया है—**"गुरु गृह गये पढ़न रघुराई अल्प काल विद्या सब पाई।।"** इसी प्रकार योगेश्वर श्रीकृष्ण की शिक्षा अवन्तिकापुरी (उज्जैन) के सन्दीपन ऋषि के आश्रम में ऋषि-परम्परा से हुई थी।

भारतभूमि में अगणित बार जन्मे ऋषियों, सन्तों एवं मनीषियों ने नादब्रह्म के सत्य और उसके सूत्र को प्रमाणित करने के लिए अपने जीवन की गवाही दी है। वैदिक काल से लेकर हर युग में इसकी अभिव्यक्ति अपनी अनूठी रीति से होती रही है। विश्वामित्र, वशिष्ठ, वाल्मीकि, व्यास, वामदेव आदि ऋषियों ने इस सत्य की अनुभूति की है, और अपने शिष्यों को ऋषि-परम्परा से नादब्रह्म के सत्य का साक्षात्कार कराया। वैदिक युग में ऋषियों द्वारा विश्वविद्यालय की स्थापना की गयी थी, जहाँ योग, तप और ब्रह्मविद्या के साधना की शिक्षा दी जाती थी।

जिन ऋषियों ने अपने युग में विश्वविद्यालयों की स्थापना की थी उनमें प्रमुख रूप से—अगस्त्य, कण्व, जावालि, परशुराम, वाल्मीकि, भरद्वाज, वशिष्ठ, वामदेव, विश्वामित्र, व्यास, शौनक एवं सन्दीपनि विशेष रूप से उल्लेखनीय हैं। प्राचीन साहित्य में महर्षि अगस्त्य के द्वारा स्थापित विश्वविद्यालय से सम्बद्ध केन्द्रों की स्थिति भारत में अनेक स्थानों पर बतायी गयी है जो हिमालय से दक्षिणी समुद्र तक फैले थे। महर्षि कण्व का विश्वविद्यालय समूचे भारतवर्ष का गौरव था। इसका वर्णन महाभारत, स्कन्दपुराण एवं अग्निपुराण में किया गया है। महर्षि कण्व के विश्वविद्यालय में वेद, वेदांग, यज्ञ, कल्पसूत्र, ध्वनिविज्ञान, शब्दविज्ञान, छन्द, व्याकरण, आत्मविज्ञान, ब्रह्मोपासना आदि विषय पढ़ाये जाते थे।

संस्कृत काव्यकारों ने जावालि के विश्वविद्यालय का सविस्तार विवेचन किया है। बाण के कादम्बरी में इसकी स्थिति विन्ध्यारण्य में बतायी गयी है। महर्षि परशुराम का विश्वविद्यालय महेन्द्र पर्वत पर था। महर्षि वाल्मीकि विश्वविद्यालय अपने समय में आत्मविद्या एवं अध्यात्मविद्या का महान् केन्द्र था, गंगा-यमुना के संगम पर महर्षि भरद्वाज ने विख्यात विश्वविद्यालय की स्थापना की थी। वहाँ ऋषि-परम्परा से योग साधना, नाद साधना एवं गोष्ठियों आदि के माध्यम से नादानुसन्धान किया जाता था। गोस्वामी तुलसीदास ने भी **"भरद्वाज मुनि बसहि प्रयागा"** कहकर उनका स्मरण किया है।

महर्षि वशिष्ठ के विश्वविद्यालयों का वर्णन प्रायः सभी वैदिक एवं पौराणिक साहित्यों में मिलता है। महाकवि कालिदास ने भी अपने रघुवंश नामक महाकाव्य में इसका उल्लेख किया है। महर्षि वामदेव का विश्वविद्यालय नर्मदा नदी के उद्गमस्थल के समीप में बताया गया है। सम्भवतः यह स्थान अमरकण्टक की पहाड़ियों में रहा होगा।

वैदिक परम्परा के ऋषियों में ब्रह्मर्षि विश्वामित्र का नाम अग्रगण्य है। ऋग्वेद के तीसरे मण्डल के ऋषि विश्वामित्र ही हैं। शास्त्रों के अनुसार इनका विश्वविद्यालय गंगा-सरयू के संगम पर स्थित था। वेदों के सम्पादक महाभारत के रचयिता तथा अठारह पुराणों के संग्रहकर्त्ता महर्षि व्यास ने हस्तिनापुर के निकट विश्वविद्यालय की स्थापना की थी। इनके विश्वविद्यालय से सम्बद्ध अनेकों केन्द्र विभिन्न स्थानों में संचालित थे, जहाँ नादानुसन्धान के साथ ब्रह्मविद्या की शिक्षा ऋषि-परम्परा से संचालित होती थी। इनकी शिष्य-परम्परा में महर्षि शौनक ने नैमिषारण्य में विश्वविद्यालय स्थापित किया था।

महर्षि सन्दीपन का नाम प्राचीन विश्वविद्यालय के संस्थापकों में अत्यन्त गरिमापूर्ण है। उन्होंने उज्जयिनी में अपना विश्वविद्यालय स्थापित किया था जहाँ भगवान् श्रीकृष्ण ने शिक्षा प्राप्त की थी। अखण्ड ज्योति पत्रिका में विभिन्न वैदिक विश्वविद्यालयों का उल्लेख करते हुए कहा गया है कि इस देश में तक्षशिला विश्वविद्यालय महान् विद्या का केन्द्र था।[258]

ऋषिगण विभिन्न समय में गोष्ठियों का आयोजन करके विभिन्न प्रकार की साधनाओं में आनेवाली कठिनाइयों का समाधान ढूँढ़ते थे। भारतीय इतिहास व संस्कृति के मर्मज्ञ विद्वान् प्रो. ए. एल. वाशम, पी.गार्डनर आदि विद्वानों ने अपने शोध प्रबन्ध में इस तथ्य का उल्लेख किया है।

नालन्दा विश्वविद्यालय भी ब्रह्मविद्या से संगीत साधना के उत्कर्ष पर पहुँचनेवाला विश्वविद्यालय था। इस सम्बन्ध में एक तिब्बती छात्र रिंछोपा का संस्मरण उल्लेखनीय है। वह सातवीं शताब्दी का नालन्दा विश्वविद्यालय का छात्र था। उसने लिखा है कि "बसन्त ऋतु में विश्वविद्यालय में विश्व संगीत संगोष्ठी का आयोजन किया गया था। इसके अन्तर्गत होनेवाली परिचर्चाएँ विभिन्न संकायों एवं विभागों में एक साथ चलीं। इसमें जावा, सुमात्रा, मालद्वीप, चीन आदि अनेक देशों के नौ हजार आचार्यों एवं चौदह हजार छात्रों ने भाग लिया था। इस सम्मेलन में त्रिपिटक संगीत की अध्यक्षता आचार्य मोक्षकर गुप्त ने की थी। इस सम्मेलन से धम्मज्ञान एवं शोध कार्य के लिए सभी को नयी दिशाएँ मिलीं।

जीवन तत्त्व के मर्मज्ञ डॉ. राधाकृष्णन के शब्दों में "संसार में हर वस्तु कारण है और कार्य भी। उसमें अतीत की ऊर्जा संचित रहती है। और उसके द्वारा भविष्य पर अपनी इस ऊर्जा का प्रयोग होता है।"

मनुष्य जीवन की यात्रा अनन्त है। इस यात्रा में अनेक शरीर वस्त्रों की तरह बदले जाते हैं। जो जीवन हमें दिखायी देता है वह जन्म और मृत्यु के बीच दिखता है। इस यात्रा में उसका चित्त सदैव जीवात्मा के साथ रहता है। यह चित्त ही है, जिसमें उसके किये गये कर्मों का संग्रह होता है। इन्हीं कर्म-संस्कारों के आधार पर उसका भावी जीवन तय किया जाता है। मनुष्य जीवन के रहस्यों को समझना आसान नहीं है। लेकिन जो इस चित्त के रहस्य को जान लेता है, वह अपने जीवन के सम्पूर्ण रहस्यों से भी परिचित हो जाता है। अध्यात्म जिसके जीवन में उतर गया वह व्यापक एवं विराट् का हो जाता है और जीवन को पवित्रता से भर देता है। यह पवित्रता जब व्यवहार में उतर जाती है तो समाज में उसे नैतिकता का नाम दिया जाता है। अध्यात्म आन्तरिक पवित्रता का पर्याय है, जिससे विचारों, भावनाओं एवं संस्कारों को परिष्कृत किया जाता है। साधना के मार्ग में मोह बड़ी बाधा है। इसे मनोविकार की संज्ञा दी गयी है। यह विवेक को जाग्रत नहीं होने देता है। परमात्मा ने मनुष्य को निर्विकार, सरल और सौम्य जीवन जीने के लिए उत्पन्न किया है, किन्तु मनुष्य ने अपने चारों ओर मोह का जाल निर्मित कर स्वयं को

फँसा दिया है। मोह से अभाव उत्पन्न होता है और इस अभाव को भरने के लिए वह संग्रह के मोह में विक्षिप्त जैसा हो जाता है।

मोह से एषणा और एषणा से मोह होता है। एषणाएँ तीन प्रकार की होती हैं—वित्तैषणा, पुत्रैषणा और लोकैषणा। इस प्रकार वित्त एवं पुत्र के अलावा यश, ख्याति और मान-सम्मान की चाह कामना के वशीभूत व्यक्ति अपने सारे कार्य कामना पूर्ति में ही व्यतीत कर देता है। सृष्टि का परम तत्त्व कर्म है। गीता में भगवान् श्रीकृष्ण ने कर्त्तव्य कर्म को ही श्रेष्ठ कर्म कहा है। व्यक्ति कर्म से तो मुँह मोड़ सकता है। पर कर्म फल से नहीं बच सकता। विभिन्न युगों, सम्प्रदायों और सभ्यताओं द्वारा सर्वमान्य भाव महर्षि वेदव्यास जी ने एक लाइन में निचोड़ व्यक्त किया है—"**परोपकाराय पुण्याय पापाय परपीड़नम्**" अर्थात् परोपकार ही पुण्य है और दूसरों को दुःख पहुँचाना ही पाप है।

कबीरदास की परम्परा में अनाहतनाद

कबीरदास जी हठयोग की साधना कर चुके थे। उन्होंने सहज समाधि को विहित बताया है जो राजयोग से उत्पन्न होती है। "**साधो सहज-समाधि भली।**" उन्होंने कहा है कि यदि पूर्णता चाहते हो तो उस धरातल तक उठो जहाँ पर कबीर का निवास है—

सुर नर मुनि औ औलिया, ये सब बेले तीर।
अलह राम की गति नहीं तहं घर किया कबीर।।
हद छोड़ि बेहद गया किया सुन्नि असनान।
मुनि जन महल न पाइया, तहाँ किया विश्राम।।

कबीर हृदय की अनन्त गहराइयों में विश्राम कर रहे थे, जहाँ सामान्य योगी नहीं पहुँच सकता। उन्होंने हद विहीन अनहदनाद का श्रवण भी किया है—"**कहै कबीर आनन्दभयो है बाजत अनहद ढोल रे।**" उनका कहना है कि जो साधक अपने हृदय में नादानुसन्धान करे वही कुशल साधक, विवेकी मनुष्य है। कबीर कहते हैं कि अब मैं सांसारिक माया. मोह को त्यागकर परमानन्द की स्थिति में चला गया हूँ, सभी हदों को पार कर चुका हूँ—

माया त्यागे मन बैरागी सबद में सुरत समानी।
कहै कबीर सोइ सन्त जौहरी जिन झूठी कर जानी।।

कहते हैं वही सच्चा विवेकी पारखी सन्त है जिसने माया को मिथ्या समझा है। जब साधक समस्त विषय-विकारों का त्यागकर निष्कपट भाव से साधना में लीन होता है, तब अनाहतनाद ध्यानावस्था में सुनायी देने लगता है—

अनहद बाजा बाजिया बरसत घन धारा हो।
तहाँ शब्द घनघोर है, जिहि वार न पारा हो।।

ध्यानावस्थित योगी के हृदय में अनहद बाजा बजता है और बादल की बरसात के समान अमृतधारा बहती है। बादल के गड़गड़ाहट की ध्वनि जैसा परम सुखदायी शब्द सुनायी देता है, जिसका कोई आदि-अन्त नहीं है। कबीर साहब ने इस ध्वनि को अनहदनाद कहा है।

कबीरदास जी की परम्परा में अनेक सन्त और महात्मा हुए हैं जिनमें मुख्य रूप से नानकदेव, रैदास, धन्ना, सुन्दरदास, दादूदयाल, रज्जब, मलूकदास और धरणीदास के नाम विख्यात हैं।

सांसारिकता और आध्यात्मिकता में सम्बन्ध हो सकता है, इस सत्य का उद्घोष रज्जब के दोहे में व्यक्त होता है—

एक जोग में भोग है, एक भोग में जोग,
एक बुड़हि वैराग्य में, एक तरहि सो गिरही लोग।

योग से डूबनेवाले लोगों के दृष्टान्त वज्रयानी साधु हुए और भोग के वृत्त में रहकर योग सिद्ध करनेवालों में कबीरदास एवं गुरु नानकदेव हुए हैं।

गुरु नानकदेव की प्रसिद्ध रचना जपुजी साहब में कहा गया है—[259]

ओंकार सतिनाम करता पुरखू निरभउ निरवैरु
अकाल मूरति अजूनी सैम गुरु प्रसादि।

अर्थात् वह एक उसका नाम सत्य है वह सृष्टि का कर्त्ता है, सभी में व्याप्त है वह भयमुक्त शत्रुतारहित कालरहित और अजन्मा है, वह स्वयं प्रकाशित है और गुरु कृपा से उसका साक्षात्कार हो सकता है। कबीरदास जी की परम्परा निर्वाह करते हुए गुरु नानक देव ने अनहदनाद की साधना की है। उनकी वाणी गुरुग्रन्थ साहिब में व्यक्त की गयी है—[260]

वीणा सबदु बजावै जोगी दर सीन रूप अपारा।
सबदि अनाहिद सो सहु राता नानक कहे बिचारा।।
अनहद बाजे धुनि बजदे कुर सबदि सुणीजै।
तितुघटि अन्तरिधानणा किरभक्ति मिलीजै।।

पतंजलि योग प्रदीप में शिवसारतन्त्र के हवाले से बताया गया है कि अनाहतचक्र में ध्यान का साधन करने पर जो ध्वनि सुनायी देती है वही अनाहतनाद है। यही अनाहत ध्वनि सदा शिव है और त्रिगुणमय ओंकार इसी स्थान में व्यक्त होता है।[261]

अष्टौ स्थानानि वर्णानांमुरः कण्ठः शिरस्तथा।
जिह्वा मूलं च दन्ताश्च नासिकोष्ठौ च तालु च।।[262]

अर्थात् वर्णों के उच्चारण के आठ स्थान हैं। वागीन्द्रियजन्य शब्द से शब्दान्तर को 'श्रोतंचेति' कहते हैं। वागीन्द्रिय द्वारा शंख आदि में अभिहित उदान वायु का परिणाम भेद ध्वनि है। जिस परिणाम से उदान वायु वक्ता की देह से उठकर शब्द धारा को उत्पन्न करता हुआ श्रोता के श्रोतृ को प्राप्त होता है, उस ध्वनि का परिणामभूत वर्णा वर्ण साधारण नाद नामक शब्द सामान्य ही श्रोत्रेन्द्रिय का विषय होता है। ध्वनि का अपरिणाम भूत वाचक पद श्रोत्रेन्द्रिय का विषय नहीं होता। वह शब्द वर्ण जातिवाला होने से वर्ण कहलाता है। तृतीय शब्द अन्तःकरण से ही ग्राह्य है। अर्थात् अन्तःकरण का विषय है।

सूफी सम्प्रदाय की साधना में संगीत

सूफी मत में मुख्य कर्त्तव्य ध्यान और समाधि है। प्रार्थना और नाम स्मरण है। जीवन का असली लक्ष्य धार्मिक अनुभूतियों द्वारा आन्तरिक सत्य का साक्षात्कार करना और उस सत्य के साथ एकाकार होना है। यह धार्मिक अनुभूति प्रेम है। सूफी साधक ईश्वर को मनुष्य की आत्मा और मानव-जीवन को उस आत्मा का आवरण मानते हैं। वह योग के माध्यम से नाद साधना को मान्यता देते हैं और उसी में उन्होंने प्रेम और सौन्दर्य तत्त्व को देखा है। उनका मानना है कि संगीत में मन को केन्द्रित करके उसे ऊपर ले जाने की शक्ति होती है। समाधि की सुगमता के लिए सूफी सन्त इसका प्रयोग करते हैं।

सूफी दर्शन के अनुसार फरीदुद्दीन अत्तार ने 'वहद्तुलवजूद' (केवलत्ववाद) के सिद्धान्त का प्रतिपादन किया जिनकी मान्यता है कि परमसत्ता समस्त दृश्यमान् जगत् का आदि स्रोत है और अविभाज्य होते हुए एक है। **"अलवजूद अलमुतलक अस्लकुल्लवजूद"** अर्थात् परम सत्ता के अतिरिक्त जो कुछ भी है उसका कोई अलग अस्तित्व नहीं है बल्कि वह मन की उपज है। जब जीवात्मा में द्वैत होता है तो मौलाना रूपी विरहिणी आत्मा की उपमा बाँसुरी से देते हुए कहा है—[263]

सूफी, शेख और मुरीद (गुरु-शिष्य-परम्परा) द्वारा जिक्रदिक्र, ध्यान, तौबा, हालदाशा, जलवा, इखलास तथा फना आदि प्रवृत्तियों तथा प्रभावकारी, लयकारी इश्क के नगमें, शेरो शायरी आदि गाते बजाते हैं, और उसी मस्ती में मस्त होकर नाचने लगते हैं। इनके अन्दर अनाहतनाद की उत्पत्ति होने लगती है। सूफी गायकी की परम्परा में दिक् द्वारा नाद साधना तथा वाक् ध्वनि द्वारा खुदाई प्रेम को जाहिर करने के लिए स्वर-लहरियों द्वारा जिक्र किया जाता है।

संस्कृति के चार अध्याय में उत्तर भारत की सन्त परम्परा के हवाले से बताया गया है—[264] कि भारतवर्ष में सूफियों के चार सम्प्रदाय हुए हैं—1. सुहर वर्दिया जिसके प्रवर्तक सन्त जियाउद्दीन, 2. सम्प्रदाय चिश्तिया है जिसके प्रवर्तक हजरत अदब अब्दुल्ला चिश्ती हुए जो अजमेर में रहते थे—निजामुद्दीन औलिया, अमीर खुसरो और मलिक मोहम्मद जायसी इसी परम्परा से थे, 3. कादिरिया सम्प्रदाय के प्रवर्तक शेख अब्दुल कादिर जिलानी रहे और, 4. नक्शबन्दिया सम्प्रदाय जिसके प्रवर्तक ख्वाजा वहाउददीन नक्शबन्द थे। शाहजहाँ का साधुपुत्र दाराशिकोह कादिरिया सम्प्रदाय में दीक्षित था तथा बिहार में सूफीमत का प्रचार करनेवाले फकीर मखदूम शाह भी इसी सम्प्रदाय के अनुयायी थे।

अमीर खुसरो सन्त, कवि और फकीर थे, उन्होंने संगीत और वाद्ययन्त्रों पर नूतन आविष्कार किया था, उन्होंने कहा है कि भारतीय संगीत दुनिया का उत्कृष्टतम संगीत है। यहाँ संगीत से केवल मनुष्य ही नहीं झूमते बल्कि हिरणों को भी स्तम्भन होता है। **खुसरो ने अपने 'मसनवी' में इस बात की चर्चा की है कि भारत में तोते और मैना स्वर मिलाकर आदमी की बोली बोलते हैं, घोड़े ताल पर कदम उठाते हैं और बन्दर रुपये-अठन्नी का भेद बता सकते हैं। उनका कहना है कि "आदम और हौवा जब स्वर्ग से निकाले गये थे, तब वे इसी देश में उतरे थे। प्रतिमा पूजनेवालों में उन्होंने**

जो तल्लीनता देखी है, उस तल्लीनता में उन्होंने अन्दर के संगीत को देखा है। इस संगीत की तारीफ करते हुए उन्होंने कहा है "तीर-लक्ष्य भले ठीक न हो मगर उसकी गति कितनी तेज है।"

इसी प्रकार रसखान की समस्त रचनाएँ उनके हृदय की अन्तर्संगीत को व्यक्त करती हैं। उनके भीतर की भाव विह्वलता अनाहतनाद से प्रस्फुटित होकर कृष्णभक्तिमयी संगीत का सृजन करती हैं। इनकी परम्परा में—अनीस, अहमद, कमाल, जमाल, जलालुद्दीन, ताज, तानसेन, नेवाज, फकीरुद्दीन, आलम, शेख तथा मुबारक और रसलीन आदि हुए हैं।

ताज ऐसी भावुक संगीत साधिका एवं कवयित्री हुई है, कि उनके अन्दर का अनाहतनाद जब कृष्ण तत्त्व की महिमा गाते हुए आहतनाद में व्यक्त होता था तब वह भूल जाती थी कि वह मुस्लिम महिला है। उन्होंने कृष्ण प्रेम में यहाँ तक कहा है कि मैं इस्लाम छोड़कर हिन्दू हो जाने को तैयार हूँ।

**सुनो दिल जानी मेरे दिल की कहानी तुम
दस्त ही बिकानी बदनामी भी सहौंगी मैं,
देव पूजा ठानी, मैं निवाज हूँ भुलानी,
तजे कलमा, कुरान, सारे गुनन गहौंगी मैं।
स्यामला सलोना सिर ताज सिर कुल्ली दिये।
तेरी नेह आग में निदाग ह्वै दहौंगी मैं।
नन्द के कुमार कुरबान तांडी सूरत पै,
हौं तो मुगलानी, हिन्दुवानी ह्वै रहौंगी मैं।।**

संस्कृति के चार अध्याय में रामधारीसिंह दिनकर ने आरावी मत का उल्लेख करते हुए कहा है—[265] परमार्थ तत्त्व शाश्वत-सौन्दर्य रूप है। संसार एक आईना है, जिसमें मनुष्य अपना प्रतिबिम्ब देखता रहता है। यह सिद्धान्त है। सूफियों ने चार प्रकार की साधनावस्थाएँ निश्चित की हैं—शरीअत, तरीकत, हकीकत और मारिफत। इस्लाम में वर्णित नियम शरीअत कहलाता है। तरीकत हृदय की पवित्रता, ध्यान, चिन्तन की अवस्था को कहा जाता है। हकीकत-अल्लाह अथवा परमतत्त्व की एकता, उसके गुणों और उसकी कृपा का ज्ञान, आन्तरिक अनुभूतियाँ हकीकत कहलाती हैं और मारीफत में सत्यानुभूति-जनित सिद्धावस्था प्राप्त होती है। इसके दो रूप हैं—1. हाली और 2. इल्मी।

हाली अवस्था में संगीत के माध्यम से साधना की जाती है, इसी मार्ग को सूफी सन्तों ने अपनाकर नाद सिद्धि प्राप्त करके इसी मार्ग से मोक्ष अवस्था को प्राप्त किया है। इसके भी दो पक्ष हैं— 1. त्याग पक्ष, और 2. प्राप्ति पक्ष। त्याग पक्ष के अन्तर्गत 'फना' अर्थात् अपनी सत्ता को ईश्वरीय सत्ता में विलीन करना और 'फकद' अर्थात् अहंकार के मद को शुक्र (प्रेममद) समझना। इस प्रकार सूफी अनाहतनाद की अनुभूति प्राप्त करते हुए मोक्ष की अवस्था पर त्याग पक्ष से पहुँचते हैं।

स्वामी रामकृष्णदेव महान् योगी साधक हुए है। उन्होंने सभी धर्मों के अन्तर्गत की जानेवाली साधनाओं, पूजा विधियों एवं उपासनाओं का अनुभव प्राप्त करके सभी धर्मों में

एक ही ब्रह्मतत्त्व की अनुभूति प्राप्त की। स्वामी रामकृष्णदेव की परम्परा में स्वामी विवेकानन्द जी विशेष उल्लेखनीय रहे। राममोहन, केशव सेन, दयानन्द, रानाडे, एनीबेसेण्ट आदि ने भी स्वामी जी की साधना पद्धति को अपनाकर अन्तर्जगत् की संगीत को सुना और अन्य सन्तों को प्रभावित किया।

स्वामी विवेकानन्द ने धर्म की व्याख्या करते हुए कहा है—[266] **''धर्म मनुष्य के भीतर निहित देवत्व का विकास है।''** धर्म न तो पुस्तकों में है न धार्मिक सिद्धान्तों में वह केवल अनुभूतियों में निवास करता है। धर्म अन्धविश्वास नहीं है धर्म अलौकिकता में नहीं है वह जीवन का अत्यन्त स्वाभाविक तत्त्व है''।

श्रीमद्भागवत में कहा गया है—[267] **''सवै पुंसा परो धर्मो यतो भक्तिरधोक्षजे।''** वह धर्म सबसे उत्तम है जो मनुष्य को भक्ति करने और ईश्वर से प्रेम करने में सहायता करता है। संस्कृति के चार अध्याय में बताया गया है—कि हमारे दार्शनिक सत्य सोचे या समझे नहीं गये थे बल्कि ऋषियों ने आत्मा के चक्षु से उनका दर्शन किया था, धर्म अनुभूति की वस्तु है और धर्मात्मा भारतवासी उसे मानते आये हैं, जिसने धर्म के महा सत्यों को केवल जाना ही नहीं, उनका अनुभव और साक्षात्कार भी किया है। स्वामी रामकृष्ण देव के अवतरित होने से धर्म की यही अनुभूति प्रत्यक्ष हुई है। उन्होंने अपने जीवन से यह बता दिया है कि धार्मिक सत्य केवल वौद्धिक अनुमान की वस्तु नहीं, प्रत्यक्ष अनुभव के विषय हैं।

स्वार्थ भावना से रहित ईश्वर का नाम अधोक्षज है। अधोक्षज का अर्थ है—वह जो देखे जानेवाले सारे भौतिकवादी प्रयासों पर विजय पा लेता है और अक्षज का अर्थ है—प्रयोगात्मक ज्ञान द्वारा प्रत्यक्ष अनुभूति। प्रयोगात्मक ज्ञान द्वारा ब्रह्म को नहीं जाना जा सकता है न ही उसकी दिव्य ध्वनि को सुना जा सकता।

चैतन्य महाप्रभु ने ईश्वर को जानने का सबसे सरल और उत्कृष्ट मार्ग भक्तियोग को बताया है। भगवान् कृष्ण ने भी गीता में इसकी पुष्टि की है—**''भक्त्या मामभिजानाति यावान्यश्चास्मि तत्त्वतः।''**[268]

भक्ति के द्वारा ब्रह्म को यथा रूप में जाना जा सकता है। वेदों ने भी पुष्टि की है कि भक्ति के द्वारा सर्वोच्च पूर्णावस्था प्राप्त की जा सकती है। अन्य योग के माध्यम से भी ब्रह्म के नादतत्त्व को जानने के लिए अभ्यास किया जाये तो भी आवश्यक है कि उसमें भक्तियोग का मिश्रण हो।[269]

महर्षि अरविन्द को अनाहतनाद की अनुभूति प्राप्त हुई थी जिसका उल्लेख उत्तरयोगी अरविन्द में शिवप्रसाद सिंह ने किया है—कहा गया है कि अरविन्द अलीपुर जेल में थे तब उन्होंने कठोर साधना की थी। कष्टों से भरे रास्ते से चलते हुए उन्होंने अपनी योग पद्धति का महत्त्वपूर्ण सूत्र प्राप्त किया था—**''बुद्धि का निग्रह और उसका लोप तथा नीरव शान्तमन के होने पर चैत्य पुरुष के जागरण की प्रक्रिया।''**

जीवन की अशान्ति का मूल कारण मानवीय बुद्धि की अपूर्णता है, और जिस क्षण बौद्धिक निग्रह शिथिल हो जाता है, भीतर से स्वयं प्रकाश अपने-आप उदित हो जाता है

जो मानव-मन को अपूर्व शान्ति और आनन्द से भर देता है। उन्होंने बताया है कि जेल के अन्दर की सभी चीजें चेतन दिखायी देती थीं। ऐसा बोध होता था कि भगवान् जेल परिसर के वृक्षों के नीचे आनन्द की बाँसुरी बजाते हैं और उसकी मधुरता से मेरे हृदय को अपनी ओर खींच रहे हैं—उन्होंने श्रीकृष्ण का साक्षात्कार किया, उनका सारा जीवन उसी आनन्द धारा में निमग्न हो गया, काल कोठरी में परात्पर ज्योति का वातायन खुल गया। वह बाँसुरी और उसकी मोहक धुन उन्हें कभी नहीं भूली। यही उनके अनाहतनाद की अनुभूति थी। उन्होंने कृष्ण शीर्षक कविता में लिखा है—[270]

मैंने अमर वे सुहाने नेत्र देखे हैं प्रिय के,
उन्मादकारी बाँसुरी का राग भी सुना है सदा,
विस्मय का महानन्द कभी नहीं मरता है,
कसक एक उठती है, मौन रह जाती है।
कभी नहीं, कभी नहीं, राग बन्द होता है,
आश्चर्य-भरी खुशियों से जिन्दगी सिहरती है,
प्रकृति समूची एक विस्तृत प्रतीक्षा है नाथ की
आयें वो छुयें, इसे लेकर आलिंगन में इसको कृतार्थ करें।

यदि लय न होती तो स्वर का कोई मूल्य नहीं होता, स्वर नहीं होता केवल लय होती तो उसका भी कोई अर्थ नहीं होता। यदि हृदय में प्रेरणा के हिलकोरे न लगते, अनाहतनाद उत्पन्न न होता, तो न लय होती न स्वर होता, और न ही बाहरी संगीत का अस्तित्व होता। यह ईश्वर की सृष्टि है, नाद भी ईश्वर की सृष्टि है, अन्दर से उठी तंरगों से लय और स्वर का सामंजस्य बनता है।

प्रकृति ही नादमय है। पक्षी लय में बोलते हैं। झरने के बहने में, नदी के बहाव में, पारिजात के झरने में, पत्तियों के हिलने में, फूल के खिलने में, नाद का अनुभव होता है। यही संगीत मनुष्य की कोमल भावनाओं को उत्पन्न कर मानवीय जीवन की ओर प्रेरित करता है। संगीत ही शान्ति की सनातन साधना है।

अनाहतनाद की साधना में मन की स्थिरता महत्त्वपूर्ण है। योगवाशिष्ठ जैसा महान् ग्रन्थ भगवान् श्रीराम द्वारा मन के उपद्रवों से परेशान होकर वशिष्ठ मुनि से निदान पूछने पर उत्तर के रूप में प्राप्त हुआ है। गीता में भगवान् श्रीकृष्ण ने कहा है कि इन्द्रियों में सर्वश्रेष्ठ मन मैं स्वयं हूँ। सृष्टि का सारा सौन्दर्य मनोभाव है। ऋषियों ने मन के मनन द्वारा ही अनेको सिद्धियाँ प्राप्त की हैं। इस प्रकार अनाहतनाद की साधना में मन को परमात्मा में निरन्तर लगाने के अभ्यास का परामर्श ऋषियों ने किया है।

भारत में जितने भी धर्म हैं, उनके सभी धर्मग्रन्थों का सार परमतत्त्व से साक्षात्कार करना है। नाद साधना उस परमतत्त्व से साक्षात्कार का मार्ग है। आत्मा को परमात्मा से जोड़ने के तरीके वाल्मीकि, व्यास, वशिष्ठ आदि कई ऋषियों द्वारा अपने अनुभव के आधार पर बताये गये हैं किन्तु महर्षि पतंजलि ने जो प्रक्रिया प्रतिपादित की है, वह अद्वितीय है। उनके साधना विधियों से दुनिया के असंख्य लोग जुड़े हैं। उन्होंने चित्तवृत्ति के निरोध

से योग बताया है। इसके आठ अनिवार्य अंग—यम, नियम, आसन, प्राणायाम, प्रत्याहार, धारणा, ध्यान और समाधि को बताया है। प्राणायाम का प्रमुख लक्ष्य मनोनिग्रह है, आसन और प्राणायाम द्वारा शरीर इन्द्रियों एवं मन को सशक्त बनाकर प्रत्याहार और धारणा के लिए सक्षम बनाते हैं। प्रत्याहार के नियमित अभ्यास से मन का विषयों से सम्बन्ध टूट जाता है तब चंचल मन जिसका निग्रह भगवान् श्रीकृष्ण ने गीता में कहा है कि अन्तर्मुखी होकर स्वतः स्थिर और नियन्त्रित हो जाता है। इस प्रक्रिया के परिणामस्वरूप मन और चित्त एकाग्र, स्थिर और सशक्त हो जाता है, जिससे ध्यान केन्द्रित करने में कठिनाई नहीं होती। इसी धारणा के बल पर वास्तविक ध्यान सम्भव होता है। ध्यान की पराकाष्ठा समाधि में परिणित हो जाती है जो परमशान्ति और नादात्मा ब्रह्म के आनन्द की शाश्वत स्थिति से साधक को जोड़ती है।

पण्डित विजय शंकर मेहता का चिन्तन है कि फकीरों ने जीवन को अलग-अलग ढंग से परिभाषित किया है। जब हम बुद्ध को सुनेंगे-पढ़ेंगे तो पायेंगे जीवन योग है। महावीर को समझेंगे तो पायेंगे कि उन्होंने जीवन को तप बना दिया है। हमारा परिचय जब ईसा मसीह से हो तो जीवन सेवा दिखने लगता है। जब राम से मिलेंगे तो पायेंगे जीवन त्याग का नाम है और जब कृष्ण को जानते हैं तो जीवन में धर्म क्या है, यह समझ में आता है। कुल मिलाकर यह सभी कह रहे हैं, कि आपके भीतर परम शक्ति है। यदि आपने अपने भीतर परमात्मा की उपस्थिति स्वीकार कर ली तो वही आप दूसरों में भी स्वीकार कर लेंगे। और आपका दूसरों के प्रति व्यवहार बदल जायेगा। हमनें आधुनिक दृष्टि से अपने-आपको सक्षम बना लिया पर आध्यात्मिक दृष्टि से हम अपरिपक्व हैं। धर्म और अध्यात्म कहते हैं, पहले एकान्त से स्वयं को साधो, सक्षम बनो फिर संसार में उतरो। श्रेष्ठता एकान्त में ही जन्म लेती है। एकान्त साध चुके हनुमान जी को जामवन्त ने कहा कि आपने अपने भीतर जो अध्यात्म पाया है, अब उसका उपयोग बाहर ऐसे करिये जैसे विज्ञान का किया जाता है, जामवन्त हनुमान जी को समझाते हैं—

पवन तनय बल पवन समाना, बुधि बिबेक विग्यान निधाना।।
कवन सो काज कठिन जग माहीं, जो नहिं होय तात तुम पाहीं।।

हनुमान जी को बल, बुद्धि, विवेक से जोड़ते हुए कहा गया है कि संसार का ऐसा कोई कार्य नहीं जो वे नहीं कर सकते। उनका काम करने का तरीका वैज्ञानिक था। आज कल विज्ञान और धर्म दोनों का काम एक-दूसरे के बिना नहीं चलता। अगर विज्ञान का महत्त्व धर्म में समझना हो तो हनुमान जी की जीवन-शैली से समझा जा सकता है। प्राचीन युग में शास्त्रार्थ की परम्परा प्रचलित थी। इसका मतलब शास्त्र के अर्थ की खोज करना होता था। आज के बदले हुए समय में धर्म के तत्त्व, सत्य व मर्म को वैज्ञानिक दृष्टि से देखे जाने की जरूरत है। क्योंकि ऐसी दृष्टि को अपनाकर धर्म अपने **'सर्वजनहिताय'** व **'सर्वजनसुखाय'** वाले स्वरूप को प्रकट कर सकेगा। धर्म एवं अध्यात्म का रहस्य गूढ़ है। ऊपरी लक्षणों से अध्यात्म के तत्त्व को नहीं समझा जा सकता। सन्त तुलसी ने रामचरितमानस में लिखा है—

परहित सरिस धर्म नहिं भाई। पर पीड़ा सम नहिं अधमाई।।
निर्नय सकल पुरान बेद कर। कहेउँ तात जानहिं कोबिद नर।।
नर सरीर धरि जे पर पीरा। करहिं ते सहहिं महा भव भीरा।।
करहि मोह बस नर अघ नाना। स्वारथ रत परलोक नसाना।।

इसी प्रकार कबीरदास जी ने भी कहा है—

कहता हूँ, कह जात हूँ, कहा जो माने हमार।
जाका गला तुम काटिहो, सो काटेगा तुम्हार।।
कबीर सोई पीर है, जो जानै पर पीर।
जो पर पीर न जानई, सो काफिर बे पीर।।

भारत आदिकाल से ही ब्रह्मविद्या के क्षेत्र में अग्रणी रहा है। मनुस्मृति में कहा गया है।[271]

एतद्देश प्रसूतस्य सकाशादग्रजन्मनः।
स्वं स्वं चरित्रं शिक्षेरन् पृथिव्यां सर्वमानवाः।।

अर्थात् विश्व के सभी देश भारत में आकर ज्ञान-विज्ञान एवं ब्रह्मविद्या की दीक्षा लिया करते थे, तथा भारत को अपने आध्यात्मिक गुरु व मार्गदर्शक के रूप में स्वीकार करते थे इसीलिए देवगण भी विष्णुपुराण में गान करते हैं—[272]

गायन्ति देवाः किल गीत कानि धन्यास्तु ते भारत भूमि भागे।
स्वर्गापवर्गास्पद मार्ग भूते भवन्ति भूयः पुरुषाः सुरत्वात्।।

कि भारत भूमि में जन्म लेनेवाले लोग धन्य हैं। देवता भी देवत्व छोड़कर मनुष्य योनि में भारतवर्ष में जन्म लेना चाहते हैं। श्रीमद्भागवतपुराण में भी यह भाव और भी अधिक विलक्षण रूप में दुहराया गया है।

अहो अमीषां किम कारि शोभनं प्रसन्न एषां स्विदुत स्वयं हरिः।
यैर्जन्म लब्धं नृषु भारताजिरे मुकुन्द सेवौ ययिकं स्पृहा हिनः।।

अर्थात् देवता भारतीय मनुष्यों के भाग्य पर ईर्ष्या करते हैं, न जाने कौन से शुभ कर्म इनने किये थे जिससे इनका जन्म भारत में हुआ। भगवान् की सेवा के योग्य ऐसा जन्म पाने की हमारी भी इच्छा होती है।

नाहम् वसामि वैकुण्ठे योगिनां हृदयेन च।
ममभक्त्या यत्र गायन्ति तत्र तिष्ठामि नारद।।

उपसंहार

प्रत्येक संस्कृति का अपना एक प्राण-केन्द्र होता है। भारतवर्ष की संस्कृति का प्राण-केन्द्र हमेशा से ही धर्म एवं अध्यात्म रहा है जिसकी चुम्बकीय शक्ति से इस देश के समस्त क्रिया-कलाप प्राणोदित होते रहे हैं। यही शक्ति देशवासियों की संवेदनाओं को संचारित करती रही हैं।

भारतीय संगीत धर्म द्वारा ही सम्प्रेरित एवं अनुप्राणित होती रही है। संगीत द्वारा सम्प्रेषित भावनाओं का मूल्यांकन भारतीय धार्मिक चेतना हमेशा से करती आयी है। संगीत की उत्पत्ति सृष्टि सृजन के साथ-साथ मानी गयी है। कहा गया है कि सृष्टि रचना से पूर्व सिर्फ एक का अस्तित्व था वही इच्छा में परिणित हो गया और वह कामना के रूप से प्रकट होने लगा। यह कामना ही सारी सृष्टि का कारण कही गयी है।

ऋषियों ने इस सत्य का अनुसन्धान करते हुए अन्तर्जगत् में प्रवेश किया और वहाँ आत्मा के रहस्य का पता लगाया। यह आत्मा ही समस्त ज्ञान का भण्डार है और चित् स्वरूप, सत्स्वरूप, अत्यद्भुत आत्मा में ही उस परम शक्ति परमात्मा का निवास है। उसी परमात्मा के द्वारा बाहर दिखायी देनेवाली सृष्टि का सृजन किया गया है। विभिन्न पुराणों में अपने-अपने अधीश्वर देवता द्वारा सृष्टि रचना बतायी गयी है, और उसी को सर्वशक्तिमान मानते हुए ब्रह्म कहा गया है। वस्तुतः सभी धर्मग्रन्थ एक सर्वोच्च सत्ता से सहमत हैं, और उसी के द्वारा सृष्टि की रचना को स्वीकार करते हैं। वही सृष्टि रचनाकार ही ब्रह्म है।

ऋग्वेद के नासदीय सूक्त में कहा गया है—[273]

तम आसीत मसा गू-ह मग्रे - प्रकेतं सलिलं सर्व स्रा इदम्।
तुच्छेच्येनाम्व पिहितं यदा सीत पसस्तन्महिना जायकैतम्।।

अर्थात् सृष्टि से पूर्व प्रलय काल में सम्पूर्ण विश्व मायावी अज्ञानान्धकार से ग्रस्त था, सभी अव्यक्त और सर्वत्र एक ही प्रवाह था, वह चारों ओर से सत्-असत् से आच्छादित था, वही एक अविनाशी तत्त्व तपश्चर्या के प्रभाव से प्रकट हुआ। सत् और असत् का विलय होने के पश्चात् केवल परमात्मा की सत्ता या चेतना शेष रहती है, जिससे पुनः ब्रह्माण्ड का निर्माण होता है।

जब सृष्टि की रचना हुई उस समय एक ब्रह्मनाद हुआ, धरा-गगन और क्षीरसागर सबमें एक कम्पन हुआ। **'अहं ब्रह्मास्मि'** ब्रह्म के इस उद्घोष का उत्तर युगों-युगों के बाद

जब मानवीय सृष्टि हुई तब मानव द्वारा दिया गया। 'सोऽहं' अर्थात् हे ब्रह्म जो तुम हो वही मैं हूँ। इस तरह नारायण को नर मिला। नर और नारायण से सृष्टि का प्रथम अक्षर ॐ ओंकार उत्पन्न हुआ। प्रणव रूप इस बीजाक्षर में सृष्टि के जन्म, पालन एवं संहार तीनों तत्त्व—ब्रह्मा, विष्णु और महेश विद्यमान हैं। उसके ऊपर विश्वव्यापिनी पराशक्ति एक बिन्दु के रूप में विराजमान है। यह प्रणव अक्षर ही दुनिया का पहला अक्षर बना।

नाद शब्द अपने-आप में ही ब्रह्म का बोधक है। अनाहतनाद ही नादब्रह्म की उत्पत्ति के कारण बने। वाणी ही कारण बिन्दु है, इस कारण बिन्दु से व्यक्तावस्था में अक्षर रूपी ब्रह्म का प्रस्फुटन होता है, और यही नाना रूपों में अक्षर वर्णों से संश्लिष्ट होता हुआ ब्रह्म की उत्पत्ति करता है। जो बीज रूप में अक्षरों में संलिप्त है। अर्थात् शब्द ही ब्रह्म है। सम्पूर्ण सृष्टि में ब्रह्म अनेक रसात्मक भावों से व्याप्त है—**"अक्षरं परमम् ब्रह्म सनातनम जविभुः"** अक्षर ही परम ब्रह्म है, और इसी से रस समुद्भूत होता है।

श्रीमद्भगवद्गीता में—**"वेदानां सामवेदोऽस्मि।"** कहकर गीता उपदेशक भगवान् श्रीकृष्ण ने सामवेद की गरिमा को स्पष्ट किया है। श्रीकृष्ण ने यहाँ यह बताने की चेष्टा की है कि वेद की सामधारा या विधा को समझ लेने से परमात्म चेतना को समझा जा सकता है। ज्ञान के साथ भावना के संयोग का महत्त्व भी बताया गया है। ज्ञान एवं भावना का संयुक्त प्रयास ब्रह्म साक्षात्कार का साधन है। ज्ञान की परिपक्वता से विश्वास उत्पन्न होता है, और भावना की परिपक्वता से श्रद्धा। ज्ञान और भावना के संयोग से ब्रह्म साक्षात्कार होता है। इस प्रकार वेद ज्ञान है, और साम 'गान' है। गान का सीधा सम्बन्ध भावना एवं संवेदना से है।

"वेदैः सांख्य पदक्रमोपनिषदैर्गायन्ति यं सामगाः"

श्रीमद्भागवत महापुराण में श्रीकृष्ण रूप से ब्रह्मतत्त्व के प्रथम बिन्दु की चर्चा की गयी है जो योगमार्ग से नाद रूपी ब्रह्म के रसात्मक तत्त्व का आलम्बन करते हुए सामरूप हो जाते हैं। सामवेद में ब्रह्म की रसात्मकता का प्रतिपादन ज्ञान के अर्थ में प्रकाशित हुआ है। किन्तु यह ज्ञान नादाधीन जगत् में वाणी के व्यापार से ही व्यक्त हुआ है। अर्थात् ब्रह्मलयात्मक है।

संक्षेप शारीरकम् में कहा गया है कि अपने ही सुख स्वरूप में अपने को पहुँचना है, कहीं बाहर नहीं जाना है। यह तभी सम्भव होगा जब ब्रह्म साक्षात्कार हो जाय। वेदान्त वाक्य स्वतन्त्र रूप से सकल दुःखों को निरस्त कराकर निरतिशयानन्दस्वरूप ब्रह्म की प्राप्ति रूप फल प्रदान कराने में समर्थ है। प्रत्येक क्रिया को करने से पूर्व उसको करने की इच्छा उत्पन्न होती है। इच्छा करने की क्रिया में इच्छित वस्तु स्पष्टतया ज्ञात नहीं होती। इसी प्रकार संगीत में स्वर उत्पन्न करने से पूर्व उनके विषय में जो इच्छा की जाती है, ध्वनि उत्पादक अवयवों से स्वर निकलने से पूर्व अनाहत रूप से साधकों के अन्दर उस स्वर की रूपरेखा गुंजायमान होने लगती है। आत्मा में सुने गये यही उद्गार अनाहतनाद है। और जब साधक इन्हें अपना स्वर प्रदान करता है, तब ये स्वर आहतनाद

बनकर प्रस्तुत होने लगते हैं। माया के संसर्ग से ब्रह्म द्वैतावस्था को प्राप्त हो जाता है, यही द्वैतावस्था ही निर्गुण और सगुण ब्रह्म है।

कठोपनिषद् में योग को वैज्ञानिक ढंग से बहुत स्पष्ट शब्दों में परिभाषित किया गया है। **''जब पाँचों इन्द्रियाँ और तर्क-वितर्क, ज्ञान-विज्ञान, मन-बुद्धि सभी निश्चेष्ट हो जाते हैं, तब उसी दशा को परमगति और उसी को योग कहते हैं।''**[274]

स्वामी अवधेशानन्द गिरि जी का चिन्तन है कि हम निरन्तर देह की स्मृति में बने रहते हैं। हमने अपने को शरीर मान लिया है। जबकि स्मृति का अर्थ आत्म स्मृति से है। दैहिक आकर्षण की पूर्ति में हमारी स्मृति है मैं 'ये' हूँ देह की पूर्ति कभी नहीं हो सकती। यह दुःख का एक कारण है। अपने को देह मानने से भय आता है। क्योंकि यह विनाशी है, नाशवान् है, रोगी है। जब कोई व्यक्ति अपने स्वजन के साथ श्मशान जाता है, तो वहाँ से लौटने पर संसार मिथ्या दिखायी पड़ता है लेकिन यह परिस्थिति भी क्षणिक होती है। व्यक्ति पुनः सांसारिकता में घिर जाता है। ध्यान रहे वे क्षण बड़े सार्थक होते हैं; जिनमें हम सात्त्विक चिन्तन करते हैं। लेकिन ऐसी स्थिति में जगे मुक्ति के भाव को आगे सहेजकर नहीं रख पाने से जो व्यक्ति परमात्मा की भक्ति को सुख और आनन्द मान रहा था वही व्यक्ति दूसरे परिवेश से प्रभावित होकर वैभव के दर्शनमात्र से विचलित होकर व्यक्ति के मन में यह ललक जग जाती है कि ऐसा वैभवपूर्ण जीवन मैं भी जीऊँ। वैभव में जीनेवाला व्यक्ति यही कहता है कि महाराज वैभव तो है, लेकिन शान्ति नहीं है। दूसरी ओर एक श्रमिक आठ घण्टे पसीना बहाता है। खूब मेहनत करता है। वृक्ष की छाया में गिट्टियों पर अपने हाथ को ही सिरहाना बनाकर सो जाता है। देखने में जरूर दुःखी दिखायी देता है। लेकिन वह धनवान् व्यक्तियों से अधिक सुखी है। वैभव सुख तो दे सकता है पर शान्ति नहीं।

स्वामी रामकृष्ण परमहंस ने कहा है कि, ''ज्ञान और विचार पुरुष हैं, इनकी पहुँच दरवाजे तक है। जबकि भक्ति स्त्री है वह घर के भीतर भी चली जाती है। भगवान् केवल भक्ति से ही मिलते हैं। उनको आकुल होकर पुकारने से वे दौड़े चले आते हैं। हमें याद रखना चाहिए कि निरपेक्ष सत्य एक ही है, किन्तु सापेक्ष सत्य अनेक हो सकते हैं। इसी तरह सापेक्ष अनुभवों में सत्य सदा अनेक दिखायी देता है; जबकि निरपेक्ष सत्य एक ही रहता है। हमें यह ध्यान रखना चाहिए कि सत्य सदा एक एवं पूर्ण है। लोगों ने मान लिया है कि विचारों का संग्रह ज्ञान है। लेकिन यथार्थ इससे भिन्न है। ज्ञान तो अनुभव है जो भ्रान्तियों के मिटने के साथ विकसित होता है। बोध जीवन का परम अनुभव है। इसमें ज्ञान व प्रेम की पराकाष्ठा है। जहाँ चरम ज्ञान व प्रेम मिल जाते हैं, वहीं बोध प्रकट हो जाता है। यही सत्य प्रेम के बारे में भी है। भ्रान्तियाँ ज्ञान व प्रेम में भेद करती हैं। इसके अनुसार ज्ञानी कठोर एवं प्रेमी कोमल होते हैं। जो ज्ञानी है, वही सच्चा प्रेमी होता है। और निष्कपट प्रेमी ही, सम्यक् ज्ञानी होता है, जहाँ दोनों हैं, वहीं बोध है। जहाँ बोध होता है, वहीं मानव चेतना का शिखर होता है।

योगदर्शन कहता है—"मनुष्य का मन, प्राण, बिन्दु और वाक् ये चार अत्यन्त शक्तिशाली हैं, किसी भी एक की सिद्धि से सब पर अधिकार हो जाता है अतः इनका एक में केन्द्रित हो जाना ही सिद्धि है।" मन में एकाग्रता को राजयोग, प्राण में एकाग्रता को हठयोग और वाक् में एकाग्रता को मन्त्रयोग कहा गया है।

जीवन को शक्ति देनेवाले तत्त्वों में वात, पित्त, कफ और रक्त के अतिरिक्त एक तत्त्व 'ओज' भी स्वीकार किया गया है। वह सम्पूर्ण शरीर में व्याप्त रहता है, वही प्राण शक्ति का मुख्य आधार है। सुश्रुतसूत्र में स्पष्ट करते हुए कहा गया है—

ओजः सोमात्मकम् स्निग्धम् शुक्लं शीतं स्थितम् सतम्।
विविक्तं मृदु मृत्स च प्राणायनमुत्तमम्।।[275]

नादब्रह्म तक पहुँचने के लिए उद्योग करने पर नीचे चलना पड़ता है। इसकी प्रथम सीढ़ी विज्ञान है। दूसरी सीढ़ी योग विद्या है, उसे निदिध्यासन कहते हैं। इन सीढ़ियों से चढ़कर ब्रह्मसाक्षात्कार की अवस्था प्राप्त होती है।

अध्यात्मवादी यह कहते हैं कि जब शारीरिक और मानसिक दोनों शक्तितत्त्व सम्मिलित कार्य करते हैं तब मानसिक शक्ति इतनी सबल हो जाती है कि वह दूसरों को अपने ही गहरे रंग से अनुरंजित कर सकती है। उसका प्रभाव भी गम्भीर और स्थायी होता है। हमारे मानसिक परिवेश में जो सत्य है, वह रह जायेगा और जो असत्य है उसे हमारे मन की ही वृत्तियाँ जो सत्य हैं, नष्ट कर देंगी। क्योंकि सत्य रह जाता है और असत्य नष्ट हो जाता है प्रकृति का यही नियम है।

शब्दशक्ति पर भारतीय वैज्ञानिकों की उपलब्धियाँ आश्चर्यजनक हैं—विश्व के किसी भी देश में इस तत्त्व पर आज तक इतना गहन अनुसन्धान नहीं हुआ जितना भारत में। आधुनिक वैज्ञानिकों ने गैस, विद्युत्, एटम आदि न जाने कितनी प्रकार की शक्तियाँ खोजीं, परन्तु शब्द उन सबसे महान् वह शक्ति है जो भौतिक विज्ञान की परिधि में नहीं बँध सका इसीलिए वह **'अनहद'** है इसीलिए उसे शब्दब्रह्म, नादब्रह्म आदि की संज्ञा दी गयी है। इच्छा ही शब्द की प्रेरक है। शब्दों को छोड़कर कोई तत्त्व मन तक नहीं पहुँचता। शब्द असीम भावों का वाहक है और मन की ही तरह अमूर्त भी है। इच्छाशक्ति उसे कार्य करने की प्रेरणा देती है इस तरह मन की दुःखदायी वृत्तियाँ हटकर सुखदायी वृत्तियाँ बन जाती हैं। मन्त्र चिकित्सक इसी सिद्धान्त पर मानसिक रोगियों की चिकित्सा में सफलता प्राप्त करते हैं।

मन इन्द्रियों द्वारा ही सारे ज्ञान नहीं लेता है, बिना इन्द्रियों के भी लेता है। सोते हुए मनुष्य की इन्द्रियाँ थककर शान्त हो जाती हैं, मन उस समय भी स्वप्नों की सृष्टि बनाकर सुख और दुःख का संसार निर्माण करता है। स्वप्न में मनुष्य हँसता है, रोता है, राग-द्वेष का अनुभव करता है। यहाँ शारीरिक व्यापार नहीं होता है तो भी सूक्ष्म शरीर को मन चैन से नहीं रहने देता। गीता में इसका इलाज बताते हुए कहा गया है—कि राग-द्वेष का त्याग और मन का आत्मरूप में वशीकरण किया जाये पंचभूतों के अनन्त क्षेत्र में आत्मा व्यापक तत्त्व है फिर भी सर्वत्र सुख, दुःख और ज्ञान की अनुभूति नहीं होती, इसका कारण

यह है कि पंचभूत जड़ और आत्मा चेतन है, दोनों भिन्न तत्त्वों को संयुक्त करनेवाला प्रकृति का सूक्ष्म तत्त्व मन है यह सत्त्व, रजस् और तमस् के सूक्ष्म सम्मिलन से निर्मित होता है। कर्म का संस्कार इसी में रहता है, यही अनुभव उत्पन्न करता है, अनुभूति का कारण भी मन ही है।

ध्यायतो विषयान्पुंसः सङ्गस्तेषूपजायते।
सङ्गात्सञ्जायते कामः कामात्क्रोधोऽभिजायते।।
क्रोधाद्भवति सम्मोहः सम्मोहात्स्मृतिविभ्रमः।
स्मृतिभ्रंशाद् बुद्धिनाशो बुद्धिनाशात्प्रणश्यति।। [276]

इस प्रकार गीता में भगवान् कृष्ण ने शरीर के इन दोषों की ओर इशारा किया है, जिनका दूर किया जाना नितान्त आवश्यक है, बिना इन्हें जीते मन के रुग्ण होने की स्थिति में किसी भी प्रकार की साधना में सफलता नहीं प्राप्त की जा सकती।

मानव पिण्ड में अनाहतनाद का अनुसन्धान योग के द्वारा करने का अभिप्राय यह है कि वह समाधिस्थ होने पर ब्रह्मरूपी शक्तियों को प्रकाशित करे। चित्त की चंचलता पर संयम पाना उसे स्थिर कर किसी एक वस्तु पर टिकाना ही योग है। यही ब्रह्मरूपी शक्तियाँ जब तानसेन, बैजू बावरा, उदयन, बाबा अलाउद्दीन आदि साधकों को प्राप्त हुईं तभी इन साधकों ने जो चाहा सांगीतिक स्वरों में रागों के द्वारा आहतनाद में प्रस्तुत कर दिया। जिन अनुभूतियों का सम्बन्ध मानव-जीवन से है वे जीवन-मूल्यों का भी मूल हैं। अनाहतनाद एक अनुभूति, अहसास या बोध है, इसका साधक स्वयं तो भावुक होता ही है, किन्तु जब वह अपने भावों का प्रकाशन करता है तो श्रोताओं को भी भावुक बना देता है। इसका सम्बन्ध मानव देह से नहीं बल्कि आत्मा से होता है।

वैदिक काल से आधुनिक काल तक वाणी में निहित स्वरों तथा स्वयंभूनाद आदि द्वारा उत्पन्न रसानुभूति के अनेक अलौकिक, कल्याणकारी एवं विचित्र चमत्कारी उदाहरण मिलते हैं। वेदों तथा उपनिषदों में आत्मा एवं परमात्मा के सौन्दर्य का जिस प्रकार वर्णन किया गया है, उस आधार पर ध्वनिवादी आचार्यों ने उस सौन्दर्यानुभूति को स्वप्रकाशानन्द अर्थात् आत्म चैतन्य से अलौकिक आनन्दानुभूति माना है। यही स्वप्रकाशानन्द आत्मानुभूति ही अनाहतनाद है। इसी से सत्यं शिवं और सुन्दरम् की अनुभूति होती है।

सौन्दर्य से उत्पन्न आनन्द 'रस' है। सत्य से उत्पन्न आनन्द 'प्रसन्नता' और शिव से उत्पन्न अर्थात् शिवानुभूति का आनन्द 'प्राप्ति' है। सत्य वह है—जिसमें हमें विश्वास हो और विश्वास वहीं होता है, जहाँ अनुभव हो। सौन्दर्य आनन्द का ही दूसरा नाम है। उपनिषदों में सत्यं शिवं सुन्दरम् की व्याख्या की गयी है—सौन्दर्य सात्त्विक, निर्दोष और स्वयं प्रकाशवान् है। सौन्दर्य का अपना एक जादू है, उस पर जिसकी भी दृष्टि पड़ती है, आकृष्ट हो जाता है। सत्य तो स्वयं ब्रह्म है और उस ब्रह्म को प्राप्त कर लेना शिवमय हो जाना है। इस प्रकार सत्यं, शिवं, सुन्दरम् ही दिव्य संगीत है। यही सत्य है यही ब्रह्म है यही सुन्दर है। सब-कुछ एक साथ एकरस हो जाने से शिवमय है।

अनाहतनाद ब्रह्म का नादस्वरूप है। ब्रह्म के सम्बन्ध में अनेकों विद्वानों के अनेक मतों का प्रतिपादन किया गया है। इस परमात्म तत्त्व का वर्णन वैदिक, पौराणिक तथा उपनिषदों के द्वारा गूढ़ वाक्यों में प्रस्तुत किया गया है। जगत् की एक अलौकिक शक्ति के रूप में वह सम्पूर्ण प्राणिमात्र के अन्दर तत्त्व के रूप में व्याप्त रहता है। अर्थात् तत्त्वतः ज्ञान है, जिसका न कोई स्वरूप है न कोई आकार ऐसे विलक्षण नादात्मा ब्रह्म का ज्ञान चिन्तन रूप में अनुसन्धान करने योग्य है।

भाष्यकारों ने ब्रह्म की विवेचना में अनेक ग्रन्थों की रचनाएँ की हैं तथा ब्रह्म का निरूपण करते हुए 'नेति-नेति' कह दिया है। इस सन्दर्भ में गोस्वामी तुलसीदास जी का कथन है—**"हरि अनन्त हरि कथा अनन्ता"** अर्थात् वह नादात्मा ब्रह्म अनन्त है। इस अनन्त की व्याख्या करते हुए वेद भी अपने मत का प्रतिपादन करते हुए कहते हैं—**"सुवर्ण विप्राः कवयोः बचोभिरेव सन्तंबहुधा कल्पयन्ति।"**

वेदों में यह ब्रह्मतत्त्व अनेक लक्षणों में विद्यमान है। वहीं उपनिषदों में इसे ज्ञान के अर्थों में चित्रित किया गया है। बाह्य जगत् में व्याप्त चराचर रूप तथा आभ्यन्तर जगत् में व्याप्त प्राण रूप से, दोनों का साम्य सिद्धान्त सांख्य योग में प्रतिपादित किया गया है।

जिस ब्रह्म को त्रयी के रूप में उद्धृत किया गया है वह त्रिगुणात्मक तत्त्व का प्रतीक है। भूःभुवःस्वः के रूप में सारे ब्रह्माण्ड को एकीकृत करते हुए यह नादात्मा ब्रह्म बिन्दु के रूप में दृष्टिगोचर होता है। वेदों एवं पुराणों में इस ब्रह्म को रसात्मक एवं प्रणवात्मक रूप से व्याप्त बताया गया है। इस प्रकार सम्पूर्ण वैदिक, पौराणिक, औपनिषदिक तथा तान्त्रिक मतों के द्वारा विवेचित नादात्मा ब्रह्म प्रणव बिन्दु में आकलित है।

प्रणव बिन्दु सम्पूर्ण प्राणियों के प्राण रूप में उद्धृत किया गया है। अकार, उकार, मकार, बिन्दु, अर्धचन्द्र, रोधिनी, नाद, नादान्त, शक्ति, व्यापिनी, समना, उन्मना आदि समस्त कलाओं के साथ पृथ्वी से लेकर आकाशपर्यन्त समस्त तत्त्वों और भुवनों को आकलित करता है।

वेदों में इसी प्रकार **"ओऽम् इत्येतदक्षरमिदं सर्वम्"** नियमोक्ति से तत्त्व को व्यक्त किया गया है। पौराणिक मत से भी ब्रह्म को प्रणव रूप से स्वीकार किया गया है। अर्थात् प्रणव ही नादात्मा ब्रह्म का बोधक है। यही प्रणव योगियों का अनाहतनाद है। भगवद्गीता में भी प्रणव को ओंकार रूप में स्वीकार कर उसके पर्याय रूप श्रीकृष्ण को ब्रह्म स्वीकार किया गया है। भगवान् बुद्ध के तीन वचन प्रसिद्ध है— बुद्धं शरणं गच्छामि। धम्मं शरणं गच्छामि। संघं शरणं गच्छामि। लेकिन उनका सबसे महत्त्वपूर्ण वचन **"अप्प दीपो भव"** है। अर्थात् अपने दीपक स्वयं बनो। खुद को तलाशो, खुद को जानो और प्रकाशित हो जाओ। सब-कुछ अपने अन्दर ही है। बुद्धि मौन हो तो अनुभूति बोलती है। विचार चुप हो तो विवेक जागता है। समाधान समाधि के शून्य से आता है। ज्ञान की उस किरण के फूटते ही चेतना के एक नये आयाम पर जीवन का प्रवेश हो जाता है। यही भाव दशा समाधि है।

भारत के पूर्व राष्ट्रपति डॉ. राधाकृष्णन ने कहा है कि, **"हम स्वयं अपने मित्र हैं, स्वयं अपने शत्रु स्वयं अपने स्वामी और स्वयं अपने लक्ष्य हैं।"** कर्मफल का विधान अकाट्य और निरन्तर है। जो जन्म व जीवन के साथ सतत प्रवहमान् रहता है। मनुष्य का जीवन एक खेत की तरह है, जहाँ कर्म बोये जाते हैं और उन्हीं के अच्छे-बुरे-फल काटे जाते हैं। आम बोनेवाला आम खायेगा, जो बबूल बोयेगा वह काँटे ही पायेगा। महर्षि अरविन्द कर्मफल विधान को आत्मा का उपकरण मानते हैं। उनके अनुसार—**"आत्मा सर्वथा स्वतन्त्र है, वह अपनी आवश्यकतानुसार इस कर्म नियम का उपयोग करती है।"** इस सम्बन्ध में स्वामी विवेकानन्द का कथन है कि—**"स्वार्थ से ऊपर उठकर शास्त्रसम्मत एवं नैतिक दृष्टि से शुभकर्म करना ही कर्म मार्ग है। हमारा भावी जीवन अभी के कर्मो से ही सृजित होगा। हम यदि कुछ गलत कर्म करेंगे तो उसके अशुभ परिणाम हमारे जीवन में अवश्य आयेंगे। हमारा बोया हुआ हमें ही काटना पड़ेगा।"**

शिवमहापुराण में अनाहतनाद योग के द्वारा जानने योग्य कहा गया है। यह चिन्तन ध्यान करने से नौ प्रकार की ध्वनियों में अनुभव किया जाता है। इस शब्दब्रह्म में न ओंकार है न मन्त्र, न बीज है न अक्षर, यह केवल अनाहतनाद है। बिना बजाये या गाये ही प्रकट होनेवाली ध्वनि है। यह उच्चारण में न आने वाला शब्दब्रह्म है।

जगद्गुरु शंकराचार्य ने आनन्द लहरी में लिखा है—**"कुण्डलिनी शक्ति-मूलाधार चक्र से उठकर मणिपूरक चक्र से होती हुई हृदय आकाश और भ्रूमध्य आज्ञाचक्र को पार करती हुई सहस्रार में अपने पति शिव के साथ विहार करती है।"** कुण्डलिनी शक्ति के जागृत हो जाने पर कालातीत चेतन शक्ति का प्रादुर्भाव हो जाता है और विभिन्न प्रकार की अनाहत ध्वनियाँ सुनायी देने लगती हैं। शिवसार तन्त्र में कहा गया है कि इस स्थान में उत्पन्न होनेवाली ध्वनियाँ अनाहतनाद हैं। यही सदाशिव है और त्रिगुणमय ओंकार इसी स्थान में व्यक्त होता है।

ओंकार नाद की उत्पत्ति नाभि से होती है जहाँ कुण्डलिनी योग के अनुसार—मणिपूरक चक्र स्थित है। नाभि में ही अमृत ऊर्जा भरी हुई है। जब योगी उसे ओंकार उच्चारण के माध्यम से जागृत करते हैं तब मणिपूरक चक्र में समाया हुआ अग्नितत्त्व भी जागृत हो जाता है, और सुषुम्ना नाड़ी के माध्यम से ऊपर उठने लगता है। सुषुम्ना नाड़ी रीढ़ की हड्डियों के बीचोंबीच प्रवाहित होती है। उसके सहारे ऊपर उठते हुए अग्नितत्त्व की तरंगें तेजस्वी होते हुए हृदय स्थित अनाहतचक्र कण्ठ स्थित विशुद्ध चक्र, भौंहों के मध्य स्थित आज्ञाचक्र होते हुए अन्ततः ब्रह्मरन्ध्र में स्थित सहस्रार चक्र में पहुँच जाती है और वहाँ से वह पहले से ज्यादा परिष्कृत और प्रखर होकर अपने ही आत्मा में स्थित परमात्मा के प्रकाश से संयुक्त होकर शरीर के अन्दर नादब्रह्म की उत्पत्ति करती है। यही ब्रह्मानन्द की चरम् स्थिति है।

ब्रह्मरूपनाद की उत्पत्ति प्राणतत्त्व एवं अग्नितत्त्व के संयोग से बतायी गयी है। नाद से वर्ण, वर्ण से पद और पद से वाणी की अभिव्यक्ति होती है। वाणी से ही सृष्टि का

सारा व्यवहार चलता है। सम्पूर्ण जगत् नाद के अधीन है। संगीत रत्नाकर स्वराध्याय में कहा गया है—

नादेन व्यंज्यते वर्णः पदं वर्णात् पदाद्वचः।
वचसो व्यवहारोऽयं नादाधीनमतो जगत्।।

भगवान् शिव शरीर रूपी वीणा में व्याप्त चक्रों को जागृत कर वायु को प्रेरित करके नादानुसन्धान किया करते थे। इस नाद के रहस्य को समझना और तदनुसार नादब्रह्म को अनुभूत कर पाना ही अनाहतनाद की मार्मिकता और पकड़ है।

अनाहतनाद का प्रतिध्वनन प्रणव बिन्दु में निरन्तर होता रहता है और यही प्रतिध्वनन प्राणी के पिण्ड चक्र में निरन्तर संचारित होता रहता है। जैसे-अकार, उकार, मकार, बिन्दु और नाद ये पाँचों स्वरूप मिलकर प्रणव बनते हैं जो अव्यक्त ब्रह्म के स्वरूप हैं। इस प्रणव में जो चेतना का रूप है, वही अनाहतनाद है। वेदों, पुराणों, उपनिषदों में वर्णित नाद का स्वरूप अव्यक्त है। सृष्टि का मूलतत्त्व, बिन्दु अव्यक्त रूप में वर्णित किया गया है। इसी अव्यक्त से समस्त संगीतमयी सृष्टि का सृजन होता है। यही अव्यक्त ब्रह्मतत्त्व संगीत साधकों का अनाहतनाद है। इसका अनुसन्धान महर्षियों द्वारा अनेकों विधियों से किया गया है। इस उपासना में ब्रह्म जिज्ञासा की तरह अनेक तत्त्वों का समावेश है।

नादरूपी ब्रह्म समाधिस्थ योगियों के हृदय में ध्येय के रूप में प्रकाशित होता हुआ परमानन्द की प्राप्ति कराता है। यही अव्यक्त नाद प्राणाग्नि संग योग रूप से पिण्ड चक्रों में दृष्टिगोचर होता है। यही प्रकाश व्यक्तावस्था में ध्वनित होकर अनेक वाणियों का रूप धारण करता है। कहा गया है कि योग में सहस्रदल कमल तक पहुँचने पर अनाहतनाद एवं अजपाजप की सिद्धि हो जाती है, और रोम-रोम से शब्दब्रह्म की झंकृति होने लग जाती है। कबीरदास जी ने कहा है—

चूकी भले मोह मइ आसा सखि कीन्हौ सूर गिरासा।
जब कुंभकु भरि पूरी लीणा तहं बाजै अनहद वीणा।।

नादब्रह्म में तरंगों का दृष्टान्त दिया गया है, जब समुद्र तरंगायित होता है तब उसके ऊपर उठती तरंगें समुद्र के सतह से दूर दिखायी देने लगती हैं, किन्तु ये तरंगें समुद्र से क्षणभर के लिए भी भिन्न नहीं होतीं, ठीक इसी प्रकार नाद और ब्रह्म एक-दूसरे से अलग नहीं हो सकते। समुद्र में तरंगों का उठना, दूर तक जाना, पुनः उसी में विलीन हो जाना एक साथ संयोग और वियोग की प्रतीति कराता है—**"सूर प्रेम की बात अटपटी मन तरंग उपजावत।"**

हृदय जब प्रेम में मगन हो जाता है, आत्मा और परमात्मा का सम्मिलन हो जाता है तब मन में आनन्द की तरंगें उठने लगती हैं। यही तरंगें नादब्रह्म हैं। जिस प्रकार हम ब्रह्म राम एवं उनकी शक्ति सीता तथा राधा और कृष्ण को एक-दूसरे से अलग करके नहीं देख सकते हैं, ठीक उसी तरह अनाहतनाद और आहतनाद को भी एक-दूसरे से अलग नहीं कर सकते। जिस प्रकार समुद्र और उसकी लहर को एक-दूसरे से अलग नहीं

किया जा सकता उसी प्रकार नाद और ब्रह्म को भी एक-दूसरे से अलग नहीं किया जा सकता। नाद और ब्रह्म एक-दूसरे के पर्याय हैं।

सन्त तुलसीदास ने समुद्र और लहर की उपमा को व्यक्त करते हुए कहा है—

गिरा अरथ जल बीचि सम कहिअत भिन्न न भिन्न।
बंदउँ सीता राम पद जिन्हि परम प्रिय खिन्न।।

जब प्रशान्त स्थिति में दिखायी देनेवाला समुद्र अद्वैत के सत्य को उजागर करता है तो तरंगायित रूप में द्वैताद्वैत का दृश्य उपस्थित होना स्वाभाविक है। तात्पर्य है अनाहतनाद ही आहतनाद का कारण है जो अद्वैत होते हुए भी द्वैत प्रतीत होता है। स्वामी रामकृष्ण परमहंस ने कहा कि, "संसारियों के ज्ञान और सर्वत्यागियों के ज्ञान में बड़ा अन्तर है, संसारियों का ज्ञान दीपक के प्रकाश के समान है, उससे घर के भीतर के अंश में ही उजाला होता है, उसके द्वारा अपनी देह, घर के काम, इनके अतिरिक्त और कुछ नहीं समझा जा सकता। सर्वत्यागी का ज्ञान सूर्य के प्रकाश की भाँति है। उस प्रकाश से घर के भीतर और बाहर सर्व प्रकाशित हो जाता है, सब देख लिया जाता है। विज्ञान के अर्थ में स्वामी जी का मत है कि विशेष रूप से ज्ञान प्राप्त करना ही विज्ञान है। किसी ने दूध का नाम ही सुना है। किसी ने दूध देखा भर और किसी ने दूध पिया है। जिसने सिर्फ सुना है, वह अज्ञानी है, जिसने देखा है, वह ज्ञानी है और जिसने पिया है, वह विज्ञानी है। विशेष रूप से ज्ञान उसी को हुआ है। आदि शंकराचार्य का नाम ज्ञान की साक्षात् मूर्ति के रूप में लिया जाता है। एक बार एक जिज्ञासु ने प्रश्न किया—"दरिद्र कौन है?" आचार्य शंकर का उत्तर था-"जिसकी तृष्णा का कोई पारावार नहीं वही सबसे बड़ा दरिद्र है।" पुनः प्रश्न किया धनी कौन है?" उत्तर था—"जो सन्तोषी है, वही धनी है। सन्तोष से बड़ा दूसरा "धन नहीं है।" जिज्ञासु की पुनः जिज्ञासा उभरी और प्रश्न किया—"वह कौन है, जो जीवित होते हुए भी मृतक के समान है?" उन्होंने उत्तर दिया—"वह व्यक्ति जो उद्यमहीन है और निराश है, उसका जीवन एक जीवित मृतक की भाँति है।"

आदि शंकराचार्य के ये वचन मनुष्य के आन्तरिक उत्कर्ष के लिए सर्वथा मूल्यवान् हैं। मनुष्य अपार तृष्णाओं को पार करने के प्रयत्न में दरिद्रता को प्राप्त करता है और सन्तोष धन को पाते ही ऐसे खजाने का स्वामी हो जाता है, जो कभी खतम नहीं हो सकता।

उपनिषदों में अनाहतनाद साधना की सिद्धि के लिए विभिन्न प्रकार की साधनाओं का वर्णन किया गया है। उपनिषद् ब्रह्मविद्या के ज्ञान का भण्डार है। इसमें विभिन्न ऋषियों द्वारा नाद साधना के ज्ञान को शिष्य-परम्परा द्वारा एक पीढ़ी से दूसरी पीढ़ी में हस्तान्तरित करने का उल्लेख किया गया है।

शिवमहापुराण में शिव-पार्वती संवाद के माध्यम से महर्षि वेदव्यास ने उमासंहिता खण्ड में अनाहतनाद साधना की विधियों का उल्लेख किया है। वैदिक काल में ऋषियों द्वारा विभिन्न प्रकार के विश्वविद्यालय स्थापित किये गये थे जहाँ नाद साधना सहित

ब्रह्मविद्या में शिष्यों को पारंगत किया जाता था। ऐसे ऋषियों में मुख्य रूप से—अगस्त, कण्व, जावालि, परशुराम, वाल्मीकि, भरद्वाज, वशिष्ठ, वामदेव, विश्वामित्र, व्यास, शौनक एवं सन्दीपन विशेष रूप से उल्लेखनीय हैं।

सूफियों के मत में भी लक्ष्य की प्राप्ति धार्मिक अनुभूतियों से अन्तिम सत्य का साक्षात्कार करना और उस सत्य के साथ एकाकार होना प्रमाणित होता है। सूफी ईश्वर को मनुष्य की आत्मा और शरीर को उसका आवरण मानते हैं। उन्होंने योग के माध्यम से नाद साधना करके इसका उपयोग समाधि की सुगमता के लिए किया है।

नागार्जुन के शून्यवाद में सब-कुछ शून्य है, कुछ नहीं में कुछ है का मिथ्याभास है बुद्धि से यह सत्य नहीं पकड़ा जा सकता, केवल अनुभव से ही उस निःशब्दता को सुना जा सकता है जो अस्ति और नास्ति से परे है। महाकवि सुमित्रानन्दन पन्त की चार पंक्तियाँ द्रष्टव्य हैं—

राग बुद्धि कर्मों में समता करते स्थापित।
गुरुत्मन् तुम, ज्योतित पंखों की उड़ान भर।।
आत्मा की आकांक्षा को ले जाते ऊपर।
सूक्ष्म दृष्टि ईप्सित तप की तुम शक्ति आर्यमन्।।

मन की शक्ति प्राणशक्ति से उत्पन्न हुई है, प्राणहीन शरीर में मन नहीं रहता, किन्तु मनहीन शरीर में भी प्राण निवास करता है। मन को प्राणशक्ति से जोड़कर योगी सुरति शब्द योग, अजपाजप, सुमिरन व विपस्याना आदि से जब संलग्न होता है, तब सर्वव्यापी ब्रह्म निरन्तर साँसों में ही गुंजारित होने लगता है। ज्यों-ज्यों मन एकाग्र होता है वह अन्तर्मुखी होकर धीरे-धीरे शान्त होने लगता है। उस शान्ति में प्रेमरूपी बीज का रोपण होने लगता है, यह प्रेम शब्दरहित होकर भी आत्मारूपी वीणा के तारों को झंकृत करता है। विचारशून्यता की स्थिति में योगी जो कुछ सुनता है वही अनाहतनाद है।

ईसा मसीह ने कहा था—**माँगो तुम्हें मिल जायेगा, खोजो तुम पा जाओगे, खटखटाओ दरवाजे स्वतः खुल जायेंगे।** वायवीय संहिता का मत है—**"अर्धमात्रात्मको नादः श्रूयते लिंगमूर्धनी।"** अर्थात् सम्पूर्ण प्राणियों की समस्त बुद्धियाँ जब सो जाती हैं, तथा प्रबुद्ध दशा के वर्तमान रहने पर भी मात्रात्रय, शून्य, प्रणवनाद, शब्दब्रह्मात्मक अनाहतनाद प्रतिध्वनित होता रहता है।

ऋग्वेद में स्पष्ट किया गया है कि सत्य को जगानेवाली देदीप्यमान आवाज बहरे मनुष्यों को भी सुनायी देती है–**"ऋतस्य श्लोको बधिरा ततर्दकर्णा बुधानः शुचमानआपो।"**

शिव महापुराण में भी कहा गया है—**"अनाहतमनुच्चार्य शब्दब्रह्म शिवंपरम्।"** हिन्दू सनातन धर्मग्रन्थों का कहना है कि पूरे संसार की उत्पत्ति ही अनाहत ध्वनि से हुई है। संसार का मूल ही ध्वनि या नाद है। जिन ऋषियों ने उपनिषदों की रचना की है वे महान् कवि और संगीतज्ञ थे। उनके पास अनाहत ध्वनि सुनने के लिए तीसरा कान था। उस समय पूरा ब्रह्माण्ड एक ध्वनि में रूपान्तरित हो गया, यह ध्वनि ओंकार है।

जब हमारे पास एक संगीतमय कान होगा, एक संवेदनशील हृदय होगा जो उस दिव्य संगीत को समझ सके तब वह उस दिव्य संगीत को अनुभव कर सकेगा। हम तभी उन आन्तरिक ध्वनियों के साथ एक हो सकते हैं जब उन ध्वनियों के साथ अपने अन्दर अधिक-से-अधिक सूक्ष्म तलों की ओर गतिशील हो सकें। यदि ऐसा हो सका तो एक क्षण ऐसा आयेगा जब सारी बाह्य ध्वनियाँ थम जायेंगी और पूरे ब्रह्माण्ड में गूँजती हुई 'ओऽम्' की शाश्वत ध्वनि शेष रह जायेगी।

आत्मा एवं परमात्मा का भेद तात्त्विक नहीं है भाषिक है जैसे जब हम समुद्र की अथाह जल राशि देखते हैं तो उसे समुद्र भी कह सकते हैं, तथा अनन्त जलराशि भी कह सकते हैं। जैसे लहर भी समुद्र का ही एक हिस्सा है ठीक उसी प्रकार आत्मा भी परमात्मा का ही एक अंश है।

जब मनुष्य पैदा होता है एक छोटी जलधार उद्‌गम की तरह बच्चा होता है फिर वह उद्‌गम आगे बढ़ता है उसमें अनेक झरनें मिलते हैं, बहुत-से अनुभव इकट्ठे होते हैं। हजारों छोटी नदियाँ उसमें मिलती जाती हैं और वह स्रोत एक विशाल नदी का रूप धारण कर लेता है। वह विशाल नदी बनकर अपने मूल सागर में जाकर विलीन हो जाता है। ठीक इसी प्रकार अनाहतनाद हृदय में उत्पन्न होकर छोटे बच्चे की तरह होता है जो क्रमशः बढ़ता जाता है, सीमाओं को तोड़ता हुआ बाहर आता है विभिन्न अनुभवों से मिलते हुए नादब्रह्म बनकर प्रकट होता है और पुनः उसी हृदय सागर में लहरों की भाँति मिलकर विलीन हो जाता है।

जिस प्रकार कुआँ नदी और झरने सब-के-सब सागर के जल स्रोत से अन्दर-ही-अन्दर जुड़े रहते हैं, उसी प्रकार कोई भी बाह्य संगीत या संगीत का कोई अंग कुआँ, नदी और झरने की तरह अन्दर-ही-अन्दर **'अनाहतनाद'** से जुड़ा रहता है।

गहराई में अपने अन्तःस्वर को सुनना ध्यान है। मौन होते ही सभी ध्वनियाँ मिट जाती हैं। जैसे एक बीज टूटकर पृथ्वी के ऊपर अंकुरित होता है, उसी तरह अन्तःस्वर अंकुरित होकर सुनायी देने लगते हैं। यह स्वर जिधर ले जाये उसी का अनुसरण करना चाहिए। यह अन्तःस्वर परमात्मा तक जाने का मार्ग है। प्रत्येक शास्त्र, ग्रन्थ एक दर्पण की तरह है, जिसमें सिर्फ प्रतिबिम्ब ही दिखायी दे सकता है। सद्‌गुरु की सहायता से ध्यानयोग द्वारा वास्तविक अनुभूति को प्राप्त किया जा सकता है। धर्म विषयगत अदृश्य के अनुभव को संकेतों द्वारा अभिव्यक्त करता है। जब तक व्यक्ति स्वयं के अन्दर न डूबे तब तक उसका अर्थ और महत्त्व नहीं समझा जा सकता।

आमतौर पर खुशी क्या है लोग नहीं जानते। ऐसे लोगों का मानना है कि खुशी बहुत सारे पैसे से, मकान से, तरह-तरह के वैभव से मिलती है। किन्तु यह देखा गया है कि, यह सब-कुछ होते हुए भी लोग दुःखी हैं और अभावों में भी लोग प्रसन्न हैं। खुशी बाजार में मिलने की वस्तु नहीं जिसे खरीदा जा सके। परमात्मा ने हर मनुष्य को कुछ खास गुण दिया है, जिसे हम पहचानें, खोजें और निखारने का प्रयास करें। नकारात्मक शोच दुःख का सबसे बड़ा कारण है। अपनी विशेषताओं पर ध्यान देने का अर्थ दूसरों के व्यक्तित्व

में कमियाँ निकालना नहीं है। इसका अर्थ मात्र अपने जीवन के प्रति सकारात्मक दृष्टिकोण अपनाना और उसे उसी अनुरूप विकसित करना है। जीवन की खुशियों को बढ़ाने का मूल मन्त्र सुख बाँटने में है। जीवन में ढेरों उपाय खोजे जाते हैं, दुःख से पीछा छुड़ाने के लिए अन्त में परमात्मा और भाग्य पर छोड़ दिया जाता है। महान् आविष्कारक थामस एडीसन ने कहा था कि, **''जीवन में बहुतेरे असफलव्यक्ति वे हैं जिन्हें घुटने टेकते समय एहसास नहीं था कि वे सफलता के द्वार पर पहुँच चुके हैं या बस एकाध हाथ पीछे हैं और मान लिया कि यह उनके बस का नहीं है।''** वहीं रामधारी सिंह दिनकर का कहना है कि **''दुनिया में जितने मजे बिखरे हैं उनमें तुम्हारा भी हिस्सा है, वह चीज तुम्हारी हो सकती है जिसे तुम अपनी पहुँच से बाहर मान लौटे जा रहे हो।''** इस तरह मनुष्य सुख और दुःख के द्वन्द्व में पिसा जा रहा है। सन्त कबीर को भी ऐसी अनुभूति हुई थी उन्होंने लिखा है—

चलती चाकी देखि के दिया कबीरा रोय।
दुइ पाटन के बीच में साबुत बचा न कोय।।

कबीर ने कहा मुझे ऐसा लगा, यह सारा जगत् एक चलती चक्की है, जिसके भीतर सभी पिसे जा रहे हैं। यह घबराहट स्वाभाविक है। क्योंकि हम अभी परमात्मा को पूरा नहीं अनुभव कर सके। पूरी समझ कहती है कि मृत्यु यदि परमात्मा में घटित होती है तो जीवन भी उसमें ही घटित होता है। सागर में सारी नदियाँ गिरती हैं और सारी नदियाँ सागर से ही पैदा भी होती हैं। जिस तरह से सागर नदी की मृत्यु भी है और जीवन भी, ठीक उसी प्रकार परमात्मा सृष्टि भी है और विनाश भी है। कबीरदास जी के साहित्य में **'अनहदनाद'** की व्यापक चर्चा की गयी है। उन्होंने कहा है—

''कबीर नाद घट भीतर गावै सोई सुघर खेलारी।
कहै कबीर सुनो भइ साधो हद तजि बेहद जाय।''
गगन गरजै तहं सदा पावस झरै।
होत झनकार नित बजत तूरा।।

कबीरदास जी उस स्थिति में पहुँच चुके थे जहाँ अनहदनाद बजता था। उन्होंने अपने अनुभव को ही अपनी रचनाओं में व्यक्त किया है—

या घट भीतर बिजली चमके याही में होय उजियारा।
या घट भीतर अनहद गाजे बरसे अमृत धारा।।

इसी प्रकार से गुरु नानकदेव ने भी अपनी रचनाओं में अनहद वाणियों का भरपूर उल्लेख किया है। उन्होंने अनहद शब्द में ब्रह्म का निवास माना है। इसे हरिप्राप्ति पथ में 'दशमद्वार' की संज्ञा दी है—

''अनहद शबदु दसम दुआरि, बाजियों तहं अमृतनाम चुआइया था।''

अनाहतनाद संगीत सृष्टि का मूलाधार है। हमारे वेद शास्त्र उपनिषद् आदि ग्रन्थों का अस्तित्व भी इसी अनाहतनाद पर अवलम्बित है। यह अनाहतनाद ईश्वर की वाणी

से नृःसत माना गया है, जिसे हमारे आध्यात्मिक उन्नति के शिखर पर पहुँचे ऋषियों-मुनियों ने सुना और ग्रहण किया है। इस अनाहतनाद के द्वारा समूची सृष्टि गुंजायमान है।

भारतीय दर्शन संसार-सागर के बीच खड़े परमात्मा से मिलने की एक नयी दिशा देता है। हिमालय से निकलनेवाली गंगा से वहाँ के तपस्वी, ऋषि, मुनि, साधक पूछते हैं, कि गंगे तुम कहाँ जा रही हो, तब गंगा का उत्तर होता है, उसी महासागर से मिलने, उसी में विलीन होने जा रही हूँ, जिससे मेरा अस्तित्व है। संसार में सभी का लक्ष्य उसी परमशक्ति के महासागर में विलीन हो जाना है।

इस प्रकार यह प्रमाणित होता है कि परमतत्त्व अनादि है उसी से भारतीय संगीत का मूल स्रोत अनाहतनाद उत्पन्न हुआ, जो वेदों से परिलक्षित होता है। वेदों को भी अनादि कहा गया है, वेदों के उत्पत्ति का आधार भी अनाहतनाद ही है। अनाहतनाद की सत्ता वेदों से भी पूर्व की सिद्ध होती है, क्योंकि नाद ही संगीत है और संगीत ही नाद है।

आदिनाद अनहद भयो, ताते उपज्यो वेद।
पुनि पायो वा वेद में, सकल सृष्टि को भेद।।

सन्तोष का तात्पर्य तृप्ति से है जो मिला है। उसी से तृप्त है सन्तुष्ट है, जो नहीं है उसकी आकांक्षा नहीं है। हमारी चाह ने ही जीवन को रचा है। चाह बीज है। जीवन उसकी फसल। जन्मों-जन्मों से युगों-युगों से जो हम चाहते रहे वही हमें मिलता रहा है। इसलिए सफलता हो या सम्मान सदा उन्हें मिलते हैं, जो इन्हें नहीं चाहते क्योंकि उनके अन्तःकरण में विरोधी भाव, विफलता व अपमान संग्रहीभूत नहीं हो रहे, जो स्वयं में सन्तुष्ट है। प्रकृति उन्हें स्वतः सफलता व सम्मान देती है। ये तो आत्मा के नैसर्गिक गुण हैं, ऐसा भाव आता है कि परमात्मा ने जीवन दिया, गौरव दिया, सौभाग्य दिया, बोध दिया, सब-कुछ दिया है। इसी अनुभूति का नाम सन्तोष है। अमेरिकी दार्शनिक एरिक हाफर ने कहा था कि, **''आकांक्षा तीव्र होने पर अवसर तो मिलते ही हैं, साथ ही व्यक्ति में लक्ष्य हासिल करने के लिए जरूरी हुनर भी पैदा हो जाता है।**

आज बदलते सामाजिक एवं पारिवारिक परिवेश में कहीं कार्य की अधिकता तो कहीं कार्य का न होना दिनोंदिन बढ़ रही महत्त्वाकांक्षाओं की पूर्ति न हो पाने के कारण असन्तोष पनप रहा है, परिणामस्वरूप मानसिक रुग्णता का विस्तार होता दिखायी दे रहा है। इससे बचाव के लिए मन को सत्य, प्रेम, आत्मीयता, शालीनता और सन्तोष जैसे भावों से भरने की आवश्यकता है, जो मनुष्य का प्राकृतिक एवं वास्तविक स्वरूप है। विकारयुक्त जीवन किसी को भी पसन्द नहीं होता, किन्तु हमारे चारों ओर जो परिस्थितियाँ बन जाती हैं, उससे जीवन प्रभावित हो जाता है। ईर्ष्या, द्वेष, घृणा, हिंसा और क्रोध ऐसे विकार हैं, जो जीवन में प्रवेश करते ही मनुष्य की स्वाभाविक प्रकृति को विकृत कर देते हैं।

भौतिकता और उपभोक्तावाद ने मनुष्य की इच्छाएँ असीमित कर दी हैं, लोभ ने मानवीय मूल्यों को तार-तार कर दिया है, अधिकतर व्यक्ति अपने दुःखों से कम तथा दूसरो के सुख से ज्यादा दुःखी है। मनुष्य अपनी घृणित सोच के कारण स्वयं अपने लिये दुःखों का सृजन कर रहा है। हमारें कर्म ही हमें गति देते हैं, अच्छे कर्म से सद्‌गति और

बुरे कर्म से दुर्गति मिलती है, कर्म ही मनुष्य को छोटा या बड़ा बनाते हैं। कहा गया है कि हम जैसा विचार करते हैं वैसे ही बन जाते हैं, नर में नारायण बनने की भी सामर्थ्य होती है।

महात्मा कबीर ने कहा है—

आशा तृष्णा सिन्धु गति, तहां न मन ठहराय।
जो कोई आषा में फंसा, लहर तमाचा खाय।।
माया मुई न मन मुआ, मर-मर गये शरीर।
आशा तृष्णा ना मरी, कह गये दास कबीर।।
माया मार मन मारिया, राखा अमर शरीर।
आशा तृष्णा मार के, स्थिर भये कबीर।।

मन की चंचलता जीवन को अस्थिर कर देती है, मन को समझ पाना सबसे बड़ा ज्ञान है। जिसने मन को जीत लिया उसने संसार को जीत लिया। जो मन से नियन्त्रित हो रहा है वह विनाश की ओर बढ़ रहा है। यह मन की विवशता है कि वह स्वयं को भी पूरी तरह नहीं जानता। खुद को पहचानना और यथास्वरूप में स्वीकार करना जीवन का सबसे बड़ा संघर्ष है। सत्य के मार्ग पर चलते रहने और स्वयं के वास्तविक स्वरूप को ठीक से जानने का अहम् उपाय आत्मा के आईने में अपना प्रतिबिम्ब देखना है। आत्म-विश्लेषण अथवा स्वयं का मूल्यांकन सकारात्मक अनुभव देता है। अनुभव की व्यापकता ही ज्ञान है। सत्य की अभिव्यक्ति के लिए किया गया तर्क या प्रश्न भी ज्ञान को जन्म देता है तथा सत्य से जुड़कर तर्क प्रमाण बन जाता है। विवेकपूर्ण ज्ञान अपने साथ बोध लेकर आता है। इसके प्रकाश में सत्य प्रकट होता है।

हम ऐसे संसार में रहते हैं जहाँ सत्य के साथ असत्य, भलाई के साथ बुराई, ज्ञान के साथ अज्ञान, कर्म के साथ अपकर्म, सदाचार के साथ कदाचार आदि हर क्षण विकल्प के रूप में मौजूद रहते हैं, जिनसे एक का चयन करना होता है। यदि गलत विकल्प चुन लिया गया तो गलत ही सही प्रतीत होने लगता है और पीछे लौटना मुश्किल हो जाता है। मन यदि शुभ विचारों से भरा रहे तो बुरे विचारों के लिए जगह न रहे, मन अतीत का परिणाम और भविष्य का आरम्भ है। मन के विचार ही कर्मों का रूप ग्रहण करते हैं और जीवन को तदनुरूप संचालित करते हैं। सांसारिक ज्ञान जीवन जीने की कला मात्र हैं, अपना शरीर हो या उससे जुड़े सभी रिश्ते-नाते दुःख ही देते हैं। ज्ञान भी जीवन के हर क्षेत्र में इच्छाओं की पूर्ति करने में असफल रहता है, स्वयं के द्वारा अर्जित एवं संचित धन भी अन्त में सहायता नहीं कर पाता। धन कमाना, उसकी रक्षा करना एवं उसे उदारतापूर्वक खर्च करना उत्तरोत्तर अधिक दुःखदायी है, इसीलिए आचार्य शंकर ने कहा हैं—

अर्थ अनर्थ भावय नित्यम् नास्ति ततः सुख लेशः सत्यम्।
पुत्रादपि धन भाजां भीतिः सर्वत्रैसा निहितार्थ रीतिः।।

ज्ञान-प्राप्ति की जिज्ञासा भी पूर्व जन्म के संस्कारों से ही मिलती है। सम्पूर्ण अध्यात्म, (आत्मज्ञान) ही केवल ज्ञान हैं, शेष अध्ययन एवं ज्ञान-विज्ञान हैं, जीवन के सत्य को जानने के लिए कोई तप नहीं करना पड़ता बल्कि सभी पूर्वाग्रहों का त्याग करके जिज्ञासा उत्पन्न कर अपने-आपसे जुड़ना होता है। आत्मज्ञान प्राप्त करने की अनिवार्य शर्त मन की शुद्धता है। मनुष्य शरीर, मन, बुद्धि और अहंकार में जीता है। इन्हीं से सुख-दुःख का अनुभव भी होता है। प्रेम अवचेतन मन का हिस्सा है, जहाँ केवल सरलता हो, बाहर का प्रभाव मन पर न पड़े तब हमारा मन परमात्मा में केन्द्रित हो पाता है। परमात्मा हमारी एक अनुभूति है, एक अहसास है, एक विश्वास है तथा एक आधार है। आदि जगद्गुरु शंकराचार्य ने कहा है—**''ज्ञान विहीन सर्व मतेन, मुक्ति न भजति जन्म शतेन।''** यानी बिना ज्ञान के मुक्ति नहीं हो सकती, यह ज्ञान अध्यात्म ज्ञान है, यही ज्ञान सत्य का दर्शन कराता है, सत्य प्रेम और करुणा परम सत्य तक पहुँचने का मार्ग है। श्वेताश्वतर उपनिषद् में कहा गया है— **''ऋषियों ने ध्यानयोग के द्वारा आत्मशक्ति को प्रत्यक्ष किया है।''**

अथर्ववेद में कहा गया है—**''यत्र सोमः सद मित्तत्र भद्रम''** अर्थात् जहाँ ब्रह्म होता है वहाँ सब-कुछ सत् होता ही होता है। यदि कर्म सत्य है, विचार सत्य है, मन सत्य है, हृदय सत्य है, तो सत्यदर्शी मानव के आत्मा में ब्रह्म की अनुभूति भी सत्य है। बीसवीं सदी के महान् दार्शनिक आचार्य रजनीश (ओशो) ने गीता प्रवचन में कहा है—

अध्यात्म एक अनुभूति है जो अभिव्यक्त नहीं हो सकती। जब अध्यात्म का अनुभव होता है, तब कोई विचार मन में नहीं रहता, अध्यात्म का अनुभव निर्विचार अनुभव है, यह योग के रास्ते ध्यान से सिद्ध होता है। जीवन का प्रारम्भ आत्मा से होता है, धर्म और विज्ञान दोनों आत्मा की खोज में लगे हैं, धर्म का आनुषंगिक अंग योग और विज्ञान का प्रयोग है। इन्हीं योग और प्रयोग से हम आनन्द की तलाश कर रहे हैं। यह संसार ही एक प्रयोगशाला है। शास्त्रों का कथन है कि परमात्मा की कामना से जगत् का निर्माण हुआ है। इसी जगत् में हम नित-नये प्रयोग कर रहे हैं। ज्ञान की खोज हम शास्त्रों के अन्दर कर रहे हैं। वेद, गीता, कुरान, बाइबिल, गुरुग्रन्थ साहिब आदि हमारे आधार ग्रन्थ हैं। लेकिन असली ज्ञान बिना अनुभव के नहीं होता। योग शब्द का अर्थ जोड़ है, जो परमात्मा से जोड़ दे, जो सत्य से जोड़ दे और जो स्वयं से भी जोड़ दे। योग की परिभाषा महाराज भर्तृहरि ने भी की है—**योगा वियोगः ''योग वह है जो जोड़े जिससे वियोग हो जाये।''** जो संसार से तोड़ दे, शरीर से तोड़ दे, अपने पराये से तोड़ दे। यह उल्टी धारा है, अर्थात् वियोग के द्वारा योग से जोड़ने की साधना है।

मानव-जीवन की रचना शरीर और आत्मा के सम्मिलन से होती है, शरीर प्राप्त हो जाने पर वह **''मैं अरु मोर तोर तैं माया, जेहि बस कीन्हें जीव निकाया''** के चक्रव्यूह में फँसकर सांसारिक क्लेशों से घिर जाता है। गोस्वामी तुलसीदास जी ने रामचरितमानस में लिखा है—**''भूमि परत भा ढावर पानी। जिमि जीवहि माया लिपटानी।।''** यह

मलिनता शरीरी है। आत्मा तो कार्य, कारण और वाद से परे है, वह सदा मुक्त रहती है, वह निर्मल और निष्कलंक है। वह निरन्तर चलनशील है।

महात्मा बुद्ध को जब ज्ञान प्राप्त हुआ तो सभी ने उनसे पूछा—"आपको ऐसा क्या मिल गया, जिससे लोग आपको भगवान् कहने लगे। संसारी व्यक्ति सोचते हैं कि ज्ञान प्राप्त हुआ है तो कुछ मिलना चाहिए, हमारा जीवन लोभ और कुछ पाने के इर्द-गिर्द घूमता है। जबकि बुद्ध कहते हैं कि मिला तो कुछ नहीं उल्टा खो गया। क्या खो गया यह पूछने पर उन्होंने कहा—**"मेरा अज्ञान खो गया"** और जो मिला उसके बारे में अब पता चला कि यह तो हमेशा से मुझे मिला हुआ था।

सृष्टि अनन्त है, जीवन अनन्त है, तो अनन्त सिद्ध पुरुष भी हुए हैं, अनन्त जाग्रत आत्माएँ, जाग्रत चेतनाएँ भी हुई हैं। पुराणों में अनेक अवतारों की कथाएँ कही गयी हैं, जिससे जन-जन परिचित हैं। श्रीकृष्ण योगेश्वर हैं, वे योग के, ज्ञान के, बोध के शिखर पर रहे हैं। भगवान् बुद्ध और तीर्थंकर महावीर भी श्रीकृष्ण के व्यक्तित्व के ही रूप हैं। स्वामी रामकृष्ण देव महानतम शक्तियों के आगार थे। कहा गया है कि विवेकानन्द के प्रथम मिलन में स्वामी रामकृष्णदेव के स्पर्श से उनकी चेतना व्यक्तित्व के पार जाने लगी। घबराकर विवेकानन्द ने कहा यह क्या हो रहा है— मेरे माता-पिता हैं, भाई-बहन हैं तब स्वामी जी ने कहा कोई बात नहीं अभी समय नहीं आया। वास्तविकता यही है कि क्षुद्रताओं को तोड़े बिना विराट् का अनुभव सम्भव नहीं है।

व्यक्ति को अपने जन्म का और मृत्यु का अनुभव नहीं हो पाता, जबकि दोनों घटनाएँ प्रत्येक व्यक्ति के जीवन में घटित होती हैं। इसका कारण मात्र बोध का अभाव ही प्रतीत होता है। जहाँ से मनुष्य को अपने अज्ञान का बोध होता है, वहीं से मनुष्य ज्ञान की तरफ यात्रा शुरू करता है।

भक्ति और ज्ञान अन्तःकरण में साथ-साथ प्रकट होते हैं और इनका विकास भी साथ-साथ ही होता है। साधक की साधना के अनुसार जैसे-जैसे चित्त शुद्ध होता जाता है, उसी के अनुरूप भक्ति और ज्ञान भी परिपक्व होते जाते हैं। ज्ञान के दो रूप हैं, पहला विवेक और दूसरा बोध। जहाँ विवेक और बोध नहीं होता, वहाँ अज्ञान रहता है। सामान्य रूप से ज्ञान का अभाव ही अज्ञान कहा गया है। ज्ञान के अनुभव की प्रथम झलक विवेक के रूप में मिलती है। विवेक मानव चेतना की जाग्रत अवस्था है।

बुद्धि का मूलभूत कार्य तर्क करना है, और तर्क के माध्यम से बोध नहीं प्राप्त किया जा सकता। क्योंकि बोध का अर्थ अनुभवजन्य ज्ञान है। अनुभव तो चेतना की गहराइयों में उतरकर ही प्राप्त किया जा सकता है। उसे तर्क के सहारे ढूँढ़ पाना सम्भव नहीं है। बोध बुद्धि की सीमा से परे है। ज्ञान और भक्ति दोनों का उद्भव चित्त में होता है। चित्त में ही ज्ञान होता है, और भाव भी चित्त में ही समाहित रहता है।

चित्त जैसे-जैसे शुद्ध एवं परिष्कृत होता जाता है, उसमें शुद्धभाव अंकुरित होने लगते हैं और प्रज्ञा का उदय हो जाता है। यह प्रज्ञा चित्त की परिष्कृत चेतना में प्रकट होती है जो उसे सम्यक् बोध कराती है। साधना से चेतना जितनी शुद्ध, सात्त्विक एवं सूक्ष्म होती

जाती है, उतनी ही प्रज्ञा परिष्कृत होकर ऋतम्भरा प्रज्ञा में और अन्ततः कैवल्य ज्ञान में प्रतिष्ठित हो जाती है। ज्ञान भी अज्ञान के अभाव से ही निकलकर आया है। जहाँ ज्ञान है वहीं अज्ञान है। जहाँ प्रकाश है वहीं अन्धकार भी है। जहाँ सुख है वहीं दुःख भी है। जिसे भले का बोध है, उसे बुरे का भी बोध है। इसीलिए उपनिषद् में ऋषि कहते हैं कि तुम सुख और दुःख दोनों से परे चले जाओ, यही सत्य है।

मोह क्रोध से सबल होता है। क्रोध पागल कर देता है, और मोह अन्धा। मोह स्मृति को नष्ट कर देता है, जिससे सोच-विचार की क्षमता खतम हो जाती है और विवेक शून्य में स्थित हो जाता है। बुद्धि मन के भी पार रहती है। जो समर्थ होते हैं, वे बुद्धि से मन को चलाते हैं। मन से इन्द्रियों को चलाते हैं और जो असमर्थ होते हैं, उनकी इन्द्रियाँ मन को चलाती हैं और मन बुद्धि को चलाता है। पूरा-का-पूरा विपरीत चलने लगता है। मन के पास कोई विवेक नहीं होता। ज्ञानी जन इन्द्रियों को मन के हाथ में, मन को बुद्धि के हाथ में और बुद्धि को परमात्मा के हाथ में सौंपकर आत्मा को उपलब्ध हो जाते हैं।

मानव शरीर में चेतना के अलग-अलग केन्द्र होते हैं, चेतना जब भाव में होती है तो हृदय केन्द्र होता है, और चेतना जब विचार में होती है, तो मस्तिष्क केन्द्र होता है। बच्चा जब माँ के गर्भ में होता है तो मस्तिष्क बहुत बाद में विकसित होता है और हृदय भी नौ महीने बाद धड़कता है। उस बच्चे में भी चेतना होती है, और उसका केन्द्र नाभि में होता है। बच्चा माँ से नाभि से जुड़ा रहता है। जीवन का पहला अनुभव बच्चे को नाभि पर होता है।

जिन साधकों को मन के पार जाना हो उन्हें हृदय मस्तिष्क दोनों से उतरकर अपनी चेतना नाभि के पास अनुभव करनी चाहिए। जीसस ने कहा है कि तुम तभी मेरे प्रभु के राज्य में प्रवेश कर सकोगे, जब तुम छोटे बच्चों की तरह हो जाओ।

इसका तात्पर्य सरलता और सहजता से है, बच्चा माँ के सहारे ही जी रहा होता है न अपनी कोई हृदय की धड़कन होती है न अपना कोई मस्तिष्क बच्चा पूरा समर्पित माँ के अस्तित्व का अंग होता है। ठीक ऐसी ही घटना निश्चल ध्यानयोग में घटती है, योगी का मैं समाप्त हो जाता है, और परमात्मा में एकीकरण हो जाता है।

परमात्मा में समर्पण का तात्पर्य पूर्णरूपेण समर्पण से है ऐसा समर्पण जिसमें अपना कुछ शेष न रहे- जिसमें न शरीर हो, न मन हो, न विचार हो, न भाव हो, पूर्णतः जो डूब गया हो उस ब्रह्मानन्द की अगाध जलराशि में जिसकी कोई सीमा नहीं है, जो अनहद है, जिसकी कोई थाह नहीं है। ऐसी अनन्त गहराई में उस नादात्मा ब्रह्म से साक्षात्कार की सुरति-निरति मिलती है।

जिसे शुभ देखने की आदत होती है, वह सर्वत्र आनन्दित रहता है, किन्तु अशुभ चिन्तन करनेवाले दूसरों में दोष, दुर्गुण और अभाव खोजनेवाले हमेशा खिन्न रहते हैं, असमंजस तथा उद्विग्नता का अनुभव करते हैं और अकारण ही दुःखी रहते हैं।

परिग्रह भी एक ऐसी वृत्ति है जो अन्ततः दुःखों का कारण बनती है, इसी तरह दूसरों में दोष देखने की वृत्ति भी हमारे अपने व्यक्तित्व के क्षरण का कारण बनती है। परिग्रह

से तात्पर्य बाह्य संसार में अनावश्यक संचय करना है। दूसरों में दोष देखने की प्रवृत्ति का अर्थ अपने अन्तःकरण में ही गन्दगी एकत्र करना है। भगवान् श्रीराम नवधा भक्ति में शबरी को आठवीं भक्ति बताते हैं। सन्त तुलसीदास के शब्दों में—

"आठवँ जथालाभ सन्तोषा। सपनेहुँ नहिं देखइ परदोषा।।"

जो मिले उसी में सन्तोष कर ले तथा सपने में भी दूसरों में दोष न देखे। हमारी आत्मा के लिए दोनों ही विनाशकारी हैं। जिसके पास जितना अधिक संग्रह है, वह उतना ही अधिक असन्तुष्ट है, तथा तृष्णा से ग्रस्त है। जो दूसरों में दोष देखने के आदी हो जाते हैं, उनकी आत्मा सदैव पीड़ित रहती है। बुरे विचारों से मुक्ति के लिए व्यक्ति को धर्म का सहारा लेना चाहिए, धर्म का उचित ज्ञान होना चाहिए। धर्म का तात्पर्य ईश्वर द्वारा निर्मित प्राकृतिक नियमानुसार जीवन-शैली अपनाना है। साधारणतया व्यक्ति धर्म का अर्थ पूजा-पाठ तक सीमित कर लेता है। संसार निस्सार है और इसमें गहरा सार भी है। जिसे संसार वासनाओं, लालसाओं, तृष्णाओं, आकांक्षाओं को पूरा करने का साधन नजर आता है, उसे अन्ततः संसार निरर्थक लगने लगता है, क्योंकि कामनाएँ अन्ततः जीवन रस को सोख लेती हैं ऐसा होने पर जीवन नीरस हो जाता है, और जीवन के नीरस होने पर संसार भी सारहीन लगने लगता है। इसके विपरीत जो संसार को परमात्मा की कृति मानते हैं, जो जगत् के कण-कण में परमात्मा की अभिव्यक्ति को अनुभव करते हैं, उनका जीवन अमृत रस से भरा हुआ सरस हो जाता है, उनके लिए संसार में गहरा सार होता है।

संसार में दो तरह के लोग होते हैं—एक, जो आत्मविश्वास से भरे होते हैं दूसरे, जो भय एवं शंकाओं से भरे रहते हैं। दुनिया में सभी व्यक्ति सफल और सुखी होना चाहते हैं, और इसके लिए प्रयासरत भी रहते हैं, फिर भी सभी सफल नहीं हो पाते। जीवन में असफलताओं के कई कारण हैं, उनमें मुख्य कारण मन है। मन का नियम विश्वास का नियम है। मन का विश्वास, मस्तिष्क का विचार है। सफलता मन के विश्वास के कारण मिलती है। क्रिया और प्रतिक्रिया का नियम शाश्वत है। हमारा विचार क्रिया है, और उस विचार पर हमारा अवचेतन मन स्वतः प्रतिक्रिया करता है। हमारा विश्वास जैसा होगा, उसी के अनुरूप सफलता मिलेगी। सच तो यही है कि अच्छा सोचेंगे तो अच्छा होगा, बुरा सोचेंगे तो बुरा होगा।

अपने और अपनों के हितों से ऊपर उठकर व्यापक दृष्टिकोण अपनाना कठिन कार्य है, इसके लिए व्यक्ति को अपने-आपसे लड़ना पड़ता है, यदि हम संसार की सेवा नहीं करना चाहेंगे तो संसार के लिए भार बन जायेंगे। प्रत्येक व्यक्ति का कर्त्तव्य है कि वह निजी स्वार्थों से ऊपर उठकर जनहित और लोक-कल्याण के बारे में सोचे। व्यक्ति की इसी सोच के आधार पर आत्मा मनुष्य को श्रेष्ठ और क्षुद्र बना देती है। सूर्य की प्रतिष्ठा का कारण उसका नित्य प्रति उदित होकर संसार को प्रकाशित करना है। अमेरिकी विचारक अलबर्ट पाइक ने कहा है कि, "जो हम अपने लिये करते वह हमारे साथ नष्ट हो जाता है, किन्तु जो हम दूसरों और दुनिया के लिए करते हैं, वह अमर हो जाता है।"

जीवन सत्कर्मों के प्रभाव से विकसित और समुन्नत होता है। जीवन उसी का सफल होता है जो औरों के काम आये। व्यक्ति को जिज्ञासु होना चाहिए। जिज्ञासा सत्य की खोज के लिए प्रेरित करती है और आत्मज्ञान की ओर ले जाती है। परमात्मा भाव का विषय है, ऋषियों-मुनियों ने भाव के स्तर पर ही परमात्मा को प्राप्त किया, भाव का सम्बन्ध भी सत्कर्मों से जुड़ा है जो आत्मा से जोड़ता है। ब्रह्मसाक्षात्कार तथा अनाहतनाद की अनुभूति आत्मा में पहुँचकर होती है। जिस प्रकार ब्रह्म सर्वशक्तिमान् है उसी प्रकार शब्द भी सर्वशक्तिमान् है। सत्य एवं शिवतत्त्व से परिपूर्ण सुन्दर शब्द व्यक्ति को ऐश्वर्यवान् बना देते हैं। शब्दों की शक्ति ने भगवान् श्रीराम, योगेश्वर श्रीकृष्ण, भगवान् महावीर एवं महात्मा बुद्ध को भगवत्ता प्रदान की। वेदों की ऋचाएँ, पुराणों की कथाएँ तथा उपनिषदों का ज्ञान शब्दों की महत्ता को ही प्रतिपादित करते हैं। शब्दों के बिना मनुष्य गूँगा है। इसीलिए वेदों ने शब्द को ब्रह्म कहा है।

जूनापीठाधीश्वर स्वामी अवधेश नन्दगिरि जी का चिन्तन है— जब हम शान्त, सहज, संयत, व्यवस्थित या सन्तुलित होंगे तो वह ज्ञान परम शान्ति पैदा करेगा और सहज, नैसर्गिक, स्वाभाविक तथा प्राकृतिक बना देगा। जब कभी व्यक्ति अपने को असहज, उन्मत्त, चपल या चंचल पाता है, तो उसके मूल में उसकी भौतिक माँग, वैषयिक माँग, पदार्थगत आकर्षण तथा जगत् का सम्मोहन होता है। यह तब होता है जब हम अपनी इन्द्रियों पर अंकुश नहीं रख पाते, जब मन पर हमारा नियन्त्रण खो जाता है। बुद्धि के भ्रम बढ़ जाते हैं, संसार के सारे आकर्षण, प्रलोभन या भीतर की सारी लालसाएँ, भोग पूर्ति तथा कामना पूर्ति के लिए होती हैं। हमारा स्वयं से नियन्त्रण छूट जाता है, तब हम असंयमित होते हैं, असन्तुलित होते हैं, उस समय वह ज्ञान काम आता है, जो सीमांकन दे, सहजता प्रदान करे। सन्तुलित और व्यवस्थित रखे। उस ज्ञान की जननी श्रद्धा है। कुछ लोग कहते हैं कि ग्रन्थ ग्रन्थि का भेदन करते हैं। शास्त्र तारक हैं, इसलिए वे वहाँ तर्क नहीं करते। यदि हम शास्त्रों के प्रति सारे तर्कों का भंजन कर लें और सत्पुरुषों के महावाक्यों को हितकर मान लें तो उनके मुख से निकली हुई कोई बात मन्त्र होती है। सन्त के सान्निध्य में सत् का बोध अनायास हो जाता है।

बुल्लेशाह का कहना है–

"आठ पहर,चौंसठ घरी जन बुल्ला धर ध्यान।
नहि जानों, कौनी घरी आइ मिलै भगवान।।
आठ पहर, चौंसठ घरी भरो पियाला प्रेम।
बुल्ला कहें विचारिके, इहै हमारो नेम।

शरीर के विनाश हो जाने पर सब-कुछ नष्ट हो जाता है। आत्मा ही एकमात्र प्रकाशक होती है जो नवीन शरीर में इन्द्रियों के माध्यम से मन को बुद्धि के निकट लाती है, मन इन्द्रियों के माध्यम से मानव-जीवन पर शासन करता है। मन के साथ मस्तिष्क का घनिष्ठ सम्बन्ध रहता है। कहा जाता है कि मन से वेगवान् संसार में कुछ भी नहीं है, उसकी सभी जगह गति है। अन्तः पटल में सारी क्रियाएँ मन और मस्तिष्क के द्वारा संचालित

होती हैं। विचार मन का वेग है, लेकिन विचार मन के आवेग को रूपान्तरित भी करने में समर्थ है। मस्तिष्क में विचारों का मन्थन होता है। मस्तिष्क में गुण-दोषों को परखने-समझने की शक्ति होती है। यह विचार के सोच का मामला है। मन गुण-दोषों की विवेचना नहीं कर पाता। विचारों का सैलाब अशान्ति लेकर आता है। मन उसे और भी ज्यादा भटका सकता है। जबकि विचारशून्यता का प्रवाह शान्ति की ओर ले जाता है। अन्ततोगत्वा विचार ही मन को रोकता है। सभी धर्मग्रन्थ अन्तःकरण की शुद्धता पर बल देते हैं, सभी आत्मा से परमात्मा में पहुँचने का मार्ग बताते हैं। अन्तःकरण आत्मा में पहुँचने की आखिरी सीढ़ी है। जो भी इस सीढ़ी को पारकर आत्मा में पहुँच जाता है, वह भीतर के प्रकाश को देखने में समर्थ हो जाता है। साधना तब होती है, जब चेतना, मन और शरीर तीनों लग जाते हैं। जब चेतना और मन लगते हैं तब मनन होता है, और जब शुद्ध चेतना ही शेष रह जाती है तब **'अनाहतनाद'** घटित होता है।

जो अपने भीतर गये उन्होंने परमात्मा को पाया जो बाहर ही रह गये, वह अपने को भी ठीक से नहीं जान पाये। स्थितप्रज्ञ वही हो पाता है, जो शून्य भाव को उपलब्ध हो जाता है। शून्य जब स्वर बन जाये अशान्ति मन को छोड़ जाये। निन्दा और स्तुति में जब समता बनी रहें, शान्ति न भंग हो, सन्देह मिट जाये, भ्रम टूट जाये तब श्रद्धा का जन्म होता है। श्रद्धा बुद्धि के कारण नहीं होती यह एक अनुभव है जो विश्वास के बीज से समर्पण को फलित करती है। यदि कहीं भी इसमें सन्देह हो तो श्रद्धा नहीं हो सकती है, आनन्द माँगने से नहीं मिलता, अगर कोई चीज आनन्द दे सत्य की प्रतीति हो अन्दर से आते प्रकाश की किरण दिखने लगे यथार्थ का बोध होने लगे तो यह समझ लेना चाहिए कि साधना सही दिशा में है और परमात्मा के करीब पहुँच गये हैं। जैसे-जैसे आनन्द अपने अन्दर प्रगाढ़ होता जायेगा वैसे-ही-वैसे बाहर के वैमनस्य, विरोध, शत्रुता, अन्दर के विकार काम, क्रोध, लोभ, मोह, राग, द्वेष सब तिरोहित होते जायेंगे।

प्रत्येक व्यक्ति के स्वभाव में ही शान्ति रहती है, चाहत के कारण वह अशान्त हो जाता है। भले ही वह चाह, धन, मान, वैभव या सत्ता प्राप्त करने की हो लेकिन अशान्ति देती है, यहाँ तक कि तप और व्रत भी यदि कुछ पाने के लिए किये जाते हैं, तो अशान्ति देते हैं। मन अशान्त हो तो ध्यान नहीं लग सकता; जब तक तृप्ति नहीं होगी, अन्दर का तूफान शान्त नहीं होगा, तब तक वह संगीत कहाँ से आयेगा, जिससे परम सत्ता का साक्षात्कार हो सके। ज्ञानी जन संसार में बसते जरूर हैं, लेकिन फँसते नहीं।

मनुष्यों में श्रद्धा उनके अन्तः करण के अनुरूप होती है, यदि अन्तःकरण तमस् से भरा हो तो श्रद्धा तामसिक होगी। दुःख से हम बचना चाहते हैं और सुख पाना चाहते हैं। लेकिन दोनों नहीं हो पाता। तब बोध की स्थिति आती है कि दुःख-सुख साथ-साथ हैं एक सिक्के के ही दो पहलू हैं। दुःख अनिवार्य है, दुःख निखारता है। व्यक्ति जो भी धर्म, कर्म, प्रार्थना, पूजा, यज्ञ, दान आदि करता है वह फल की इच्छा से करता है। फल की आकांक्षा दुःख में ले जाती है, क्योंकि सभी इच्छाएँ पूर्ण नहीं हो सकतीं। कितना ही धन हो दरिद्रता नहीं मिटती, कितना ही बड़ा पद हो और भी आगे बड़े पद की अभिलाषा

बनी रहती है। कभी भी तृप्ति नहीं हो पाती। फलाकांक्षाएँ अन्ततः विषाद में ले जाती हैं। निश्चय ही जीवन में बहुत दुःख हैं, क्योंकि हमने दुःख के ही बीज बोये हैं, अब सुख की फसल कैसे काट सकते हैं। मैंने जो किया वही भोग रहा हूँ, यही कर्म का सिद्धान्त है।

चेतना के दो तल होते हैं—प्रथम, अहंकार का और दूसरा, आत्मा का। जहाँ अहंकार होता है, मैं पन होता है, वहाँ आनन्द नहीं रहता। आत्मा आनन्द का कोष है। आनन्द जब भी मिलेगा अन्दर से ही मिलेगा। इसका स्वाद गूँगे के गुड़ की तरह है, जो व्यक्त नहीं किया जा सकता। यह स्वान्तःसुखाय अनुभवगम्य है। सन्त कबीर ने इस आनन्द को सहज समाधि कहा है। **"साधो सहज समाधि भली।"** अहंकार पाप का मूल है, सभी पाप अहंकार से ही पैदा होते हैं। अहंकार छूटने से पाप की जड़ कट जाती है। समर्पण कर देना ही अहंकार की जड़ को काटना है। जो साधक सत्य को अपने जीवन से ऊपर रखता है, वह तपस्वी है। जो जीवन को किसी भी हाल में खोना नहीं चाहता वह भोगी है; और त्यागी वह है, जिसके लिए जीवन से भी ऊपर कुछ और है। जो कुछ पाने के लिए जीवन को भी साधन बना लेता है। शरीर की पहचान को हम आत्मा की पहचान समझ लेते हैं। मृत्यु के क्षण में जीवन-भर का सारा निचोड़ संगृहीत हो जाता है। प्राण-जीवन-भर के अनुभव को इकट्ठा करके फिर नयी यात्रा में निकल जाते हैं। मृत्यु अपने भीतर ही जन्म लेती है, बड़ी होती है और वही जीवन का सत्य भी है। मृत्यु पूरे जीवन की पूर्णाहुति है। मृत्यु का भय जब छूट जाये, मृत्यु जब मित्र लगने लगे तब यह जीवन की परम ऊँचाई की अवस्था होगी। आगे जीवन का रूपान्तरण होगा। भगवान् श्रीकृष्ण ने गीता में कहा है—(अ. 2, श्लोक 28)

अव्यक्तादीनि भूतानि व्यक्तमध्यानि भारत।
अव्यक्तनिधनान्येव तत्र का परिदेवना।।

कोई भी जीव मरता नहीं है, बल्कि वह कुछ समय के लिए अव्यक्त हो जाता है। यानी वह होते हुए भी अप्रकट हो जाता है। भगवान् श्रीकृष्ण का कहना है कि हम सभी मूलतः आत्मा हैं। विज्ञान भी मानता है कि पदार्थ नष्ट नहीं होते। आइन्स्टीन ने माना है कि पदार्थ और ऊर्जा एक-दूसरे में परिवर्तित हो जाते हैं।

जीवन में मोह चिन्ता देता है, मोह ही जीवन का दुःख भी है। इस दुःख से बाहर निकलने के लिए राग का त्याग आवश्यक है। यानी वैराग्य की ओर कदम बढ़ाना होगा ऐसा विराग जो आकर्षण और विकर्षण को प्रभावित न कर सके। दुनिया के सभी धर्मग्रन्थ जोर देकर कहते हैं कि परमात्मा को पाना है, तो मेरा-तेरा को छोड़ना होगा पर आज हम इतने ज्ञानी हो गये हैं कि परमात्मा को भी बाँट लिये हैं। यह मेरा परमात्मा है, वह तेरा परमात्मा है। जीवन को सँवारने के लिए सद्गुरु होना आवश्यक है, जो सद्गुरु से लाभ नहीं ले सकेगा वह शास्त्रों से भी लाभ नहीं ले सकता क्योंकि वह शास्त्रों की व्याख्या अपनी इच्छानुसार करेगा। शास्त्र तो हजारों वर्षों में सैकड़ों ऋषियों-मुनियों एवं ज्ञानियों के ज्ञान का निचोड़ है। शास्त्रों में करोड़ों अनुभव छिपे हैं। परमात्मा अकेला है, वहाँ गायक भी

वही है, और गीत भी वही है। वह अनन्तकाल से बज रहा है। परमात्मा की इसी संगीत को **'अनाहतनाद'** कहा गया है। यह जगत् ही एक संगीतपूर्ण लयबद्ध व्यवस्था है। महात्मा कबीर ने अपने अनुभव को व्यक्त करते हुए लिखा है कि—

मेरा तेरा मनुआँ कैसे इक होइ रे।
मैं कहता आँखिन की देखी तू कहता कागद की लेखी।।
मैं कहता सुरझावन हारी तू राख्ये उरझाइ रे।
मैं कहता तू जागत रहियो तू रहता है सोइ रे।।
मैं कहता निर्मोही रहियो तू जाता है मोहि रे।
जुगन जुगन समुझावत हारा कहीं न मानत कोइ रे।।
तू तो रण्डी फिरे बिहण्डी सब धन डारे खोइ रे।
सत्गुरु धारा निर्मल बाहै वा में काया धोइ रे।
कहत कबीर सुनो भाइ साधो तब ही वैसा होइ रे।।

दूसरे के सुख में सुख महसूस करके अपने आत्मा का विस्तार किया जा सकता है। यदि हम दूसरों को आनन्द देने में समर्थ हों और दूसरों को आनन्द देकर आनन्दित हों तो आत्मा और भी विशाल हो जाती है। मनुष्य की चेतना को मोहरूपी अन्धकार ने घेर रखा है। आनन्द बाँटने से चेतना का विस्तार होगा। चेतना का विस्तार होने से परमात्मा का आनन्द प्राप्त करने के लिए आत्मा का क्षेत्र बढ़ जाता है। जिसकी जितनी बड़ी आत्मा होगी परमात्मा का आनन्द उतना अधिक होगा। सिद्धान्त यही है कि, आनन्द बाँटने से आनन्द मिलेगा और दुःख बाँटने से दुःख मिलेगा, निर्णय हमें ही करना है।

भौतिक उपलब्धियाँ हम कितनी भी प्राप्त कर लें बिना आध्यात्मिक उन्नति के संसार की वस्तुओं से तृप्ति नहीं हो सकती, बिना सन्तुष्टि के मन अशान्त रहता है। शान्ति प्राप्त करने के लिए मन को परमात्मा से जोड़ना आवश्यक है। परमात्मा की अनुभूति आत्मा की अतल गहराई में पहुँचकर आत्मानुभव से आत्मसाक्षात्कार करके प्राप्त की जा सकती है।

बुद्धि जीवनयापन के साधन एकत्रित कर सकती है, गुत्थियों को सुलझा सकती है, किन्तु जीवन की उच्चतम भूमिका में नहीं पहुँचा सकती है। चेतना की उच्चस्तरीय परतों तक पहुँच सकना तो हृदय की महानता द्वारा ही सम्भव है। बुद्धिप्रधान किन्तु हृदयशून्य व्यक्ति भौतिक जीवन में कितना भी सफल क्यों न हो, किन्तु भवसागर की चेतन परतों तक पहुँच सकने में वह असमर्थ होता है। चेतना का हर कण परमात्मा के लिए अर्पित है। भक्त अनुभव भी नहीं कर पाता कि मै कहाँ हूँ। सूर, मीराँ, तुलसी, रैदास आदि ऐसे भक्त हुए हैं कि वे संसार में रहते हुए भी, भावविभोर रहे हैं। उनके सारे रिश्ते भगवान् के लिए थे।

श्वास की डोर से जीवन-माला गुथी है। जिन्दगी का हर फूल इससे जुड़ा और इसी में पिरोया है। श्वासों की लय और लहरें इन्हें मुस्कराहटें देती हैं। इनमें व्यवधान-बाधाएँ और गतिरोध होने लगे तो अनायास ही सब-कुछ मुरझाने और मरने लगता है। शरीर हो

या मन दोनों ही श्वासों की लय से लयबद्ध होते हैं। इसकी लहरें ही इन्हें सींचती हैं, जीवन देती हैं, यहाँ तक कि सर्वव्यापी आत्मा का प्रकाश भी श्वासों की डोर के सहारे ही जीवन में उतरता है। श्वासों की लय बदलते ही जीवन के रंग-रूप अचानक ही बदलने लगते हैं। श्वासों की गति वलय को जागरूक होकर बदलने की क्रिया ही प्राणायाम है।

ध्यान और समाधि भी श्वासों की लय से परिवर्तित होती है। श्वासों की लय से ध्यान द्वारा मनः शक्ति का संवर्द्धन किया जाता है। संसार में, विश्व ब्रह्माण्ड में जो सर्वत्र सद्गुण के सद्भाव के, आनन्द के कण बिखरे पड़े हैं, अपने मस्तिष्क की विद्युत् तरंगों को सघन एवं विकसित करके अपने भीतर खींच भी सकते हैं और सुख-शान्ति-भरा जीवन जी सकते हैं। स्वामी विवेकानन्द ने कहा है कि—जीवन का रहस्य मुक्त होने में है, बन्धन में तो मृत्यु है। जीवन की शाश्वत यात्रा का मुख्य विकास बन्धनों को खोल देने के बाद प्रारम्भ होता है। चित्त के संस्कार धुल जाने के बाद ही आत्मा ज्योतित होती है। इस ज्योति के प्रकाश में रहस्यों के सघन आवरण गिरते चले जाते हैं। अशुभ कर्मों के कारण चित्त में अशुभ संस्कार पड़े रहते हैं। यही संस्कार आन्तरिक प्रकाश को अवरुद्ध किये रहते हैं। जैसे-जैसे ये गिरते जाते हैं, प्रकाश की तीव्रता बढ़ने लगती है। जीवन आलोकित हो जाता है। समस्त साधनाओं का मूल यही है कि चित्त में संस्कारों का परिमार्जन हो। गुरु नानक देव ने सन्त और ब्रह्म के लक्षण समान दिखाकर उन्हें एक सिद्ध किया है। प्रेमी भक्तों ने सन्त को ईश्वरीय दूत कहा है, तो ज्ञानी और योगी जनों ने उसे **'ज्योति अवतार'** बताया। आध्यात्मिक उन्नति की प्रकिया में मनुष्य का सन्त होना और सन्त के बाद परमात्मा के समकक्ष मान्यता प्राप्त करना अवतार का एक क्रम है, जैसे आदि जगद्गुरु आचार्य शंकर, साईंबाबा, महावतार बाबा, नरसी मेहता, जलाराम बाबा, मेहरबाबा आदि अनेक सन्त देवत्व की सीमा के पार पहुँचे हैं।

मैं हूँ यह ज्ञान सभी को है, पर मैं कौन हूँ, यह ज्ञान विरले ही कर पाते हैं। क्यों कि यह ज्ञान आत्म साधना से मिल पाता है। समस्त दर्शन की प्रणालियाँ एवं सारे धर्म इस एक प्रश्न के उत्तर की खोज में लगे हैं। 'मै' शब्द सबके लिए जितना परिचित है, उतना ही ज्यादा अज्ञात भी है। इससे अधिक रहस्यमय शब्द दूसरा कोई नहीं है। प्रायः सभी लोगों का जीवन बीत जाता है, पर वे इस 'मैं' के रहस्य को नहीं जान पाते। जो इस साधना में उतरता है, 'मैं' की गहरी जिज्ञासा में प्रवेश करता है, उसके लिए 'मैं' का ज्ञान उस परम सत्ता का ज्ञान बन जाता है। स्वामी रामतीर्थ ने कहा है कि यह 'मैं' बहुत अमूल्य है, इसकी परिपूर्ण गहराई में उतर जाना सब-कुछ पा लेना है। आध्यात्मिक चिन्तक सत्येन्द्र पाल सिंह का मत है कि मनुष्य के सामने आदि काल से यह प्रश्न विचारणीय है कि, "मैं कौन हूँ? असंख्य लोग आये और जीवन भोगकर चले गये किन्तु यह प्रश्न अनुत्तरित है। संसार के मायावी आकर्षण में स्वयं के निकट आने और खुद को समझने का समय नहीं मिला। 'कुछ और' की वासना में सुख की खोज का नाम संसार है, इच्छा दुःखी मन के लिए सुख खोजने का ढंग है। हालाँकि सुख मिलता नहीं, मात्र भ्रान्तियाँ ही मिल पाती हैं। संसार का अर्थ सुख की खोज में भटकनेवाला मन है। वास्तव में जो

हम हैं, उससे अलग होने की आकांक्षा संसार है। ऋषियों-मुनियों की वाणी तथा धर्मग्रन्थों में जीवन को पंच तत्त्वों से मिलकर बना माना गया है, जिसका अन्त निश्चित है। गोस्वामी तुलसीदास जी के शब्दों में—

''छिति जल पावक गगन समीरा। पंच रचित यह अधम सरीरा।।''

ये पाँचों तत्त्व सृष्टि में प्रचुरता में उपलब्ध हैं, तथा जीव की मृत्यु के बाद ये पाँचों तत्त्व अपने-अपने मूल में लौट जाते हैं। मनुष्य जब संसार में अपनी पहचान 'मैं' के रूप में स्थापित करने का प्रयास करता है तो वह एक भ्रम में जी रहा होता है। इस 'मैं' में उसका कुछ भी नहीं होता, सब-कुछ यहीं मिला है, और सब-कुछ यहीं छूट जाना है। मनुष्य का 'मैं' वास्तव में स्थापित नहीं हो सकता क्योंकि उसकी कोई ज्ञात अवधि नहीं है, पल-भर में उसका विनाश हो सकता है। आज तक यह कोई नहीं जान सका कि उसका जीवन कितने दिनों या कितने समय के लिए है। शरीर और हमारे बीच जो तादात्म्य का भाव है, वही 'मैं' हूँ। जिस क्षण हम शरीर से हटते हैं, वह पहला कदम होता है, दूसरे क्षण ही हम अपने से भी हट जाते हैं। यह दूसरा कदम है। शरीर के साथ हमारा 'मैं' एक है, इससे अहंकार बना है। शरीर के साथ 'मैं' एक नहीं हूँ यह मानते ही अहंकार टूट जाता है। 'मैं' के सच को धारण करके ही 'मैं' से मुक्त हुआ जा सकता है, और परमात्मा की अनुभूति की जा सकती है।

परमात्मा का अर्थ जो है, जैसा है, उसकी अन्तस् से स्वीकृति है। संसार का होना परमात्मा का न होना है, उस अदृश्य शक्ति की अनुभूति के बाद संसार छूट जाता है, समस्त कष्ट दूर हो जाते हैं, और परमानन्द की स्थिति प्राप्त हो जाती है, वास्तव में दुःख तो सुख की खोज में है, सुख की खोज की कोशिश मिटते ही आनन्द की तरंगें अन्तर्भाव से फूटने लगती हैं, किन्तु संसार का आकर्षण अपने 'मैं' को अलग नहीं होने देता, हर कोई ऐसा व्यवहार कर रहा है, जैसे वह विशिष्ट हो और उसे सदियों तक जीवित रहना हो। अपने को जानना स्वयं को पहचानना अपने नश्वरता पर विश्वास करना स्वयं को बदल देता है। और उसे उस परम शक्ति के निकट ले जाता है जिसने जीवन दिया है।

मनुष्य का अहंकार उसकी समस्याओं का मूल है, और परमात्मा से दूर करनेवाला भी, परमात्मा से दूर होने का मतलब जीवन के लक्ष्य से भटक जाना है, वास्तविकता यह है कि अपने-आप में अपने जैसा कुछ भी नहीं है। यदि अपने जैसा कुछ भी शेष नहीं रहनेवाला तो अहंकार किस बात का ? पंचतत्त्वों से बने इस शरीर के अन्दर की चेतना अथवा आत्मा की कोई स्वतन्त्र सत्ता नहीं है, वह परमात्मा का ही अंश है। मानव शरीर का प्राप्त होना बिछड़ी हुई आत्मा का परम-आत्मा से मिलने का अवसर है, ताकि वह आवागमन के चक्र से मुक्त हो सके।

प्रसिद्ध दार्शनिक डॉ. शिवानी शर्मा का विचार है कि मन हमारे भीतर विकास का सबसे बड़ा साधन है। 'स्व' की अन्तर्यात्रा चाहे मनुष्य को रुचिकर न लगे लेकिन वह उसके लिए श्रेयस्कर मानी गयी है। मन के अन्तर्गत जीवन में आनेवाले उतार-चढ़ाव मनुष्य के बौद्धिक और भावनात्मक पक्ष को प्रखर करते हैं। अपने 'स्व' और 'मैं' के

विस्तार में भाषा के प्रयोग का अन्तर नहीं है, बल्कि एक में परहित तथा दूसरे में अहंकार दिखायी देता है। अहंकार आग का दरिया है। पार वही कर सकता है, जिसका मन नियन्त्रित और सन्तुलित हो। मन के नियन्त्रण से व्यक्ति के सभी भाव सम होने लगते हैं। इसीलिए हमारे ऋषियों-मुनियों ने कभी जप-विधि तो कभी तप-विधि का निर्देश मन के नियन्त्रण हेतु किया है। संसार में बढ़ रही आसक्ति तथा सुषुप्त पड़ी चेतना से मानव आध्यात्मिक मूल्यों से विरक्त होता जा रहा है। आसक्ति का त्याग करने से ही सुख-शान्ति का अनुभव होगा। वेदान्त दर्शन के प्रथम अध्याय का प्रथम पाद ही हमारी मानसिकता तथा वैचारिकता को दर्शाता है। हमारी उदासी एवं बेचैनी यह सिद्ध करती है कि हम अपनी बुद्धि की अहमता के कारण आत्मा-परमात्मा में सन्देह कर रहे हैं।

मनुष्य जीवन की महत्त्वपूर्ण समस्या दृश्य जीवन की अदृश्य जड़ों को न समझ पाना है। समस्या का समाधान तभी सम्भव है, जब व्यक्ति अपनी जड़ें व जमीन को पा ले। दृश्य की जड़ें हमेशा अदृश्य रहती हैं पेड़ों की जड़ें जमीन के अन्दर रहती हैं। पत्तों की हरियाली, रंग-बिरंगे फूलों की खुशबू, पत्तों से छलकता पौधों का जीवन, उनकी हरियाली, चमक सभी के जीवन को आनन्दित करती है। इनके आस-पास से गुजरनेवाला व्यक्ति ही इन पौधों के जीवन-संगीत का अनुभव कर पाता है। सच यह है कि जब कोई पौधों को उनकी जड़ों से अलग करता है जड़ों से नाता टूटते ही पौधों की साँसें टूट जाती हैं। उनकी चेतना और चैतन्यता समाप्त हो जाती है। अदृश्य रहने पर भी जीवन का सारा रहस्य उन जड़ों का है। पेड़-पौधों की तरह मनुष्य की भी जड़ें होती हैं, उनके जीवन का सारा रहस्य अदृश्य में छिपा होता है। ये जड़ें आत्मा व चित्त की हैं, और वह जमीन धर्म की है, जिस पर मानव-जीवन टिका है। अपने लिये अन्तरिक्ष के द्वार खोलनेवाले मनुष्य ने स्वयं के अन्तस् के द्वार बन्द कर लिये हैं। उस अन्तर्यात्रा का ख्याल वह भूल गया है, जो वह अपने ही भीतर कर सकता है। स्वयं को खोकर यदि शेष सब पा लिया जाये तो उसका क्या मूल्य है। संसार की सभी शक्तियों व समस्त सत्यों के अनुसन्धान मिलकर भी उस छोटे-से बिन्दु **'आत्मा'** से अनजान रह जाने के दर्द को नहीं मिटा सकते, जो कि मनुष्य स्वयं है, जो उसकी निज सत्ता है, केन्द्र है, उसका अनुसन्धान किये बगैर सभी अनुसन्धान अपूर्ण है। स्वयं के भीतर प्रकाश की छोटी-सी ज्योति हो तो सारे ब्रह्माण्ड का सारा अँधेरा मिट जाता है।

कबीरदास जी के शब्दों में—

सुन्न महल में नौबत बाजे, किंगरी बीन सितारा।
बिन बादल जहां बिजली चमकै, बिन सूरज उजियारा।।
बिना नैन जह मोती पोहै, बिन स्वर शब्द उचारा।
जो चलि जाये ब्रह्म जहं दरसै, आगे अगम अपारा।।
कहै कबीर तहं रहन हमारा, कोई समझे गुरुमुख न्यारा।

जो साधक आत्मा से साक्षात्कार कर लेता है, उसे परमात्मा का ज्ञान हो जाता है। विराट् के साथ एकाकार हो जाना ही आनन्द है। जहाँ मन, बुद्धि और विचार की स्थिति

शून्य तक ले जाती है, वहाँ आनन्द रहता है। जब चारों तरफ अँधेरा छा जाता है, कोई भी हमारा मार्ग प्रशस्त नहीं कर पाता, उस समय अन्तर्ज्ञान हमारा मार्गदर्शन करता है। संसार की समस्त शक्तियों से अधिक सामर्थ्य आत्मशक्ति में होती है। आत्मा का प्रकाश मानव-जीवन की सर्वोच्च शक्ति है। यही शक्ति हमें असत्य के मार्ग से हटाकर, सत्यस्वरूप ब्रह्म से जोड़ती है। आत्मा से सम्बन्धित ज्ञान की अन्तिम सीमा को अद्वैत कहा गया है, जिसे समाधि में पहुँचकर ही महसूस किया जा सकता है। इस तरह यह निश्चय हो जाता है कि आत्मा के दर्शन से ही परमात्मा के दर्शन का मार्ग प्रशस्त होता है।

सन्दर्भ

1. ऋग्वेद- 10/79/1 एवं 10/128/7 श्रीराम शर्मा आचार्य भाष्य। 02
2. ऋग्वेद- 1-5-1 श्रीराम शर्मा आचार्य भाष्य, 02
3. ऋग्वेद- 10/121 (हिन्दू धर्म - स्वामी विवेकानन्द) पृ. 66, 02
4. ऋग्वेद- 10/121/1 एवं 10/128/7 श्रीराम शर्मा आचार्य भाष्य।, 02
5. अथर्ववेद- 4/2/8 एवं ऋग्वेद 10/125 श्रीराम शर्मा आचार्य भाष्य।,03
6. ऋग्वेद- 10/82 एवं 4/58 श्रीराम शर्मा आचार्य भाष्य।,04
7. संस्कृति के चार अध्याय -पृ... 128- 129 रामधारी सिंह दिनकर, 05
8. छान्दोग्योपनिषद्- 6-8-4 सनातन, 05
9. ब्रह्मसूत्र- 1-4-1 शंकरभाष्य, 06
10. मुण्डकोपनिषद्- 1-1-7 एवं 2-1-1 सनातन, 07
11. कारिका- 1-6-9 नन्दिकेश्वर, 07
12. नृसिंहपूर्वतापिनी उपनिषद् 1-1 श्रीराम शर्मा आचार्य भाष्य, 08
13. रामचरितमानस- तुलसीदास, 09
14. भागवतपुराण-पृ... 1457 वेदव्यास, 09
15. विष्णुपुराण- प्रथमोअध्याय - 22 वेदव्यास, 10
16. भागवतपुराण- 3-9-37 वेदव्यास 10
17. भागवतपुराण- 12-13-1 वेदव्यास 11
18. शिवपुराण- उमासंहिता अध्याय - 29 वेदव्यास 11
19. भागवतपुराण तृतीय स्कन्ध अ. 10, श्लोक- 29- वेदव्यास 13
20. हिन्दूधर्म -पृ... 3- स्वामी विवेकानन्द 14
21. भगवद्गीता- 10- 8 वेदव्यास 14
22. भगवद्गीता- 9-7 वेदव्यास 14
23. श्वेताश्वतर उपनिषद्-3-19 सनातन एवं यजुर्वेद 32- 3 15
24. सनातन सारथी पत्रिका अंक- 12/2009- सम्पादकीय 15
25. हिन्दूधर्म पृ... - 39 स्वामी विवेकानन्द 16
26. ऋग्वेद का नासदीयसूक्त हिन्दू धर्म से उद्धृत पृ... - 64 स्वामी विवेकानन्द 16
27. कठोपनिषद्- श्लोक- 25 सनातन 17
28. प्रश्नोपनिषद्- 1-4 सनातन 17

29. भक्तिरसामृतसिन्धु पृ... - 70 वेदान्त प्रभुपाद 19
30. विनयपत्रिका- 167/4 तुलसीदास 20
31. विनयपत्रिका- 124/5 तुलसीदास 22
32. विनयपत्रिका-91 तुलसीदास 23
33. महाभारत अश्व- 53- 22-53 वेदव्यास 23
34. महाभारत शान्तिपर्व - 177-36-3 वेदव्यास 23
35. संस्कृत साहित्य का इतिहास पृ... 755 रामकिंकर 24
36. रामायण-अयोध्याकाण्ड महर्षि वाल्मीकि, सर्ग 71 श्लोक 29
37. प्राचीनभारत में संगीत-डॉ. धर्मावती श्रीवास्तव पृ... 67 . 25
38. भागवतपुराण-स्क. 1, 2/28-29 वेदव्यास 25
39. रामचरितमानस- बालकाण्ड- 127/4 तुलसीदास 25
40. संगीत रत्नाकर-अध्याय - 3 सारंगदेव 26
41. याज्ञवल्क्यस्मृति- 9-15 गीताप्रेस 26
42. रामचरितमानस- बालकाण्ड दोहा- 12 तुलसीदास 26
43. रामकृष्णलीलाप्रसंग भाग- 1 पृ... 300 स्वामी शारदानन्द 27
44. ब्रह्मसूत्र- 1-3-6 गीताप्रेस 28
45. ब्रह्मसूत्र- 1-3-3 गीताप्रेस 28
46. भागवतपुराण- 10-21 श्लोक- 10 से 19 तक वेदव्यास 29
47. छान्दोग्योपनिषद् खण्ड - 19 श्लोक- 3 शांकरभाष्यार्थ 29
48. छान्दोग्योपनिषद् -6-2-2 सनातन 30
49. मानव और संस्कृति, पृ. 24 25,162 श्यामाचरण दुबे 34
50. रामचरितमानस 5 अरण्यकाण्ड 12/6-8 34
51. रसखान की कविता, 35
52. श्वेताश्वतर उपनिषद्- 1-2 एवं 3 सनातन 36
53. भगवद्गीता, 3/23-24 वेदव्यास 39
54. सामवेद संहिता की भूमिका-श्रीराम शर्मा आचार्य भाष्य 44
55. श्रीमद्भगवद्गीता, वेदव्यास, अध्याय-8, श्लोक-3। 46
56. प्रपंचसार- आचार्य शंकर श्लोक 2,3, 48
57. योगदर्शन, समाधिपाद श्लोक, पृ.. 42-43 48
58. प्रपंचसार -1-44, आचार्य शंकर 48
59. सौभाग्य भास्कर, पृ.. 99 48
60. प्रपंचसारतन्त्र, प्रथम पटल, आचार्य शंकर, 49
61. शिव संहिता, आचार्य शंकर, पृ... 3/5 49
62. आतक खण्ड -2, पृ... 68 एवं जातक चतुर्थ, पृ.. 283 50
63. सुश्रुत संहिता, कल्प स्थान अध्याय, सुश्रुत, 5/3-13, 50
64. सुश्रुत चिकित्सा अध्याय - 20, श्लोक 27 50
65. सामवेद उत्तरार्चिक प्र. 1/12 अनुवादक श्रीराम शर्मा 50
66. सामवेद ऐन्द्रकाण्ड - 4/8/7, अनुवादक श्रीराम शर्मा 49

67. कामकलाविलास- श्लोक 27 51
68. पदार्थादर्श, पृ.. 19 51
69. वारिवस्यारहस्य अंश-पृ... 17 53
70. निरुक्त पूर्व, यास्कराचार्य, 4-1-16 53
71. ऋग्वेद मन्त्र, वेदव्यास, 1-23-45 53
72. रसरत्न संहिता, वाग्भट, खण्ड -1, पृ.. 332 53
73. सुश्रुत सूत्र, सुश्रुत, अध्याय - 5 खण्ड 20/33 53
74. चरक संहिता, चरक, शरीर खण्ड अध्याय - 8, श्लोक 7 53
75. सुश्रुत संहिता, कल्प स्थान, सुश्रुत, अध्याय - 6 55
76. बृहदारण्यक उपनिषद् सनातन अध्याय - 2, श्लोक 4 एवं 5 55
77. चरक शारीरिक, अध्याय - 4, श्लोक- 13 56
78. चरक सूत्र- चरक 30/5 57
79. कुमार सम्भव, कालिदास, 2/57 57
80. नारद पुराण- भाष्य श्रीराम शर्मा आचार्य 2/52 58
81. श्रीमद्भागवत महापुराण, व्यास जी 1-1-29 59
82. उद्धव शतक- रत्नाकर- 129 61
83. पाणिनीय शिक्षा- आचार्य पाणिनि 6-7 62
84. ऋग्वेद, व्यास जी 1/3 64
85. सुश्रुत चिकित्सा, सुश्रुत 28/25 64
86. पुराण संहिता- 14/3 (गीताप्रेस) 65
87. मार्कण्डेय पुराण, व्यास जी, अध्याय 23 श्लोक 54-55 66
88. भागवतपुराण स्कन्ध - 11, अध्याय - 12 श्लोक -1 व्यास जी 66
89. संगीत विशारद पृ. 35 बसन्त सम्पादक डॉ. लक्ष्मीनारायण गर्ग 70
90. पतंजलि योग प्रदीप पृ. 239 गीता प्रेस 71
91. छान्दोग्योपनिषद् -1-7-1 सनातन 71
92. रामायण उत्तरकाण्ड सर्ग - 94 श्लोक- 3 वाल्मीकि 72
93. रामायण उत्तरकाण्ड सर्ग - 71 श्लोक- 15 वाल्मीकि 74
94. स्वप्नवासवदत्तम् अंक- 5 श्लोक- 6 महाकवि भास व्याख्याकार-जयपाल विद्यालंकार 74
95. रामचरितमानस बालकाण्ड दोहा 190 की चौपाई तुलसीदास 75
96. भागवतपुराण 10-3-5 एवं 10-16-27 वेदव्यास 75
97. रामायण युद्धकाण्ड सर्ग 108 श्लोक-27 वाल्मीकि 76
98. भागवत पुराण स्कन्ध - 6, अध्याय - 16 श्लोक -51 व्यास जी 78
99. मीमांसादर्शन अध्याय - 9 सूत्र- 27 श्री स्वामीशवर 78
100. संगीत दामोदर पृ.- 16 79
101. नादविन्दूपनिषद् श्लोक- 46 श्रीराम शर्मा आचार्य भाष्य 79
102. विष्णुपुराण- 6-5-75 वेदव्यास 79
103. संक्षेपशारीरकम् श्लोक- 305 दिव्यानन्द गिरि 79
104. रुद्र डमरू पृ.-26 81

105. नारदीय शिक्षा- नारद श्लोक 9, 82
106. संगीत दर्पण- चतुर दामोदर अध्याय - 1 श्लोक- 14 82
107. कठोपनिषद् 1-2-23 सनातन, 82
108. कबीर : जीवन और दर्शन, उर्वशी सूरती, पृ. 154 84
109. अध्यात्म रामायण 1-1-46 गीताप्रेस 84
110. श्रीमद्भागवत पुराण व्यास 1-7-10 84
111. कबीर, आचार्य हजारीप्रसाद द्विवेदी पृ. 77 85
112. पाणिनीय शिक्षा- महर्षि पाणिनि 88
113. जैमिनी सूत्र- आचार्य जैमिनि, 89
114. महाभारत- विराटपर्व 2/29 आरण्यक- 45/7-8 89
115. महाभारत विराट पर्व अ. श्लोक 9 12 वेदव्यास 89
116. महाभारत विराट पर्व वेदव्यास अ. पर्व - 11 श्लोक 12 89
117. महाभारत विराट पर्व अनु. 2/131, वेद व्यास 90
118. महाभारत अनु.पर्व -23-49-60 वेदव्यास 90
119. महाभारत शान्तिपर्व 226-1 वेदव्यास 90
120. प्राचीन भारत में संगीत पृ. 67, डा. धर्मवती श्रीवास्तव 91
121. ब्रह्मवैवर्त पुराण- वेदव्यास 92
122. रामचरितमानस- बालकाण्ड दोहा- 231 / 1-2 तुलसीदास 93
123. रामचरितमानस- अरण्यकाण्ड - दोहा- 9/10-26 तुलसीदास 94
124. कबीर : जीवन और दर्शन प्र 103- उर्वशी सूरती 94
125. भागवत 10 / 31 श्लोक 1- 19 वेदव्यास 95
126. भगवद्गीता अध्याय - 8 श्लोक 21- वेदव्यास 96
127. बिहारी सतसई - बिहारी 100
128. श्रीमद्भागवत- व्यास जी 8 वाँ स्कन्ध अध्याय - 3 श्लोक 21 101
129. पाणिनीय शिक्षा- पाणिनि श्लोक -32 102
130. कश्यप संहिता, महर्षि कश्यप श्लोक- 8 103
131. भारत के प्राणाचार्य - परिशिष्ट लेखक रत्नाकर शास्त्री- 817 104
132. योगदर्शन- विभूतिपाद- 17 एवं समाधिपाद- 42 104
133. गुरु वाणी- गुरु गोविन्दसिंह 106
134. रामकली महला- 1 गुरुग्रन्थ साहब एवं राग रामकली महला- 2 गुरुग्रन्थ साहब 107
135. वीजक- कबीरदास जी 107
136. कबीर शब्दामृत- कबीरदास 108
137. गुरुग्रन्थ साहब नानक देव 108
138. ब्रह्मानन्द भजनमाला- ब्रह्मानन्द जी 109
139. ब्रह्मानन्द भजनमाला- ब्रह्मानन्द जी 109
140. राग आसा महला- 1 गुरुग्रन्थ साहब नानकदेव 110
141. राग माऊ महला- 5 गुरुग्रन्थ साहब नानकदेव 110
142. राग आसा महला- 1 गुरुग्रन्थ साहब नानकदेव 110

143. ध्वनि सम्प्रदाय और उसके सिद्धान्त-डॉ. भोलाशंकर व्यास 111
144. लोचन खद्योत- 4 कवि लोचन 111
145. शिवमहापुराण- उमासंहिता-अध्याय - 26 वेदव्यास 111
146. शिवमहापुराण उमासंहिता अध्याय - 26 वेदव्यास 113
147. स्वच्छन्द उद्योत पटल-पृ... 9 114
148. योगचूड़ामणि उपनिषद् श्लोक- 115 सनातन 117
149. अद्वयतारकोपनिषद् श्लोक-4 एवं 5 सनातन 117
150. ध्यानविन्दूपनिषद् श्लोक 2,3,5- सनातन 118
151. पाशुपत ब्रह्मोपनिषद्- श्लोक 32-33 सनातन 119
152. सरस्वतीरहस्योपनिषद् श्लोक- 59 से 65 सनातन 119
153. सौभाग्यलक्ष्म्युपनिषद् श्लोक 4 से 13 सनातन (द्वितीयखण्ड) 120
154. सीतोपनिषद्- श्लोक- 20 सनातन 123
155. अमृतनादोपनिषद्- श्रीराम शर्मा आचार्य भाष्य ज्ञानखण्ड पेज- 453 123
156. नादविन्दूपनिषद्- श्लोक 30, 31, 32 श्रीराम शर्मा आचार्य भाष्य पृ. 463-464 124
157. भगवद्गीता-अध्याय - 11 श्लोक- 8 महर्षि वेदव्यास 126
158. ब्राउनएलिटरेरी हिस्ट्री ऑफ पर्सिया खण्ड (द्वारा गीता दर्शन राधाकृष्णन)- एक (1902) पृ... - 425 126
159. चार्ल्स सिंगर द्वारा सम्पादित स्टडीज इन द हिस्ट्री एण्ड मेथड आफ साइन्स (1917) (द्वारा गीता दर्शन राधाकृष्णन) 127
160. कबीर शब्दामृत शब्द- 61 कबीरदास 128
161. कबीर : जीवन और दर्शन- उर्वशी सूरती पेज- 77 129
162. कबीर : जीवन और दर्शन- उर्वशी सूरती पेज-07 129
163. कबीर शब्दामृत- शब्द 146/4-5 टीकाकार लालचन्द्र दूहन 130
164. पवित्र अमृत सन्देश- अंक 6 जून 2001 130
165. गुरुवाणी- गुरु गोविन्दसिंह 131
166. प्रपंच सार तन्त्र- 4/76 आचार्य शंकर 131
167. मतंग तन्त्र श्लोक- 238 मतंग ऋषि 131
168. श्रीरामकृष्ण लीला प्रसंग द्वितीय खण्ड हिन्दी अनुवाद श्री नृसिंह बल्लभव गोस्वामी पृ. 442- 443 133
169. ऋग्वेद 2/3/22 द्वितीय अष्टक तृतीय अध्याय सूक्त 164 मन्त्र- 41, 45, 46 134
170. मालिनी स्तोत्र पृ.- 55 135
171. शिवमहिमा स्तोत्र श्लोक- 27 135
172. प्रणव भारती प्रथम संस्करण लेखक ओकारनाथ ठाकुर पृ... - 20 135
173. कामकलाविलास- श्लोक- 27 136
174. ध्वनि सम्प्रदाय और उसके सिद्धान्त-डॉ. भोलाशंकर व्यास पृ. 32 136
175. ध्वनि सम्प्रदाय और उसके सिद्धान्त -डॉ. भोलाशंकर व्यास पृ. 32 137
176. विष्णुपुराण- 6-7-31 वेदव्यास 137
177. वारिवस्यारहस्य अंश- 1 पृ.- 17 138

178. पतंजलियोग दर्शन सूत्र 27 महर्षि पतंजलि 138
179. ऋग्वेद मण्डल- 8 सूक्त- 44 मन्त्र- 23 श्री रामशर्मा आचार्य भाष्य 139
180. गीता दर्शन-डॉ. सर्वपल्ली राधाकृष्णन 140
181. रामचरितमानस- उत्तरकाण्ड दोहा 118 (ख) गोस्वामी तुलसीदास 140
182. विवेक चूड़ामणि- 408 / 9 142
183. योगशिखोपनिषद्- सनातन- 2/ 20 144
184. स्वच्छन्द उद्योत पटल- पृ. 9 145
185. रागमाला- श्लोक- 15 तानसेन 146
186. नारदीय शिक्षा- ले. नारद अध्याय - 6 147
187. संगीत मकरन्द- ले. नारद 148
188. मुण्डकोपनिषद् - 3-1-1 सनातन 149
189. श्वेताश्वतर उपनिषद्- सनातन- 4/6 150
190. रामचरितमानस- तुलसीदास-अयोध्याकाण्ड दोहा-26/3 151
191. मेघ- मल्हार- पेज 95 लेखिका-डॉ. सुमति क्षेत्रमाण्डे 152
192. मेघ- मल्हार- पेज 95 लेखिका- डॉ. सुमति क्षेत्रमाण्डे 152
193. अपरोक्षानुभूति, शंकराचार्य 154
194. धम्मपद- श्लोक- 160 एवं 380 154
195. संगीत रत्नाकर- शारंगदेव 155
196. संगीत रत्नाकर-प्रथम अध्याय पृ. 15 शारंगदेव 155
197. विष्णुपुराण- व्यास जी 6-5 156
198. माण्डूक्य उपनिषद्- 7 वा अध्याय सनातन 157
199. योग वाशिष्ठ्य- 6/118-4 157
200. शतपथ ब्राह्मण- 10-6-3 सनातन 158
201. छान्दोग्योपनिषद्- 30-4-15 सनातन 158
202. स्वामी अखण्डानन्द सरस्वती भागवत सप्ताह वृन्दावन 161
203. ऋग्वेद- 10/31- 8 162
204. ब्रह्मसूत्र- शंकरभाष्य 2/3-43 162
205. मुक्तिका उपनिषद् 1/9 आचार्य श्रीराम शर्मा भाष्य 162
206. भागवत महापुराण- 11/21- 35 व्यास जी 163
207. ब्रह्मसूत्र शांकरभष्य भूमिका 163
208. गीता दर्शन भाग- 5 पेज- 73- ओशो 164
209. गीता अध्याय - 10 श्लोक- 26 व्यास जी 164
210. गीता अध्याय - 10 श्लोक 27 व्यास जी 165
211. संगीत रत्नाकर भाग- 1 अनुवादक- डॉ. लक्ष्मीनारायण गर्ग पृ.- 30 170
212. गीता दर्शन भाग- 5 पेज- 83 ओशो 170
213. गीता दर्शन भाग- 5 पेज- 83 ओशो 171
214. भगवद्गीता अध्याय - 10 / श्लोक- 20 व्यास जी 171
215. शब्दावली कबीर साहब की- वेल्वेडियर प्रेस पृ.- 106 177

216. कबीर : जीवन और दर्शन- पृ. 141 लेखिका उर्वशी सूरती 177
217. पतंजलि योग दर्शन सूत्र 42 की व्याख्या 178
218. कठोपनिषद्- 2/1-1 सनातन 178
219. माण्डूक्य उपनिषद्-अद्वैतप्रकरण-श्लोक-3- सनातन 180
220. मुण्डकोपनिषद्- 2/2-8 सनातन 181
221. बृहदारण्यक उपनिषद् अध्याय-4 एवं ब्राह्माण-4 183
222. याज्ञवल्क्य शिक्षा-यति प्रकरण याज्ञवल्क्य श्लोक।। 186
223. विश्वसंगीत का इतिहास-लेखक- अमलदास शर्मा पृ. 14 186
224. ध्यानबिन्दूपनिषद सनातन -101 से 105 तक श्लोक 189
225. ब्रह्मविद्योपनिषद् श्लोक- 12, 13 190
226. संस्कृति के चार अध्याय-जैनधर्म रामधारीसिंह दिनकर- पेज 151 190
227. मुण्डकोपनिषद्-प्रथम मुण्डक- प्रथम खण्ड श्लोक 1-2 सनातन 191
228. छान्दोग्योपनिषद्-सनातन-अध्याय-7 193
229. संस्कृति के चार अध्याय वैदिक बनाम बौद्ध- रामधारीसिंह दिनकर पेज- 196 194
230. नादबिन्दूपनिषद्- सनातन- श्लोक- 49-50 194
231. भागवत महापुराण- महर्षि वेद व्यास 1-2-12 192
232. भगवद्गीता- महर्षि वेदव्यास 8-12 192
233. भारत के प्राणाचार्य- लेखक रत्नाकर शास्त्री पृष्ठ- 406 194
234. ब्रह्मविद्योपनिषद्- सनातन श्लोक- 7-6 198
235. संस्कृति के चार अध्याय-रामकृष्णखण्ड रामधारी सिंह दिनकर पृ... 57, 199
236. कौषीतक ब्रह्मणोपनिषद्-श्रीराम शर्मा आचार्यभाष्य पेज- 114- 115, 199
237. यंग इण्डिया 23 जनवरी 1930 महात्मा गाँधी, उपनिषदों का सन्देश डॉ. राधाकृष्णन से उद्धृत। 199
238. भक्तिरसामृतसिन्धु एसीभक्ति वेदान्त प्रभुपाद अध्याय-16 200
239. ऋग्वेद- 9-58-1 एवं सामवेद- 6-1-2-4 संकलनकर्त्ता महर्षि व्यास 201
240. संस्कृति के चार अध्याय - राधाकृष्णन लेखक रामधारीसिंह दिनकर पेज 653 202
241. अखण्डज्योति- मई 2002 श्रीराम शर्मा आचार्य पेज-24 202
242. हंसोपनिषद् ब्रह्मविद्या खण्ड - श्रीराम शर्मा आचार्य पृ. 184 205
243. हंसोपनिषद् ब्रह्मविद्या खण्ड - श्रीराम शर्मा आचार्य भाष्य, पृ.-187 206
244. परब्रह्मोपनिषद् ब्रह्मविद्या खण्ड श्रीराम शर्मा आचार्य भाष्य, पृ.-255 206
245. शाण्डिल्योपनिषद् ब्रह्मविद्या खण्ड श्रीराम शर्मा आचार्य भाष्य पृ. 222 207
246. रिप्लाई टू क्रिटिक्स- संस्कृति के चार अध्याय - रामधारीसिंह दिनकर पृ.- 657 209
247. कुण्डिकोपनिषद्-सनातन-श्लोक-21,22 210
248. पंचब्रह्मोपनिषद्-सनातन श्लोक- 40 210
249. अखण्ड ज्योति अगस्त 2002 पृ. 17 मथुरा 211
250. छान्दोग्योपनिषद्-सनातन- 3-14-1 211
251. मुण्डकोपनिषद्-सनातन- 3-8 212
252. गीता- शांकरभाष्य- 2- 3 212

253. पंचदर्शी-ध्यान दीप प्रकरण-74- 8 संस्कृति के चार अध्याय-213
254. श्रीमद्भगवद्गीता- वेदव्यास 12/3/4 213
255. इण्डियन फिलासफी भाग- एक डॉ. राधाकृष्णन संस्कृति के चार अध्याय-214
256. शिवमहापुराण उमा संहिता अध्याय-26 वेदव्यास 215
257. ऋग्वेद-संकलनकर्त्ता-व्यास भाष्य-श्रीराम शर्मा आचार्य - 8-33-2 215
258. अखण्ड ज्योति पत्रिका अंक जून 2002 पेज- 52 युगनिर्माण योजना मथुरा, 218
259. जपुजीसाहब-गुरु नानकदेव 221
260. गुरुग्रन्थ साहिब-नानकदेव 222
261. पतंजलि योग प्रदीप पृ. 238 गीता प्रेस गोरखपुर 222
262. पतंजलि योग प्रदीप पृ. 512 गीता प्रेस गोरखपुर 222
263. भारतीय संस्कृति का इतिहास- मुस्लिम धर्म डॉ. सुनीता शर्मा पृ.- 10 3 223
264. संस्कृति के चार अध्याय-सूफी सम्प्रदाय- रामधारीसिंह दिनकर 224
265. संस्कृति के चार अध्याय रामधारीसिंह दिनकर पृ...- 572 225
266. हिन्दू धर्म- स्वामी विवेकानन्द पृ. 56 226
267. भागवत पुराण- वेदव्यास 1-2-6 226
268. गीता वेदव्यास-अध्याय- 18 श्लोक- 55 227
269. आत्मा की खोज पृ. 178 ए. सी. भक्ति वेदान्त प्रभुपाद 227
270. लाफट पोथेम अरविन्द आश्रम- 1952 उत्तरयोगी अरविन्द लेखक- शिवप्रसाद सिंह से उद्धृत 228
271. मनुस्मृति- श्लोक-सनातन ग्रन्थ- श्लोक 20-21 231
272. विष्णुपुराण- वेदव्यास 2-3-24 231
273. ऋग्वेद 10-129-3 श्रीराम शर्मा आचार्य भाष्य 233
274. कठोपनिषद्- सनातन- 2-3-10 236
275. सुश्रुतसूत्र- 15/23 237
276. श्रीमद्भगवद्गीता अध्याय - 2 श्लोक 62-63 व्यास जी 239
277. गीता दर्शन भाग- 5 ध्यान की छाया है समर्पण पेज 51 ओशो

आधार ग्रन्थों की सूची

1.	वेद (चारों)	-	श्रीराम शर्मा आचार्य भाष्य
2.	ऋक्वेद	-	महर्षि दयानन्द सरस्वती भाष्य
3.	सामवेद	-	महर्षि दयानन्द सरस्वती भाष्य
4.	मार्कण्डेय पुराण	-	गीता प्रेस गोरखपुर
5.	ब्रह्मवैवर्तपुराण	-	---" "-----
6.	विष्णुपुराण	-	-----" "-----
7.	अग्निपुराण	-	-----" "-----
8.	भागवतपुराण	-	-----" "----
9.	शिवपुराण	-	-----" "-----
10.	लिंगपुराण	-	-----" "-----
11.	तैत्तिरीय उपनिषद्	-	श्रीराम शर्मा आचार्य
12.	छान्दोग्योपनिषद्	-	-----" "-----
13.	बृहदारण्यक उपनिषद्	-	-----" "-----
14.	कठोपनिषद्	-	-----" "-----
15.	जावालोपनिषद्	-	-----" "-----
16.	योगचूड़ामणि उपनिषद्	-	-----" "-----
17.	नादविन्दूपनिषद्	-	-----" "-----
18.	ध्यानविन्दूपनिषद्	-	-----" "-----
19.	रामायण	-	वाल्मीकि- ग्रीताप्रेस गोरखपुर
20.	महाभारत भाग 1 एवं 2	-	-वेदव्यास
21.	भगवद्गीता	-	भाष्य डॉ. राधाकृष्णन
22.	उपनिषदों का सन्देश	-	डॉ. राधाकृष्णन
23.	भगवद्गीता	-	स्वामी रामसुखदास भाष्य
24.	गीता दर्शन भाग-1 से 08 तक	-	ओशो
25.	भारत के प्राणाचार्य	-	रत्नाकर शास्त्री
26.	श्रीरामष्णलीला प्रसंग भाग 1 एवं 2	-	स्वामी शारदानन्द
27.	संस्कृति के चार अध्याय	-	रामधारीसिंह दिनकर
28.	उत्तरयोगी अरविन्द	-	शिवप्रसाद सिंह
29.	गीत गोविन्द	-	जयदेव
30.	हिन्दू धर्म	-	स्वामी विवेकानन्द
31.	कबीर	-	आचार्य हजारीप्रसाद द्विवेदी
32.	कबीर : जीवन और दर्शन	-	उर्वशी, सूरती

33. कबीर न्थावली - डॉ. श्यामसुन्दरदास

34. कबीर ब्दामृत - लालचन्द्र दूहन

35. श्रीरामचरितमानस - तुलसीदास गीताप्रेस

36. विनयपत्रिका - तुलसीदास गीताप्रेस

37. संगीत रत्नाकर - सङ्र्गदेव

38. सारंगी - डॉ. सत्यव्रत चौधरी

39. भारतीय संगीत का इतिहास - डॉ. सुनीता शर्मा

40. प्रणव भारती - ओंकारनाथ ठाकुर

41. संगीत दर्पण - चतुर दामोदर

42. संगीत कलानिधि - पं. रामामात्य

43. संगीत विशारद - बसन्त

44. सूरसागर - सूरदास

45. पतंजलियोग प्रदीप - गीताप्रेस गोरखपुर

46. आत्मा की खोज - इस्कान

47. भक्तिरसा मृत सिन्धु - इस्कान

48. चित् शक्ति विलास - स्वामी मुक्तानन्द

49. शिवसंहिता - आचार्य शंकर गीताप्रेस

50. प्रंपचसारतन्त्र - ----" "-----

51. मानसमन्थन भाग 1 से पाँच - पं. रामकिंकर उपाध्याय

52. मेघ- ार - डॉ. सुमति क्षेत्र माण्डे

53. संक्षेप ारीरकम - स्वामी दिव्यानन्द गिरि

54. पद्मपु - जैनाचार्य रविषेण

55. चरक संहिता - चौखम्भा प्रकाशन वाराणसी

56. शिवसा तन्त्र - -----" "-----

57. शिव त ण्डव - -----" "-----

58. भागवत तत्त्व - स्वामी हरिहरानन्द सरस्वती

59. सत्य-असत्य - ओशो

60. कुमार सम्भव - कालिदास

●●●